68 54 89

A Régis Septembre 2018
Avec mon affection
C Yonh

Le pays disparu

DU MÊME AUTEUR

Les Fusillés de la Grande Guerre et la mémoire collective (1914-1999), Odile Jacob, 1999, 2009.
Faire la paix au Moyen Âge. Discours et gestes de paix pendant la guerre de Cent Ans, Odile Jacob, 2007.
La Grande Guerre en 30 questions, Geste éditions, 2007.
L'Histoire bling bling. Le retour du roman national, Stock, 2009.
14-18 aujourd'hui. La Grande Guerre dans la France contemporaine, Odile Jacob, 2010.
L'Historiographie, PUF, « Que sais-je », 2011.
En place publique : Jean de Gascogne, crieur au XVe siècle, Stock, 2013.
La Grande Guerre. Carnet du centenaire, avec André Loez, Albin Michel, 2013.
L'Histoire un combat au présent, conversation avec Régis Meyran, Textuel, « Conversations pour demain », 2014.

Nicolas Offenstadt

Le pays disparu

Sur les traces de la RDA

Stock

Les Essais

Ouvrage publié sous la direction
de François Azouvi

Tous les clichés contemporains sont de Nicolas Offenstadt. Ils n'ont aucune prétention esthétique mais se veulent seulement documentaires.

Couverture : Corinne App
Photo de couverture : © Pidji-Photography/Pierre-Jérôme Adjedj

ISBN 978-2-234-07789-8

© Éditions Stock, 2018

CARTE DES LIEUX MENTIONNÉS

Introduction

Il s'appelle « Pinocchio », le petit âne âgé du zoo d'Halberstadt, ville de l'ancienne République démocratique allemande (DDR/RDA), non loin de la frontière de l'ex-Allemagne de l'Ouest. Un écriteau rappelle sa carrière d'artiste, commencée du temps de la partition, dans de multiples spectacles, surtout la représentation du fameux conte des *Musiciens de Brême*. Il a triomphé avec les honneurs de la télévision en 1984, et lors de l'immense célébration des 750 ans de la ville de Berlin en 1987. Par chance, le jour de ma visite, son maître et responsable du zoo, Michael Bussenius, est assis juste devant l'enclos. La conversation s'engage facilement. L'homme évoque les tournées des années 1980, du temps de la RDA. Il est direct : à l'époque, dit-il, tout le spectacle était pris en charge par l'État, et la culture partout financée et favorisée. Plus rien de cela aujourd'hui. « Pinocchio » demeure ainsi le témoin d'un autre temps, vieillissant, et toujours bienveillant envers les enfants, qui peuvent encore le chevaucher. Tous ses compagnons animaux des *Musiciens de Brême* sont morts. À l'époque, les frères Bussenius tournaient dans toute l'Allemagne de l'Est avec leur show animalier. Michael, extrêmement sympathique, répondant à ma curiosité m'offre un catalogue de leur duo familial.

Quand on parcourt l'ancienne RDA, partout, ou presque, s'engagent ainsi des conversations, autour de « traces », de souvenirs, de petits lieux, d'objets. Souvent, aussi, des anciens de l'Est tiennent à rappeler ce qui fut alors réalisé, ou simplement vécu, et qui a disparu. D'autres, parfois les mêmes, dénoncent différentes formes d'oppression ou de contrôle. Les petits ânes de la RDA sont rares, mais, en Allemagne de l'Est, les ruines, les friches industrielles, les plaques de mémoire, les documents à l'abandon, les objets de brocante, les petits musées personnels sont, eux, innombrables. Ces « traces » sont la matière de ce livre, mais non pas les plus visibles, non pas les plus formelles, non pas les plus officielles.

Plusieurs institutions de mémoire, destinées à récolter, organiser et présenter les restes de la RDA, ont été créées et soutenues par l'État post-unité, en suscitant de nombreux débats. Celui-ci a même défini des « conceptions fédérales des mémoriaux », nouveauté relative dans un domaine avant tout réservé aux Länder. Les archives de la fameuse sécurité d'État – la Stasi – ont fait l'objet d'une politique de sauvegarde, de préservation et d'utilisation très rapide. Une fondation est chargée spécifiquement du travail sur la « dictature » du Parti communiste est-allemand (1998).

Les politiques mémorielles sont souvent abritées sous le terme d'*Aufarbeitung*, difficile à traduire exactement mais qui désigne un véritable travail sur le passé, un travail de mémoire afin de le clarifier. L'offre de musées publics sur la RDA ne cesse de se diversifier, en particulier à Berlin. Ces politiques du souvenir, les grands musées, fédéraux et locaux, qui touchent à la RDA ou à la Stasi en particulier, les mémoriaux de l'après-réunification, les présentations médiatiques de la RDA, ont fait l'objet de quantité d'études, souvent très fouillées, et de belles analyses critiques. Nous n'y reviendrons pas en propre. Ce sont des traces trop formelles, trop bavardes, trop disciplinées. Les traces que nous avons suivies et pistées se nichent plutôt dans les bâtiments abandonnés, dans des sacs-poubelles éventrés, dans les brocantes, sur des murs oubliés ou dans de petits musées de bric et de broc.

RDA, 1949-1990

Ce sont les traces d'un État et d'une société bien circonscrits dans le temps, 1949-1990. Avec la capitulation de l'Allemagne nazie les 7 et 8 mai 1945, le pays est divisé en zones d'occupation, à l'ouest, les alliés occidentaux (Américains, Anglais, Français), à l'est les Russes. La zone d'occupation soviétique devient la RDA en réponse à la création de l'Allemagne fédérale, le 7 octobre 1949. Ses premiers dirigeants, sous le contrôle de Moscou, où beaucoup ont passé leur temps d'exil et de guerre, mettent en place un régime socialiste et une économie planifiée. L'agriculture est collectivisée avec la création, en 1952, de coopératives de production, la majorité des entreprises est étatisée en différentes étapes.

L'Allemagne de l'Est est un monde centré sur l'entreprise, sur l'exaltation du travail socialiste et du travailleur, avant tout l'ouvrier, et dont le modèle est celui de l'industrie lourde, définie comme *la* priorité. Ainsi, de nombreuses protections sociales sont mises en place, en premier lieu le droit à l'emploi, la socialisation de tâches domestiques et l'accès gratuit à l'éducation et aux soins. Le Parti communiste au pouvoir, le SED, qui se dénomme « Parti socialiste unifié d'Allemagne » après avoir absorbé le Parti socialiste en 1946, gouverne seul ou presque, en contrôlant l'ensemble du système politique, par une forte présence dans l'entreprise et au moyen d'un syndicat unique. Il est progressivement le seul parti à disposer de sections d'entreprise.

Les débuts du pays suscitent de nombreux espoirs, ceux de la construction d'une « autre Allemagne », socialiste, solidaire et pacifique, définitivement antifasciste sous la houlette de Walter Ulbricht (1893-1973). Ils s'accomplissent sous le contrôle de l'URSS qui exerce un gouvernement de fait sur l'ensemble du bloc de l'Est. Il faut tout reconstruire dans un pays ravagé par la guerre, et dont les infrastructures industrielles sont en partie démantelées et emportées par les Russes. Les discours officiels exaltent l'engagement des citoyens, sans cesse mobilisés par des campagnes d'encouragement, au travail, à la reconstruction, au développement du pays. L'ensemble de l'économie est encadré par un plan général, dont le premier est lancé en janvier 1951. Les conditions de vie sont difficiles et la pression trop forte pour de nombreux travailleurs, qui se révoltent en juin 1953, les écoles se rebellent. Les chars russes répriment cette protestation qui a touché tous les grands centres urbains du pays, ou presque.

La guerre froide oppose sur tous les plans le camp « impérialiste », dénoncé en permanence à l'Est, et celui du bloc soviétique, qui se présente comme le camp de la paix. La concurrence est forte entre les deux Allemagnes. L'exercice de la dictature du parti, le manque de liberté politique et les pénuries conduisent de nombreux Allemands à quitter l'Est pour l'Ouest (plus de 2,5 millions entre 1949 et 1961). À ce mouvement, qui ne cesse pas et menace la stabilité du régime, le gouvernement répond par la construction d'un mur (13 août 1961) qui sépare Berlin-Ouest et Berlin-Est, la ville étant jusque-là un des principaux points de passage. Les frontières entre l'Est et l'Ouest deviennent étanches. Avec l'arrivée d'Erich Mielke à sa tête (1957), la police politique, la fameuse Stasi, « se transforme progressivement en une agence de surveillance politique dont l'objectif est de contribuer à l'autodiscipline des nouvelles générations », l'objet est autant l'éducation politique que la répression[1].

Le Parti communiste au pouvoir multiplie les structures d'encadrement de la population : organisations de jeunesse (« Freie Deutsche Jugend », FDJ), ligue des femmes, sociétés sportives et techniques... Tout cet encadrement procède aussi, par l'activation permanente de l'opposition ami/ennemi, d'une militarisation étendue, dont témoignent les groupes de combat créés après 1953 dans les entreprises. Ces organisations, militaires et civiles, contribuent à la diffusion et à la mise en place du cadre idéologique bâti par le parti sous le contrôle de l'URSS. La « construction du socialisme » passe aussi en 1952 par une réforme territoriale qui crée quinze districts (*Bezirk*) divisés en arrondissements (*Kreis*), dénommés par le nom de la ville chef-lieu (Dresde, Leipzig, Halle, Rostock, etc.).

Le parti multiplie les activités culturelles, avec la création de maisons de la culture, rattachées à des grandes entreprises ou aux villes, et même à des villages parfois. C'est la poursuite de la tradition du mouvement ouvrier : permettre aux dominés d'accéder aux meilleures œuvres et de fabriquer eux-mêmes une culture de classe. Mais tout doit demeurer dans un cadre défini, certes avec nuances et évolutions, autour d'œuvres légitimes ou canoniques, de textes fidèles au marxisme-léninisme, valorisant l'histoire sainte du parti ou permettant de tirer des leçons de l'histoire, des enseignements au présent.

L'arrivée au pouvoir d'Erich Honecker en 1971 suscite des espoirs de libéralisation. Le VIIIe congrès du parti, la

---

1. Emmanuel Droit, *La Stasi à l'école. Surveiller pour éduquer en RDA (1950-1989)*, Paris, Nouveau Monde Éditions, 2009, p. 99, 209-210. Nous avons choisi ici un dispositif de références allégé. Le texte permet de retrouver celles qui ne sont pas indiquées dans les notes.

même année, sanctionne alors une nouvelle politique d'ensemble qui entend rendre prioritaires les besoins matériels et culturels des populations. Les années 1970 se marquent en effet par un dégel dans les relations entre les deux Allemagnes, mais aussi par des mesures de libéralisation à l'intérieur du pays. À l'Ouest, Willy Brandt (1969-1974) mène une politique d'ouverture à l'Est (*Ostpolitik*, traité fondamental avec la RDA en 1972), mais chute sur une affaire d'espionnage de la Stasi.

Dans les années 1980, les faiblesses de l'économie planifiée s'accentuent, l'approvisionnement est déficient, matériaux et pièces détachées manquent ou sont fréquemment défectueux, la RDA endettée semble à bout de souffle. Les dysfonctionnements dans plusieurs domaines suscitent mécontentements et plaintes. L'opposition au Parti-État SED se diversifie et se renforce, d'autant plus que le pouvoir est-allemand demeure rigide et hostile, autant qu'il peut, aux réformes en cours en URSS sous l'égide de Mikhaïl Gorbatchev (au pouvoir de 1985 à 1991). Une phrase de Kurt Hager, responsable de la Culture, est restée célèbre pour caractériser cette opposition aux réformes : « Faut-il se sentir obligé, parce que votre voisin refait sa tapisserie, d'avoir à refaire la sienne[1] ? »

Mais les oppositions n'entendent pas, pour autant, défendre la transformation de la RDA en régime capitaliste. À l'été 1989, profitant de l'ouverture des régimes à l'Est, de nombreux citoyens de RDA fuient en passant par la Hongrie (en septembre, la frontière avec l'Autriche est ouverte), puis la Tchécoslovaquie et la Pologne. En

---

1. Nous avons choisi de ne pas donner les textes originaux allemands (ou anglais) pour faciliter la lecture. Les traductions sont de nous, sauf lorsqu'il existe déjà une traduction française, en particulier pour les romans. Nous avons dans ce cas systématiquement cité la traduction française.

septembre se constitue un véritable mouvement d'opposition qui essaime dans le pays, le « Nouveau Forum », et à Leipzig les grandes manifestations se répètent chaque lundi. Devant le danger, le SED sacrifie Honecker et Günter Mittag, le responsable de la politique économique. Ils sont « remerciés » les 17 et 18 octobre. Peu après, un nouveau bureau politique se constitue. Honecker est exclu du parti puis poursuivi en justice.

Avec la chute du mur de Berlin (9 novembre 1989) et l'ouverture forcée du régime, de nombreux Allemands de l'Est ont l'espoir de voir se constituer une « nouvelle » RDA démocratique et véritablement socialiste ; mais les difficultés du pays, particulièrement sur le plan économique, le désir de consommation des Allemands de l'Est, permettent aux tenants de l'unification avec l'Allemagne de l'Ouest d'avancer facilement, avec le soutien des États-Unis et l'assentiment de l'URSS gorbatchévienne. En mars 1990, les chrétiens-démocrates gagnent les premières élections libres. En juillet, la monnaie unique est instaurée, malgré les inquiétudes de nombreux économistes face aux risques d'un tel choix pour l'économie contrôlée de la RDA. Le 3 octobre, l'union juridique des deux Allemagnes est scellée sur la base de la loi fondamentale de la RFA. La RDA est morte. C'est le « tournant » (*Wende*), puis la « réunification » des deux Allemagnes, une « annexion » disent certains, le début de la « colonisation » analysent d'autres, dite aussi « Kohl-onisation » en jouant sur le nom du chancelier d'Allemagne de l'Ouest Helmut Kohl, et la RDA est devenue un « pays occupé » (Rolf Hochhuth). « La République fédérale a, purement et simplement, avalé la RDA[1] », résume l'historienne, ex-journaliste d'Allemagne de l'Est, Annette Leo.

---

1. Annette Leo, « RDA. Traces, vestiges, stigmates », *Communications*, 55, 1992, p. 49.

Pourquoi la RDA ?

Mais pourquoi donc vouloir évoquer ce pays disparu, ses « traces », au présent, dans l'Allemagne contemporaine, dans l'Europe d'aujourd'hui ? Pour les jeunes générations, dans l'ensemble, c'est un lointain passé, tout à fait mort, même doublement : parce que les régimes de l'Est n'existent plus et parce que leurs piètres résultats les renvoient plus loin dans l'histoire qu'ils ne le sont dans le temps.

Il n'y a pas non plus de raisons biographiques évidentes. Je ne suis jamais allé en RDA. J'y avais bien songé alors, regardé les démarches administratives, qui m'avaient découragé car j'ai toujours rempli les formulaires avec beaucoup de peine. Pour nous, jeunes étudiants de gauche, les pays de l'Est étaient une grande gêne, et une interrogation. Une vraie gêne car on ne pouvait identifier l'avenir de la gauche à leurs scléroses, à ces mornes dictatures ; une interrogation car ils représentaient malgré tout un ailleurs « de gauche », autre chose que le capitalisme que nous ne voulions pas, et puis, aussi une forme d'héritage, même détourné, même abîmé, des luttes du mouvement ouvrier. Surtout parce que les réformes de Gorbatchev permettaient de rêver à la combinaison du socialisme et de la liberté. Ces ambiguïtés avaient éclaté dans une phrase de Pierre Juquin, communiste dissident, que nous avions invité à Sciences Po en 1988 – j'étais dans le « comité Juquin » de Sciences Po –, lors de l'élection présidentielle. Lui, l'ancien communiste, avait dit, en substance : « Les pays de l'Est, c'est le plus beau cadeau que l'on ait fait au capitalisme. » Le tranchant de cette phrase a tourné en boucle dans mon esprit, sans vraiment que je sache quoi en penser, aujourd'hui encore.

INTRODUCTION

La RDA occupe cependant une place à part dans le bloc des pays de l'Est, notamment liée à l'héritage, objectif, mais aussi travaillé, valorisé et retravaillé, de tout le socialisme allemand, celui de la théorie comme celui des luttes de la social-démocratie (avant Weimar) et du mouvement ouvrier. Étienne François le formule ainsi : « L'Allemagne est le pays de Marx et celui d'une culture ouvrière dont les militants communistes et socialistes se veulent les héritiers, tous soudés contre le nazisme. Bien plus que les Soviétiques encore, il y a chez les communistes allemands la volonté de construire une Allemagne socialiste, débarrassée pour toujours du fascisme[1]. »

Ce double héritage, du socialisme des pères fondateurs et de la lutte antinazie, rend les questions de mémoires, pendant la RDA et après, particulièrement riches et intrigantes, car, on le verra, les tensions y sont fortes. Cette volonté de bâtir une autre Allemagne, antifasciste, exaltant sans cesse le mouvement ouvrier allemand, les grandes figures de Karl Liebknecht, Rosa Luxemburg, de tant de résistants au nazisme, rend l'héritage mémoriel de la RDA irréductible à ses dirigeants ou aux errements du régime. Il y a eu – et il en reste un peu – une puissance énorme employée à valoriser et exalter, par les éditions de textes et par la pierre en particulier, les grandes figures de la gauche allemande (légitime ou orthodoxe). Il s'agissait clairement de réinventer un monde mémoriel souvent marginal dans les sociétés de l'Ouest, de « rompre » avec les monuments que l'on qualifiait alors de « revanchistes », « nationalistes » ou « bourgeois ». Un tel discours, pour un historien, c'est un fait matériel, une pratique, un pouvoir, quelque chose de robuste, non réductible aux mots qu'il contient, si figés

---

1. « La RDA a-t-elle vraiment existé ? Entretien avec Étienne François », *L'Histoire*, 346, octobre 2009, p. 65.

qu'ils soient. Sonia Combe écrit ainsi : « À n'étudier la RDA que comme dictature, on prive de sens des vies entières qui s'étaient consacrées à l'édification de cet État austère et autoritaire et qui ont été flouées[1]. »

Ces innombrables discours sur la tradition de lutte, de la guerre des Paysans aux résistants, en passant par les spartakistes, par les mots comme par la pierre des monuments, j'ai eu envie de voir ce qu'il en reste, de voir ce qu'on en fait aujourd'hui. Toute une partie de cette tradition a disparu. Cela s'entend d'évidence pour toutes les exaltations du stalinisme, mais l'« iconoclasme » de l'unification est allé bien au-delà. C'est le cas, par exemple, pour des noms de rue qui ne portaient en soi aucune charge particulière, sauf celle d'être liée aux discours et vocabulaire de la RDA (« jeunesse », « solidarité », « amitié entre les peuples »), et qui renvoyaient à des traditions du mouvement ouvrier qui dépassaient de loin les usages qui en furent faits en Allemagne de l'Est ; voire à des époques bien antérieures comme la rue Thomas-Müntzer, ce réformateur radical du XVIe siècle, dont le nom disparaît à Neustrelitz (1992). La délégitimation de la RDA a emporté avec elle la délégitimation du passé qu'elle s'était construit, celui des luttes ouvrières, antimilitaristes, pacifistes et antifascistes qu'elle avait sélectionnées. Le passé de ce passé a perdu de sa valeur, bien des engagements ont été démonétisés pour le présent d'après 1990.

Au-delà même du culte des héros du mouvement ouvrier, l'unification a conduit à faire s'évanouir un ensemble d'objets, de choses, de la RDA : des uniformes de l'armée est-allemande (NVA), intégrée à la Bundeswehr, aux marques et produits d'époque, disparus ou absorbés, en passant par

---

1. Sonia Combe, « Usage savant et usage politique du passé », in *Ead.*, (dir.), *Archives et histoire dans les sociétés post-communistes*, Paris, La Découverte, 2009, p. 271.

tous les panneaux de propagande ou simplement de circulation et de prévention. On en retrouve beaucoup dans les brocantes ou dans les innombrables bâtiments laissés en friche. D'une certaine manière, la RDA, aujourd'hui, est un *pays de brocante*. D'autres objets sont conservés par des particuliers, en souvenir, par sympathie ou simplement comme cela, parce qu'on les a récupérés dans le désordre post-1990. Ainsi la RDA est devenue, aussi, un *pays à l'horizontale*, sur les tables des marchés aux puces, dans les greniers ou les garages, ou sur le sol des usines et immeubles abandonnés, toujours si nombreux.

Grand récit et Ostalgie

Aujourd'hui encore, le grand récit de l'histoire allemande, qu'il s'agisse de politique mémorielle, de musées, ou d'émissions télévisuelles, se présente souvent de manière binaire, caractérisant la RDA essentiellement comme l'échec d'une dictature dont l'histoire est une succession de crises, et dont l'unification qui a suivi la chute apparaît comme l'accomplissement et le miracle de l'histoire allemande. La Maison de l'histoire de Bonn illustre bien un récit en noir et blanc, démocratie et prospérité contre dictature et pénurie. « L'Est sert de négatif à l'Ouest », comme au temps de la guerre froide, écrit Matthias Steinle après avoir étudié les docudramas des années 2000[1].

L'histoire publique de la RDA s'écrit dès le début des années 1990 à travers le prisme de l'histoire politique d'une dictature oppressive et répressive. Elle doit procéder à la

---

1. Matthias Steinle, « Good Bye Lenin – Welcome Crisis! Die DDR im Dokudrama des historischen Event-Fernsehens », in T. Ebbrecht, H. Hoffmann, J. Schweinitz (dir.), *DDR – erinnern, vergessen. Das visuelle Gedächtnis des Dokumentarfilms*, Marburg, Schüren, 2009, p. 335.

délégitimation d'un «État de non-droit» (*Unrechtsstaat*). Pamela Hess a montré que les concepts qui apparaissent le plus souvent dans les textes officiels (1992-2006) tiennent à ce regard-là : «emprisonnement», «dictature», «mécanismes de domination», «mur, fuite, partition», «opposition et résistance». Les questions sociales et économiques arrivent bien après[1].

La force du discours «totalitaire», souvent entretenu et soutenu par l'Union chrétienne démocrate (CDU), soit la continuité établie entre les bourreaux – les nazis puis la RDA –, permet à ce grand récit de légitimer plus encore les transformations de l'après-1989, comme lorsque la prison de Berlin-Hohenschönhausen est qualifiée de «Dachau» du communisme[2]. Les orientations données à la politique de mémoire nationale allemande dans une synthèse de juin 2008 mettent avant tout l'accent sur la domination et la répression, subordonnant le regard porté sur la vie quotidienne, sur les relations sociales, à ce contexte. Du coup, les Allemands de l'Est sont souvent assimilés à des «résistants», au moins passifs, à l'entreprise de domination du SED, comme sur le site gouvernemental qui raconte l'unification allemande. Plus généralement, la survalorisation de l'opposition marque l'espace public[3].

La répression politique et la surveillance incessante de la sécurité d'État ne peuvent pourtant résumer l'«expérience

---

1. Pamela Hess, *Geschichte als Politikum. Öffentliche und private Kontroversen um die Deutung der DDR-Vergangenheit*, Baden-Baden, Nomos, 2014, 306 p., p. 18.
2. Carola Rudnick, *Die andere Hälfte der Erinnerung. Die DDR in der deutschen Geschichtspolitik nach 1989*, Bielefeld, Transcript Verlag, 2011, p. 735.
3. Irmgard Zündorf *et alii*, «Die Präsenz der DDR im Internet. Zwischen Ostalgie und kritischer Aufarbeitung», in Hans Joachim Veen (dir.), *Das Bild der DDR in Literatur, Film und Internet. 25 Jahre Erinnerung und Deutung*, Cologne, Böhlau, 2015, p. 134, 150-151.

RDA ». Car pour la grande majorité des Allemands de l'Est, elle ne fut pas une expérience *ordinaire*. Le schéma direct victime/bourreau ou oppression/résistance ne concerne qu'un nombre limité de ces ex-citoyens de RDA. La collaboration avec la sécurité d'État ne fut le fait que d'environ 2,5 % de la population. Et la RDA a laissé des « montagnes d'archives » (*Aktenberge*) et non « de cadavres » comme les nazis (*Leichenberge*), pour reprendre une expression, dont une des premières formulations revient à Manfred Stolpe (ministre-président du Brandebourg, ancien responsable des Églises en RDA) au moment du « tournant », et qui s'est largement répandue sous différentes versions. Pour bien des anciens de l'Est, la RDA ne se réduit pas à la dictature du SED, car, selon les mots de l'écrivain Hans Mayer dans sa *Tour de Babel* (1991) : « Les méfaits patents de cet État et des dirigeants qui sombrèrent avec lui ne peuvent effacer les nombreuses espérances, les réalisations, les formes d'expression d'une volonté démocratique commune. »

Ainsi, l'entreprise de délégitimation de l'« expérience RDA » extrêmement puissante dans l'Allemagne unifiée invite aussi à la réflexion. D'autant plus que certains acteurs, des historiens même qui y ont participé, trouvent désormais qu'elle est allée trop loin, qu'elle a fonctionné sans suffisamment de nuances[1]. Le responsable des archives de la Stasi, ancien opposant à l'époque de la RDA, Roland Jahn, dit aujourd'hui aussi que le travail de mémoire s'est trop concentré sur la sécurité d'État, qu'il s'est trop réduit à cela[2].

D'où le décalage que de nombreux Allemands de l'Est ressentirent dans les années 1990 quand la répression et la Stasi étaient au cœur des discussions dans l'espace public,

---

1. Thomas Großbölting, « Die DDR im vereinten Deutschland », *Aus Politik und Zeitgeschichte*, 25-26, juin 2010, p. 38, 41.
2. In Dietrich Schöder, « DDR-Vergangenheit zu stark auf das Thema Stasi reduziert », *Märkische Oderzeitung*, 30 novembre 2016.

loin de leur vécu. Lorsque, aujourd'hui, certains d'entre eux affirment : « On n'avait pas de bananes mais la sécurité sociale », il y a là, aussi, un « souvenir » qu'il faudra considérer. Souvent les mémoires est-allemandes mobilisent d'ailleurs les deux registres ensemble : répression-encadrement/ sécurité de vie. Dans leur diversité, elles ne peuvent donc s'inscrire dans le cadre public lorsqu'il est structuré par le triptyque dictature-propagande-répression. Il leur faut d'autres espaces pour se dire, se déployer ou se défendre. Nous les parcourrons dans ce livre. En 2014, Pamela Hess note qu'en plus de vingt ans les deux récits, « officiel » et « privé », ne se sont pas, ou peu, rapprochés[1].

Aujourd'hui encore, les disparités économiques entre les deux Allemagnes sont nettes, même si certaines différences s'estompent (comme en matière démographique). Outre les enjeux politiques et symboliques, l'unification a conduit à la disparition et à l'affaiblissement d'un ensemble de structures économiques, et, en particulier, à un taux de chômage important dans les nouveaux Länder. La production industrielle de l'ex-Allemagne de l'Est baisse considérablement en 1990-1991. La population active y est presque réduite de moitié dès 1992. Les salaires à l'Est demeurent inférieurs à ceux de l'Ouest, comme le soulignent encore les enquêtes de 2017 (30 % dans l'industrie, 15 % dans les services de santé). De même, il y a peu d'Allemands de l'Est dans les positions de direction, quel qu'en soit le domaine, comme le montre une étude de l'université de Leipzig en 2016, et l'évolution récente n'est pas favorable. Joachim Gauck et Angela Merkel font alors figure d'exception...

Dans ce double contexte d'écrasement symbolique et de relégation économique, avec un tempo propre, s'est

---

1. Pamela Hess, *Geschichte als politikum*, *op. cit.*, p. 210.

développé un ensemble de discours et de pratiques autour du souvenir de la RDA.

Dans un premier temps, immédiatement après l'unification, les Allemands de l'Est rejettent leur quotidien, en remplissant les poubelles des objets qui l'incarnaient, ce qui a une conséquense mesurable dans la différence de quantité d'ordures produites à l'Est et à l'Ouest (trois fois plus à l'Est). C'est l'époque du désir de Deutsche Mark, de l'envie de consommation comme à l'Ouest, qui prend un essor considérable (*Konsumrausch*), mais avec des différences d'intensité selon les produits. Les productions de l'Ouest, avec l'union monétaire, font disparaître, pour beaucoup définitivement, leurs équivalents relatifs de l'Est. Juste avant l'arrivée du Deutsche Mark, les magasins de l'Est avaient fait le vide des produits RDA, sûrs de ne plus les vendre. Partout, l'on se débarrasse de biens et symboles devenus inutiles, y compris des milliers de livres tout juste sortis de l'imprimerie à Leipzig, ils s'accumulent dans les rues, attendent le passage des camions-poubelles. La journaliste Sabine Rennefanz, originaire d'un village du Brandebourg et scolarisée à Eisenhüttenstadt, écrit dans ses souvenirs : « Sur le bas-côté s'accumulaient des séries d'étagères ou d'armoires au rancart. Les gens pensaient que, s'ils se débarrassaient de leurs meubles, ils se débarrasseraient aussi du passé[1]. »

Sauf en de rares lieux, tout ce qui ressemble à de l'art RDA, quelles qu'en soient les différences, est considéré comme nul et non avenu, décroché des musées, descendu dans les réserves, tandis que se pose la question de la conservation de toutes les œuvres, souvent démonstratives, originales ou de série, des institutions politiques et publiques, menacées elles aussi, en partie, de se retrouver à la décharge.

---

1. Sabine Rennefanz, *Eisenkinder. Die stille Wut der Wendegeneration*, Munich, BTB, 2014, p. 67.

Les bâtiments RDA détruits emportent parfois avec eux les œuvres murales (ainsi *Jugend* de Hans Jüchser dans un foyer d'apprentis du combinat de lignite de Lauchhammer). D'autres survivent à l'abandon, on le verra.

Une Berlinoise âgée me raconta que ce sont les médailles et décorations que ses proches l'incitèrent à jeter d'emblée, ne sachant pas de quoi l'avenir serait fait. Cette volonté d'oubli des objets se retrouve ailleurs à l'Est bien sûr, comme à Sofia où des Bulgares protestèrent contre le gouvernement d'anciens communistes, en déposant divers objets personnels liés au temps passé (médailles, livres...) devant le mausolée du dirigeant communiste du pays, Georgi Dimitrov – dont la dépouille venait d'être retirée –, signifiant ainsi la distance entre le régime défunt et leur histoire personnelle (juillet 1990). Comme un appel à se débarrasser des symboles inutiles du communisme, pour protester contre son passé et son présent, à le jeter à la poubelle[1].

Dès ces tout premiers temps, cependant, certains se mettent à rassembler et collectionner tout ce qui est jeté ou bradé par les autres, projetant déjà l'intérêt de faire mémoire du quotidien matériel de la RDA : Jürgen Hartwig à Berlin, Horst Häger à Brandebourg... Ce dernier, non sans regard critique sur certaines attitudes arrogantes de l'Ouest, dira, avec un accent brandebourgeois marqué, que le journaliste retranscrit : « Cela me faisait tout simplement mal de voir tout ce que l'on bazardait aux ordures. »

Puis, il y eut comme un retournement (relatif) en Allemagne de l'Est. L'intérêt renouvelé pour les produits de l'Est s'affirme dès fin 1991 et croît rapidement[2] : ce qui avait

---

1. Mila Santova, « La destruction rocambolesque du mausolée Dimitrov à Sofia : une résistance au passé », in Boris Petric *et alii* (dir.), *Europa mon amour 1989-2009 : un rêve blessé*, Paris, Éditions Autrement, 2009, p. 53-59.

2. Andreas Staab, « Testing the West. Consumerism and National Identity in Eastern Germany », *German Politics*, 6-2, août 1997, p. 145.

été jeté par tonnes, ou dont la production avait été arrêtée, est produit de nouveau ou revalorisé : plusieurs variétés des chocolats Zetti à partir de 1995, le café Rondo en 1997. De nombreux musées de la vie quotidienne en RDA sont fondés à partir de 1999. Le temps habituel (des dizaines d'années) se raccourcit pour les objets RDA entre la « phase poubelle » et le moment musée[1]. Nous verrons le destin de ces premiers gestes collectionneurs et mémoriels. En 2004, Häger dira avec ironie : « Ils ont tout balancé et ils veulent en retrouver beaucoup maintenant. »

Cet intérêt pour les productions commerciales de la RDA dépasse ici de loin la dimension fonctionnelle pour toucher aux constructions identitaires, aux enjeux politiques. La délégitimation générale de la RDA dans l'après-unification, et largement depuis, invite les « Ossis », les anciens de la RDA, à bâtir de nouveaux liens, de nouveaux réseaux avec leur culture matérielle, à la dessiner comme un lieu de « résistance symbolique » (Daphne Berdahl). Les objets et les hommes constituent de nouveaux collectifs. De nombreux Allemands de l'Est adoptent une stratégie défensive contre les discours, dominants dans l'espace public, qui prétendent au monopole et à la vérité sur la RDA, ceux des élites de l'Ouest et des anciens opposants/victimes du régime est-allemand, et qui demeurent centrés sur la dictature, l'oppression et l'échec économique[2]. Un « désir de revanche[3] » après les jugements et humiliations des premiers temps conduit à différentes pratiques politiques,

---

[1]. Andreas Ludwig, « Die Alltagskultur der DDR nach 1989/90 » in Martin Sabrow (dir.), *Bewältigte Diktaturvergangenheit ? 20 Jahre DDR-Aufarbeitung*, Leipzig, Akademische Verlagsanstalt, 2010, p. 97-98.

[2]. Voir la précieuse synthèse actualisée de Thomas Ahbe, *Ostalgie. Zu ostdeutschen Erfahrungen und Reaktionen nach dem Umbruch*, Erfurt, Landeszentrale für politische Bildung Thüringen, 2016, 104 p.

[3]. Emmanuel Droit, « De *Good Bye, Lenin !* au *DDR-Show*. Une vague de nostalgie allemande ? », *Vingtième Siècle. Revue d'histoire*, 81, 2004, p. 168.

sociales et culturelles, dont les objets participent. Ainsi constate-t-on le retour de rites du temps de la RDA, telle la *Jugendweihe*, rite de passage à l'âge adulte que l'Église évangélique dénonce comme nostalgie socialiste.

Les publicités pour les produits en question jouent d'ailleurs, même si l'entrepreneur est de l'Ouest, même si leur composition a évolué, de ces sentiments : « Notre Cola » (Club Cola), « Naturellement, tout ce que nous avons fait avant n'était pas mauvais » (Café Rondo), « Le goût reste » (cigarettes F6). Certains slogans opposent l'Est à l'Ouest, voire à l'unification. « Hourra ! Je vis encore », dit même une publicité pour le Club Cola (1991-1992) comme en écho aux difficultés de la clientèle à laquelle il s'adresse et qui subit les contrecoups économiques de l'unification, signifiant aussi, *in fine*, une traversée réussie[1]. Quant aux cigarettes Juwel, elles se posent en opposition explicite à la RFA : « Je fume Juwel, parce que j'ai déjà testé l'Ouest. »

Ces discours et pratiques ont parfois été subsumés sous le terme facile d'« Ostalgie ». Le mot semble avoir été forgé par le chansonnier de Dresde, Uwe Steimle (1992). Son emploi aujourd'hui n'est pas fixe – neutre, négatif, parfois positif – et n'a cessé de se développer dans les années 1990. Au départ, le terme n'était pas repris par les acteurs, et personne ne s'auto-définissait ainsi. Thomas Ahbe constate un retournement à partir de 1997 avec le développement de fêtes ostalgiques, les « Ossi/Ostalgie-Partys » de Ralf Heckel et la diffusion des produits de l'Est qui assument le mot.

Ce que l'on désigne comme « Ostalgie » emprunte donc des formes commerciales avec les marques de l'Est

---

1. Rainer Gries, « "Hurra, I'm Still Alive !". East German Products Demonstrating East German Identities », in Sibelan Forrester, Magdalena J. Zaborowska, et Elena Gapova (dir.) *Over the Wall. After the Fall. Post-Communist Cultures through an East-West gaze*, Bloomington, Indiana University Press, 2004, p. 190.

poursuivies ou relancées. Elle adopte aussi des formes touristiques et festives avec des fêtes « ostalgiques », entre Allemands de l'Est, cette fois, déguisés dans des lieux décorés avec des motifs RDA, en présence de sosies d'Ulbricht ou de Honecker. Ainsi, en 1999, à Francfort-sur-l'Oder, pour la sortie du film *Sonnenallee*, que nous retrouverons, 350 personnes se rassemblent pour une « Nostalgie-Party » dans le cinéma local décoré aux couleurs de la RDA, avec drapeaux des Jeunesses communistes (FDJ) et autres accessoires. Ces pratiques permettent de faire communauté entre Allemands de l'Est, sans forcément d'équivalences directes avec la réalité vécue en RDA. Comme le souligne Marina Chauliac, à partir d'entretiens, même ceux qui évoquent positivement le modèle politique de la RDA lui « ont toujours affirmé regretter la RDA non telle qu'elle était mais telle qu'elle aurait dû être[1] ».

Le terme « Ostalgie », sa chronologie et son contenu supposé ont suscité de multiples interprétations et de nombreux débats et controverses. Pour Lutz Niethammer, le noyau de cette nostalgie de l'Est tient dans les souvenirs du « collectif », entendu en particulier dans la communauté de travail, la brigade ; nous y viendrons[2]. Certains distinguent, un peu vaguement, une nostalgie « moderniste » qui ne cherche pas à revenir à la RDA, mais se fixe sur les possibles du passé, des objets et de modes de vie que l'on n'a plus. Une autre nostalgie est avant tout liée au « style », sans sentiment de perte, ni envie de retour[3].

---

1. Marina Chauliac, « Ostalgie sans regret » in B. Petric *et alii* (Dir.), *Europa mon amour 1989-2009, op. cit.*, p. 31.
2. Lutz Niethammer, « Das Kollektiv », in Martin Sabrow (dir.), *Erinnerungsorte der DDR*, Munich, Beck, 2009, 206-217.
3. Cf. Jonathan Bach, *What Remains. Everyday Encounters with the Socialist Past in Germany*, New York, Columbia University Press, 2017, en particulier le chapitre I.

Nous ne reprendrons pas l'« Ostalgie » comme catégorie d'analyse, non seulement parce que le terme masque de nombreuses différences de perception selon les acteurs, mais aussi parce qu'il minore les tensions à l'œuvre chez chacun, entre retour sur le passé et intégration à l'Allemagne nouvelle, entre analyse critique du régime et défense de son histoire de vie. C'est aussi un moyen de dévaloriser les critiques est-allemandes du processus d'unification, comme l'a souligné Daphne Berdahl. On verra d'ailleurs son rejet par plusieurs des acteurs que nous rencontrerons.

L'année 2003 aurait constitué un sommet du « retour de l'Est » avec, derrière le succès massif du film *Good Bye, Lenin!* de multiples Ostalgie-shows à la télévision, que certains analysent comme une nouvelle dépossession, tant ils sont marqués par une vision d'*entertainment* de l'Ouest. L'écrivain Ingo Schulze note ainsi : « Ces banals shows clownesques ont été faits pour l'Ouest[1]. » Forçant le trait, de nombreux auteurs soutiennent finalement qu'un sentiment d'appartenance est-allemand, largement partagé, est né avec l'unification et les déboires qui ont suivi (Jens Bisky, Peter Richter, Michael Rutschky...).

Tout cela est beaucoup étudié en Allemagne, sous les éclairages de différentes disciplines, tout comme l'évolution des oppositions Est-Ouest. Notre livre ne se veut pas une contribution de plus à cette « Ostalgie » ni aux représentations de la RDA dans la société allemande depuis 1990, d'autant moins que bien des productions sont marquées par un modèle moral, téléologique et normatif qui juge les évolutions à l'aune des progrès de la fusion des deux Allemagnes ou du rapport à la dictature. Il ne s'agira pas ici,

---

[1]. In Dagmar Jaeger, « "Only in the 1990s Did I Become East German" : A Conversation with Ingo Schulze about Remembering the GDR, *Simple Storys*, and *33 Moments of Happiness*; with an Introduction to His Work », *New German Critique*, 101, 2007, p. 153.

non plus, de faire un « bilan » de la RDA, ni de porter une appréciation sur les politiques de mémoire.

Traces

Ce livre se veut, plus de vingt-cinq ans après la disparition du pays, un travail sur les traces, sur la trace aussi comme figure de l'histoire, selon les principes d'une anthropologie symétrique, qui invite à ne pas lire l'histoire des « perdants » autrement que celle des « vainqueurs », à lui donner la même consistance, à prendre autant au sérieux l'histoire des uns que celle des autres. En ce sens aussi, les « traces » de la RDA ne peuvent se réduire à n'être que des objets ou des restes. Nous les envisagerons dans les collectifs qu'elles composent avec les humains, dans la manière dont elles sont saisies au présent.

Mais qu'est-ce à dire ? La discipline historique a souvent été définie comme connaissance « par traces ». Jamais l'historien n'aura un accès direct au passé, comme les sciences de la nature ont accès à leur objet, mais à travers des « traces » parvenues jusqu'à lui. Il lui faut alors faire « parler » ces « traces » pour reconstituer le passé, en essayant de « boucher les trous » qu'elles laissent entre elles par différents raisonnements et déductions. Nos « traces » relèvent de cette question de l'accès au passé par *bribes* mais nous leur donnerons aussi d'autres traits. Nous entendrons la « trace » comme un *abandon*, ce qui a été laissé là par les acteurs du passé, du présent, sans égard pour son insignifiance, pour sa faible valeur monétaire et sociale, mais du coup aussi comme un indice permettant de réfléchir à ce qui fait abandon.

Elle sera aussi conçue comme une *résistance*, quelque chose qui dure, quand autour, à côté, tout est bouleversé, quand disparaissent des équivalents, un non-humain dont il faut comprendre l'articulation avec son environnement. Cette résistance compose des collectifs avec les humains qui l'utilisent ou la valorisent.

Sous tous ces aspects, la trace n'a rien de naturel, elle est un *symptôme* qui permet d'interroger, d'enquêter sur des structures sociales, des rapports de force contemporains, le symptôme renvoie ici aussi à « une présence non visible, latente » (Joseph Morsel) et non pas à une absence ; à des « vestiges » (*Reste*) toujours actifs, à une non-contemporanéité susceptible d'être activée (Ernst Bloch). La trace n'est pas « involontaire », elle est toujours le produit d'un processus social.

En ce sens, il faudra aussi remettre ces traces dans des séries, leur restituer une continuité. Une trace historique existe par le collectif qui se compose entre ces non-humains et les humains mais aussi par celui qui lui donne un statut puis l'analyse. C'est par toute une série d'opérations que nous – après d'autres parfois – érigeons différentes « choses » du passé en traces. Il n'y a là rien d'inquiétant, à condition d'expliciter ces opérations ; nous y veillerons.

Ces traces de RDA pourraient aussi faire l'objet d'un regard transnational, voire d'une histoire mondiale, par les liens et prétentions internationales du mouvement communiste, et ceux de la RDA avec les partis et pays « frères ». Ce regard parcourrait tant la Russie, avec son musée des Antifascistes allemands de Krasnogorsk – une coproduction de l'URSS et de la RDA (1985), dans la ville où fut créé en 1943 le Comité de l'Allemagne libre (les fondateurs de la RDA) –, que les États-Unis, du restaurant « Walzwerk » (« Le Laminoir ») à San Francisco, jusqu'au musée fondé par un collectionneur, Justinian Jampol, près de Los Angeles, une vraie success-story à l'américaine qui transforme un jeune étudiant, fan d'objets RDA, en curateur de musée aux immenses ressources, soit plus de 100 000 objets (2002). Des auteurs se sont déjà essayés à recenser une *Ostalgie internationale*, prise dans un sens très souple, de Cuba au Mozambique en passant par la Syrie ou le Vietnamn dans un volume un peu disparate et inégal[1].

Ce serait une autre enquête, mais un exemple français en donnera juste un aperçu. Il est toujours un petit coin de RDA, éphémère en France : c'est le stand à la fête de l'Humanité, en septembre, du quotidien *Neues Deutschland (ND)*, l'ancien journal officiel du régime qui continue sa destinée proche du parti de la gauche allemande – Die Linke –, et entretient la mémoire de la RDA par de nombreux reportages et analyses, non sans distance critique. Les deux stands, Die Linke et *Neues Deutschland*, sont toujours côte à côte. Mais c'est celui du journal qui propose des objets RDA en décoration et surtout à la vente. De moins en moins au fil des années, mais encore de manière substantielle : images de propagande, allumettes, badges, voire fanions. Il y a notamment une boîte remplie de pin's d'origine du Parti communiste (SED), le fameux « bonbon », et aux couleurs de la RDA. Du coup, le lieu s'anime parfois de discussions à son sujet, avec un ancien professeur d'allemand qui y vécut, avec un autre militant au verbe haut, qui travailla à Halle, et explique qu'il servait tout naturellement la Stasi dans le contexte de lutte politique et de guerre froide d'alors. Le retraité qui tient le stand me devient familier d'année en année, nous parlons de plus en plus. Le lieu se compose aussi autour de la trace.

À vrai dire, à la fête, un autre stand entretient plus furtivement le souvenir de la RDA : celui d'un courant communiste ultraorthodoxe et stalinien, le « Pôle de renaissance communiste en France » (PRCF). C'est avec des

---

1. Thomas Kunze, Thomas Vogel (dir.), *Ostalgie international. Erinnerungen an die DDR von Nicaragua bis Vietnam*, Berlin, Ch. Links, 2010, 256 p.

militants de cette tendance que s'est constitué un « Comité Honecker » pour soutenir les dirigeants de RDA poursuivis en justice après 1989, et au premier chef Erich Honecker. En 2016, le stand arbore encore fièrement une banderole « Comité Honecker » – même si le nom du comité a changé, Honecker est mort il y a plus de vingt ans – et, parmi d'autres, flotte un authentique drapeau de la RDA.

Le stand de *Neues Deutschland* entremêle comme deux temporalités. Il y a le journal du jour, toujours proposé gratuitement, et des produits marketing à ses couleurs, y compris des sacs en plastique. Un journal bien vivant. Et puis tous ces petits objets d'un autre temps, un peu figés, qui côtoient le stylo ou le ballon tout neuf à l'effigie de *ND*. À côté, un vendeur de tee-shirts aux motifs révolutionnaires ou RDA-ostalgiques, allemand lui aussi, et que je croiserai à Berlin dans les stands de la manifestation en mémoire de la mort de Rosa Luxemburg et de Karl Liebknecht, propose toujours quelques pièces authentiques parmi les répliques de petites Trabant pour touristes : calots de l'armée (*Nationale Volksarmee*, NVA, « Armée nationale du peuple ») ou drapeaux rouges du 1er Mai. À partir de 2016, *Neues Deutschland* n'a plus eu de stand à la fête de l'Huma, « pour des raisons de coût », m'indique un voisin de Die Linke, la trace, là aussi, s'efface. Et, en 2017, le PRCF n'a pas accroché le drapeau RDA...

Tous ces objets-traces seront au cœur de notre propos. Nous prêterons attention à leur « biographie », à leur « carrière » pour reprendre des termes utilisés dans les sciences sociales. Nous les prendrons au sérieux. C'est-à-dire que nous n'en ferons pas des reliques figées mais que nous réfléchirons à leurs trajets, aux retournements de leur emploi, à ce qu'ils disent des temps qu'ils ont parcourus, à leurs changements de statut, et ce que ces changements disent sur les humains qui les accompagnent, ou ce qu'ils leur font.

INTRODUCTION

Explorations urbaines

Dans le cadre de ce livre, par goût propre aussi, j'ai visité de l'intérieur quelque 206 ensembles délaissés et en ruine (2012-2018), plus d'un millier de bâtiments, qui ont été utilisés ou habités à l'époque de la RDA, de Schwerin jusqu'à Zwickau, de Magdebourg à Francfort-sur-l'Oder ; et plusieurs centaines d'autres ensembles, que l'on ne pouvait parcourir que de l'extérieur. Nous verrons comment l'on peut faire parler ces lieux, y lier le passé et le présent, le silence et l'histoire. Il y en a tellement que, lorsque le journaliste et écrivain Jochen Schmidt, parfois qualifié d'« ostalgique », arrive devant les portes d'un grand combinat pétrochimique toujours actif (Schwedt), il évoque « ce sentiment rare et exaltant de se trouver, à l'Est, devant l'entrée d'une usine, derrière laquelle on ne trouve pas de ruines[1] », et avec de vrais ouvriers.

L'articulation entre l'exploration des lieux et la lecture documentaire, qui la précède ou la suit, est assez troublante. Ainsi peut-on passer devant un site abandonné, sans savoir ce qu'il est, et méditer sur la ruine, sa situation dans l'espace et puis lire, ensuite, dans les publications de l'époque RDA, un article triomphaliste qui vante et décrit sa production, l'engagement de ses ouvriers dans la construction du socialisme. Ainsi s'instaure un va-et-vient, une tension, entre le présent observé et le passé lu, qui fait la matière du livre. L'historien Antoine de Baecque s'y est essayé dans une *Traversée des Alpes* qui lie l'expérience du marcheur, tenant son journal, et l'analyse de l'historien qui retrace les histoires de la montagne et de la randonnée. Il définit une « histoire marchée » qui « consiste [...] à décrire

---

1. Jochen Schmidt, *Gebrauchsanweisung für Ostdeutschland*, Munich, Piper, 2015, p. 49.

une série d'expériences personnelles du corps, du terrain, des rencontres, en les plongeant dans une forme d'historicisation qui leur donne sens et profondeur ».

Il y a bien ici ces expériences-là, mais elles s'inscrivent dans une forme autre, plus incertaine, moins balisée, l'« exploration urbaine » (urbex), avec une ligne unique, les traces. Nous voulons ainsi rendre compte d'une longue « urbex » de la RDA. L'« urbex » forme une petite communauté, concrète ou virtuelle, dont les membres se retrouvent autour du goût pour ces lieux délaissés et interdits, qu'ils visitent hors du temps urbain contemporain. Certains « urbexeurs » sont avant tout photographes et font de ces lieux le terrain privilégié de leur art, d'autres sont des graffeurs et profitent d'immenses espaces et murs en liberté. D'autres encore s'intéressent surtout, de cette manière un peu sauvage, au patrimoine et à l'histoire locale. Parmi ces derniers, certains valorisent, à travers la pratique de l'urbex, une « autre » histoire, un récit alternatif, des anti-narrations, qu'on ne trouverait pas dans les livres d'histoire, dans une histoire « officielle »[1]. Les photos mises en ligne, souvent avec un souci de classement et d'organisation documentaires, veulent alors faire trace et histoire(s). Parmi les plus aguerris, on trouve de véritables aventuriers urbains défendant un rapport libertaire et critique à l'espace, un autre lien avec la ville, qui brise les contraintes dominantes. Certains d'entre eux se constituent en équipes, plus ou moins éphémères, et pénètrent tous types de lieux, même très sécurisés ou dangereux (comme des ponts de chemin de fer, des chantiers en construction, ou des stations de métro abandonnées) – de vrais « hackers » de lieux (Bradley Garrett). Internet sert alors de miroir à leurs exploits, parfois très renommés.

---

1. Bradley Garrett, *Explore Everything. Place-Hacking the City*, Londres, Verso, 2013, en particulier p. 6, 36-38, 41, 64, 70, 184.

INTRODUCTION

Bien sûr, les motivations s'entremêlent et ne se résument pas toujours à l'une des catégories évoquées. Ceux qui ont un rapport réflexif à leurs pratiques ont défini des règles de visite, comme un code de conduite que l'on retrouve dans leurs interventions ou interviews, sur les forums et les sites. Parmi celles-ci, quatre sont souvent rappelées : ne jamais casser ou briser pour entrer, ne rien dégrader, ne rien emporter car c'est retirer de son cachet au lieu, ne pas divulguer les adresses pour éviter que les endroits abandonnés ne s'abîment de trop de visiteurs. Comme toutes les normes, celles-ci subissent des entorses, et l'un des plus beaux sites du « Berlin abandonné » donne les adresses et précise même comment y entrer. Son créateur fait de l'urbex une pratique de partage patrimonial, non sans recevoir la critique des défenseurs d'une pratique de communauté « insider ».

Pour ma part, c'est la troisième règle que je n'ai jamais respectée : lorsque des objets ou archives à l'abandon m'ont plu ou paru intéressants, je les ai emportés. On les retrouvera. À la différence de beaucoup d'urbexeurs, cependant, l'exploration ne fait sens pour moi qu'inscrite dans un travail documentaire et critique.

Ce livre est également nourri de rencontres avec d'anciens citoyens de la RDA, à dessein ou de hasard, durables ou éphémères ; quelques mots échangés sur un banc, dans un taxi, ou dans un zoo, comme avec Bussenius, ou bien de véritables entretiens. Deux ans d'enseignement à l'université de Francfort-sur-l'Oder (2015-2017) m'ont permis de les multiplier.

Parfois la rencontre fortuite produit un vrai moment d'échange, comme avec V. (1er mai 2016). Je suis dans le train entre Francfort-sur-l'Oder et Berlin, la tête plongée dans mon ordinateur. Il monte l'air débonnaire, tout rouquin, tout gros, avec plein de sacs et de pochettes attachés sur lui et me demande dans quel Landkreis se trouve Fürstenwalde où il vient de monter, question importante pour les billets de train. Je lui réponds. Il continue à me parler, je montre que je suis en train de travailler et puis, progressivement, je cède à sa sympathie et à son envie de discuter. Il me raconte que bien que *Rentner* («retraité», il a été malade), il cherche en vain un emploi pour gagner un peu plus afin de se procurer quelques plaisirs supplémentaires. Il me dit qu'il a plusieurs formations pourtant, électricien et pompier, mais il ne trouve pas ou seulement des places de pompier volontaire où l'on ne gagne rien. Berlinois, il vit à Eberswalde. Il me demande quel métier j'exerce, et immédiatement il me colle sur deux dates : Teutoburger Wald – bataille mythique où le chef germanique Arminius vainquit les Romains – et la révolte de Spartacus. Je les situe correctement mais il veut les dates précises... Sa colle me donne à penser immédiatement qu'il a été socialisé en RDA : qui, au monde, à part un «Ossi», dans un train, demanderait à un inconnu la date de la révolte de Spartacus? Je profite donc de son envie de raconter sa vie pour le faire parler de son enfance. Il vient s'asseoir à côté de moi, après un petit bout de temps, me montre des photos de son fils, je fais pareil, me montre sa carte d'identité, je ne sais pas trop pourquoi. Il a vécu en RDA jusqu'à quinze ans, il en garde un bon souvenir. Sportif (lutteur au Dynamo), il a beaucoup voyagé dans le pays. Il se souvient de relations familiales et sociales plus fortes que ce qu'il voit aujourd'hui, de plus de liens et le regrette. Il vante aussi de nombreux avantages sociaux, notamment pour sa famille nombreuse, en particulier sa prise en charge alimentaire à l'école (*Freiesser*). Comme tous les enfants ou presque, il était aux pionniers et puis à la FDJ. Il me dit : «En RDA, il fallait s'inscrire dans le courant», d'autant plus que, voulant devenir policier, il avait intérêt à participer aux instances de socialisation comme attendu. Rien n'était possible sans cela, sans être au parti, répète-t-il. Pourtant, son père, transporteur de pianos, fut jugé et condamné pour « tentative de fuite de la République ». Il n'exprime pas de rancœur. Il s'insurge plutôt contre les « Ossis », « stupides », qui crient maintenant pour avoir un emploi et un logement, quand ils criaient alors pour avoir du chocolat et le droit de voyager. « Voyager librement », s'amuse-t-il, faut encore en avoir les moyens... Tout cela, dit-il, lui, ne le découvre pas. À l'école, insiste-t-il, on présentait un tableau comparé des avantages et des inconvénients du capitalisme et du socialisme. Il savait donc combien tous ces rêves de voitures de sport et autres se paieraient. Sa maison à Prenzlauer Berg a été rénovée après l'unification, il a dû déménager et maintenant, me raconte-t-il, elle est occupée par des riches « Wessis » (les habitants de l'ex-Allemagne de l'Ouest). Le quartier, devenu très attractif après 1990, a subi une importante réhabilitation et un renchérissement, qui ont provoqué un renouvellement de la population, souvent vécu comme une « dépossession » par les Allemands de l'Est qui y habitaient.

V. s'indigne aussi de tous ces jeunes nazis, qui n'ont rien dans le crâne, n'ont rien connu, mais investissent des quartiers de Berlin-Est comme Marzahn, grands ensembles construits dans les années 1980. En 2015, en effet, dans cet ancien fleuron de la politique de nouveaux logements en RDA, plusieurs lieux d'accueil de réfugiés ont fait l'objet de manifestations hostiles. Tout ce qu'il me raconte est très précis, réfléchi, et, en même temps, le personnage est un peu bohème. J'hésite à garder ses coordonnés lorsque nous nous séparons à la gare centrale de Berlin, après une bonne heure de discussion. Je ne le fais pas, tout tient, sans doute, dans cette heure au cours de laquelle se sont articulés bien des registres du souvenir évoqués jusqu'ici, ses ambivalences et ses ambiguïtés. Dans ce Frankfurt-Berlin, je parlerai une autre fois avec un ancien cheminot ravi de sa vie actuelle, de l'unification, mais sans dénigrer la RDA, et puis cette vieille dame, ouvrière du textile qui regrette le déclin de sa ville (Löbau) et me dira combien il était positif de pouvoir planifier son existence dans un contexte assuré.

Pour travailler ces questions, j'ai aussi fréquenté, on s'en doute, des centres d'archives et des bibliothèques... Et notamment la bibliothèque de l'Institut historique allemand de Paris (IHA). Le lieu offre l'apparence d'une puissance tranquille, dans un bel hôtel du Marais. La salle donne sur une cour intérieure. Jamais remplie, elle permet de travailler dans un calme rare pour une grande bibliothèque parisienne. Non seulement le fonds sur l'histoire de l'Allemagne est riche, mais, en plus, bien doté. L'Institut achète volontiers les livres qui lui sont suggérés pour des raisons de recherche. J'y fais donc venir les travaux sur la RDA qui me sont utiles. Mais le lieu lui-même garde une trace entêtante et démultipliée, à savoir le tampon du fonds du centre culturel de la RDA à Paris (ouvert en 1983), qui lui est partiellement revenu. De nombreux ouvrages portent en effet, outre la marque récente de l'IHA, celle, barrée parfois, de « Centre culturel de la RDA », ou alors « *Geschenk* », c'est-à-dire « don » du même organisme (cliché ci-dessous). Ce tampon me laisse toujours un sentiment mêlé.

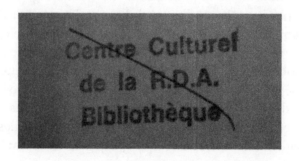

INTRODUCTION

Celui d'une forme de domination culturelle des vainqueurs qui ont inscrit ces livres dans leur ordre propre (la cote « Ch = RDA » comme le précise les bibliothécaires au moment de l'inventaire), leur ont donné une autre signification en les plaçant dans un fonds d'ensemble, et, en même temps, ce tampon qui n'est pas effacé apparaît comme une trace par excellence. Quelque chose qui reste, quelque chose qui parle d'un autre temps, d'une autre existence, toujours résistante.

Avec l'unification (1990), ce centre parisien de la RDA ferme ses portes. Il fallait agir vite, se souvient une bibliothécaire, les livres étaient pratiquement déjà sur le trottoir. Une note dans les archives de l'IHA datée du 7 septembre 1990 annonce la dissolution et prévient que de nombreux ouvrages relèvent de l'histoire, précise encore que l'Institut Goethe n'en veut pas. Quatre jours plus tard une autre note détaille l'organisation souhaitable de la livraison après que la sélection des volumes retenus a été faite. Le 13 septembre, avant même l'unification officielle, les livres se trouvent déjà dans les réserves de l'IHA[1].

Au final, ce livre aimerait convier à un voyage par trois routes. La première est la route au sens concret, qui fait se promener dans l'ancienne RDA : c'est le parcours matériel. La deuxième, plus abstraite, est une invite à s'arrêter sur ses traces pour s'interroger à propos des liens de ce passé avec le présent. La troisième, enfin, amène à penser les traces en historien, ce qu'elles sont, ce que l'on peut en faire, ce qu'on peut leur faire dire.

Dans les usines ou les écoles laissées à l'abandon, dans les brocantes, il arrive que l'on récupère des dossiers individuels, traces des vies de la RDA. On racontera six d'entre

---

1. Dossier « DDR Kulturinst. Geschenke », archives de l'Institut historique allemand de Paris.

elles, autant pour ce qu'elles disent que pour réfléchir au sens de la trouvaille (chapitre I). Les traces, ce sont encore les milliards d'objets de la RDA qui ont connu de nouveaux destins depuis la chute du Mur. Nous en suivrons une dizaine (chapitre II). Après ces histoires de RDA, nous partirons sur les traces spatiales de ce pays disparu. Que voit-on encore de la RDA ? Et comment les dialectiques et les tensions du passé se lisent-elles dans l'espace public (chapitres III et IV). La promenade conduira ensuite, étonnamment, en Allemagne de l'Ouest, à Bochum, avec de petits détours par Hambourg et Oberhausen. Elle suivra ceux qui célèbrent, aujourd'hui, le souvenir de la RDA (chapitre V).

De nombreuses œuvres ont aussi voulu fixer le passé, pour en jouer, pour sauver des mémoires, parler de soi ou même distraire. À travers le cinéma et la littérature, nous les regarderons, nous les écouterons, sous le prisme de la trace (chapitre VI).

I

Archives en errance, histoires de vie

La trace de hasard peut-elle raconter une histoire ? Et laquelle ? La RDA abandonnée est un bon terrain pour s'interroger ainsi. Partout ou presque, la déprise démographique, économique (et politique) a conduit à l'abandon. Les usines délaissées charrient leurs lots d'objets et de documents gerbant de cartons ou classeurs, à même le sol ou sur des étagères plus ou moins debout. Il y a là, parfois, des actes personnels et confidentiels, y compris des dossiers politiques et médicaux. Le chercheur, devenu explorateur urbain, se trouve confronté à un tri pour lequel il n'est pas armé officiellement : le chaos documentaire, l'illisibilité complète de l'espace, la saleté quelquefois repoussante dans laquelle se trouvent les archives. Sans compter l'insécurité de ces lieux abandonnés, du plancher peu sûr aux obstacles de toutes sortes, dont la rencontre de visiteurs peu recommandables. Tout incite à ne pas trop prendre son temps. À défaut du temps, dès lors, seuls la chance et le coup d'œil permettent de séparer l'intéressant de l'accessoire. Ces archives dévalorisées se retrouvent aussi en nombre dans les brocantes, comme celle installée dans les immenses halles de l'ancienne chaufferie (*Heizhaus*) à Dresde : entre mille autres choses, des cartons entiers d'archives manifestement emportés de bâtiments délaissés, de la blanchisserie de Dresde ou du grand combinat « Textima ».

Le passé RDA délégitimé, on l'a dit, dans l'espace public n'incite pas forcément, non plus, à garder les archives familiales ou personnelles liées à cet État. Ce chapitre se confronte ainsi au document abandonné ou négligé, à la fois comme trace du passé et comme potentiel, aussi, toujours au présent. Comment faire trace ? Car, après tout, de tout cela on peut se ressaisir.

Femmes au travail

Johanna, s'adapter à la nouvelle Allemagne

La première fois, ou presque, que j'ai regardé, à partir de documents de première main, un bout de vie d'un(e) citoyen(ne) de RDA, ce fut celui de Johanna Klepel dont j'avais trouvé la trace dans un dossier acheté chez un brocanteur de Weimar. Chaque fois que j'entre dans son échoppe au début de mon enquête, je suis un peu excité ou ému. J'ai comme l'impression que sa boutique, plutôt étroite, condense sans ordre chronologique l'histoire de l'Allemagne contemporaine : s'y entremêlent des objets du temps du Kaiserreich, d'autres de Weimar, de l'époque nazie, ou encore de la RDA. Le vendeur semble toujours me regarder un peu étonné, un peu plus loquace à chaque visite, me parlant de Paris, mais sur ses gardes car je négocie beaucoup et je sens que cela déroge aux habitudes de vente, ici, à l'Est. Il ne cherche pas vraiment à vendre d'ailleurs. Je lui dis mon intérêt pour ce qui touche à la RDA ou aux lettres de soldats de 14-18 et il ne sort ses trésors, cachés dans des armoires ou dans la réserve, que progressivement. Il me faut parfois y revenir à plusieurs reprises, changer la tournure de mes demandes, évoquer des objets précis. Je ne sens aucune hostilité, il donne plutôt l'impression de ne pas vraiment vouloir déranger en offrant autre chose que ce qui est exposé. Je finis toujours par trouver plus que ce qu'il me propose. Ici, ce n'était pas tant le contenu des documents que le porte-documents officiel qui m'avait attiré, et puis, bien sûr j'ai lu, rapidement recherché, en vain, sur le Web, si la dame avait laissé des traces repérables en ligne. C'est troublant pour l'historien habitué à partir d'un questionnaire ou d'une source, d'un fonds d'archives, de se demander que faire de quelques documents épars, tout à fait ordinaires, dont la découverte n'est liée qu'au goût de l'objet qui les contient, qui les porte. Reconstituer un parcours à partir de quelques feuillets rend saillant des vides, des béances, des enjeux que l'on aimerait cerner.

Johanna Klepel est née pendant la Grande Guerre, en 1917, sur l'île de Föhr, en Frise, à l'extrême nord de l'Allemagne. Les documents présents – attestations de la ville de Leipzig, contrats de travail, une série de diplômes – ne permettent que de la retrouver à Leipzig en 1945 où elle travaille pour les autorités municipales et d'abord au service de nettoyage, dès le 16 mai, en tant que traductrice de l'anglais et sténo. Elle sert ensuite le bureau de la construction et travaux publics (1949) comme sténotypiste, puis occupe d'autres fonctions. Elle est alors décrite comme très zélée et efficace.

Les troupes américaines viennent d'entrer dans la ville le 18 avril 1945, sans véritables combats. Il faut donc tout organiser, d'autant plus que Leipzig a été partiellement détruite, particulièrement dans son centre par les bombardements alliés et notamment celui du 4 décembre 1943. Les populations sont pour beaucoup dans la détresse et la misère. En décembre 1945, 61 000 habitants restent sans logement.

C'est sans aucun doute dans cette liaison avec l'occupant américain que sert le travail de traduction de Johanna. En juillet, après les accords entre les puissances victorieuses, la ville entre dans la zone d'occupation soviétique. Il s'y applique les mesures d'ensemble propres à l'Allemagne que les Russes contrôlent.

Manifestement Johanna s'intègre bien aux normes du nouveau régime puisqu'elle accomplit une session de formation syndicale de permanente de la centrale syndicale FDGB avec la mention « très bonne réussite » (1947-1948). Première organisation de masse, fondée en 1946, la FDGB devient le syndicat unique de la RDA après sa création en 1949, auquel 97 % des salariés sont rattachés en 1987. L'ordonnance de 1947 des autorités soviétiques en fait une force de mobilisation des ouvriers au travail. À l'époque où Johanna se forme, c'est déjà une institution sous contrôle du SED puisque le parti détient les quatre cinquièmes des postes de direction. En novembre 1948, Herbert Warnke est nommé à sa tête, et, dès lors, dans la prolongation de la politique soviétique, « le nouveau syndicat va s'assurer la prépondérance absolue dans l'entreprise, adopter les principes du centralisme démocratique et se transformer en courroie de transmission du parti. La mobilisation politique et syndicale des femmes restant en retrait de celle des hommes, les politiques de formation volontaristes font ainsi l'objet d'une attention constante [1] ». Ainsi, en 1952, une circulaire du ministère de la Construction des machines invite à faire des listes de femmes qui devront se former dans les différentes écoles techniques et politiques, notamment du parti et du syndicat, comme Johanna.

---

1. Sandrine Kott, *Le Communisme au quotidien. Les entreprises d'État dans la société est-allemande*, Paris, Belin, 2001, p. 68, 243. Un livre pénétrant, sur lequel nous nous appuyons aussi dans les paragraphes qui suivent.

Peu après son stage, elle est « louée publiquement » (*öffentlich belobigt*) lors de la Journée internationale de la femme en 1949. Cette journée, célébrée le 8 mars, fait l'objet d'une grande mobilisation collective et politique en RDA. Dans les entreprises, les femmes de la brigade reçoivent une attention particulière, des remises de cadeaux et des surprises parfois. Il y a à la fois des célébrations officielles et des festivités plus informelles : « Cette attention particulière portée au 8 mars sur le lieu de travail n'est pas fortuite car, en RDA, la question des femmes se confond largement avec celle des femmes au travail[1] ». Comme lors d'autres cérémonies, les festivités sont l'occasion de la remise de distinctions et décorations aux femmes de l'entreprise, comme pour Johanna. C'était une pratique courante et constante en RDA que d'attribuer ces récompenses, sous forme de diplômes, de médailles, de broches, de pin's, d'épingles, avec des primes associées.

Dans les années 1950, le parti encourage l'entrée massive des femmes dans le travail salarié. L'égalité des sexes doit s'accomplir au travail, mais, en réalité, de nombreuses brigades féminines sont dirigées par des hommes et ces festivités, par leur caractère de concession, manifestent « la domination masculine dans l'usine socialiste[2] ». Johanna, comme Heidrun que nous rencontrerons sous peu, illustre cette surreprésentation des femmes dans le secteur tertiaire ou dans les métiers administratifs et de services, des positions souvent moins valorisées dans les représentations du travail socialiste. Cette tendance s'amplifie dans les années 1970-1980. Les femmes restent aussi sous-représentées dans les grades les plus hauts.

---

1. Sandrine Kott, *Le communisme au quotidien*, *op. cit.*, p. 237.
2. *Ibid*, p. 261.

Le troisième temps dessiné par les documents de Johanna en fait une secrétaire et sténo pour l'entreprise « Rationalisation et études » de Berlin, branche de Leipzig. L'« entreprise propriété du peuple » (*Volkseigener Betrieb*, VEB) fait partie du combinat « Fortschritt » (« Progrès ») qui construit des machines agricoles. Johanna touche 700 marks (en 1975) puis 750 marks (en 1980) par mois. En 1976, elle reçoit un diplôme pour son engagement dans les mouvements des « innovateurs » (*Neuerer*), une de ces campagnes d'émulation au travail lancées par le régime, dès ses débuts, et plusieurs fois actualisée et réactivée, pour encourager les travailleurs à proposer des améliorations techniques, de productivité – la réduction des coûts en particulier – ou de sécurité. Dans une usine de charnières abandonnée de Zeitz (dans le sud de la Saxe-Anhalt, avril 2015) gisent sur le sol encore des dizaines de livrets vierges de l'« innovateur » frappés aux armes de la RDA, à peu près contemporains. Ils soulignent combien il faut ici tirer parti de l'expérience de l'Union soviétique et, derrière le congrès du parti, rappellent que « la rationalisation socialiste doit être étroitement liée à l'amélioration des conditions de vie et de travail ».

En 1985, pour les quarante ans de la FDGB, sa qualité de syndiquée de longue date désigne Johanna en tant qu'invitée d'honneur à la fête organisée à cette occasion. Elle reçoit un diplôme « en reconnaissance du travail accompli au service de la classe ouvrière ». L'ensemble des autres diplômes (*Urkunde*) qui accompagnent les pièces administratives semble encore témoigner de cet engagement au service du collectif socialiste. Elle doit être membre du SED puisqu'elle est désignée comme « camarade » (*Genossin*) dans un des diplômes.

Cette notion de « collectif » est centrale en RDA et dans les souvenirs contemporains, on l'a dit. Dans l'entreprise, elle s'incarne dans la « brigade » de travail. Le collectif est à la fois une instance de socialisation (socialiste) des individus, de construction du vivre ensemble, une instance de mobilisation au service de la société, notamment lors des rituels politiques qui scandent la vie en RDA, et une instance d'encadrement, voire de contrôle politique, qui tend à supprimer la distance entre ce qui relève du privé et du public.

Les premières brigades de production naissent en 1947-1948 dans la zone d'occupation soviétique, permettant ainsi la constitution d'une certaine autonomie ouvrière. Dans les années 1950, de grandes campagnes sont lancées pour les constituer. Elles évoluent vite en un groupe d'encadrement et de mobilisation, un groupe de travail et de vie. Le terme de « collectif » l'emporte d'ailleurs sur celui de « brigade ». Ces collectifs reçoivent des distinctions en tant que tels. Celui de Johanna, dont le nom diffère selon les années, obtient ainsi le titre d'honneur, matérialisé par un diplôme de « Collectif du travail socialiste » plusieurs années successives, de 1970, le premier conservé dans le dossier, à 1981. À vrai dire, à partir de 1973, l'attribution de tels titres connaît une véritable inflation car la limitation imposée est supprimée. À la fin des années 1980, plus de 80 % des brigades reçoivent des titres d'honneur. À cela s'ajoutent, pour Johanna, des distinctions individuelles, comme en 1974 « en reconnaissance d'accomplissements particuliers dans l'émulation (*Wettbewerb*) sociale lors de la réalisation du plan d'économie du peuple ».

J'ai eu envie de voir l'endroit à Leipzig où Johanna avait travaillé de longues années, l'imaginer sur le trottoir le matin et le soir. Les immeubles à l'adresse indiquée dans la Waldstrasse, non loin du centre historique, ont été rénovés. Ils sont notamment occupés par un cabinet d'avocats et des experts en marketing. La tranquille bourgeoisie allemande a remplacé le combinat socialiste « Progrès », qui n'a laissé aucune trace extérieure ici. Il serait possible d'en savoir plus sur Johanna en recourant aux archives publiques, mais par ces quelques paragraphes, nous voulions seulement dire combien quelques feuillets laissés chez un brocanteur peuvent déjà, remis en contexte, esquisser un moment et une silhouette. Le dossier abandonné de Heidrun, lui, nous conduit plus loin encore.

Heidrun, l'idéal abîmé

Ce n'était pas complètement le hasard qui me fit croiser l'usine abandonnée de Kali-Chemie. J'avais eu envie de consacrer plusieurs jours à arpenter spécifiquement, pour la première fois (été 2014), ces lieux délaissés de l'industrie de RDA. Ils abondent dans les régions industrielles du Sud en particulier, autour de Dresde, Karl-Marx-Stadt (aujourd'hui Chemnitz), Zwickau, Leipzig, Halle... Par où commencer ? Parmi les noms mythiques qui résonnaient à mes oreilles, ceux d'Hoyerswerda et de ce fameux combinat de la « Pompe noire » (*Schwarze Pumpe*) où nous retournerons. De là, direction Bernsdorf, sur la route de Dresde, où se trouvait à l'époque de la RDA un site (*Betriebsteil*) de l'entreprise VEB Synthesewerk Schwarzheide (SYS). Ce sont souvent les objets que j'ai récupérés ici ou là – pour SYS une compresse et une éponge dure – qui me guident dans la recherche des traces industrielles. Comme l'expérience le montre, dans ces explorations, on tombe souvent sur d'autres bâtiments que ceux recherchés, tant les ruines et sites abandonnés sont nombreux sur les routes de l'ex-RDA. Ainsi, à Bernsdorf, une grande bâtisse sur la rue m'arrête dans le centre de la petite ville. L'entrée, avec sa barrière et sa guérite abandonnées, signale la porte d'accès pour le personnel de l'usine. Un premier bâtiment, qui semble administratif, est facile d'accès, je m'y faufile. Il a gardé de nombreuses traces de la RDA, des panneaux de sécurité sur les murs, tout un matériel d'écriture de la fameuse firme « Barock » de Dresde, en particulier de l'encre. Après la barrière, on pénètre dans l'usine proprement dite, avec des bâtiments industriels, quelques machines abandonnées et des remises de stockage, dont l'une remplie d'ampoules de la célèbre marque Narva (Berlin). Dans une pièce sombre, je découvre les archives de l'entreprise, qui me permettent de l'identifier.

Le travail de l'historien dans les archives est une confrontation avec un monde extrêmement ordonné, selon des ordres successifs qui ne sont pas les siens : l'ordre initial de conservation ou de classement des archives, puis celui des différents ordonnancements archivistiques que celles-ci ont subis. L'accès aux documents suit ensuite tout un protocole : il faut s'inscrire, trouver les cotes, les demander, parfois selon des conditions particulières ou restrictives, soutenir le regard du personnel qui vous toise et vous évalue. Autrement dit, entre l'idée d'une recherche en histoire et le moment où les archives nécessaires se trouvent devant soi, il y a une succession d'opérations, qui tiennent parfois de la légitimation progressive du chercheur confronté à un ordre symbolique et matériel extrêmement puissant et contraignant. La consultation elle-même, dans une salle publique, suit un protocole rigoureux, explicite suivant les règlements des archives et implicite dans le rapport que l'on entretient avec le document.

Ici, à Bernsdorf, tout seul dans cette salle d'archives, éclairé de ma seule torche, il n'y a plus rien de tout cela qui tienne. Tout est en vrac, certaines séries sans doute encore assez complètes, d'autres dépareillées, certains documents bien conservés, d'autres souillés sur le sol. Les étagères sont, pour beaucoup, complètement vides, est-ce à dire vidées ? D'autres sont encore bien remplies. Il n'y a aucun protocole, aucune règle, aucune tradition, qui me dise que faire : lire les documents à la lampe de poche, les signaler aux autorités compétentes, en prendre le maximum, lancer un appel à la sauvegarde patrimoniale ? Un vrai moment d'inversion, des archives en toute liberté, ou presque si l'on considère comme illicite cette promenade. Tout le contraire de la définition que Jean-Pierre Bat donne des archives en présentant celles du fonds Foccart à un large public : « Les archives sont des traces du passé dont les archivistes ont pour mission de garantir scientifiquement la conservation. » Je choisis de m'en approprier quelques-unes selon le principe de ce livre : la trace, les bribes. Il me faudrait une camionnette pour tout emporter et rien ne dit qu'une démarche de sauvegarde aboutisse rapidement. Alors je garderai quelques traces des archives de la VEB Kali-Chemie, pour moi, pour ce livre, pour en dire quelque chose. Comme je le ferai dans des dizaines d'autres lieux.

Un rapport de 1950, trouvé là, retrace sommairement l'origine de l'entreprise Zinkweißhütte. La firme a été créée en 1869 par Josef Dudek à partir du rachat de la verrerie Ludwigshütte. Elle devient productrice de blanc de zinc – de l'oxyde de zinc utilisé notamment pour la peinture –, s'étend en 1894 en développant le site de Settenz près de Teplitz, dans les Sudètes (appartenant alors à l'Empire austro-hongrois), et fixe son siège à Dresde. En 1945, elle figure sur la liste des séquestres et, en juillet 1946, elle est saisie, puis rattachée en 1948 à l'Union des entreprises du peuple (*Vereinigung volkseigener Betriebe*) « Laques et peintures » de Leipzig et devient la seule entreprise de blanc de zinc (*Zinkweißhütte*) de RDA.

Parmi ce que je ramasse, un peu au hasard, un peu par souci de représentativité, un peu pour le contenu, se trouve le dossier personnel d'une employée, Heidrun K. À vrai dire, il ne s'agit pas d'un choix serein : le sentiment d'être dans une zone peu sûre, d'être là par effraction – ce qui est en fait matériellement faux, il n'y a pas grand-chose qui protège l'entrée – invite à ne pas traîner. Le dossier est parfaitement conservé et classé par ordre chronologique dans une chemise cartonnée avec un fermoir intérieur. Il permet de suivre le destin professionnel de Heidrun sur l'ensemble de sa vie active.

Elle est née en 1942 à Glogau en Basse-Silésie. Après 1945, la ville appartient à des régions attribuées à la Pologne, ce qui suscite l'exode de nombreux Allemands vers la nouvelle Allemagne. Sa famille fait donc partie de ces millions d'exilés, ou chassés, de la fin de la guerre, les *Vertriebene* qui s'installent dans la zone d'occupation soviétique, future RDA. Heidrun se fixe à Bernsdorf, en Haute-Lusace. C'est un déplacement relativement modeste en comparaison d'autres odyssées, environ deux cents kilomètres. Les politiques de la RDA peuvent varier localement, face à des communautés – avant tout des femmes et des enfants (le père de Heidrun est mort en 1945) – dont on se méfie, mais qu'il faut intégrer. Les réactions des populations concernées, elles-mêmes fragilisées, sont souvent hostiles. Par exemple, les Sorabes, une minorité slave, entretiennent un rapport très conflictuel avec ces nouveaux arrivants qui risquent de les « germaniser ». Le régime se pose dès lors en « arbitre des conflits »[1]. Malgré ces résistances, les possibilités d'« insertion » de ces réfugiés ont été nombreuses dans une société où les hiérarchies ont été bouleversées par la guerre. Ainsi, Heidrun, après l'école élémentaire, entame un apprentissage de vendeuse dans le commerce de

---

1. Claire Trojan, *L'identité interdite. Les expulsés allemands en RDA (1945-1953)*, Rennes, Presses Universitaires de Rennes, 2014, notamment p. 277-278, 319.

gros. Elle obtient son diplôme vers dix-huit ans (1960) puis accomplit son stage à Bernsdorf au Comptoir de commerce alimentaire. Elle en devient employée à Hoyerswerda. Cette orientation professionnelle s'interrompt très vite définitivement puisque Heidrun est embauchée dans l'entreprise où j'ai retrouvé son histoire, dès janvier 1961, comme comptable chargée des salaires (*Lohnrechner*).

Après avoir encouragé massivement les femmes à travailler dans les années 1950, le parti, dans les années 1960, entend faire monter leur niveau de qualification. Le taux d'emploi féminin salarié en RDA est alors un des plus élevés du monde. Heidrun exerce cette activité professionnelle à Kali-Chemie jusqu'après l'unification. Alors qu'elle reçoit les félicitations de la direction et une prime de 1 800 Deutsche Mark en 1991, la voilà remerciée, un peu plus d'un an après, en janvier 1993. Un certificat assure pourtant de ses qualités au travail, mais regrette de devoir, pour des motifs économiques, s'en séparer. Avec cette violence propre au langage bureaucratique du capitalisme, il lui est souhaité plein de succès pour la suite, « *viel Erfolg* ». Elle avait passé plus de trente ans à Zinkweißhütte et déjà dû s'adapter : un accord passé à la suite du changement de structure en 1991 lui avait alloué des tâches supplémentaires.

Un document de 1987 décrit ce qu'elle avait à accomplir jusque-là : tenir à jour les données de base, faire les comptes des salaires et des travaux de chacun. Elle doit aussi s'assurer des paiements pour le lait et les boissons chaudes, les contributions pour l'aide socialiste et évalue les contributions des membres du SED. Le dossier de Heidrun contient trois accidents du travail très minutieusement répertoriés : elle est tombée dans un bac de phénol en se rendant à son poste de travail en prenant un chemin barré trop sommairement (1963), elle s'est fait une foulure en faisant les courses pour la cuisine de l'entreprise (1973), puis, la même année, s'est fait accrocher par un véhicule en venant au travail.

Comme Johanna, Heidrun semble un bon sujet socialiste. Elle est adhérente au syndicat unique dès 1958, donc pendant son apprentissage même, puis à la FDJ en 1957 et à l'Amitié germano-soviétique l'année suivante. Tout cela n'a rien de particulier et concerne la grande majorité des citoyens de RDA (en 1989, presque tous les salariés sont syndiqués). Mais une demande de prime à l'occasion de la journée des travailleurs de la chimie montre son investissement dans les organisations de masse de la RDA. Ces journées servaient à distinguer les travailleurs d'un métier dans un cadre festif et solennel. Les primes, multiples, jouent un rôle très important dans un pays où les écarts de salaire sont limités. Elles forment comme une « seconde » rémunération et sanctionnent les réalisations au travail (*Zweite Lohntüte*).

Heidrun est en effet présidente de la direction syndicale de l'entreprise (*Betriebsgewerkschaftsleitung*), qui travaille en général en étroite collaboration avec l'échelon local du SED, et présidente, également, de son groupe de l'Union démocratique des femmes d'Allemagne (*Demokratischer Frauenbund Deutschlands*, DFD). Les femmes sont d'ailleurs plus nombreuses en général que les hommes dans la gestion du syndicat, ce qui en souligne les fonctions redistributrices. La même demande décrit Heidrun comme une collègue très fiable, très engagée, très estimée dans son « collectif ». Elle est à la fois solidaire et ouverte aux nouveautés requises par l'évolution des politiques salariales.

Pourtant son propre salaire reste en dessous de la moyenne nationale de la RDA, aussi bien de la moyenne d'ensemble, que de la moyenne de sa branche d'industrie (la chimie, Zinkweißhütte étant rattaché à VEB Kali-Chemie). Cela s'explique par le double handicap d'être une femme – malgré les politiques d'égalité salariale

(*Gleichberechtigung*), les salaires féminins restent inférieurs de 25 à 30 % à ceux des hommes – et de ne pas être dans la production même, favorisée idéologiquement. En général, les femmes ont du mal à se hisser au-dessus de leur niveau de qualification initial[1].

J'avais déjà écrit tout ce qui précède quand je me décidai, après avoir repéré dans l'annuaire le nom de Heidrun K. à Bernsdorf, à lui téléphoner : la dame resta réservée et je proposai de lui écrire pour expliquer mon travail. Avec bonheur, je reçus un coup de fil de Heidrun en réponse à ma lettre. Justifiant ses premières réserves, elle était d'accord pour me recevoir. Nous nous sommes rencontrés à Bernsdorf, chez elle, le 26 avril 2015. Elle tenait à être accompagnée. Je compris par la suite que ce n'était pas par méfiance, mais par une forme de modestie qui voulait que ses dires puissent être confirmés ou adossés à ceux d'une amie, qui travailla aussi à Zinkweißhütte. En retournant à Bernsdorf ce jour-là sous un ciel d'un bleu sombre traversé par le soleil puis un arc-en-ciel, j'avais une impression particulière, renforcée par la vue de la maison des Kosytorz, qui datait de quelques décennies. L'accueil fut tel qu'on peut le rêver, plein de chaleur, d'empathie mais sans l'affectation de la bourgeoisie. Heidrun avait préparé mille choses à boire et à manger, du *sekt*, des petits pains tartinés, des gâteaux. Je sentais que, d'emblée, les réserves du coup de fil initial avaient été levées.

---

1. Sur ces questions du travail et du salaire des femmes, outre Sandrine Kott, voir Donna Harsch, « Entre politique d'État et sphère privée. Les femmes dans la RDA des années 1960 et 1970 », *Clio. Femmes, Genre, Histoire*, 41, 2015, p. 89-113 et Simone Tippach-Schneider, « Sieben Kinderwagen, drei Berufe und ein Ehemann. DDR-Frauengeschichte im Wandel der Sozialpolitik », in Dokumentationszentrum Alltagskultur der DDR (dir.), *Fortschritt, Norm und Eigensinn. Erkundungen im Alltag der DDR*, Berlin, Ch. Links, 1999, p. 129-149.

Le contact passe immédiatement, dès les premiers échanges, Heidrun parle aisément, parfois demande le point de vue de Monika, qui s'exprime, elle aussi, volontiers. Le propos est profondément honnête, je le sens dans l'échange même, mais il corrobore en plus tout ce que je sais. Un peu lâchement je n'ose pas dire que j'ai lu son dossier, je reste très vague sur les documents dont je dispose et qui m'ont mené à elle. Au bout de plus de deux heures d'échanges intenses, mon attention faiblit et je propose de nous en tenir là pour cette première rencontre. Heidrun, elle, manifestement, aurait volontiers continué. Mais, pour être efficace, il me faut d'abord revenir sur tout ce qu'elle m'a livré.

Je voulais en savoir plus sur sa famille, des Silésiens, et sur l'exode de 1945. J'apprends que son père, nazi convaincu, a voulu rester à Glogau, leur lieu de résidence face à l'arrivée des Russes, et y a été fusillé. La famille a choisi de fuir à Bernsdorf, car elle avait là des parents, ce qui facilita l'arrivée et implantation. Elle le fit dans un train de marchandises. Heidrun me décrit ensuite son parcours personnel, m'explique qu'elle passa du commerce à l'industrie car on y était mieux payé, ce qui est bien connu. Je comprends mieux son travail, son embauche et le métier qui consiste d'abord à recenser les heures de travail des ouvriers (*Lohnschreiber*), à préparer le travail de comptabilité puis à devenir comptable (*Lohnbuchhalterin*). Elle m'explique aussi que le service de comptabilité de ZWH était petit et que chacun devait être polyvalent. Il appartenait à la brigade « 1er Mai » avec les employés du ménage et de la cuisine. Nous en venons rapidement à son investissement dans les organisations de masse, DFD et FDGB. Elle joua en effet un rôle important dans le comité des femmes (*Frauenausschuss*) de la VEB, qui s'occupait tant de l'aide personnelle que de l'organisation des loisirs (comme au Kulturpalast de

Dresde). Honnêtement encore, elle explique que son activité syndicale (à la tête de la section) lui rapportait un supplément de salaire, mais que cela seul n'aurait pas été une motivation suffisante. « Nous voulions changer beaucoup de choses », insiste-t-elle.

Dans les rapports qu'elle rédigeait chaque mois, Heidrun raconte avoir toujours cherché à défendre et protéger les travailleurs. Elle les informait de ce qu'elle savait, de ce à quoi ils devaient veiller. Heidrun adhéra au SED, mais seulement en 1987-1988, étonnamment en apparence : en réalité le parti atteint alors son maximum en termes d'adhésions. Michel Christian a récemment souligné que le SED comme le PC tchèque « sont parvenus à recruter jusque dans leurs derniers moments des milliers de membres dans des groupes sociaux qui étaient moins que les autres susceptibles d'être attirés par une adhésion à un parti d'État, comme les ouvriers, les femmes et les jeunes [1] ».

Pour Heidrun, le socialisme et la construction du socialisme en RDA restaient des idéaux – sans savoir tout ce qui passait en sous-main, précise-t-elle – tout comme la nocivité du capitalisme lui apparaissait clairement. Elle évoque ici, comme V. rencontré dans le train, la formation scolaire sur ce thème, cherche à se rappeler les aphorismes exacts appris à l'école, et cela lui revient : « Le capitalisme devient l'impérialisme, le socialisme le communisme. » Son discours politique est tout en nuances. Elle ne renie pas cet idéal, avoir voulu lutter contre la guerre, contre le chômage. Elle rappelle toutes les conquêtes sociales dont elle profitait, notamment pour ses enfants. L'idéal de paix revient souvent dans sa bouche : comment ne pas le relier à cette enfance de la fin de la Seconde Guerre mondiale. Elle

---

1. Michel Christian, *Camarades ou apparatchiks ? Les communistes en RDA et en Tchécoslovaquie (1945-1989)*, Paris, PUF, 2016, p. 301.

évoque ainsi la lutte contre les implantations des missiles nucléaires dans les années 1980.

Mais elle souligne aussi les limites du régime, en particulier dans le fonctionnement des entreprises. Elle me rapporte que toutes les bonnes volontés – qu'elle considère nombreuses –, toutes les propositions venant des travailleurs étaient enterrées ou peu considérées par le parti, par les représentants du parti dans l'entreprise. De cela, elle garde une forte amertume. Avec le recul, quand je l'interroge sur son bilan personnel de la RDA, elle s'appuie beaucoup sur Monika, insiste après elle sur l'assurance de l'emploi, l'absence de crainte à cet égard, sur la prise en charge permanente des enfants pour des coûts modiques. Elle dit encore combien la solidarité locale était d'importance, par exemple pour les travaux du dimanche.

Notre conversation éclaire tout un pan de l'histoire que le dossier laisse entrevoir sans permettre de le restituer : l'après-unification. La ZWH est rattachée à un groupe de Goslar dont la présence semble prometteuse, avant d'enchaîner les plans de licenciement. Heidrun garde d'abord son travail, on l'a dit, elle s'occupe notamment des affaires comptables pour les indemnités de départ et de licenciement, mais bientôt, pour le groupe, le faible nombre d'employés ne justifie plus son poste. Je lui demande ce qui s'est passé ensuite et je sens de l'émotion et de la révolte dans ce qu'elle me dit. Elle évoque une formation infantilisante dispensée par des jeunes « morveux » de l'Ouest (*Schnösel*) qui leur font faire des exercices imbéciles. Elle y renonce, elle qui fait partie des « RDA Frauen », qui ont subi particulièrement le choc économique de l'unification.

Heidrun, la comptable de RDA, est finalement devenue femme de ménage dans l'Allemagne unifiée, oui, femme de ménage, pendant dix ans. Ce fut « plus que dur » (*mehr als schwer*). Pas d'« Ostalgie » pour autant : Heidrun a senti que le pays ne pouvait plus continuer selon les logiques à l'œuvre : rues, routes et patrimoine culturel partaient à vau-l'eau (*kaput gegangen*). Selon elle, l'État prenait trop de choses en charge. Sa fille est allée voir son dossier à la Stasi. Elle ne veut pas, elle n'a pas envie de découvrir des comportements sordides de son voisinage. À l'époque, elle n'imaginait pas que les citoyens étaient si surveillés.

Je sors heureux et troublé de cette rencontre, heureux de cette validation, au-delà de l'espéré, de ce circuit qui mène du ramassage de hasard d'un dossier hâtivement ouvert dans une pièce sombre et humide d'une usine abandonnée au texte que je suis en train d'écrire ; heureux aussi d'avoir rencontré de tels personnages, des femmes de luttes, de conviction, tout en simplicité. J'aimerais les retrouver, parler de cela encore. Tout en confiance, Heidrun m'a prêté deux « journaux » de sa brigade « 1er Mai ».

Après la rencontre avec Heidrun, j'eus envie de revoir, sans le lui dire, son usine à l'abandon. Elle n'avait guère changé, la très belle lumière du soir clair et bleu horizon rendait le lieu encore plus prenant. Quelques jeunes jouaient au tennis contre les murs. À l'entrée d'un local plus ou moins alloué aux poubelles, se trouve un panneau de bois illustré, abandonné mais récupérable. Je ne l'avais pas repéré la première fois. Il a été fabriqué et composé pour l'anniversaire de la RDA en 1970 par la section de sécurité de Zinkweißhütte. Il est abîmé, les images en partie déchirées, mais il reste parlant. En haut, sur fond rouge, deux drapeaux de la RDA ; au centre, des visages de différents métiers/activités composent la carte du pays, avec un trou pour Berlin-Ouest et une déchirure, quelques photos et deux papiers écrits complètent l'ensemble. Le panneau est un hymne et un engagement. Un papier collé dessus dit : « Les membres de la brigade de la section "Protection de l'entreprise" s'engagent à accomplir leurs tâches concernant en particulier l'ordre et la sécurité, plus encore qu'à l'habitude en vue de l'anniversaire de la République démocratique allemande et l'élection populaire. Nos voix, nous les donnerons le 17 octobre 1970 au candidat du "Nationale Front". » Un autre dit : « Nous avons beaucoup réalisé. Vive notre République démocratique allemande. » Encore une histoire aux poubelles.

Lignes brisées

Harry, un chauffeur alcoolique à Schwerin

Elle était tentante cette usine à l'abandon croisée lors d'une promenade à Schwerin, entre amis et en famille (juillet 2012). Difficile de laisser tout le monde en plan pour grimper par-dessus les murs faciles d'accès. Mais la curiosité était trop forte. Je revins peu après. Le sol était jonché de vieux papiers et de débris : actes administratifs, emballages, bouteilles cassées. Beaucoup de ces traces étaient récentes ; la production avait dû cesser bien après la fin de la RDA. Mais dans un des bâtiments, au sol recouvert de mille traces, de-ci de-là, émergeaient des papiers jaunis, éparpillés aux quatre coins de la pièce, parmi d'autres, et dont la couleur disait plutôt les décennies écoulées que les années. Durant de longues minutes, je les rassemblai les uns après les autres. J'étais sur mes gardes, d'autant que ma présence avait fait fuir un groupe de jeunes vaguement gothiques. C'était la première fois que j'accomplissais une telle exploration. Je les fourrai hâtivement dans mon sac avec d'autres objets datant de la RDA.

Une fois recomposé, l'ensemble des pages appartenait en fait à un seul et même dossier, un dossier personnel « strictement confidentiel » comme il était indiqué. Aucun autre dossier ne semblait avoir été ainsi laissé à l'abandon, du moins dans les pièces visitées car les étages à moitié détruits ne m'avaient guère tenté. Aujourd'hui, j'ai classé ce petit dossier, protégé par une pochette plastique dans un tiroir de mon bureau. Chaque fois que je l'ouvre, comme celui de Heidrun, je ne peux m'empêcher de penser à ce qu'est une trace, à ce processus qui transforme l'objet éparpillé, abandonné, que personne sans doute, sauf moi, n'aurait voulu ramasser, en objet sous contrôle, prêt à être rationalisé, ou du moins pensé par l'historien. Cette métamorphose matérielle conduit ensuite aux paragraphes que l'on va lire et la chaîne s'allonge depuis le sol de ce terrain vague de Schwerin aux lecteurs de ce livre. Bien sûr, les processus qui conduisent de l'archive à l'écriture sont souvent étonnants, voire saugrenus. Celui décrit ici, peut-être parce que j'ai composé tous les maillons de la chaîne, ne cesse de m'interroger et il me renvoie aussi à la réflexion de Bruno Latour sur le topofil de Boa Vista, refusant de séparer les choses et les mots dans la chaîne qui va du sol prélevé en Amazonie, préoccupation de botanistes et de pédologues, jusqu'à son analyse à travers différents procédés et instruments.

En général, les archives que j'ai consultées avaient toujours connu des formalisations antérieures par d'autres, qu'il s'agisse des acteurs qui les avaient gardées, de producteurs administratifs ou encore des services d'archives qui les avaient conservées. Ainsi ai-je en quelque sorte produit l'objet « Harry F. » que je vais évoquer. Sans chercher à faire son *histoire*, car il faudrait alors trouver d'autres sources, sans doute disponibles mais ce serait non plus faire parler les traces, mais faire une recherche d'histoire sociale plus classique. Je veux rendre compte de cette vingtaine de pages sur Harry F. recomposées à partir du sol de Schwerin, et d'une histoire née de leur récupération. L'usine s'avère être une brasserie (VEB Schweriner Schlossbrauerei) appartenant au combinat de boissons (VEB Getränkekombinat) de Schwerin, une vieille entreprise d'importance à Schwerin « Schall und Schwencke » qui fut étatisée en 1972, et définitivement abandonnée en 2011.

Ce qui frappe d'emblée dans le dossier, c'est l'alcoolisme de Harry, qui a des effets déterminants sur sa carrière professionnelle. Il y a deux actes qui font mention de cet alcoolisme. En 1978, alors que Harry est chauffeur, son ivresse le conduit à provoquer un accident de la circulation. Il doit, on le comprend, changer de fonction et il redevient menuisier, sa formation première. Il lui est spécifié une interdiction absolue de boire de l'alcool pendant son temps de travail. Sans quoi, il serait licencié sans délai. Pourtant, dix ans après, en octobre 1988, Harry est encore mis en cause pour ivresse sur le lieu de travail. Il a été trouvé par des responsables dans un état alcoolisé. À nouveau, des menaces pèsent sur lui, en particulier une procédure disciplinaire si le fait se renouvelait. Pour l'heure, il se voit supprimer la prime de brigade (*Brigadezuschlag*).

L'alcoolisme en RDA fut une question politique, pas seulement une affaire individuelle. En effet, le sujet socialiste que l'État voulait former se devait de mener une vie saine, et les vices du capitalisme devaient disparaître dans ce monde nouveau : « L'abus d'alcool est non-socialiste (*unsozialistisch*) » (brochure de 1964)[1]. L'alcoolisme n'est reconnu que progressivement et tardivement comme une maladie (1965), qui n'est pas seulement la conséquence d'un comportement asocial. Le processus de prise en charge s'améliore, dès lors, dans les années 1970, alors que les caisses d'assurance maladie s'étaient montrées jusque-là

---

1. Cité par Thomas Kochan in « Alkohol und Alkoholrausch in der RDA », https://www.bundesstiftung-aufarbeitung.de/uploads/pdf/kochan.pdf

réticentes à payer pour les maladies déclenchées par l'alcoolisme.

Pourtant, la réalité, dont témoigne Harry, était loin de l'idéal. D'abord l'accès à l'alcool était extrêmement facile, pas de pénurie ici. Si le vin n'est pas très répandu, en revanche, les eaux-de-vie et autres alcools forts sont extrêmement consommés, et peu chers ; la bière également. Tout au long de l'existence de la RDA, la consommation augmente dans des proportions considérables. Elle fait partie de l'affirmation d'une masculinité socialiste et aide à pallier les difficultés du quotidien.

L'État prend d'ailleurs un ensemble de mesures contre cela – mais sans limiter la production –, qu'il s'agisse de développer des lieux alternatifs aux habituels «bistrots» (*Kneipe*), d'augmenter les prix ou de limiter la publicité pour les boissons alcoolisées. À la Schwarze Pumpe, les ouvriers ont droit au «Schnaps du mineur» selon une vieille tradition, que les autorités, malgré leur lutte contre l'alcoolisme, n'arrivent pas à briser.

L'alcoolisme n'est en effet pas éradiqué. Une enquête conduite parmi les patients de la clinique de la même ville, Schwerin, montre qu'un bon nombre de sujets consomment, comme Harry, de l'alcool sur leur lieu de travail. Les occasions collectives de boire au sein de la brigade, dont on a vu la fonction de socialisation, sont d'ailleurs nombreuses : les fameux jours des métiers évoqués plus haut, les attributions de titres... Heidrun a rappelé ces beuveries dans notre entretien. Pour Sandrine Kott, «si l'ivresse est tolérée, voire magnifiée, si les petits vols sont excusés, l'ivrognerie débridée ou les vols répétés sont assimilés à des maladies mentales et le salarié, considéré comme asocial, est alors menacé de traitement ou d'enfermement psychiatrique[1]».

---

1. Sandrine Kott, *Le communisme au quotidien*, op. cit., p. 153.

Dans les archives de la Stasi, Emmanuel Droit a relevé aussi l'ampleur de l'alcoolisme chez les enseignants [1].

Mais comme on le voit dans le cas de Harry, en RDA, la priorité est à la réinsertion dans le processus de travail. Les entreprises se doivent de donner une activité aux alcooliques. Il arrive que soient constituées des brigades spéciales avec des travaux faciles à accomplir. Sans doute d'autant plus dans son cas que certaines pièces décrivent un homme investi, toujours prêt à servir, même le week-end. Dans d'autres cas encore – absentéisme, comportements inadaptés –, le brigadier peut intervenir et chercher une nouvelle place pour l'ouvrier ou l'ouvrière à problèmes : « le régime ne tolère aucune marginalité et a besoin du travail de tous » (Sandrine Kott). La brigade est aussi une instance éducative qui doit aider ses membres, corriger les comportements déviant de l'idéal socialiste ou simplement qui menacent le bon fonctionnement de l'usine : l'individu s'insère dans un collectif et n'est pas seul responsable de ses actes.

Harry est né à Schwerin en pleine guerre, le 16 janvier 1944. Il fréquente l'école élémentaire puis entre en apprentissage de menuisier (1959-1962). Comme beaucoup, il fait alors partie des FDJ. Il devient ensuite chauffeur pour locomotive (*Lokheizer*) avec un salaire de 820 marks (1965-1968). En 1968, Harry commence son service militaire qu'il accomplit comme responsable de véhicules (*Schirrmeister*) dans la police (*Transportpolizei*), ce qui lui permet d'apprendre ce métier (1970). Cette expérience réoriente sa vie professionnelle puisqu'il postule pour être chauffeur. Il entre alors dans le combinat de transport de Schwerin (1972) comme conducteur de bus (*KOM-Fahrer*). Le parcours devient cependant un peu chaotique : les effets de l'alcoolisme ? Harry redevient menuisier peu après en

---

1. Emmanuel Droit, *La Stasi à l'école, op. cit.*, p. 135.

résiliant son contrat (juillet 1973). Quelques mois auparavant, l'engagement lui faisait dire : « Je suis conscient que l'entreprise m'a confié une importante fonction et qu'en tant qu'administrateur d'une propriété socialiste j'ai une grande responsabilité. » Puis il se fait réembaucher l'année suivante (1974) comme chauffeur mais cette fois dans la brasserie dans laquelle nous avons trouvé son dossier. Il change de véhicule en juin 1978, passant de la fourgonnette typique de la RDA, le Barkas B1000, à *KOM-Fahrer* à nouveau ; augmentant son salaire de 730 à 925 marks. Il n'y a plus d'informations alors jusqu'à l'accident de 1978 qui l'oblige à cesser cette activité pour redevenir, encore, menuisier dans la même VEB.

En 1984, une demande de distinction pour le jour des employés des industries légères et alimentaires souligne, son engagement et ses responsabilités. Il est même nommé brigadier en 1987 de la « brigade menuiserie ». On retrouve dans ce contrat de brigadier les fonctions évoquées plus haut : il doit veiller sur sa brigade et au respect des règlements du travail, de l'ordre et des consignes de sécurité, organiser l'émulation socialiste et la compétition pour le titre de « Collectif du travail socialiste », accomplissement du plan et attention portée à la qualité. Le brigadier, à la différence du contremaître, est souvent une figure « positive » pour les ouvriers de la brigade.

L'alcoolisme ne cesse cependant de lui nuire. Dans l'annuaire de Schwerin, je retrouve plusieurs membres éventuels de sa famille, j'hésite à écrire. L'histoire n'est pas simple. Un échange Facebook (septembre 2014) avec sa nièce m'apprend qu'il est mort « depuis longtemps », des effets de l'alcool, j'imagine, car Harry F. est loin d'avoir atteint l'espérance de vie d'aujourd'hui. Je m'arrête là pour cette histoire en pensant que cette promenade de hasard à

Schwerin a permis tout de même de conduire, du chaos de l'abandon, à un modeste récit d'un morceau de vie.

Olaf, un électricien divorcé à Rostock

Le lieu était un peu perdu, dans un paysage apaisé mi-rural mi-urbain. C'est là que se tenait une des brocantes de la ville de Wismar (été 2012). Pour s'y rendre, il faut prendre un bus de toute évidence réservé aux habitués, les locaux, même si la ville, patrimoine mondial de l'humanité, est touristique. Parmi les vendeurs, quelques pros mais aussi des gens du lieu qui présentent tout un fatras d'objets sur des tapis. À l'un d'eux, sympathique, qui m'explique les usages à l'époque de la RDA de ce qu'il vend, j'achète un ensemble de vieux papiers pour une somme dérisoire, il y ajoute d'ailleurs quelques documents supplémentaires. À tête reposée, j'y lis entre autres une histoire, celle d'Olaf, dans un dossier orange qui porte simplement comme titre « Olaf ». Il y a là des pièces du curriculum professionnel d'Olaf, mais l'essentiel semble surtout traiter de son divorce.

La question du divorce en RDA s'inscrit d'abord dans la tradition socialiste de réflexions émancipatrices sur la famille, qui incluent donc la séparation. Elle se développe aussi avec des ambitions politiques : la construction d'une société socialiste, d'une « famille socialiste », qui contribue à la formation de l'individu socialiste. Elle est aussi marquée par les espérances et les réalisations, déjà évoquées, de l'égalité homme-femme, ce qui doit conduire les femmes à moins redouter les conséquences d'un divorce. Les divorces n'ont en effet pas cessé d'augmenter en RDA et souvent, comme ici, à l'initiative des femmes, et en particulier celle des femmes jeunes. Une meilleure éducation, l'accès à l'emploi et les garanties accordées aux mères célibataires à l'ère Honecker contribuent à cette évolution.

Les politiques sociales du régime conduisent à des mariages et des divorces précoces. Les mesures préventives (comme les cellules de conseil) s'avèrent peu efficaces. Le taux de divorce en RDA devient un des plus élevés du monde. En même temps, la famille étant pensée comme une instance de socialisation de la personnalité socialiste, l'État ne cesse de la promouvoir et d'encourager la stabilité du mariage, à partir du milieu des années 1960 en particulier.

Le divorce est une affaire sociale et politique. C'est ainsi que le droit prend en considération la portée sociale du mariage et du divorce. Le jugement de divorce d'Olaf (janvier 1987) précise que celui-ci est justifié parce que le mariage a aussi perdu son sens pour « la société » (*die Gesellschaft*). La principale cause statistique du divorce en RDA tient dans l'infidélité. Dans l'affaire d'Olaf, elle est invoquée des deux côtés.

L'histoire du couple commence en 1983. Heike arrive alors à Rostock, où vit Olaf. Elle vient s'y former comme institutrice (*Unterstufenlehrerin*). Au moment de la demande de divorce, elle gagne 810 marks. Les pièces conservées permettent de reconstituer deux récits qui s'opposent, sur la fidélité, sur les sentiments, sur le vivre ensemble. Le jugement de divorce valide plutôt le récit d'Olaf. De cela, nous voudrions retenir ce qui peut intéresser l'histoire sociale, pour ne pas entrer par effraction ou presque dans ces vies qui continuent sans doute au moment où j'écris ce livre. Heike raconte ainsi que si elle est restée avec Olaf, c'est qu'elle s'est trouvée sans logement à la suite de la rupture d'une précédente relation, ce qui a conduit à une relation de dépendance. C'est ici exemplifier un élément constant des difficultés de la vie quotidienne en RDA: la pénurie de logements, que le régime va tenter de pallier avec une politique volontariste dans les années 1970.

Dans les discussions sur la garde de leur enfant, Olaf explique que sa femme, en raison des mesures politiques et sociales, disposait de plus de temps pour s'en occuper et pouvait donc entretenir un contact plus étroit avec lui. Le SED à l'époque de Honecker mène en effet une « politique des mamans » (*Muttipolitik*) qui doit permettre d'articuler le travail féminin et la maternité. L'intérêt porté aux femmes par le régime tient largement au manque de main-d'œuvre, qui implique de mobiliser les réserves (féminines) disponibles. Différentes mesures prises dans les années 1970 et 1980 offrent des avantages aux mères, aux jeunes couples avec enfants (accès au logement facilité), ce qui influence largement les pratiques. Les mères ont droit à des réductions du temps de travail, des possibilités de congés supplémentaires. En 1976, le congé maternité est allongé ; à partir de 1979, dès le premier enfant, les mères disposent d'une « année du bébé » (*Babyjahr*). Les hommes ne bénéficient pas de telles mesures avant 1986 : le couple d'Olaf est déjà en déréliction.

Après le jugement, Olaf doit verser une pension à la mère, qui a la charge de l'enfant. En RDA, la question de la pension sert d'abord à affirmer l'égalité homme-femme face au travail. Dans les années 1950, les femmes séparées se voyaient ainsi refuser une pension, puisque jugées aptes à travailler. Mais le régime dut s'écarter de cette ligne, car les obligations familiales des femmes et leurs activités ne s'accordaient pas toujours. Malgré les discours et les efforts, la double charge (*Doppelbelastung*) revenait toujours aux femmes.

Le dossier du marché aux puces de Wismar contient un certain nombre de documents sur Olaf lui-même. Sans doute des pièces rassemblées pour la procédure et conservées par une des parties, une charge ou une institution évanouie, celle des avocats comme le laisse à penser le tampon d'une pièce de la procédure ? Né en 1962 à Rostock, Olaf accomplit sa scolarité obligatoire jusqu'à la dixième classe et termine avec la mention « satisfaisant » (*befriedigend*, soit la troisième sur une échelle de cinq). Les appréciations décrivent un jeune ouvert et intéressé, mais inconstant dans l'effort. Elles soulignent son engagement dans la FDJ. Comme la majorité des jeunes de l'Est, Olaf entre en apprentissage et non pas au lycée. Il se forme comme électricien chez un maître dans une entreprise d'électronique pour bateau à Rostock. Après cela, il cherche à se faire employer dans une très grosse entreprise de Rostock, la VEB d'armement maritime Deutfracht Rostock. C'est la VEB qui regroupe l'ensemble des activités d'économie maritime de la RDA. Reconstruit à partir de zéro, cet ensemble prend pour point d'appui la ville, qui devient le premier port de haute mer de la RDA. Il est ouvert en 1960 et les ateliers navals se développent. La Deutfracht est fondée en rassemblant différentes branches et activités du commerce maritime (1974). Elle absorbe de multiples activités du secteur. D'ailleurs, dans le dossier d'Olaf se trouve un prospectus qui présente les conditions de recrutement et les emplois, du cuisinier à l'officier radio. Olaf y sera refusé par une lettre sèche et sans motif. Il est, à la date du divorce, employé en revanche dans la VEB de traitement de données de Rostock.

Une mystérieuse déclaration manuscrite d'Olaf figure encore dans le dossier cinq mois après le jugement de divorce par laquelle Olaf donne son accord à la demande de son ex-femme de s'installer en RFA et de privation de la nationalité RDA pour son fils. Dans le cas où cette installation aurait lieu, il ne réclamera pas la garde. Évidemment, on aimerait tant en savoir plus sur ce projet, sur la position d'Olaf à cet égard, sur son choix de se passer de son fils, sur d'éventuelles complicités entre les ex. D'autant que quelques mots au dos, signés « Heike », évoquent des échanges et discussions sur le sujet. À vrai dire, ce ne serait pas impossible. Olaf est dans l'annuaire à Rostock et il est apparemment toujours fan de foot – une passion trop exclusive selon la plainte de son ex-épouse – puisqu'on le retrouve parmi les supporters du fameux club du FC Hansa, qui avait été célébré au temps de la RDA par une chanson des Puhdys. Le magazine des fans le félicite (dans une liste) pour son anniversaire.

Mais, comme pour Harry, pouvais-je m'autoriser à venir troubler une vie avec un dossier de brocante pour raconter une histoire, même motivée par l'histoire comme savoir ? Je suis allé à Rostock pour d'autres recherches, deux fois. J'ai pensé à l'histoire d'Olaf. Je ne l'ai pas appelé.

L'ancien monde dans le nouveau

Herbert Raßbach, la continuité de la domination ?

Ce jour-là, le brocanteur de Weimar finit par me montrer un dossier personnel, bien rangé dans un classeur bordeaux à feuilles plastifiées marqué en lettres dorées du sigle « National-Zeitung ». Il s'appuie sur la rareté des pièces pour ne pas descendre le prix. Je le prends pour quelques euros, car, d'emblée, en effet, le cas m'intéresse : celui de Herbert Raßbach, cadre d'un parti de RDA, le « Parti national démocratique d'Allemagne » (NDPD). Le SED a en effet maintenu quatre principaux partis autour de lui qui participent du « Front national » (*Nationale Front*), on les appelle les « partis du bloc ». Le Parti national a été créé en mai 1948 dans la zone d'occupation soviétique dans la continuité du Comité de l'Allemagne libre. Sa fondation, au départ, permet de faire concurrence aux partis « bourgeois » déjà existants, la

Démocratie chrétienne (CDU de l'Est) et le Parti libéral démocratique, LDPD, qui n'avaient pas encore été mis au pas. Le NDPD, comme les autres partis maintenus dans la zone d'occupation soviétique (qui deviendra la RDA), reste dans l'orbite du SED, mais il joue un rôle particulier, dont le cas Raßbach est une bonne illustration. En effet, sa création avait pour objectif d'intégrer d'anciens nazis pas trop compromis et des soldats de la Wehrmacht à la vie politique sans les obliger à passer par le SED ; autrement dit d'encadrer, de rallier ou d'intégrer des couches sociales éloignées de l'influence communiste. Le NDPD est ainsi attentif dans les premières années du régime au sort des anciens membres du parti national-socialiste « dénazifiés », en particulier pour l'accès à l'emploi.

Le NDPD se centre de plus en plus sur le *Mittelstand*, les « classes moyennes », l'artisanat, les entrepreneurs, la représentation de leurs intérêts, bref les « couches non prolétariennes ». Il reste toujours en RDA une minorité de commerces ou entreprises plus ou moins « privés ». Le NDPD attira aussi nombre d'employés. Le parti servit au début, dans les années 1950, pour les rapports avec l'Allemagne de l'Ouest en s'affirmant un parti « national » allemand, défendant une « Allemagne unie » quand la ligne stalinienne et officielle prônait l'unité allemande. Ce trait distinctif est relégué au second plan, dès le milieu des années 1950 et puis, avec la détente et les changements de ligne politique du SED, qui se centre sur la construction « nationale » est-allemande.

La rhétorique du NDPD se coule donc dans celle du régime, reconnaissant le rôle moteur de la classe ouvrière – « porteur de la force politique » souligne le XIe congrès du parti en 1977 –, la marche vers le socialisme sous l'égide du SED, dans la fraternité avec l'URSS. La lutte contre l'impérialisme comme le soutien aux peuples frères font partie des discours ordinaires. Le congrès souligne l'importance d'encourager et d'approfondir la « conscience d'un État socialiste » chez ses adhérents (*sozialistisches Staatsbewusstsein*). Pour les soixante ans de la Révolution russe, le NDPD ne cesse de louer les prouesses accomplies dans le sillage de la révolution d'Octobre. Le dirigeant du parti, Heinrich Homann, ancien membre du parti nazi et officier de la Wehrmacht, écrit pour son rapport au même congrès (Raßbach est alors un cadre actif) : « Avec [le peuple de RDA], nous nous situons fermement dans la tradition progressiste qui a porté et réalisé l'héritage du mouvement ouvrier allemand et de tous les mouvements populaires de progrès. » Les cadres du NDPD sont sous la coupe du SED et le style de direction demeure autoritaire, non sans lien avec l'origine militaire de plusieurs dirigeants.

Il n'est pas évident de différencier profondément le NDPD des autres partis du « bloc » (« chrétiens » et « libéraux »), si ce n'est par une soumission ou une proximité plus forte avec le SED. Ce qui pouvait encore distinguer le NDPD à ses débuts – activisme pour la réintégration des anciens nazis, discours national – s'efface avec le changement de génération. En 1977, il compte plus de 83 000 adhérents.

C'est à se demander pourquoi le SED a eu besoin de soutenir l'existence ou la création de quatre partis non-communistes d'apparence. Selon Jürgen Fröhlich, c'est avant tout pour éviter de se trouver face à un seul parti qui aurait pu être trop gros... Pour les militants du parti, c'était une chance de promotion, de pouvoir faire carrière sans entrer dans le SED, même si celui-ci exerçait un contrôle important. Faut-il voir là la justification de l'engagement de Herbert Raßbach ?

En tout cas, cet entrepreneur de Thuringe correspond bien au profil pour lequel le parti a été créé et développé.

Un *curriculum vitae* conservé dans le dossier permet de retracer les principales étapes de sa vie publique. Né en 1924 à Herrenbreitungen, il entre comme apprenti à Schmalkalden puis travaille comme tourneur à Kromsdorf près de Weimar. Il est ensuite mobilisé dans la Wehrmacht en 1942, devient caporal en chef. Il est fait prisonnier et reste en captivité sous contrôle anglais en Italie jusqu'en septembre 1946. Il rejoint alors l'entreprise paternelle, « Louis Raßbach et fils » à Kromsdorf, qui produit des outils en métal dur (*Qualitäthartmetallwerkzeuge*) et qu'il dirige seul à partir de 1954. L'État en prend le contrôle partiel à cette date, avant de la nationaliser, comme les principales entreprises restées privées, en 1972. Entre-temps, Raßbach s'est formé jusqu'à obtenir un diplôme d'économie industrielle à l'université de Leipzig. L'étatisation de son entreprise n'est pas une rupture complète, puisque l'héritier conserve la direction. Elle est rebaptisée « Entreprise propriété du peuple, construction de machines Kromsdorf ». Les autorités reconnaissent à Raßbach un investissement professionnel et politique digne de louanges : il développe de nouveaux outils, s'efforce de bien suivre les objectifs du plan et améliore les techniques et les conditions de travail. Tant et si bien qu'il reçoit en 1970 une des plus prestigieuses distinctions professionnelles de RDA, la « Bannière du travail ».

L'ancien caporal de la Wehrmacht s'est bien intégré dans la vie politique de la RDA : il adhère au NDPD en 1951, participe à la direction du comité d'Erfurt avant d'entrer à la direction centrale. Il est aussi banalement membre d'autres organisations de masse et du syndicat unique. Raßbach est encore engagé dans l'administration locale à Kromsdorf. Il participe à une session de formation du parti dans son école de Waldsieversdorf, dans le Brandebourg, pas très loin de Berlin, un beau bâtiment, aujourd'hui à l'abandon (août 2017) comme tant d'autres *hauts lieux* de la RDA.

À tous les niveaux, local, intermédiaire ou national, la formation « politique » est centrale dans l'administration de la RDA, on le reverra pour d'autres acteurs de notre enquête. Elle l'est encore plus pour ce parti qui intègre des individus souvent socialisés dans des milieux hostiles au communisme et dont les identités politiques restent incertaines.

Le rapport sur la participation de Raßbach à la formation est très élogieux, tant à propos de son engagement dans la vie du parti, du stage, que sur ses qualités intellectuelles et analytiques. Il obtient, pour l'essentiel, des « très bon » à l'évaluation. De même dans le rapport évoqué, rédigé par le conseil économique du Bezirk d'Erfurt, on ne tarit pas d'éloges sur son engagement dans le développement de l'entreprise, en coopération avec les autres VEB concernées.

Mais la santé fragile de Raßbach – il est notamment diabétique et connaît des problèmes de circulation sanguine – va par deux fois au moins infléchir son parcours politique et professionnel. Il ne se sent plus apte à diriger l'entreprise à partir de 1975, à cinquante ans à peine passés. Son engagement au NDPD lui permet une reconversion prestigieuse, puisqu'il prend la direction du journal régional du parti pour la Thuringe, les *Thüringer Neueste Nachrichten*. Les partis du « bloc » éditaient leurs propres journaux, dix-huit titres au total ; six pour le NDPD, un national et un par Land (avant que le pays ne soit divisé en Bezirke), soit un tirage total de 200 000 exemplaires. Ces journaux représentaient environ 8,5 % du tirage de la presse quotidienne, soit peu comparé aux 70 % des journaux du SED. Du bureau de la Presse du Minister-Präsident, ils recevaient cependant les mêmes consignes politiques, sans beaucoup de marge de manœuvre. Les membres du NDPD étaient ainsi doublement contrôlés par le SED et par le parti. Comme un ensemble de titres, les *TNN* dépendent de leur maison d'édition, le Zeitungsverlag National, dirigée par Hans-Otto

Lecht. Elles tirent en 1988 à 32 000 exemplaires. À la tête du journal, Raßbach gagnait 1 300 marks (1976), sans compter d'autres avantages comme la voiture de fonction, soit, grossièrement, à peine le double de Heidrun et de Johanna. C'est là une bonne illustration de cette fourchette resserrée des salaires de base dans l'ex-RDA...

Le dossier de Raßbach comporte toute une correspondance sur les conditions de ce changement de poste. À nouveau, il est loué pour son travail lors du passage de l'impression des *TNN* à l'offset. Du coup, on lui offre un voyage à Moscou en 1978. À nouveau aussi, son état de santé l'oblige à abandonner son activité en 1981. Jusqu'au bout Raßbach s'est montré investi dans son travail : lorsqu'il doit quitter ses fonctions aux *TNN*, sa principale préoccupation semble être de trouver un successeur fiable. En tant que cadre du parti, il est déjà difficile de renoncer à ses responsabilités, si, en plus, il ne trouve pas de successeur...

En 1990, le NDPD fusionne avec un autre parti du bloc, le LDPD, les « libéraux », mais pour beaucoup de membres « libéraux », le NDPD garde l'image d'un parti fidèle au système et proche du SED. Il se dissout *in fine* dans le Parti libéral de l'Ouest (FDP).

Johannes Wehlisch « le capitaliste »

C'est une trace épigraphique qui, cette fois, m'a conduit à l'histoire d'un autre militant du NDPD, Johannes Wehlisch à Francfort-sur-l'Oder. Le long de la rue de Berlin, autrefois rue Karl-Marx, un ensemble d'immeubles semble à l'abandon. J'écris « semble » car, devant certains, des échafaudages de travaux signalent un chantier de rénovation. À dire vrai, en deux ans de séjour, je n'ai jamais vu ni ouvriers ni mouvements sur ces échafaudages. Sur la rue, l'ensemble est entièrement muré, aucune possibilité d'y pénétrer. Mais dès que l'on contourne l'immeuble par l'arrière, en parcourant un petit terrain vague alors tout est ouvert. Parmi différentes pièces, on entre dans une ancienne boutique au rideau baissé et à la porte murée, dont il reste encore la devanture. À l'envers, puisqu'elle devait être vue de la rue, on lit encore « Propr. Johannes Wehlisch. HO Commerce commissionné » et puis, en dessous, « Vente aux entreprises seulement » (clichés ci-dessous, 2017).

Je me suis alors demandé, comme pour les dossiers oubliés, si, de cette inscription, je pouvais faire une histoire, reconstituer un monde. Si l'abandon pouvait devenir bavard (fin 2016).

Il le fut, car, par chance, la famille Wehlisch était bien connue à Francfort et si Johannes, toujours vivant, n'y résidait plus, son fils y habitait encore. Les Wehlisch avaient continué à tenir la boutique après l'unification. Je les ai facilement retrouvés. Le fils de Johannes m'invite à venir le rencontrer. Attentionné, il m'a préparé les documents dont il dispose sur la famille, mais l'entrée en matière est rude : d'une part, parce qu'il est psychologiquement fragile et, d'autre part, parce qu'il est assez critique à l'égard de la personnalité de son père. Je n'en retiendrai pas le caractère personnel, mais ce qu'il me dit des enjeux sociaux de ces rapports familiaux. Il se décrit comme mis au ban à l'école en tant que « fils de capitaliste » – l'affaire du père marchait bien –, insiste sur les problèmes rencontrés avec les autres enfants, et la solitude induite. Il dépeint son père comme un riche filou qui possède, privilège important en RDA, une voiture Tatra et un bateau à moteur.

Johannes (né en 1934) vit à l'étranger et le fils m'invite à le joindre par téléphone. L'homme se prête volontiers à l'échange, à plusieurs reprises, et me raconte son histoire avec des détails précis, une histoire allemande.

Mais repartons de l'inscription elle-même et de ses différents termes. La « HO » ou « organisation commerciale » correspondait aux magasins d'État de détail, au nombre de 36 000 environ au milieu des années 1970. Elle fut fondée en 1948 à la fois pour lutter contre le marché noir, contrôler le commerce mais aussi pour promouvoir une culture socialiste de la consommation, qui sache s'adapter aux contraintes. Le commerce de détail est alors divisé en trois secteurs, les magasins d'État (HO), les coopératives

(*Konsum*) et le commerce privé qui assure environ 30 % du chiffre d'affaires du secteur au milieu des années 1950.

À vrai dire, l'efficacité des structures est limitée, ne répond pas aux attentes de la population et l'insurrection ouvrière de juin 1953 souligne toutes les difficultés économiques de la jeune République. Pour le parti, cette révolte est un traumatisme. Le SED veut en tirer les conséquences en améliorant l'approvisionnement et en palliant les manques du réseau de commerces. L'économie privée constituait ici un outil utile. C'est dans ce contexte qu'est créée en 1956 une nouvelle structure de commerce commissionnée : « HO Kommissionshandel », c'est l'inscription qui figure sur la devanture oubliée de la boutique de Wehlisch. Elle se fonde sur un contrat entre un entrepreneur privé, qui possède son commerce et reste juridiquement autonome, mais qui est approvisionné en biens et marchandises par l'État à travers ses institutions commerciales. L'État prend aussi en charge certains coûts commerciaux et assure le commissionné par une provision. C'est un moyen de contrôler les commerçants.

Lorsque Johannes reprend la boutique familiale, il choisit ce statut qu'il juge favorable à ses affaires de matériel de bureau. Son père avait créé un commerce d'affiches, de réclames lumineuses et de décorations de vitrines installé dans le centre de la ville. La guerre bouleverse la destinée de la famille : le père meurt comme soldat sur le front de l'Est et les siens doivent fuir la ville en 1945 avec les combats. Ils reviennent à l'automne et la veuve Charlotte ouvre à son tour un commerce, mais de jouets cette fois, puis, plus tard, de papeterie, dans les dures conditions de l'après-guerre et de la reconstruction. Une photo conservée dans la famille montre une petite boutique bien modeste et peu approvisionnée. Quelques années plus tard, la famille est à nouveau bouleversée par le contexte politique.

Le beau-frère de Johannes, garde-frontière, est accusé de passivité pendant l'insurrection de 1953 et emprisonné à Bautzen. À sa libération, il quitte la RDA pour l'Ouest. Quant à la mère de Johannes elle part aussi pour la RFA pour suivre son nouveau mari, où il est fonctionnaire.

Pour Wehlisch junior c'est le moment de l'autonomie professionnelle. Il prend en charge la boutique et reçoit l'autorisation de la diriger seul en 1961. Wehlisch s'engage dans le NDPD et dans l'administration communale, et il se coule dans le discours du parti. À la mairie, il s'occupe en particulier des questions commerciales et d'approvisionnement. Ainsi que le rapporte *Neues Deutschland* (17 juin 1967) pour les cinquante ans de la Révolution russe, il affirme : « Pour moi, la communauté humaine de camaraderie issue de la révolution d'Octobre est ce qu'il y a de plus important dans l'attirance qu'exerce le socialisme. »

Sociologiquement, Wehlisch, comme Raßbach, est un membre « typique » d'un parti qui veut représenter les intérêts des entrepreneurs privés. Le NDPD intervient beaucoup sur les questions commerciales et cherche, autant que possible, à peser sur l'organisation du commerce commissionné. On a dit qu'il pouvait offrir des carrières politiques à des gens issus de milieux originellement hostiles ou éloignés du camp progressiste. Wehlisch souligne aujourd'hui encore que son milieu familial empêchait tout engagement au sein du SED.

Au final, Wehlisch considère que ses affaires « se sont très bien déroulées » en RDA. De fait, du point de vue financier, en règle générale, les commissionnés réussissaient mieux que les autres commerçants privés. Interrogé en 1988 par le quotidien local (*Neuer Tag*) sur ses séjours en Allemagne de l'Ouest pour visiter sa famille, il assure : « Non, rien ne me retient là-bas. Ici je suis quelqu'un. » Ainsi, l'histoire de Wehlisch semble illustrer le paradoxe apparent d'un entrepreneur privé fort bien intégré au régime communiste. Il dit d'ailleurs aujourd'hui le scepticisme qu'il éprouva au moment de l'unification et la fin de la RDA.

Ainsi, de six minuscules traces, une inscription, des dossiers de quelques millimètres d'épaisseur, voués à se dégrader rapidement, abandonnés dans un tiroir ou jetés à la poubelle s'ils ne trouvent pas d'acheteurs, peut surgir un ensemble d'histoires de RDA, qui font l'histoire de la RDA, depuis les réintégrations de l'après-guerre, celle des « expulsés » (*Vertriebene*) ou des soldats, jusqu'à l'Allemagne unifiée, en passant par les politiques sociales de l'ère Honecker.

Dans les caves de la VEB fabrique de spiritueux de Francfort-sur-l'Oder désaffectée je retrouve, accessibles en retirant un simple fil de fer qui ferme les portes (2016), des classeurs d'archives, par terre ou sur des palettes, en désordre, salis, et aussi des dizaines de dossiers personnels, de même type que celui de Heidrun ou de Harry, comme celui du directeur, ancien adhérent du parti nazi, des dossiers de sanctions ou de mises à la retraite. Dans une brasserie en ruine de Halle, répandus sur le sol, se trouvent les dossiers d'employés de l'entreprise membres du Parti communiste et soumis à des procédures de discipline, pour des comportements inadaptés au travail ou des affaires de mœurs ; à Zeitz dans une usine de cosmétiques, comme à Fürstenberg/Havel dans une usine d'agroalimentaire, de nombreux dossiers médicaux… Toutes ces histoires de vie si peu protégées, si peu considérées. Leur étude, ici, pour nous, ne dirait pas plus que les histoires racontées dans ce chapitre ou dans mille autres études. Mais cela évoque encore l'immense possible de toutes ces traces, tout autant que les faibles chances que ce possible se concrétise.

II

Objets errants, histoires de choses

J'ai toujours eu de l'intérêt pour les objets façonnés lors des luttes du mouvement ouvrier et révolutionnaire, qu'il s'agisse de ceux fabriqués dans des pays démocratiques ou bien de l'immense production du bloc de l'Est. Ce qui intrigue dans l'objet socialiste ou communiste en particulier c'est la politisation du quotidien, la mobilisation politique permanente, et plus encore du petit et même du minuscule, dont il témoigne. L'objet ici doit être actif, rendu activable, faire corps, collectif, avec les militants ou la population. Que partout, sous mille formes, figurent des images – ou le nom – de Lénine, de Rosa Luxemburg ou de Wilhelm Pieck, que des révolutionnaires ayant mené d'ardentes luttes, dans des conditions de grande précarité politique et pratique – quel que soit leur destin ensuite – deviennent des marques et des icônes reproduites à l'infini pour les bureaux, les chambres à coucher et les vêtements de millions de personnes reste un processus intrigant.

Avec la RDA, la trace me semble encore plus forte. En effet, non seulement comme pour les autres pays de l'ex-bloc soviétique tous les objets du communisme se retrouvent dans les marchés aux puces et sur eBay, on l'a dit, mais, en plus, comme toutes les institutions et les entreprises de RDA ou presque ont disparu, leurs productions et leurs marqueurs deviennent aussi des reliques d'un monde perdu et d'un pays disparu. Les musées RDA, officiels ou personnels, ont reçu en don des centaines de milliers d'objets de particuliers.

Les marchés aux puces et les brocanteurs de l'ex-Allemagne de l'Est me sont ainsi devenus familiers ; j'ai recherché les plus perdus espérant y trouver plus encore d'objets sans qualités à peu de coût. J'ai arpenté tous ceux de Berlin, en particulier à l'Est, parfois le plus reculé. Cette impression de voir un pays vendu à la brocante est assez saisissante : l'armée est-allemande dissoute et pour partie intégrée dans l'armée de l'Ouest a ainsi laissé par millions ses uniformes, accessoires, médailles dans les *Trödelmärkte*, les stocks, et les objets des entreprises disparues se retrouvent aussi, parfois par lots, dans les mêmes puces. On imagine la facile récupération par les habitants de tant de choses abandonnées dans des bâtiments ouverts à tous les vents après 1990. Des lieux arrêtés en état de marche, mais où rien ne pouvait plus servir directement. Les anciennes marques de l'Est de produits alimentaires, périmés depuis des lustres, se retrouvent aussi sur les étagères des brocanteurs, signifiant ainsi bien plus que des petits pois ou des choux de Bruxelles immangeables depuis vingt-cinq ans (à Dresde dans une immense brocante, par exemple). Je n'ai jamais vu dans un marché aux puces en Allemagne de l'Ouest ou en France des petits pois des années 1980.

Je peux me promener des heures dans les brocantes à regarder les objets, à les acheter, à discuter avec les vendeurs. Cette errance prête aux divagations dans le passé : regarder un pays désormais à l'horizontale, sur des tréteaux. Comme si chaque stand avec ses objets RDA permettait de parler d'histoire, d'histoires, évoquait les illusions perdues, mélangeait espoir des lendemains qui chantent et socialisme gris, d'autant que certains sont de véritables surplus avec des dizaines de drapeaux en série, des vestes de l'« Armée nationale du peuple » (NVA). À Berlin, au marché d'Ost-Bahnhof en particulier, il y a même quelques vendeurs spécialisés dans la RDA. Ils parcourent les marchés éloignés puis vendent leurs acquisitions à des touristes et des clients aisés, ici à deux stations d'Alexanderplatz. Ainsi, un objet que j'avais bêtement hésité à prendre à 5 euros à Biesdorf, dans la lointaine banlieue, s'y retrouva dix fois plus cher quelques heures après.

Souvent, l'intérêt d'un étranger pour un objet de la RDA amène à discuter au-delà des enjeux de la vente : les gens m'expliquent à quoi servait, au temps de la RDA, ce qu'ils proposent, parfois ajoutent des commentaires analytiques ou politiques. Ici l'objet dépasse sa valeur marchande, l'acte de vente. Il renvoie à des pratiques, qu'il ait appartenu ou pas au vendeur, mais aussi à une affirmation d'*expertise*, celle du passé en RDA. Cette expertise s'inscrit dans ce que l'on a dit d'identités qui se rebâtissent à travers la culture matérielle. La vente sur une brocante, comme l'a déjà constaté l'anthropologie, connaît d'autres règles que la définition classique d'une valeur marchande. Elle implique souvent la biographie du vendeur, et parfois de l'acheteur dans la négociation du prix, dans la transmission de la chose dont on se dépossède. À Schwerin, une dame m'invite à venir chez elle voir ce qu'elle a en stock, m'explique que les objets de l'Allemagne de l'Est sont de qualité, car, à la différence de ceux du capitalisme, ils n'étaient pas faits pour être renouvelés souvent. Tel vendeur de Wismar plaisante sur Honecker, à Ost-Bahnhof, un autre, ancien jockey, me parle des courses de chevaux à Karlshorst au temps de la RDA. Tout cela influe aussi sur la manière de me vendre, de me laisser l'objet, et sur le prix.

À Biesdorf (Berlin), la présence sur un stand de nombreux souvenirs de la RDA me conduit, à nouveau, à entamer une discussion. L'étalage est celui d'un ancien cuisinier, qui travailla notamment au fameux palais de la République. Nous n'avons pas une grande différence d'âge. Je l'écoute, en essayant de ne pas perturber ses ventes. Mais il parle volontiers, sans excès de mots. Du coup, je reviens vers lui une seconde fois. Il dresse un bilan contrasté de la RDA, souligne que l'on voit bien aujourd'hui que les choses sont relatives : on ne pouvait pas voyager librement, la Stasi était bien là (pour protéger Honecker comme il dit, lorsqu'il venait au Palais), mais il insiste sur tout ce qui lui importait et fonctionnait bien : le sentiment de sécurité (*Geborgenheit*), selon un terme très utilisé dans les slogans de l'ère Honecker, la faible criminalité, la sécurité et la protection sociale, le système scolaire centralisé (à la différence des Länder de l'Allemagne d'aujourd'hui). Il évoque encore l'égalité des chances, un temps où l'argent n'était pas tout, où le développement des personnalités comptait. Il est pourtant loin de faire l'apologie du régime et il me raconte son opposition à ses parents, des communistes convaincus, eux, qui avaient tiré un trait sur la famille ouest-allemande, dont on ne pouvait plus parler. Il me répète aussi combien il fut difficile de s'adapter à l'économie de marché.

Sur un stand du marché aux puces de Berlin-Friedrichshagen, je rencontre également un vendeur, historien de l'art qui a fait sa thèse d'architecture sur les maisons de la culture pendant la RDA. Il est plus taiseux mais nous parlons un peu, il me laisse son adresse. Je ne reprends pas contact, pas plus qu'avec le cuisinier. Pour avancer, je dois m'en tenir à ce travail sur la trace sans recueillir toutes les *histoires* de RDA que je croise, aussi riches soient-elles. Je ne cherche pas non plus à sauver des mémoires déjà largement enregistrées et travaillées dans l'historiographie. Un projet récent (2012), orienté contre le récit dominant que nous avons évoqué en introduction, a permis de créer une « bibliothèque du souvenir RDA » (*Erinnerungsbibliothek RDA*) pour les autobiographies centrées sur la RDA, désormais déposées aux archives fédérales. Il y en a déjà plus de huit cents.

J'ai ainsi rapporté de nombreux objets des brocantes, d'autres sont des cadeaux d'amis de l'Est, d'autres encore ont été récupérés dans des lieux abandonnés. J'ai raconté plus haut que l'on y trouvait souvent des archives, plus ou moins complètes. Mais l'on y trouve aussi quantité d'objets de tous ordres, depuis les centraux téléphoniques jusqu'aux boîtes à clous en passant par des journaux, du savon ou des masques de protection. Certains sont isolés, uniques, comme de derniers témoins de la production, d'autres, au contraire, restent par centaines ou milliers dans les pièces de stockage, signifiant plus encore l'arrêt brutal et incongru du travail.

À chaque retour d'Allemagne j'ai comme l'impression d'avoir réussi à faire passer des trésors ; car, entre les risques de bris, les objets trop grands et le surplus des bagages, il faut toujours faire preuve d'attention et d'ingéniosité pour que tout arrive à bon port. Mais ce sentiment tient aussi sans doute d'un sentiment de clandestinité. La RDA est tant délégitimée qu'y porter un intérêt si marqué ne peut que paraître suspect. Et je me demande toujours à quoi pensent les gens qui aperçoivent mes drapeaux trop grands pour être bien empaquetés ou ces objets bien vieux pour un touriste ordinaire. Lorsqu'un agent de sécurité à Schönefeld regarde une canne à journaux au nom de *Neues Deutschland*, le quotidien du parti, et me renvoie l'air entendu de ceux qui savent, j'ai comme l'impression d'une complicité tacite face à un monde environnant hostile. En fait souvent, je rencontre cette sympathie. Une autre fois j'arrive directement à l'aéroport Tegel d'une expédition dans la Saxe industrielle, avec un extincteur de la fameuse entreprise

RDA de Neuruppin, récupéré dans une entreprise à l'abandon dans l'ancienne ville textile de Meerane. Au moment de l'enregistrer, je me dis que ce peut être un produit dangereux pour le vol. J'avoue tout à la chef de comptoir d'Air Berlin, qui prend mon cas en vraie sympathie et me dit qu'on va s'arranger, peu inquiète et plutôt engagée dans l'idée de participer à rapporter cet extincteur en France. Par précaution, elle demande à la sécurité de l'aéroport ; le policier, un ancien de la RDA, fait montre de la même sympathie. Un autre encore ajoute que si on le vide il n'y a pas de risque. Et mon extincteur RDA finit par être embarqué gratuitement en surplus de bagage.

eBay est un puits sans fond pour les objets de l'ex-RDA et parfois même une ressource/source de connaissance car les vendeurs donnent à l'occasion des éléments intéressants sur des objets peu connus ou oubliés. Parfois encore, c'est la seule trace en ligne de certains objets difficiles à identifier ou peu diffusés. On y vend, bien sûr, de tout, depuis les emballages usagés jusqu'aux cadeaux de prestige de la Stasi, en passant par des fonds d'archives plus ou moins dépareillés. Lorsque le journaliste Landolf Scherzer rencontre, dans une de ses enquêtes, une « héroïne du travail », Ramona Junker, à Mühlhausen en Thuringe, leur conversation entre eux se clôt sur la médaille qui sanctionne cette reconnaissance. Scherzer lui demande si elle l'a conservée. Elle répond que oui, et Scherzer précise qu'elle se vend 25 euros sur eBay, un prix parmi les plus élevés pour les anciennes décorations de la RDA. Étonnée Ramona demande : « Il y a donc des gens qui vendent cela ? » Scherzer confirme et Ramona de s'interroger : « Et qui donc achète le morceau de vie d'une personne qu'il ne connaît pas[1] ? » C'est vrai qu'il est étrange de se saisir ainsi d'objets qui paraissent

---

1. Landolf Scherzer, *Letzte Helden*, Berlin, Aufbau, 2011, p. 250.

si ancrés dans une existence, comme il est étrange, pour un historien en particulier, d'« acheter » des archives dont il consulte des équivalents dans des formes rituelles élaborées et avec méticulosité dans les salles de consultation. Les évolutions historiographiques des dernières années ont cependant déjà donné lieu à des expériences de cet ordre. Ainsi, un groupe d'historiens a décidé d'étudier, chacun de son côté, un dossier d'archives acheté dans une brocante avec quelques critères de choix : ce fut, au final, celui d'une affaire judiciaire et d'un personnage ordinaire, un bon bourgeois né en 1869, Daniel Bertrand[1]. Plus récemment, deux chercheurs, ont raconté une histoire d'amour pendant la guerre d'Algérie, en partant, là encore, d'un achat de brocante parisienne en 2009[2].

Dans les supermarchés allemands, je rends souvent visite aux rayons où l'on peut trouver les quelques marques de l'Est qui ont été recyclées, en particulier les chocolats Zetti et le Vita Cola, pour mesurer leur place, leur rôle symbolique. C'est une autre forme de survivance, de traces, souvent pensées comme telles dans une perspective « ostalgique », on l'a dit. Les sites de vente de produits « Ost » ont aussi fleuri sur le Web. À Cologne (avril 2014), dans un Rewe, un sentiment d'altérité m'envahit quand je m'aperçois, à nouveau, que les marques de l'Est ne sont pas dans les rayons, là encore, comme un effacement, une domination sans partage du passé où ces produits « de l'Est » sont pensés économiquement comme *folklore régional*.

Outre les achats de brocante, les trouvailles sur eBay ou les récoltes dans les zones abandonnées, je reçois aussi des

---

1. Philippe Artières *et alii*, *Le dossier Bertrand. Jeux d'histoire*, Paris, Manuella Éditions, 2008, 130 p.
2. Fabien Deshayes, Axel Pohn-Weidinger, *L'amour en guerre. Sur les traces d'une correspondance pendant la guerre d'Algérie, 1960-1962*, Paris, Bayard, 2017, 332 p.

dons amicaux, de ceux qui savent mon intérêt pour ces objets et leurs histoires, en Allemagne comme en France : j'ai ainsi hérité des souvenirs d'un militant communiste français avec qui j'avais de lointains liens de famille, mais que j'avais rencontré à plusieurs reprises. J'aimais sa rigidité militante, ses convictions, son écoute. Je l'aurais moins apprécié, j'en aurais été agacé sans doute il y a vingt ans, j'aurais porté le fer à l'époque de l'URSS encore vivante, mais maintenant, j'ai trouvé du panache à cet engagement intact, en apparence, mais conscient aussi des reculs subis. J'ai été heureux que ses enfants prennent le temps de sélectionner dans ses archives tout ce qui concernait la RDA pour me les remettre. Le reste, dont j'avais évalué l'intérêt, a été donné aux archives du PCF. Bernard avait été principal de collège et syndicaliste enseignant. Il a ainsi fait partie d'un « voyage d'étude » en RDA du 10 au 17 avril 1978, le programme tournait autour de l'enseignement dans l'autre République allemande : « l'Éducation nationale en RDA jusqu'au baccalauréat, préparation des enfants et des jeunes à la vie ». Il en a gardé les brochures et les documents officiels, le programme et ses notes, des dépliants liés aux visites et activités culturelles du voyage. Sa délégation s'est rendue à Berlin, Potsdam, Karl-Marx-Stadt, Zwickau. Dans le lot, il y a les notes qu'il a prises lors de chacune des conférences et interventions, au ministère de l'Éducation sur le système d'enseignement en général, à l'école Goethe de Karl-Marx-Stadt, à l'école polytechnique de la VEB fabrique de lampes de mineurs de Zwickau, à celle d'ingénieurs : tout cela est rempli de chiffres sur le nombre d'élèves, sur les disciplines enseignées. Il y a aussi quelques lignes sur la « pédagogie », et le « développement de la personnalité socialiste ». Entre ces sérieuses visites se glisse une soirée à l'opéra-comique pour voir jouer Verdi, dont Bernard a gardé le programme. Tous les souvenirs et prospectus conservés, qui furent si banals tant ces voyages de communistes étaient courants, disent encore, aujourd'hui, la consistance donnée à tout cela par les participants.

Les mémoires de la RDA et sa muséographie s'accrochent aux objets ordinaires, à ceux du quotidien, pour les différentes raisons évoquées, tenant à la fois à leur matérialité (leur remplacement général les mettant à disposition) et aux enjeux symboliques et biographiques. Ils laissent aujourd'hui, souvent, un sentiment d'étrangeté. Ainsi, le quotidien régional de Francfort-sur-l'Oder (*Märkische Oderzeitung*) a créé une rubrique « Nous l'avons encore » où des lecteurs évoquent un objet conservé « de l'époque de la RDA ou antérieure », précise la présentation de la série : verre pour vin mousseux ou autres objets, de décoration notamment. Il est remarquable que ce rapport à l'objet conservé réfère à « l'époque de la RDA » comme seul horizon des lecteurs, témoignant ainsi de la faible présence d'Allemands venus de l'Ouest dans la région, et/ou du faible intérêt qu'ils pourraient porter à des objets de l'ex-République fédérale (même si l'on s'interroge parfois sur une *Westalgie*).

Les travaux et expositions évoquant ces objets ont déjà été nombreux, certains dans une approche sensible de la trace, comme dans ce livre. Ainsi au musée de la Culture quotidienne de la RDA d'Eisenhüttenstadt – un des premiers à avoir réfléchi à ces enjeux des mémoires par l'objet, et dont nous reverrons l'histoire –, l'exposition « Choses conservées » (*Aufgehobene Dinge*, 2010/2011) présentait-elle l'ensemble des objets laissés par une femme est-allemande, secrétaire de profession, née en 1919 : chapeaux, papier à lettres ou objets de décoration. Elle en avait dressé la liste, mais rien ne les prédestinait à cette monstration. Ce sont ses héritiers qui les ont donnés au musée. À travers les objets, l'exposition entendait évoquer la biographie et les choix de la dame, son goût de la consommation et de l'accumulation et ce qu'elle a voulu conserver. Ces multiples objets silencieux, regroupés ensuite dans le catalogue, invitent à autant de recompositions de leur importance et de leurs usages, ils disent aussi une histoire allemande contemporaine.

Ce chapitre voudrait donner consistance à quelques-uns de ces objets ordinaires de la RDA que j'ai croisés et ramassés, ou achetés : dix pour faire simple, manière de parler de l'histoire de la RDA et de leur usage contemporain – ce «retournement des choses» –, de prêter attention, derrière de multiples travaux, aux objets comme acteurs de relations sociales et médiateurs du passé. Nous ne les pensons pas en «témoins» du passé : ils s'inscrivent dans une dynamique qui est aussi contemporaine, qu'elle soit celle de l'abandon, de la résistance ou du symptôme, qui permet de saisir des logiques sociales bien plus amples. Ils ne prennent sens, aussi, que dans la série qui leur donne une interprétation.

Produire

1. La plaque de l'entreprise «Joseph Staline»

Il y a bien peu d'endroits, dans l'ex-Allemagne de l'Est et ailleurs, où l'on voit encore « Staline » s'afficher fièrement. Jusqu'au début des années 1960, les figures et le nom du dictateur ornaient toute l'Allemagne de l'Est. À qui visite les anciennes usines de la RDA, ici et là, il apparaît cependant sur les plaques d'identification d'appareils électriques. Je l'ai vu pour ma part trois fois, à Trattendorf, dans l'ancienne centrale électrique, à Francfort-sur-l'Oder dans la maison de la culture des cheminots, et à Berlin sur un des derniers bâtiments restant du grand combinat de boisson Bärensiegel : « Entreprise propriété du peuple (VEB). Fabrique d'appareils électriques J. Staline, Berlin Treptow. » Dans les bureaux abandonnés d'une fonderie de Karl-Marx-Stadt/Chemnitz, toutes les archives sont là, rangées et oubliées. Par hasard, je tombe sur une lettre à en-tête du bureau technique de l'EAW en 1956 : le nom de l'entreprise est en gris, celui de Staline en rouge. L'adresse du télex et télégramme est « Stalinwerke » et non pas EAW (cliché ci-dessous).

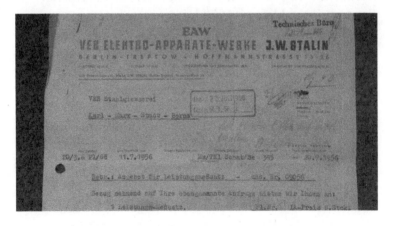

À chaque fois, je suis saisi par ces quelques mots. Le nom fige encore plus dans le passé ces lieux présents, ces usines arrêtées, abandonnées ou en voie de récupération. Il dit tant aussi, la soumission des démocraties populaires à l'URSS et à son tyran, la présence politique dans l'entreprise, dans le quotidien, dans chaque chose. L'entreprise porta le nom de Staline de 1953 à 1960 : les plaques renvoient donc à des appareils bien anciens, conservés du temps de la RDA, abandonnés après.

« EAW » est alors un des phares de l'industrie berlinoise : plus de 9 000 salariés au début des années 1960. Fondée à la fin des années 1920 par le groupe AEG, expropriée à la libération de l'Allemagne, l'entreprise produit différents types de radios et d'appareils électriques et possède ses propres écoles de formation. Elle se met aussi à la production d'ordinateurs. Parmi ses employés, une des grandes figures de la mémoire antifasciste de la RDA : Werner Seelenbinder, membre du KPD (Parti communiste d'Allemagne), qui travaille à Treptow à partir de 1935. C'est un sportif célèbre et accompli, champion de lutte. Organisateur de la résistance du Parti communiste, il est arrêté et exécuté à Brandebourg-sur-la-Havel en octobre 1944. L'histoire de l'entreprise publiée en 1979 lui consacre une bonne place : « Ferme, comme il avait vécu et combattu, en communiste et sportif, il est allé à la mort[1]. » En RDA, son nom est partout, dans les rues, les brigades, les institutions sportives et notamment la grande halle de Berlin-Prenzlauer Berg.

Après Staline, EAW recevra le nom de « Friedrich Ebert », non pas le président de la république de Weimar, mais son fils, membre du SED et maire de Berlin-Est. En 1971, l'entreprise forme un combinat en intégrant d'autres industries et institutions. Privatisée en 1993, EAW existe toujours, mais avec une activité réduite. Combien de ces micro-évocations

---

1. *Das Werk der befreiten Arbeiterklasse. Geschichte des Kombinats VEB Elektro-Apparate-Werke Berlin-Treptow*, Berlin, Verlag Tribune, 1979, p. 31.

de Staline restent encore dans les friches de RDA, sur les vieux appareils de l'EAW?

J'ai eu envie de mesurer l'importance de l'entreprise et ses traces en parcourant sa géographie berlinoise, aujourd'hui virtuelle, dans une ville qui a perdu beaucoup de son caractère industriel après l'unification, après une « violente vague de désindustrialisations[1] ».

La manière la plus évidente, ici choisie, consiste à repérer les adresses dans le dernier bottin de la RDA et entamer ainsi une promenade pour restituer une spatialité virtuelle. J'en ai repéré sept: cinq pour l'entreprise principale et deux pour des entreprises rattachées au combinat. L'imposant siège de Treptow, à l'architecture de brique très reconnaissable, a été complètement réhabilité et complété par des ajouts modernes. Immense bâtiment, qui s'étend tout le long de la Martin-Hoffmann-Straße, il abrite aujourd'hui de nombreuses entreprises, dont le siège d'Allianz, Sixt ou Techem (énergie domestique). Certaines parties semblent même avoir été transformées en logement. Plus rien ne dit que l'ensemble flambant neuf, aujourd'hui fragmenté, était celui d'EAW. Le seul témoin extérieur évident de l'époque RDA est une horloge, ferme encore, qui ne peut être que de ce temps révolu.

Non loin de là, en traversant le pont sur la Spree vers Ostkreuz, il y avait le service vente et « économie extérieure » d'EAW dans la Kynaststraße. À vrai dire, le lieu est introuvable, la rue elle-même a quasiment disparu, c'est un immense no man's land, où se succèdent les friches avant que n'apparaissent des immeubles tout neufs. Si l'on s'en tient aux adresses, sur les lieux mêmes du bâtiment EAW est apparu un cabaret-salle de spectacle, le « Palazzo », palais

---

1. Denis Bocquet, Pascale Laborier, *Sociologie de Berlin*, Paris, La Découverte, 2016, p. 44.

aux miroirs installé dans une grande tente, au milieu de ce no man's land. Tout près, une petite maison abandonnée, toute fermée et graffitée dans la nature, longée par un chemin qui descend vers le lac de Rummelsburg tout proche. EAW ?

À quelques stations de S-Bahn, au nord, se trouvait un autre pôle de l'EAW, sur la Storkower Straße. La zone d'activités laisse une drôle d'impression aujourd'hui. Une première ligne de constructions comprend des bâtiments-halles pour des ateliers ou de la fabrication, ils ont en partie été transformés en casinos, boutiques, squats, sont d'un usage incertain, sans aucune unité ; derrière une série perpendiculaire d'immeubles de bureaux les surplombent. C'est là, au 115, que la filiale d'EAW « Steremat » fabriquait ses produits, des mesureurs de niveau, des appareils radio et des générateurs, civils et militaires. Elle portait le nom de « Hermann Schlimme », un syndicaliste social-démocrate, arrêté sous le nazisme et qui se rallia au SED après la Seconde Guerre mondiale. Le nom de la firme existe encore, celle-ci a éclaté après l'unification de l'Allemagne, en plusieurs entités indépendantes. L'immeuble de Steremat a été complètement refait, il est occupé par la poste et quelques autres activités de services. Aucune trace extérieure de ce passé RDA, sauf, à qui veut bien les observer, les lampadaires de béton qui contrastent avec les bâtiments rénovés, et puis, discrète, la sirène du transformateur. En zoomant avec l'appareil photo, on y lit encore le nom du fabricant : « Fortschritt Stanzila » (entreprise « Progrès »), Dresde, RDA...

Un peu plus au nord, au 101 de la même rue, c'était le service technologie et recherche. Aujourd'hui, c'est un immeuble de la police, lui aussi flambant neuf. Mais entre lui et son vis-à-vis, un peu perdu, un bâtiment de bureaux en tôle ondulée, bien RDA, l'entrée et les lustres signent les années. Il est sans numéro apparent, mais s'avère aussi être le 101. On y entre facilement, il est partagé entre des bureaux vides et des activités peu identifiables. Le réseau électrique, toujours en fonction, reste RDA, les plaques en témoignent. La dernière survivance discrète d'EAW dans le quartier.

La fabrique de relais a, elle aussi, disparu ; difficile de se représenter le lieu, un immense centre commercial, Kaufland notamment, et son non moins immense parking écrasent cette partie de la « rue principale » (Hauptstraße) du quartier de Hohenschönhausen et sans doute une partie aussi de l'EAW. Certains bâtiments, toujours là, devaient en dessiner une autre. L'un est devenu restaurant, l'autre est fermé. Dans la Degnerstraße, le service client de l'EAW n'a laissé aucune trace. Dans cette autre rue de Hohenschönhausen, « pavillonnaire », dirait-on en français, le 70 abrite désormais des maisons neuves, en brique rouge, pour quelques familles, et des logements sont encore disponibles.

Il faut aller plus loin encore à l'est pour finalement tomber sur la véritable survivance d'EAW. Issue du regroupement de différentes entreprises, dont certaines travaillaient déjà avec AEG, la filiale « Plastikwerk Berlin VEB » du combinat se situe dans le quartier de Friedrichshagen – autrefois porte d'entrée marchande à l'Est, vers Berlin, et qui a gardé son charme XIXe siècle. Elle fabriquait du plastique, Thermoplast (que l'on peut mouler à chaud) et Duroplast (constant même à haute température), commercialisé sous le nom de Bakélite, pour les usages électriques industriels et notamment pour les appareils d'EAW, dans la continuité des liens de l'entre-deux-guerres entre les deux entreprises d'origine.

Ici la trace est frappante (novembre 2016). Au milieu des villas anciennes, souvent rénovées et pleines de charme, et de petits immeubles soignés et modernes, se dresse l'usine abandonnée, encore imposante dans son dernier râle, portes de bric et de broc, fenêtres cassées. Elle est, au sens propre, ceinturée par le nouveau Berlin. D'un côté, tout contre, une école et un jardin d'enfants dont les locaux, respirant la rénovation, sont ceux d'une ancienne fonderie encore dominée par une cheminée. De l'autre, mitoyens, une série d'habitats familiaux, tout récents et lumineux. Par son état délabré, son style austère et industriel, et ses couleurs ternes et passées, Plastikwerk tranche immédiatement dans ce décor. Rarement les contrastes de temps s'imposent avec tant d'évidence et de proximité spatiale.

On peut s'en approcher, les barrières qui la séparent du monde des vivants sont entrouvertes, mais le bâtiment est fermé à clé, en lente rénovation, selon un ouvrier polonais, Hendrik, que je croise et qui me propose, sans que je demande rien, de m'ouvrir les portes, une vraie apparition. Je n'en ai pas le temps cette fois-ci mais je lui fixe un rendez-vous pour mon prochain passage à Berlin, sans trop savoir ce qu'il en sera.

Hendrik est bien là où il m'indiquait, il m'ouvre la porte et puis, après quelque temps, voyant que j'entends explorer tranquillement, on décide ensemble qu'il lui faut retourner à ses activités et me voilà libre pour explorer la VEB. Apparemment un étage a dû servir après la fermeture à une institution d'enseignement, il reste chaises et tables, et je vérifie : elles viennent d'Allemagne de l'Ouest, signant donc les années 1990. Des murs récents montrent aussi une transformation de l'espace. Hendrik me dira que tout le matériel scolaire a été jeté par les ouvriers. Je parlerai un peu avec lui. Il est de Guben sur l'Oder, mais vient de Pologne. Apparemment, le propriétaire l'emploie, avec d'autres ouvriers, pour de petites rénovations en attendant un investisseur ; un entre-deux encore. À Berlin, il vit donc à l'hôtel.

Il ne reste plus de gros matériel dans l'usine, mais de multiples traces, des panneaux, du papier à en-tête et même de petites productions de plastique, signées « Plastikwerk Berlin VEB », comme cet objet qui m'était inconnu : un fixateur de cintres, qui empêche que ceux-ci se baladent au gré du vent ou du poids sur le fil à linge, « un souci de moins lors des lessives », affirme l'étiquette. Une guérite dans la cave portait, sur une vitre cassée, un autocollant que l'on apposait sur les voitures : « RDA », il ne reste plus qu'un D et demi...

En vingt-cinq ans, EAW, ce géant de l'industrie électrique s'est effacé du paysage urbain. Il faut tous ces efforts pour esquisser, redessiner sa topographie et sa géographie.

2. *La porcelaine de RDA*

La porcelaine faisait la renommée de plusieurs villes de RDA, Colditz, Meissen, Kahla, Freiberg... Les sigles des entreprises d'État, frappés au dos de la vaisselle, se retrouvent partout encore. À Colditz tout s'arrête en 1996 et l'usine est détruite. À Freiberg, la grande usine du temps de la RDA est complètement abandonnée, même si la production a été reprise, bien plus modestement, après les tourments de l'unification. Elle est un peu excentrée, près de l'ancien puits de mine dit d'Abraham. On y pénètre assez facilement mais l'on s'y perd aussi aisément (décembre 2014). La gloire passée gît par terre, non seulement à la vue des milliers de débris, mais encore avec cet écriteau désormais dérisoire, oublié à même le sol : « La plus fine porcelaine de Freiberg dans le monde entier. » Un peu en retrait, dans ce monde fantôme, se trouve une pièce où étaient stockés les décalques pour les motifs imprimés qui décoraient la vaisselle sérigraphiée. La peinture à la main ne fut conservée que pour des pièces uniques ou des séries limitées. Disposés sur les étagères, en grande quantité, les décalques sont abîmés par l'humidité, parfois pourris, gerbant des étagères.

Parmi ceux que l'on peut sauver, un menu pour le repas d'inauguration de la maison de vacances de l'usine (à Bucha). Les entreprises les plus importantes avaient toutes ces *Ferienheime*, entre autres institutions, souvent mieux dotées que celles du syndicat unique et où la contribution des travailleurs pour y séjourner était modeste. Restait à obtenir une place. Ici, on dégusta apéritif, soupe de tortue, ragoût fin au vin rouge, aloyau aux champignons, glace au fruit, café.

On trouve aussi un motif historique, par centaines, par paquets entourés d'un élastique. J'en prends un. Au centre, les armes de Freiberg, que soutiennent deux personnages, des mineurs en tenue d'apparat. Au-dessus des armes de la ville, la couronne de Saxe et les outils du mineur ; entourés de leur devise et salut « *Glück auf* » (Salut !) [1].

---

[1]. Merci à Ulrich Thiel, du musée de la Mine et de la ville de Freiberg, pour son aide à la lecture de l'image. La caissière du musée de la Mine d'Oelsnitz/Erzgebirge accueille encore avec ce salut.

Freiberg s'est en effet développée au Moyen Âge autour des mines d'argent. Elle devient un grand centre minier et, en 1765, une académie spécialisée y est fondée, attirant de grands noms avant d'être complétée par une école des mines. À la fin du XVIIe siècle, pour compenser le déclin minier, se développe une manufacture de produits métallurgiques qui s'affirme comme une des plus importantes de Saxe. La révolution industrielle déclasse techniquement l'activité minière argentifère ; la chute du cours de l'argent à partir des années 1860 menace la ville et les mines ferment avant la Première Guerre mondiale. C'est ainsi que se créent des industries alternatives, dont la porcelaine, avec des isolateurs de haute tension et de la vaisselle (1906). Freiberg dépend de la maison mère à Kahla. La crise des années 1930 ravage la ville, l'usine ferme. L'Allemagne communiste, à la politique industrielle aussi autoritaire que volontaire, relance la porcelaine (et la métallurgie non-ferreuse, du minerai de plomb). La porcelaine de Freiberg connaît un nouvel essor, notamment à l'exportation, avec de nombreux modèles à succès, créés par de grands designers. En 1969, l'entreprise est rattachée au combinat de porcelaine de Colditz, qui développe aussi une production moderne de qualité.

À Francfort-sur-l'Oder, j'ai ramassé, en 2016, sur un tas destiné à la poubelle plusieurs jolies tasses du service « Diamant » de la fin des années 1960. Dernières ondes de la vague de grands débarras des objets RDA dévalués ? Sur eBay, j'ai retrouvé des exemplaires de vaisselle qui portaient le motif abandonné dans l'usine. Celui-là correspond à la taille d'une tasse. Il servit en particulier à des éditions faites pour le jubilé de la ville, les huit cents ans de Freiberg (1986). Des assiettes et des médailles de porcelaine sur lesquelles on a imprimé le motif, enrichi, pour les premières, de représentations des outils du mineur.

La RDA a en effet repris et développé ces traditions de jubilés urbains en les inscrivant dans un grand récit socialiste, notamment avec des défilés costumés représentant les époques allant du Moyen Âge à l'Allemagne socialiste. Cela permet de raconter l'histoire de la RDA comme aboutissement et accomplissement de l'histoire allemande.

3. Le manomètre bulgare

Celui-là, je l'ai arraché dans une des caves abandonnées de la gare de l'ancien combinat énergétique de la « Pompe noire » (*Schwarze Pumpe*). Il est originaire de Bulgarie. Mais j'ai retrouvé le même dans une cave de Francfort-sur-l'Oder. C'est un modèle courant produit par l'un des grands combinats bulgares de l'époque – « combinat pour appareils et instruments, Arda » –, situé dans le sud du pays, à Kardjali où coule la rivière dont il porte le nom.

Errer sur les traces de l'ancienne RDA, c'est aussi, c'est ainsi retrouver partout les traces de cette économie du « Conseil d'aide économique mutuelle » (CAEM, 1949), qui se voulait intégrée. Elle rassemblait, sous la haute tutelle de l'URSS, l'ensemble des pays du bloc de l'Est, selon « la division internationale socialiste du travail » (fixée en 1962). Il ne fut pourtant pas aisé d'articuler les développements industriels nationaux et les choix du CAEM, mais c'était un objectif fondamental du camp socialiste, encore à l'époque gorbatchévienne.

L'URSS faisait pression dans le sens de la spécialisation des échanges et d'une planification à l'échelle du CAEM, même si sa puissance industrielle était sans comparaison avec celle des « pays frères » (40 % du volume global des échanges au sein du CAEM dans les années 1980). L'idée était de concentrer, de spécialiser la production de produits déterminés dans des pays différents, selon les compétences. La coordination des planifications nationales devait en découler. L'URSS, en particulier, devint le fournisseur essentiel de pétrole, de matières premières pour la sidérurgie, de produits forestiers et d'équipement pour l'industrie lourde. Des unions internationales par branches se sont constituées. Progressivement, la spécialisation par pièces et par composants s'est développée.

La RDA fut le premier partenaire en volume de l'Union soviétique, presque toutes ses importations en matières premières et combustibles en viennent (charbon, pétrole, minerai de fer...). Dans la « division socialiste du travail », la RDA s'était spécialisée, de son côté, dans les chantiers navals, les machines agricoles, les wagons – premier fournisseur de l'URSS dans les années 1970 – et l'automobile, l'installation pour extraction, les machines pour la chimie. Ses compétences étaient reconnues pour toute la mécanique et les objets de précision (optique, photo, musique). À elle aussi était attribué un rôle particulier dans les produits chimiques ménagers et pharmaceutiques. La Hongrie, elle, avait développé une compétence propre dans l'équipement des industries alimentaires. Ainsi, dans le grand abattoir de Francfort-sur-l'Oder, un temps devenu discothèque, et en déshérence aujourd'hui, j'ai retrouvé un plan de montage d'équipement en hongrois et en allemand, pour la halle d'abattage n° 1.

Cette économie dirigée du CAEM fonctionnait sur le modèle du plan d'ensemble où production, exportations et importations dépendaient à la fois de la spécialisation – planifiée – de chacun des pays et des choix de politique économique de l'URSS. Le manque de main-d'œuvre, les blocages et les pénuries conduisaient aussi à de nombreux ajustements, plus ou moins tacites, plus ou moins camouflés, avec le plan, et à des aménagements, des arrangements au-delà des frontières entre acheteurs et fournisseurs. Une structure comme celle du CAEM devait impliquer des garanties pour chacun des pays, qui avaient dû renoncer à fabriquer eux-mêmes des produits dont ils avaient besoin. L'intégration d'un marché extérieur commun ne sera jamais vraiment mise en place et le CAEM fonctionne largement par entreprises conjointes et troc bilatéral.

À Weissenfels, dans une usine de clous abandonnée, je tombe cette fois sur des relais thermiques neufs, en nombre, encore dans leur boîte « Made in Romania », fabriqués en décembre 1989 à Buzău par l'« Întreprinderea Contactoare » de la ville. À Magdebourg, au fin fond des immenses caves de la célèbre brasserie Diamant, je récupère des appareils de mesure de pression dont les indications sont en russe et en allemand, mais *erzeugt in UdSSR*, « fabriqué en URSS ». Dans un atelier abandonné de la VEB Mantissa, en plein centre-ville de Meissen je trouve des bouteilles de vin hongrois « Visconta Muscat », « vin hongrois de qualité » dit l'étiquette en allemand, mis en bouteille à Budapest et exporté par « Monimpex ». Parfois, les traces semblent évoquer des échanges de main-d'œuvre, qui faisait tant défaut en RDA. Dans le dépôt pharmaceutique de Francfort-sur-l'Oder, abandonnés eux aussi, gisent quelques exemplaires du journal du Parti communiste tchécoslovaque des années 1970.

Le CAEM s'est étendu progressivement à différents pays socialistes en dehors du bloc de l'Est européen. La RDA entretient des liens particuliers avec le Vietnam, qui en devient membre après son unification (1978). L'aide au pays lui est allouée en propre. Un des bâtiments abandonnés de l'entreprise de meubles de Quedlinburg garde dans ses caves (2016) des caisses de bois provenant de Hanoï dans les années 1980 et remplies de boîtes de beignets de crevettes. Ailleurs, à Francfort-sur-l'Oder, c'est une bouteille vide d'alcool vietnamien, de la même époque, qui traîne par terre : « Agrexport. Ho Chi Minh City. » Premnitz était un haut lieu de l'industrie est-allemande, car on y produisait, dans l'usine « Friedrich Engels », des fibres synthétiques, les fameuses « Prelana » ou « Wolpryla », fleuron du bloc de l'Est. On peut encore y ramasser sur le sol des exemplaires du quotidien *Tienphong* (de 1999, l'usine produit encore jusqu'à fin 2000), trace de la main-d'œuvre vietnamienne de l'usine, arrivée au temps de la RDA, comme à l'EAW, mais encore là après l'unification. Ils furent autour de 100 000 Vietnamiens venus essentiellement dans le cadre de contrats d'État, dans une économie toujours à la recherche de main-d'œuvre. L'unification ouvrit un temps d'incertitude pour cette émigration institutionnelle : des conditions légales et pratiques difficiles, l'exposition au racisme agressif. On trouve de nombreux petits restaurants ou snacks vietnamiens en Allemagne de l'Est, souvent au pied des grands ensembles, et dont on imagine volontiers, à l'âge des tenanciers, qu'ils appartiennent à des familles issues de cette histoire de l'*Ostblock*. Au début des années 2000, ils sont autour de 20 000 à 30 000 a être restés. Après avoir écrit ce paragraphe, lors d'une expédition berlinoise à Pankow, sur la Vinetastraße, j'entre dans le « Snack asiatique » *Le Minh* et j'engage la conversation (octobre 2016), ce que je n'avais jamais fait, pour incarner ces lectures. Deux hommes sont aux fourneaux, sympathiques, l'un parle bien l'allemand, une petite quarantaine, l'autre entre cinquante et soixante ans le parle de manière rudimentaire. Ils sont vietnamiens et le plus âgé est typique de l'histoire racontée. Il est venu en RDA dans le cadre de ces contrats collectifs pour travailler au chemin de fer, à l'aménagement des voies, un travail dur, se souvient-il, qui rapporte peu mais permet une vie correcte. Son allemand est demeuré limité, contrairement à celui de son jeune collègue arrivé après 1990 : je l'interroge et il me raconte qu'à l'époque tout se faisait par le biais d'un traducteur qui officiait pour un groupe de travailleurs. Il résidait alors dans un immeuble de Vietnamiens vers Wartenberg. À Arendsee (Saxe-Anhalt) sur la plage, c'est aussi une famille vietnamienne qui tient le snack (mai 2018). Le tenancier me raconte qu'il est venu en RDA pour travailler comme ajusteur dans une usine textile de Gardelegen, non loin de là. Ils étaient une vingtaine dans son groupe. Avec la *Wende* (le « tournant »), il s'établit à son compte et ouvre finalement son restaurant-magasin de plage, sa femme est venue plus tard.

Peu de temps après la rencontre du *Minh*, à la recherche des différentes implantations berlinoises d'EAW (voir plus haut), je croise, un peu au sud de Wartenberg, un immense ensemble d'immeubles de dalles de béton préfabriquées, les fameux *Plattenbauten*, vides et même évidés. Des guérites aux entrées indiquent un usage particulier. En discutant avec les habitants du quartier, j'apprends qu'il s'agissait d'habitats collectifs pour travailleurs, un *Wohnheim* pour les Vietnamiens. Bien qu'ils soient ceinturés de barrières métalliques, il n'est pas compliqué d'y entrer ; je rencontre quelques vagues ouvriers, qui semblent bien isolés dans un si grand ensemble. Ils paraissent peu troublés par ma présence et après quelques mots échangés, ou un simple bonjour, vaquent à leurs occupations, que j'identifie mal tant l'on se demande comment ces quelques hommes peuvent vraiment être dans un processus de construction dans un ensemble de milliers de logements. Je préfère ne pas entamer une conversation qui pourrait les inciter, quels qu'ils soient, à s'interroger un peu plus sur mon incongrue présence... L'un d'eux m'indique sans plus s'en soucier qu'il est dangereux d'entrer dans les immeubles, ce qui ne me décourage guère, je ne suis pas convaincu par son avertissement. Les pièces sont vides pour l'essentiel, mais l'on y trouve encore des traces de sanitaires collectifs, de pièces communes, qui attestent de l'usage évoqué. Et dans une des cours, cet écriteau encore là : « Lieu de rassemblement pour les bus ». Après coup, j'imagine ici le cuisinier de Pankow, il y a des années. À Friedrichshagen, non loin de la relique de l'EAW, se trouvait l'école « Ho Chi Minh ». Elle a changé de nom mais, dans la cour, toujours, une sculpture représentant une femme vietnamienne avec son enfant (Hans-Peter Goettsche, 1972). Devant ma curiosité, un habitant me dit qu'autrefois elle se trouvait non pas dans la cour mais devant. Elle est aujourd'hui harmonieusement intégrée à un espace de jeu. Cette position transforme le sens de la sculpture, qui, du discours de « solidarité internationale », ne représente plus que la dimension familiale, enfantine et ludique du lieu.

Il y a aussi les produits RDA fabriqués pour l'exportation vers les pays frères : à Freiberg, dans la grande usine de porcelaine dont je viens de parler, je ramasse une série d'étiquettes en russe pour un service de table « Saphir », « 12 personnes, 70 pièces ». L'étiquette comporte toute une série d'indications, en russe exclusivement, sur le produit et son transport, l'exportateur à Moscou. La forme avait été établie par les designers Krauss et Richter de Colditz en 1980.

Tous ces objets abandonnés, et les autres, dessinent une sorte d'archéologie de ce réseau oublié du CAEM. Comme dans les jeux d'enfants, où l'on relie des points pour former une figure, d'une cave à une usine délaissée, en passant par des machines hors d'usage ou des objets, ici ou là, toujours en service, il se trace virtuellement la densité et l'originalité de ces échanges d'antan.

Consommer

4. Les esquimaux de Bako

C'est un bout de papier qui n'a cessé de m'intriguer. Un objet dont on voudrait pouvoir retracer l'ensemble de la biographie. C'est le papier d'emballage d'un esquimau, d'une glace, que j'ai trouvé collé, avec d'autres, sur la porte d'un atelier en voie de destruction/rénovation à Berlin-Marzahn. Il n'a rien de particulier, pas de décoration remarquable, pas de fonction évidente. Il est juste indiqué en vert et orange : Crème glacée vanille-noisette (*Vanille-Nuss Eiskrem*), 40 grammes, 0,50 mark, 15 % de matières grasses, avec les calories, ainsi que le lieu de production « VE Bako Dresden. Betrieb Riesa ».

Pourquoi était-il collé sur cette porte ? Je n'ai pas d'hypothèse mais j'ai eu envie de reconstituer le trajet de ce bout de papier, de retrouver son contexte. Depuis sa production à Riesa, à deux cents kilomètres au sud de Berlin, jusqu'à mon appartement. J'ai eu envie de voir le lieu à Riesa, ville industrielle connue en RDA pour sa production de savon – 80 % du marché dans les années 1980 – et plus encore d'allumettes, que l'on retrouve encore souvent ici et là. Ce fut alors la plus grosse entreprise de production d'allumettes en Europe, qui travaillait aussi pour l'exportation.

Un des principaux lieux de production de la « VE Bako » a été récupéré par une entreprise de meubles : Fahrendorff. Il s'appelait (sans doute) « Karl Marx » au temps de la RDA. C'est là qu'étaient fabriquées les glaces, dont témoigne mon papier « crème glacée », je le trouve dans l'annuaire professionnel de la RDA, « 48 Strehlaer Straße », avec la boulangerie et la pâtisserie.

Je n'en ai vu que l'entrée, mais elle a gardé une forte tonalité RDA dans le décor. Le visiteur est accueilli par une Trabant publicitaire posée là, repeinte aux couleurs de l'entreprise Fahrendorff. Plus encore, une vitrine de la guérite d'accueil est aujourd'hui consacrée au cyclisme en RDA, on y voit des images, un maillot aux couleurs de la RDA, et même un vélo de la marque Diamant assorti de quelques objets. À vrai dire cette guérite, m'apprend la propriétaire, n'est plus liée à l'entreprise de meubles, mais mise à la disposition d'un particulier, un jeune homme qui s'occupe de vieux vélos : la VEB Elite-Diamant de Karl-Marx-Stadt (issue d'une firme fondée en 1885), à côté de la production de machines à tricoter, était très réputée pour ses vélos de ville, un moyen de transport fondamental dans l'Allemagne d'après-guerre. La partie vélo fut privatisée en 1992, puis transformée en une nouvelle firme, en perdant plus des quatre cinquièmes de ses employés (de 600 à 120).

Le cas de l'enceinte de Bako est un cas très fréquent à l'Est, les anciennes usines, les anciennes VEB sont reprises par morceaux, démantelées, parfois en une multitude de petits ateliers, de métiers variés, qui occupent ce qui fut un immense *Kombinat*, laissant des pans entiers à l'abandon. Ces réoccupations construisent un tout autre espace. La Trabant et la vitrine composent ici, sur cette grande avenue banale, un petit coin d'« Ostalgie ».

Dans les années 1970, la Bako est à la fois désignée comme une entreprise « propriété du peuple » et comme coopérative (un *Konsum*, la chaîne de coopératives de RDA qui produit, et organise le commerce), ainsi que l'indique l'annuaire de Riesa qui sépare les deux, le second siégeant dans la Strehlaer Straße. Les archives de la ville n'ont pas conservé de documentation à son sujet, pas plus que la propriétaire, mais on trouve des indications sur l'entreprise dans le journal local, la *Sächsische Zeitung*, qui renseigne sur quelques-unes de ses productions. Il met en avant, selon le discours convenu, la variété des produits (tartes, choux à la crème, *Stollen* – un gâteau traditionnel allemand –, etc.) et les efforts productivistes des ouvriers. Il recense le nombre de fruits et légumes utilisés pour la fabrication, une denrée souvent comptée en RDA. Production et mobilisation s'entremêlent comme souvent : en 1988, par exemple, les membres de la jeunesse communiste de l'usine Karl-Marx ont fait un gâteau particulier (*Aufsatztorte*) pour la « semaine de la jeunesse et du sport ». Il est proposé dans la boutique de vente située sur la Ernst-Thälmann Straße au 35. Voilà mon emballage de glace inscrit dans un univers.

5. *Le « Mocca Fix »*

Au fin fond de l'usine abandonnée de cosmétiques Zitza Werk à Zeitz, j'ai souri tout seul en retrouvant un emballage abandonné de café « Mocca Fix Gold ». Les fans de *Good Bye, Lenin!*, le film culte de l'« Ostalgie » (2003), comprendront sans doute ce sourire. Le héros, Alexander (joué par Daniel Brühl), y recherche désespérément du

Mocca Fix pour faire croire à sa mère, qui sort, en 1990, d'un coma de huit mois consécutif à un infarctus, que la RDA existe toujours à l'identique. Dans le film, la marque apparaît à quatre moments. Au supermarché, la vendeuse annonce que c'en est terminé avec ces marques de l'Est, Mocca Fix compris. Alexander fouille alors les poubelles en quête d'emballages anciens qu'il puisse remplir de nouveau café post-89. Par bonheur, dans un appartement abandonné, il retrouve des produits clés de l'Est, dont le Mocca Fix. Dans une mise en scène préparée par Alexander – à l'occasion de la célébration de l'anniversaire de sa mère par les cadres du parti –, toujours pour lui faire croire que tout continue comme avant, la corbeille offerte contient, avec du vin et les petits pois « Tempo », le fameux café.

Le Mocca Fix eut un succès certain lorsqu'il fut introduit en 1973-1974, sous un double emballage souple, « Gold » et « Silver ». Son arrivée est dignement fêtée pour le 24e anniversaire de la RDA, le 7 octobre. En effet ce fut le premier café moulu prêt à l'emploi vendu au consommateur. Il avait fallu du temps au Parti communiste pour faire du café un bien de consommation et non un produit de luxe. Pour autant, les demandes croissantes ne seront jamais complètement satisfaites, ni en quantité ni en qualité. En 1977, la crise des cours mondiaux et les manipulations trop peu discrètes du SED (adjonction d'ersatz, suppression du café à bas prix, etc.) conduisent à une vague de protestation demandant un café de meilleure qualité[1]. Le café était désormais considéré comme un bien dont l'usage allait de soi et sa présence dans les rayons était devenue, dès lors, un enjeu politique avec lequel le parti devait compter.

---

1. Monika Sigmund, *Genuss als Politikum. Kaffeekonsum in beiden deutschen Staaten,* Berlin, De Gruyter-Oldenbourg, 2014, p. 249 *sqq.* Ce paragraphe est largement redevable à cet ouvrage.

Cette présence dépend d'abord de l'entreprise de Halle, VEB Kaffee-und-Nährmittelwerk. L'emballage du Mocca Fix était fabriqué en RDA sans produit importé ; le café, de bon arôme, pouvait se conserver grâce à un gaz de production qui disparaissait à l'ouverture mais, du coup, ne dégageait pas, d'emblée, la bonne odeur du café. La RDA n'avait pas pu parvenir à produire sous vide[1]. En outre, l'offre ne suffit jamais à couvrir les besoins, restant toujours autour de 70-80 %. Aussi, dans les moments de crise, c'est avec du café importé de l'Ouest que fut produit le Mocca Fix. Avec l'arrivée massive des marques de l'Ouest après 1990, Mocca Fix disparaît des rayons, et pas seulement dans *Good Bye, Lenin !*.

Dans la maison abandonnée de l'Amitié germano-soviétique de Francfort-sur-l'Oder j'ai ramassé un autre emballage vide de café qui servait de cendrier à ses occupants, plus ou moins récents : un « First Class », étonnamment baptisé d'un nom à la consonance anglo-saxonne – influence du consumérisme de l'Ouest et de son café envié ? –, dont l'emballage est une boîte de métal. Le « First Class », de qualité supérieure comme son nom peut l'indiquer, était vendu dans les *Delikat-Läden*, ces boutiques lancées en 1966 pour les produits alimentaires de luxe, qui offraient aussi des assortiments de l'Ouest, une belle entorse au principe d'égalité attendu du socialisme d'État. Les cafés de l'Ouest attiraient fortement avec une bien meilleure réputation que ceux vendus en RDA.

Dans les années 1990, les anciennes marquent de l'Est, on l'a dit, renaissent pourtant et connaissent le succès. Les objets, même alimentaires, sont reconfigurés par les alliances présentes.

---

1. Monika Sigmund, *Genuss als Politikum, op. cit.*, p. 248.

6. L'éléphant du recyclage

Ce petit éléphant rose, Emmy, était connu de tous, ou presque, en RDA. Des enfants en particulier. Il était l'emblème du grand combinat de recyclage, SERO en abrégé[1]. Les différentes vignettes à son effigie illustrent les objets recyclés : journaux, métal, plastique, bouteilles... Emmy apparaissait souvent dans les journaux et magazines pour enfants, dans la revue des jeunes pionniers, afin de promouvoir le recyclage auprès d'eux. Mark Scheppert a raconté en détail dans ses souvenirs d'enfant tout le plaisir et le profit qu'il tira de ce petit commerce de recyclage – à Berlin-Est – qui lui permit notamment de s'offrir des fanions de ses équipes de football préférées. Il en avait fait un véritable mini-business, de porte à porte, avec la

---

1. VEB Kombinat Sekundär-Rohstofferfassung.

complicité de l'employé de SERO de son quartier. Detlef, à Francfort-sur-l'Oder, me raconte la même chose, sa joie à se faire de l'argent de poche ainsi, en sonnant d'un appartement à l'autre pour faire de la récup : d'ailleurs, il me montre du doigt, le lieu où se trouvait la station de récupération, par hasard dans cette même rue où nous sirotons une bière.

Outre les enfants individuellement, les organisations de jeunesse s'activaient aussi dans les opérations de recyclage, comme les retraités, qui augmentaient ainsi leurs revenus. Dans ses souvenirs d'enfant à Eisenhüttenstadt dans les années 1950 et 1960, Detlef Kirchhoff raconte la collecte des déchets avec ses camarades de classe lors de l'après-midi des pionniers qui se faisait en chantant : « Chiffons, os, fer et papier et dents cassées, nous les ramassons… Chiffons, os, fer et papier, oui, nous ramassons. » Et l'argent allait à la caisse de la classe, ou aux actions de solidarité internationale. Les écrivains de la génération dite « Trabant » qui évoquent, dans les années 2000, l'enfance en RDA, et que nous reverrons, ne manquent pas de rappeler ce ramassage de produits à recycler avec l'école et les jeunes pionniers pour de nobles causes, évoquant cela comme un marqueur, avec plus ou moins de nostalgie. Aucun sentiment de cette sorte chez Jakob Hein (né en 1971), qui vit dans l'éléphant Emmy plus une menace en cas de collecte insuffisante qu'un compagnon sympathique, et qui eut à faire face à une véritable mégère cupide dans la station de récupération (*Mon premier T-Shirt*, 2001).

J'ai trouvé ces vignettes, en plusieurs formats, dans l'usine de recyclage abandonnée d'Eisenhüttenstadt (Brandebourg). J'avais repéré du train ces immenses bâtiments délaissés. Ils avaient été auparavant ceux de la verrerie, progressivement fermée devant le développement tout-puissant du combinat d'acier, que nous retrouverons.

Tout le matériel a été emporté, mais il reste les grandes halles de traitement et les salles des bureaux. Dans certaines gisent ainsi sur le sol des archives de l'entreprise, du temps de la RDA, et, entre autres, factures, dossiers, matériels publicitaires, ou encore ce carnet de récépissés qui liste tous les produits repris avec le prix, des bouteilles (0,03, 0,05 ou 0,2 mark) aux feuilles d'aluminium (1,80 mark le kilo) en passant par les plumes et les livres (0,2 mark le kilo). Une petite pièce, sorte de réserve, est comme encore figée en RDA, avec des produits et de la vaisselle de l'époque, des piles de *Neues Deutschland*, de *Neuer Tag* (le quotidien régional du parti) et des coupures de presse d'autres titres. La recomposition de ces friches, par strates et entremêlement successifs, est parfois étonnante à défaut d'être encore compréhensible. Dans cette ruine perdue, un écriteau indique avec une flèche : « Salon de beauté Karin. Soins des pieds, cosmétique, studio pour les ongles. » On ne comprend vraiment plus aujourd'hui quel endroit il peut bien désigner...

Les stations de récupération formaient un dense réseau en RDA, notamment parce que la population était faiblement motorisée. Le recyclage était en effet un enjeu important, non pas pour des raisons écologiques, mais parce que le pays manquait de matières premières. Jusqu'au début des années 1980, la structure d'ensemble était mixte, privée, coopérative et d'État, et rassemblait presque 30 000 emplois. SERO s'occupait seulement des déchets domestiques, qui furent recyclés en RDA à 40 %, cinq fois plus qu'en République fédérale[1].

---

1. Christoph Dowe, « SERO – abgewickelt und vergessen ? », in Wolfgang Dümke, Fritz Vilmar, (dir.), *Kolonisierung der DDR. Kritische Analysen und Alternativen des Einigungsprozesses*, Münster, Agenda, 1996, p. 195-207.

À Berlin, la direction centralisait les quinze arrondissements, dont celui de Francfort-sur-l'Oder : Eisenhüttenstadt en était le siège. Les stations locales de récupération étaient souvent gérées par de petits entrepreneurs privés. À Francfort-sur-l'Oder, l'annuaire indique que le lieu, que me montrait Detlef, était tenu par Eberhard Henschke : à la rubrique, ce sont souvent des noms individuels qui apparaissent.

Propager

7. Le drapeau de l'Association des jardiniers ouvriers, colons et éleveurs de petits animaux, section d'Iéna

C'est un de mes plus beaux achats de brocante. D'une brocante du centre d'Iéna qui est d'ailleurs un vrai bonheur pour les amateurs de RDA ; on y trouve plein de petits et grands trésors, avec, comme souvent, des vendeurs ravis d'expliquer à l'étranger l'usage des objets qu'ils cèdent pour une poignée d'euros, comme ce dénoyauteur de cerises, ou cette expression «*Ein Strich kein Strich*» qui désigne un style de design camouflage militaire sur les vestes de soldat. Le clou de la journée ce fut donc l'achat pour 25 euros d'un grand drapeau de l'«Association des jardiniers ouvriers, colons et éleveurs de petits animaux». Parti de plus haut, j'attendis, au risque de le voir vendu, la fin de brocante, pour le négocier à la baisse.

En RDA, de nombreuses occasions, locales ou nationales, amenaient au déploiement de grands cortèges à travers la ville, mobilisant ce que l'on appelle les organisations de masse: fête du 1er Mai, visite de personnalités, cérémonies du souvenir, inaugurations, etc. Chacune des organisations de masse avait sa place et son rang, ses insignes, sa mise en scène.

Ce drapeau accroché à une hampe de bois se termine par un embout de métal décoratif. Dans la tradition du mouvement ouvrier puis de la Russie stalinienne, les drapeaux étaient partout ou presque en RDA, avec des pointes de production pour certaines des cérémonies évoquées, tels les congrès du parti. Ils étaient aussi présents à l'école et dans l'entreprise, notamment comme récompenses pour des accomplissements particuliers. Il y avait donc un ensemble de formes et de gradation pour les fanions et drapeaux, souvent de couleur rouge, dans la même tradition du mouvement ouvrier. Les drapeaux les plus ordinaires, ceux qui servaient à pavoiser les rues et les immeubles, étaient en «nylon RDA» – le Dederon – ou bien en fil de coton. Mais les drapeaux de prestige, ceux attribués aux meilleurs collectifs, par exemple, ou ceux de parade des organisations, pouvaient être en soie avec des inscriptions cousues comme on le voit sur la page précédente. Celui que j'ai acheté est un objet ainsi chargé d'une certaine solennité, destiné à la représentation, marquant l'identité. L'inscription entoure le sigle et le vert caractérise cette ligue des jardins familiaux.

Avec la multiplication des grands ensembles, au centre de la politique urbaine de la RDA, le besoin de nature, d'espaces verts à soi prend de l'importance. L'élevage de petits animaux, comme les pigeons ou les lapins, offre aussi un espace non collectif où l'on est son propre maître. L'influence de l'association centrale s'arrête ici, à la porte du jardin ou du pigeonnier : c'est la possibilité d'avoir du «privé», des comportements plus relâchés, dans un monde où tout est collectif et public (on peut même dormir dans son bungalow). Les jardins améliorent aussi l'ordinaire, qui est celui d'une économie de pénurie.

L'association (VKSK, 1952-1959), née dans les tensions des années d'après-guerre, est une organisation considérable qui rassemble jusqu'à 1,5 million de membres, divisée selon l'organisation administrative de la RDA, ici arrondissement d'Iéna. Les débuts sont chaotiques : il a fallu pour les communistes intégrer une activité, qui se développa dans le second XIXe siècle et dont ils se méfiaient : trop «petite-bourgeoise», à l'opposé du collectivisme, ou sous contrôle social-démocrate ; la politiser dans la mesure du possible. En outre, les jardins ouvriers, qui avaient pu servir de cachette aux opposants au nazisme, avaient été mis au pas à partir de 1933.

Ainsi, certains fonctionnaires se posent la question de l'établissement ou pas de jardins ouvriers pour la ville nouvelle d'Eisenhüttenstadt, première «ville socialiste sur le sol allemand». Le rapport d'un architecte (1954) montre parfaitement cette méfiance critique : pas besoin de ces jardins dans une ville socialiste, qui sera aérée et verte, pas besoin de ce «typique produit du capitalisme». Les espaces verts et le combinat de primeurs leur enlèvent toute justification, souligne le rapport. Un autre rapport évoque la construction, tout à l'opposé de cette pratique petite-bourgeoise, d'un jardinage collectif, moderne et scientifique. Voilà qui est d'une autre valeur que le chacun pour soi sur sa petite parcelle. Les besoins et les envies sur place en décidèrent bien autrement et les habitants construisirent leurs jardinets[1].

Si ces activités permettent de fait un repli sur la sphère individuelle, elles sont également l'occasion de reconnaissance collective à travers différentes compétitions et manifestations publiques. Elles suscitent aussi la socialisation avec l'usage d'un local collectif où sont organisés des jeux de cartes (le fameux skat), des démonstrations de danse ou des parties de bowling. À partir des années 1970, les jardins et l'élevage personnels s'intégrèrent de plus en plus dans l'économie de la RDA, qui n'était pas sans besoins, et gagnent ainsi en légitimité. Des directives imposèrent d'utiliser les parcelles pour produire des légumes, et des points de vente se développèrent[2]. C'est cette tension entre l'encouragement au loisir, la «niche», et le contrôle politique et économique qu'il faut lire derrière notre beau drapeau de parade, une tension entre la méfiance face à une activité «petite-bourgeoise», dépolitisée, et une activité pacificatrice devenue utile économiquement[3].

---

1. Isolde Dietrich, «'Ne Laube, 'n Zaun und 'n Beet : Kleingärten und Kleingärtner in der DDR» in Evemarie Badstübner (dir.), *Befremdlich anders. Leben in der DDR*, Berlin, Dietz, 2000, p. 389-391.
2. Simone Tippach-Schneider, «"Blumen für die Hausgemeinschaft". Kollektivformen in der DDR – ein Überblick», in Dokumentationszentrum Alltagskultur der DDR (dir.), *Fortschritt...*, *op. cit.*, p. 252.
3. Stefan Wolle, «Die Utopie der befreiten Arbeit. Arbeitsalltag und Konsum in der DDR», in Karl-Siegbert Rehberg, Wolfgang Holler, Paul Kaiser, (dir.) *Abschied von Ikarus. Bildwelten in der DDR-neu gesehen*, Cologne, Verlag der Buchhandlung Walther König, 2013, p. 297.

8. La rue « Alfred Kowalke », Berlin

Dans la bible des héros de la RDA, le dictionnaire biographique de l'histoire du mouvement ouvrier allemand, édité par l'Institut du marxisme-léninisme chez Dietz en 1970, Alfred Kowalke a sa notice. Il fut en effet un des animateurs de la résistance clandestine du Parti communiste dans l'Allemagne nazie. Né en 1907 à Rummelsburg (alors pas encore intégré à Berlin), devenu menuisier, il entre aux Jeunesses communistes puis dans l'appareil militaire clandestin du parti, en spécialiste des questions d'armement. En 1932-1933, il se forme en URSS. En partant de la Tchécoslovaquie, il sillonne l'Allemagne pour organiser le Parti communiste illégal et continue pendant la guerre, dans la région de la Ruhr et à Berlin, avec Werner Seelenbinder. Il fait aussi l'intermédiaire entre le parti et Rosa, la femme d'Ernst Thälmann, le leader communiste alors dans les geôles du Reich. Il entretient encore des liens avec les groupes résistants de Leipzig, autour de Georg Schumann, ou de Chemnitz. Il est arrêté et condamné à mort (1943), exécuté à la maison d'arrêt de Brandebourg-sur-la-Havel le 6 mars 1944.

Quand j'ai vu en vente sur eBay une plaque de rue à son nom, je n'ai pas hésité. D'ailleurs, l'enchère n'est pas montée bien haut, 15 euros, ai-je payé au final. Les plaques de rue, en émail de l'époque, au nom des héros de la RDA, Pieck, Thälmann et bien d'autres, sont en vente assez régulièrement, plus ou moins cher, sur eBay, chez les antiquaires, dans les brocantes. Le nom de Kowalke a survécu au grand lessivage symbolique de l'après 1990, qui sera évoqué au chapitre suivant. Il a conservé sa rue à Berlin, près du zoo de l'ex-partie est de la ville, le Tierpark, à ne pas confondre avec le Tiergarten de l'Ouest. La plaque que j'ai achetée a dû être déposée lors d'un aménagement urbain ou d'un ravalement, rien à voir ici avec les choix de dénominations. Elle a bien la forme et le matériau de l'époque RDA mais une spécificité qu'il faut expliquer : elle est plus petite que les autres. Des anciens de la RDA m'avaient dit que cela était courant pour certains cas, sur des maisons particulières, notamment lorsqu'elles formaient un coin.

La rue Kowalke correspond à la rue principale de l'ancien village de Friedrichsfelde, c'est encore bien visible dans le paysage urbain, elle est assez longue, bordée de maisons XIXe, elle aboutit à l'église paroissiale d'un côté, et conduit jusqu'au Tierpark de l'autre. À vrai dire, on peut encore voir des plaques anciennes, comme la mienne, sur des maisons, quand celles de la rue ont été, elles, standardisées dans le plastique courant d'aujourd'hui.

La mémoire de Kowalke est toujours présente dans l'espace public berlinois. Outre la rue, deux plaques invitent à son souvenir. Hans Maur en donne le détail dans son guide des mémoriaux du mouvement ouvrier de Berlin-Friedrichshain (1981). Selon le modèle classique des plaques aux antifascistes assassinés, Kowalke est évoqué sur la façade de son logement sur la Boxhagener Straße (au numéro 51). Il aurait du mal à reconnaître le quartier, Alfred Kowalke, c'est un Berlin en plein travaux et bouleversements qu'illustre cette partie de la Boxhagener Straße. Quand je vais voir si la plaque est toujours là (mai 2016), devant la maison s'étend un immense chantier pour l'instant vide après l'arasement du bâti. Plusieurs graffitis sur les palissades crient « Stop à la gentrification ». Depuis le milieu des années 2010, avec le boom immobilier qui succède au marasme, dans les quartiers de l'Est de plus en plus prisés, l'habitat populaire disparaît au fil des privatisations, rénovations, des nouveaux projets et de l'augmentation des loyers. C'est là une évolution récente qui contrecarre les orientations de la politique urbaine berlinoise des années 1990. En rupture avec les choix de l'après-guerre, à l'Ouest et à l'Est – différemment –, architectes et urbanistes développent alors une « reconstruction critique » et une « rénovation douce » qui s'appliquent à des échelles plus réduites, respectent l'habitat ancien et intègrent les habitants dans les décisions. Les populations qui avaient investi de manière alternative ces quartiers ont évolué et vieilli, et leur ont sans doute aussi donné une certaine aura[1]. Le Friedrichshain de Kowalke connaît après Berlin-Mitte (centre), en effet, une gentrification accélérée.

Une autre plaque évoque sa mémoire dans une colonie de jardins, comme celle évoquée au paragraphe précédent, sur la presqu'île de Stralau au milieu de la Spree. Le quartier est en pleine rénovation aussi, se « boboïse », mais le petit mémorial est toujours là, entouré de fleurs, comme il convient dans un espace de jardinage, avec la célèbre formule « *Die Toten mahnen* », « Les morts nous obligent », et les dates de naissance et de mort de Kowalke. À l'époque de la RDA, Kowalke donne son nom à une école élémentaire sur la Pettenkoferstrasse, près de la Frankfurter Allee. Comme souvent, autour d'une

---

1. Denis Bocquet, Pascale Laborier, *Sociologie de Berlin, op. cit.*, p. 94-99, 106-107.

figure louée en RDA, il y était aussi érigé un « cabinet de tradition », un petit musée amateur. Avec la fin de la RDA, l'école a abandonné le nom de Kowalke. J'ai écrit à cette école plusieurs fois pour savoir ce qu'il restait de tout cela, sans réponse. Devant, aucune trace de l'ancienne dénomination. Ici Kowalke a disparu. On se demande pourquoi finalement.

9. La section du parti à Weissensee

C'est un des objets que j'ai payé le plus « cher », sur eBay, 102 euros (mai 2014). La RDA n'est pas un produit à haut prix. Les plus beaux objets ne dépassent guère quelques centaines d'euros. La rareté relative des plaques du SED en circulation et mon goût pour tout ce qui touche à l'histoire de Berlin m'ont conduit à vouloir gagner l'enchère. Celle-ci figurait sur l'immeuble du SED de l'arrondissement de Weissensee. Le quartier a donné son titre à une série à succès récente, *Weissensee* – nous en reparlerons –, qui raconte l'histoire de deux familles en RDA, dont l'une, au sommet de la hiérarchie de la Stasi, vit autour du lac circulaire. *Weissensee*, le « lac blanc », baigne l'arrondissement et lui a laissé son nom.

Village-rue au Moyen Âge, Weissensee se développe vigoureusement avec l'industrialisation de la fin du XIXe siècle, il gagne 40 000 habitants entre 1871 et 1905. Le lieu mélange longtemps un caractère rural et industriel, différentes strates qui se remarquent encore dans l'architecture. La grande industrie façonne cependant le quartier, qui devient un arrondissement de Berlin en 1920. La RDA renforce son caractère industriel avec des entreprises de chimie ou de machines-outils. Le centre de l'arrondissement se trouve alors autour de l'allée Clement-Gottwald, rebaptisée du nom du dirigeant communiste tchèque (et aujourd'hui redevenu Berliner Allee) et de la Parkstrasse. C'est là que siégeait le parti, au numéro 22, tout comme le tribunal, l'état civil et le conseil d'arrondissement. Bref la rue du pouvoir. C'est là donc que Jens Winkelmann, le vendeur sur eBay, a retiré la plaque vers 1992. Aujourd'hui, il n'y a plus aucune trace de la présence du parti devant le bâtiment. L'immeuble est occupé par une école professionnelle, il y a de nouveaux aménagements extérieurs. Une plaque rappelle qu'avant de revenir au SED, le 22 était une institution de la communauté juive qui s'occupait des enfants sourds et muets, et l'inscription rappelle aussi qu'ils furent tous déportés en 1942. Les nouvelles mémoires berlinoises sont extrêmement attentives à l'histoire des Juifs, dans un exemplaire travail du souvenir. Mais l'usage du bâtiment après 1945 ne s'y inscrit pas. Ainsi la plaque a été refaite en 2001 pour remplacer la précédente, de l'époque RDA. Le texte original fut en effet considéré comme inexact. Mais sur la nouvelle plaque rien n'est dit des usages de l'immeuble après la guerre : la mémoire publique n'est pas toujours cumulative, la présence du SED est oubliée.

Le vendeur occasionnel d'eBay, fort aimable, a bien voulu me raconter l'histoire de la plaque, du moins celle de sa dépose. C'est lui-même qui l'a dévissée quand tout était terminé pour le SED ancien style. Il est devenu le gardien de l'immeuble du parti juste après la Wende, avec son père – qui était permanent pour le quartier de Berlin-Lichtenberg – sous le contrôle d'un ancien officier de la Stasi. L'immeuble se vidait et il fut repris par la Treuveg GmbH, une entreprise du Parti communiste fondée en mars 1990 pour tenter de sauver ce qui pouvait l'être de ses biens immobiliers, puis par la Berliner Bank qui s'est saisie de la meilleure part, avant que la « Treuhand », cette institution chargée de vendre les biens d'État de la RDA, ne prenne en main le lieu. La convoitise s'est ainsi accrue et c'est Winkelmann qui fit visiter l'immeuble quand les intérêts immobiliers se faisaient manifestes, à des gens de l'Ouest, raconte-t-il, cela se voyait immédiatement à leur apparence.

Il a aussi récupéré l'écriteau du SED de Hellersdorf, plus moderne, me dit-il, en verre rouge ; la maison, là, fut complètement détruite. Il a gardé celui-ci, avec un autre de la Parkstrasse, en souvenir de son père, qui l'avait si souvent amené, enfant, à la section du parti lorsqu'il était de garde.

En écrivant ce paragraphe, deux ans après l'achat de la plaque, j'eus envie d'en savoir plus sur la manière dont Winkelmann, si aimable et précis, avait vécu la période ; je pris contact avec lui, de nouveau. Il me répondit avec la même sympathie. Comme tant de Berlinois, il est d'abord resté incrédule devant la chute du Mur puis s'est rendu à l'Ouest, pour voir, sans comprendre, avoue-t-il, « ce que l'on avait bien pu vouloir nous cacher ». Il rencontre aussi un bénéficiaire de l'aide sociale et il en conclut que « Karl-Eduard von Schnitzler n'est peut-être pas seulement un propagandiste[1] ». Winkelmann

---

1. Karl-Eduard von Schnitzler fut le présentateur de l'émission de propagande de la RDA *Der Schwarze Kanal*, le lundi, pendant presque trente ans. Elle s'appuyait sur des extraits de la télévision ouest-allemande, pour présenter le point de vue de l'Est. Dans ses souvenirs, un autre présentateur, Klaus Feldmann, que nous retrouverons, le décrit comme un bourreau de travail peu populaire (*Arbeitstier*).

aurait souhaité que la RDA et le socialisme aient encore une chance à l'époque, et non pas une si rapide unification. Sans nier les mérites de la vie à l'Ouest, il n'en pense pas moins que l'argent ne remplace par les idéaux : « Bien que la vie en RFA soit plus simple et meilleure, il manque ce sentiment de faire partie d'un tout. Il n'y a pas de *nous*, mais *tel* ou *tel*. » Winkelmann ajoute une remarque intéressante sur l'usage de l'identité allemande. À ses yeux, l'Allemagne contemporaine fait du nationalisme un substitut aux convictions politiques, ce qui le révulse. En revanche, il assume la nation allemande, telle qu'elle était en RDA. « Comme citoyen de RDA, je n'ai jamais eu honte d'appartenir à la nation allemande, maintenant, je le cache autant que possible. »

Finalement, cet achat marchand sur eBay s'est transformé, doucement, en un échange de fond, soulignant encore le rôle médiateur de l'objet, surtout de ces objets si parlants.

10. Survivance du palais de la République

La boutique déborde d'objets. Partout s'étalent les productions de la RDA : sur des tables, au mur, sur des étagères, au fond de la réserve, depuis les jouets pour enfants jusqu'aux fanions du parti, en passant par les cartes postales, la porcelaine ou les savons. À vrai dire, ici, les prix sont assez élevés, non pas en valeur absolue, mais en comparaison de ceux des brocantes ou des puces du fin fond de l'Allemagne de l'Est. On est à quelques stations de métro d'Alexanderplatz, juste derrière la fameuse Karl-Marx Allee, fleuron urbain de la RDA, dans le quartier de Friedrichshain. Je suis allé plusieurs fois dans la boutique, tout autant pour flâner, contempler cette immense collection, que pour acheter.

Frank Arndt a ouvert son magasin à l'enseigne « Boutique d'avant l'unification », après une carrière de technicien dans le chauffage et la ventilation en RDA. Dans un coin, un petit musée aussi. La boutique sert parfois de service « après-vente »… ou presque. Des anciens de la RDA viennent pour y trouver des pièces de rechange, par exemple pour des objets de cuisine. Les visiteurs de l'Est y cherchent leur passé, montrent à leurs enfants les objets et les livres de leur propre enfance. C'est un lieu de réappropriation de son passé. On parle facilement dans la boutique de Frank. « Ce n'est pas de l'Ostalgie. Je n'aime pas cc mot. On s'amuse trop de cette expression. » Comme bien des acteurs rencontrés, Frank valorise les acquis de la RDA, pour lui, pour d'autres : « En RDA, j'avais un emploi, la sécurité, mon appartement, je n'avais aucun souci. Pour moi, les vrais problèmes ne sont pas de devoir faire la queue ou de ne pas obtenir un jean, mais de ne pas savoir comment subvenir à mes besoins les plus essentiels, et le fait que mes enfants doivent envoyer cent lettres de motivation, qu'ils n'obtiennent pas de place en apprentissage… ». Frank, est « plutôt en faveur du socialisme, pas forcément celui qu'on avait en RDA ». Il dit bien cet « écrasement » : « La RDA a été complètement écrasée, rien de ce qui était bien en RDA n'a été préservé et on n'a pas construit de nouvelle Allemagne. » Et du coup, Arndt devient un homme des traces, pas seulement un boutiquier : « Je veux préserver quelques morceaux de l'histoire contemporaine[1]. »

Il existe d'autres boutiques dédiées aux produits de la RDA, à Berlin notamment, ainsi dans la rue Oderberger plutôt bobo-chic du quartier de Prenzlauer Berg, qui contribue à sa patine vintage ; à des prix adaptés, la « VEB Orange » (ouverte en 2005) propose à peu près tous les objets du pays défunt : « Tout sauf les fruits », dit le site Web. Comme Arndt, le fondateur tient un discours qui va bien au-delà du commerce, pour parler de « musée » mais aussi de rapport à l'histoire, de transmission, de durabilité des objets en RDA[2]. Plus simple, ou authentique, à Bautzen (2017), une modeste boutique-kiosque, paradoxalement non loin de la plus célèbre prison politique du pays – où séjourna le beau-frère de Wehlisch (voir chapitre I) –, affichant sur son panneau « Ostalgie », rassemble les produits neufs des marques de RDA qui ont survécu, de nombreux objets de brocante du temps de la RDA, surtout de la vie quotidienne – lessives, pailles, punaises, coquetiers... mais aussi du *militaria* – et puis de la carterie et des petits cadeaux contemporains. La vendeuse affirme, là encore, que ce choix n'est pas seulement commercial, mais aussi mémoriel.

---

1. Nous avons discuté informellement à deux reprises dans sa boutique, mais les propos ici cités sont tirés de Claire Laborey (dir.), *Berlin. Quoi de neuf depuis la chute du mur?*, Paris, Autrement, 2009, p. 64-68.
2. Marie Hocquet, Caroline Garrido, Beatrice von Hirschhausen, « Berlin par-delà les ruptures. Vivre, raconter et produire les matières de la ville », *L'Espace géographique*, 46 (2), 2017, notamment p. 167, 170.

Dans la petite boutique de Frank Arndt, toute une étagère est dédiée à des reliques du palais de la République (*Palast der Republik*), en particulier de la vaisselle (je prends quelques assiettes, voir la photo p. 125). Je demande d'où elle vient. Non pas directement du palais, me répond, lors d'une visite, la dame qui tient la boutique, mais d'un dépôt qui la conservait. Cependant, le lien entre le tenancier et le palais est bien ancien. Arndt y a travaillé lors de sa construction, responsable du chauffage, de la climatisation et de la ventilation. Il regrette son abandon. Il a aussi acheté la vaisselle lors d'une vente aux enchères de l'inventaire du palais : « Je voulais ouvrir le *café du Palais de la République* », raconte-t-il.

Fleuron du nouveau Berlin socialiste, de l'architecture urbaine de la RDA où partout se construisent des maisons de la culture, le *Palast der Republik* est inauguré en 1976. Il prend la place de l'ancien château des Hohenzollern détruit par la guerre et les bombardements, que la RDA rasa complètement en 1951 et dont l'espace vide fut d'abord aménagé en grande place baptisée la « Marx-Engels Platz ».

Le Palast est alors remarquable dans le paysage par ses fenêtres à la couleur bronze (vendues séparément lors du démontage) et par sa position charnière, entre la partie est socialiste (Alex) et la partie ouest du quartier encore marquée de bâtiments prussiens (Unter den Linden). L'emblème de la RDA frappe le centre de la façade. À l'intérieur, de nombreuses œuvres peintes par les artistes en vogue en RDA ornent l'ensemble. Sous l'égide de Fritz Cremer, le programme fut assez ouvert, autour de thèmes comme « Les communistes ont-ils le droit de rêver ? ». Tous les grands artistes du temps, avec plus ou moins de liberté, y participèrent (Willi Sitte, Bernhard Heisig, Wolfgang Mattheuer...). Ce fut un lieu multifonctionnel, un nœud d'activités, avec presque 1 000 salles. C'est d'abord là que siège la Chambre du peuple, la *Volkskammer*, avec sa salle plénière qui accueille 500 députés. Il y a également la grande salle d'environ 5 000 places adaptable à diverses activités, spectacles, défilés de mode, congrès scientifiques ou bazar de la solidarité. En outre, on y trouve plus d'une dizaine de cafés et restaurants, sans compter le bowling et la discothèque. On comprend qu'une nombreuse vaisselle puisse encore circuler dans les ventes et brocantes.

La vocation culturelle du palais l'emporte sur sa fonction politique, d'autant que la *Volkskammer* n'occupe qu'un tiers du bâtiment. Honecker le dit ainsi lors de la pose de la première pierre : « Notre culture socialiste y trouvera son foyer et les travailleurs joie et sociabilité. Les portes de ce centre culturel et gastronomique de la capitale seront ouvertes à tout moment à tous les citoyens de RDA et à leurs invités » (2 novembre 1973).

En 1990-1991, le Palast est fermé à cause de l'amiante qu'il recèle. En 1992, un entrepreneur de l'Ouest (Hambourg) entend promouvoir la reconstruction du château des Hohenzollern, dans le contexte d'une plus large « renaissance prussienne » en Allemagne, que l'on retrouvera à Potsdam en particulier. À cette fin, il fait réaliser par Catherine Feff une peinture en trompe-l'œil représentant la façade.

Le destin du palais tombe dans les mains d'une commission d'experts internationaux « Historische Mitte Berlin » qui doivent faire des propositions sur la restructuration du centre de Berlin, dont Unter den Linden fait partie. La commission suggère la reconstitution de la façade du château et la démolition du Palast. Désamianté, le Palast est de nouveau utilisé en 2003-2005 pour différentes activités et festivités, comme des concerts du groupe Einstürzende Neubauten. Mais son sort final fait l'objet d'une vive querelle. Nombre de Berlinois de l'Est s'opposent à sa destruction : le palais avait été un lieu de vie culturelle. Ils rappellent les bons souvenirs que leur ont laissé ses dédales, ainsi que sa dimension « identitaire ». La question est débattue en 2002 au Bundestag, qui suit les conclusions de la commission. Les partisans du Palast se mobilisent et plusieurs mouvements, « Pro Palast », « Macht den Palast auf ! », entendent bien le sauver, tandis qu'un lobby pro-château se constitue et finit par l'emporter. Parmi les arguments : le besoin, dans une ville qui a tant fait pour le « moderne », d'édifices baroques (selon la députée verte Antje Vollmer [1]). En 2006, la démolition est entamée. Gros œuvre, petits matériaux, symboles et objets sont vendus et affectés à différentes constructions ou musées. Elle s'achève en 2008.

L'érection d'un simili-château est toujours en cours, ce que l'architecte Thibaut de Ruyter juge ainsi : « Une pensée vide, idéologiquement dangereuse, pour une architecture provinciale et sans qualité [2]. » Le nouveau projet est baptisé « Humboldt Forum », se veut ouvert vers la culture, vers la « culture mondiale », afin de ne pas apparaître trop réactionnaire : l'ancien château est ainsi réinscrit « dans une tradition berlinoise, non celle du militarisme prussien, comme s'en défendit Antje Vollmer, mais celle des Lumières, de l'ouverture sur l'Europe et le monde et du rayonnement culturel et scientifique [3] ». Il est ainsi prévu, pour 2019, d'en faire un lieu de rencontre des cultures, avec des collections ethnographiques et scientifiques provenant en particulier

---

1. Cité in Marie Hocquet, « Les effets d'exclusion du geste destructeur : le cas du palais de la République à Berlin », ethnographiques.org, 24, juillet 2012, « Ethnographies des pratiques patrimoniales : temporalités, territoires, communautés » [en ligne].

2. In David Sanson (dir.), *Berlin. Histoire, promenades, anthologie et dictionnaire*, Paris, Robert Laffont, 2014, p. 961.

3. Marie Hocquet, « Les effets... », art. cit.

du musée d'Ethnologie de Berlin-Dahlem, un déménagement de très grande ampleur. Du Palast, finalement, il ne reste – ou presque – que les objets d'Arndt et de quelques autres vendeurs.

III

Effacer la RDA ?

> « S'acharner sur la Stasi parce qu'on ne l'a pas fait sur les nazis. »
>
> Régine Robin, *Berlin Chantiers*.

La disparition de la RDA en quelques mois après la chute du mur de Berlin, la faible résistance du régime et de ses cadres, la rapide « réunification » semblent emporter avec elles toutes les formes de défense de la petite « République ». Les organisations politiques et les institutions socioculturelles sont dissoutes, transformées ou fermées, au mieux réduites en personnel. Les « entreprises propriétés du peuple » sont vendues et privatisées au moyen d'un organe créé pour gérer les biens en question, la « Treuhand » (mars 1990), qui opère jusqu'en 1994. Celle-ci participe d'une politique économique qui privilégie la disparition de toute structure socialiste par la privatisation, au détriment d'une politique industrielle d'ensemble, contrairement aux espoirs des fondateurs de la Treuhand dans l'ex-RDA, qui promouvaient une solution autogestionnaire. Ainsi, à l'opposé du projet initial, va-t-elle vite et brade-t-elle facilement les biens de la RDA. Les engagements, en particulier en matière d'emploi, des acquéreurs sont peu garantis et peu contrôlés, et bien des acheteurs sont de peu scrupuleux spéculateurs, plus que des industriels avertis. Critiquée fortement, la Treuhand ne saura pas vraiment changer de cap.

Des mesures de restitution matérielle des propriétés confisquées par l'État participent, dès 1990, au démantèlement du régime socialiste de propriété (une agence fédérale en a la charge), et suscitent parfois de vives oppositions locales[1]. Enfin, plusieurs lois organisent l'indemnisation des victimes du régime (1992-1994, condamnations politiques arbitraires, empêchements mis à une carrière ou à des études), définies selon des lectures avant tout répressives de la RDA. Inga Markovits souligne ainsi que la catégorie des « asociaux », les marginaux, ceux qui fuyaient les règles du travail, les « assis », n'a pas été pas retenue comme catégorie de victimes de droit (1992), bien que ce fût une part importante de la population carcérale. Leur histoire montre en effet un régime ambivalent, qui essayait d'abord de les resocialiser avant de les punir. En outre, ils inquiétaient peu la Stasi. Bref, leur cas n'intéresse guère pour bâtir le grand récit en noir et blanc[2].

Avec l'unification, l'industrie est-allemande est marginalisée sur le marché intérieur, et cette partie du pays connaît une véritable désindustrialisation dont les traces

---

1. Voir une intéressante analyse à l'échelle locale et sur le temps moyen, K. Brückweh, « Unter ostdeutschen Dächern. Wohneigentum zwischen Enteignung, Aneignung und Neukonstituierung der Lebenswelt in der langen Geschichte der "Wende" », in Thomas Großbölting, Christoph Lorke (dir.), *Deutschland seit 1990. Wege in die Vereinigungsgesellschaft*, Franz Steiner, Stuttgart, 2017, p. 187-212.
2. Inga Markovits, « Selective Memory. How the Law Affects What We Remember and Forget About the Past. The Case of East Germany », *Law & Society Review*, 35 (3), 2001, ici p. 549-552.

dans le paysage contemporain sont au cœur de ce livre, on l'a vu. 30 % des entreprises livrées à la Treuhand ont été fermées, lorsqu'elle se dissout fin 1994, et il ne reste que 1,5 million d'emplois sur les 4 millions qu'elle a gérés. Leipzig a perdu 90 000 de ses 100 000 emplois industriels de 1989 à 1993[1].

Le chômage est important. Il s'ensuit de nombreux transferts de population vers l'Ouest, à la recherche de formation et d'emploi. La perte démographique est considérable dans de nombreuses régions : Eisenhüttenstadt et Hoyerswerda, les deux « villes socialistes », connaissent une chute impressionnante, la première passe de 47 000 habitants en 1995 à 27 000 en 2012, la seconde en perd plus de 30 000 (1990-2013). Guben compte 36 000 habitants en 1981 et 18 000 en 2012 soit une réduction de moitié ! Au total, 1,8 million d'habitants quittent l'ancienne RDA de 1991 à 2011, les jeunes, les femmes et les diplômés y sont surreprésentés. À partir de 2012, le solde s'équilibre.

Des complexes entiers de *Plattenbauten* sont du coup détruits, depuis Schwedt jusqu'à Suhl-Nord en passant par Hoyerswerda, et laissent parfois la place vide, en tout ou en partie, de véritables mondes fantômes, d'autant que les services et commerces disparaissent aussi. Il ne s'agit pas seulement de gestion spatiale et démographique, mais aussi, souvent, de choix idéologiques face à ces symboles de la politique du logement RDA, comme le souligne Daniel Florentin pour Leipzig, ici ceux du Land et de sa banque. Les *Plattenbauten* deviennent progressivement un objet de mémoire, cristallisant controverses, débats, et retours biographiques. Ces destructions emportent aussi

---

[1]. Daniel Florentin, « The "Perforated City" : Leipzig's Model of Urban Shrinkage Management », *Berkeley Planning Journal*, 23 (1), 2010, p. 86.

des réalisations architecturales intéressantes, comme le bar à lait et glace de Cottbus, « Kosmos » (1969), avec son décor de conquête du ciel et son toit en étoile.

Dans l'autre sens, les élites de l'Ouest investissent massivement l'économie et les postes de pouvoir. La Saxe est ainsi dirigée par un ministre-président conservateur de la CDU, venant de Rhénanie-Westphalie, Kurt Biedenkopf, dès 1990. Les médias, à l'Est en particulier, sont avant tout financés et écrits par des gens venant de l'Ouest. Nous retrouverons cette « conquête de l'Est » dans la littérature et le cinéma.

Le SED, devenu Parti du socialisme démocratique (PDS) en 1989, subit une hémorragie. Les élites et les soutiens du régime sont l'objet d'une épuration. Des sanctions professionnelles leur sont appliquées, notamment à partir des dossiers de la sécurité d'État, la Stasi, des pensions de retraite sont réduites. 1,7 million de contrôles sont effectués par une administration d'État. Les suites de ces vérifications varient amplement selon les lieux et notamment l'orientation politique des autorités locales. Début 1997, environ 55 000 licenciements ont été motivés pour des raisons politiques, à savoir une activité au sein de la sécurité d'État ; par exemple, sont concernés 1 000 enseignants de Berlin et du Brandebourg, soit 4 % des effectifs globaux[1]. Tous les juges et procureurs de Berlin sont renvoyés et doivent candidater de nouveau. Dans le Brandebourg dirigé par Stolpe, la lustration est cependant limitée.

L'absorption de l'« Armée nationale du peuple » par la Bundeswehr, véritable dissolution, conduit aussi à des mises à la retraite anticipée et des licenciements. Seul un dizième des officiers sont reclassés dans l'armée ouest-allemande.

---

1. Emmanuel Droit, *La Stasi à l'école, op. cit.*, p. 187.

Leurs nouvelles conditions de salaire, de protection sociale et de retraite défavorisent les anciens soldats de l'Est.

Et, pour les plus impliqués de l'ancien régime, la justice pénale entre en action [1]. Les premières poursuites ont lieu à l'époque de la RDA, pour enrichissement abusif, corruption et fraude électorale. Avec d'autres, Erich Honecker est inculpé pour corruption (1989) puis haute trahison (1990). Il reste ferme sur ses convictions. Après l'unification, la justice se penche avant tout sur les morts à la frontière et les atteintes aux droits de l'homme dans ce domaine.

Guillaume Mouralis a montré à la fois l'engagement et le volontarisme de l'Allemagne de l'Ouest dans ce processus judiciaire. Il fallait, aux yeux des dirigeants et des juges, condamner à tout prix les responsables politiques de la RDA : 110 000 personnes font l'objet d'une information judiciaire dans les dix ans qui suivent l'unification, chiffre très élevé, explique Mouralis, si on le compare à l'épuration judiciaire des nazis... Au total 1 500 sont condamnés. Les bases juridiques de ces poursuites sont complexes et fragiles (il y a notamment entorse au principe de non-rétroactivité des lois), mais préparées depuis longtemps, pendant la guerre froide. Le principal crime condamné est « frontalier », soit d'avoir participé au « meurtre » des citoyens de RDA dans le cadre de tentatives de fuite du pays. Dès septembre 1991, un premier procès de garde-frontière se tient à Berlin. Ce traitement judiciaire du passé influence bien au-delà des cours de justice *stricto sensu* pour définir les cadres dominants d'appréhension de l'histoire de la RDA et délégitimer les élites déchues.

---

[1]. Pour toute ces questions on renverra au travail aussi riche que fin de Guillaume Mouralis, *Une épuration allemande. La RDA en procès, 1949-2004*, Paris, Fayard, 2008, 430 p.

Le nouveau régime s'est aussi soucié, très vite, d'évaluer l'histoire de la RDA à travers plusieurs commissions d'enquête (dès 1992), qui ont effectué un travail considérable mais sous le cadre global de la délégitimation, même si le pluralisme et la discussion y furent manifestes, même si les positions conservatrices perdent du terrain à la fin des années 1990[1]. En particulier, la comparaison explicite avec le nazisme, à travers les termes de « deux dictatures allemandes » ou de « la seconde dictature », renvoyait la RDA à l'innommable. La seconde commission (1995-1998) avait pour tâche de réfléchir aux manières d'effacer les traces de quarante ans de dictature. Elle fit des propositions concrètes en ce sens sur l'aide aux victimes ou la politique monumentale. Comme l'écrit Inga Markovits : « Comme tout monument public, le travail des deux commissions servait à valoriser la réputation de ses architectes[2] », à savoir l'Allemagne fédérale.

Il arrive que l'effacement devienne censure explicite et écriture d'un roman des vainqueurs. C'est l'expérience que vécurent Annette Leo et Agnès Arp, qui avaient conduit, en accord avec le Centre de formation citoyenne du Land de Thuringe, une enquête biographique avec des anciens de RDA, en particulier sur les années du tournant (2007-2009). L'enquête devait être publiée par le centre. Lorsqu'elles remirent leur manuscrit, le directeur s'immisça dans les textes en demandant des changements qui revenaient en fait à empêcher toute expression marquée par un vocabulaire ou un point de vue « RDA », comme celle de « société de classes », par exemple. Il n'était pas question non plus de

---

1. Andrew Beattie, *Playing politics with history, The Bundestag Inquiries into East Germany*, New York, Berghahn Books, 2008, 292 p., Carola Rudnick, *Die andere Hälfte der Erinnerung, op. cit.*, p. 103-104 notamment.
2. Inga Markovits, « Selective Memory », art. cit., p. 518.

présenter négativement la Treuhand ou même la RFA, et la RDA ne devait être évoquée que comme dictature... Le livre a été publié ailleurs[1].

Ce processus d'effacement de la RDA se marque dans l'espace public. Dans son regard interrogatif et inquiet sur les «enfants de la Zone» (*Zonenkinder*, 2002), Jana Hensel s'émeut de la disparition ou de la transformation de tous les lieux de son enfance à Leipzig. Les photographes qui ont suivi les évolutions de l'Allemagne de l'Est après 1990, en se plaçant au même endroit à des années d'écart, ont ainsi illustré et marqué l'apparition du vide en lieu et place, par exemple, d'un monument au communiste espagnol Julien Grimau, exécuté par le régime franquiste, ou à Lénine, ou d'une iconographie RDA[2].

Mais les chemins ici ne sont pas rectilignes et reviennent même, parfois, sur leurs propres tracés. Ce processus d'effacement n'est pas partout radical, connaît des formes localement différenciées. Souvent aussi il provoque un sentiment de dévaluation chez les habitants de l'Est, d'être face à des «vainqueurs» qui «imposent leur système» exerçant une forme de «violence symbolique» sur un environnement qui fait partie du passé local, dont on a maintenant «honte»[3]. Là encore, il s'étend aussi plus largement au bloc de l'Est.

---

1. Agnès Arp, «Mémoire(s) de la RDA en Thuringe: entre souvenirs individuels et discours politique officiel», in Bernd Zielinski, Brigitte Krulic, (dir.), *Vingt ans d'unification allemande. Histoire, mémoire et usages politiques du passé*, Berne, Peter Lang, 2010, p. 221-232.

2. Voir les clichés comparés 1991/2003, de Moritz Bauer, Jo Wickert, *Vorwärts immer - rückwärts nimmer. 4000 Tage BRD*, Berlin, Nicolaische Verlagsbuchhandlung, 2004.

3. Marie Hocquet, «La reconfiguration de l'espace urbain berlinois après la chute du Mur. Entre projection de passés désirés et construction de l'opprobre», in Caroline de Saint-Pierre (dir.), *La Ville patrimoine. Formes, logiques, enjeux et stratégies*, Rennes, Presses Universitaires de Rennes, 2014, p. 36.

L'urbexeur et géographe Bradley Garrett dans ses visites de ruines en Europe de l'Est (RDA comprise) note : « Beaucoup de gens cherchent à effacer ces lieux de la mémoire, y compris ceux qui ont agi en leur sein durant leur vie[1]. »

Les débats et les recherches se sont polarisés sur le démontage de quelques monuments berlinois emblématiques, que l'on retrouve sans cesse cités : le palais de la République, la statue de Lénine de la Leninplatz, les transformations de la Neue Wache... Ce chapitre voudrait quitter ces chemins bien balisés pour enquêter sur de petits lieux, *in situ*. Travailler sur cet espace public relève en effet d'une *histoire de plein air*. J'entends le terme à la fois comme une histoire qui marche (Antoine de Baecque), se déplace, qui regarde le passé dans le présent, interroge les lieux, déplie les couches de passé qu'ils recèlent. Mais une *histoire de plein air* c'est aussi la saisie des lieux pour enrichir les questionnaires, impliquer ceux qui en sont les riverains, les habitants ; une histoire qui introduit une tension critique entre ce qui reste, ceux qui le voient et ce que l'historien peut reconstituer des passés en présence[2].

Les trésors des traces

Pour sillonner l'ex-RDA, je suis toujours muni de guides de l'époque afin d'en retrouver les traces oubliées, qu'un guide contemporain n'évoquerait que si elles se présentent comme d'évidence, ou si elles relèvent d'un passé folklorisé incontournable. Chez un bouquiniste berlinois je suis tombé, lors de l'un de mes premiers séjours, sur un trésor à cet égard : « Mémoriaux » (*Gedenkstätten*, 1974) édité

---

1. Bradley Garrett, *Explore Everything, op. cit.*, p. 61.
2. Nicolas Offenstadt, *L'Histoire, un combat au présent. Conversation avec Régis Meyran*, Paris, Textuel, 2014, p. 52 et 87.

par Anna Dora Miethe pour l'Institut de conservation du patrimoine de RDA chez Urania, soit un guide classant par départements administratifs (*Bezirke*) tous les mémoriaux touchant au « mouvement ouvrier » (*Arbeiterbewegung*), à la « résistance antifasciste » (*Antifaschistischer Widerstand*) et à la « construction du socialisme » (*Aufbau des Sozialismus*), du somptueux mémorial à l'insignifiante plaque de rue [1]. Depuis douze ans, ce livre-objet, mon « petit livre orange » – la couleur de sa couverture – me conduit dans des lieux improbables, où il ne reste souvent plus rien. Il fait dériver les visites ordinaires des villes vers des lieux perdus, décentrés, sans objet, parfois entièrement autres que ce que le guide décrit. Il me permet aussi de mesurer l'effacement des traces, ou leur résistance, de voir ce qui était une évidence, et dont on ne voit plus rien. Le germaniste Jean Mortier l'écrit, tranchant : « La République fédérale a tout fait pour effacer la mémoire est-allemande, ne serait-ce qu'en gommant les traces matérielles du passé [2]. » Voilà un propos qu'il faudra éprouver.

Dans cette quête et enquête, on tombe vite sur un nom, Hans Maur. Cet historien de la RDA a en effet rédigé pendant des décennies les brochures et descriptifs des monuments du mouvement ouvrier et antifasciste en RDA. On le rencontre en particulier dans la rédaction des volumes « Le mouvement ouvrier à Berlin [3] » dédiés à la présence d'un héros socialiste dans Berlin ou aux mémoriaux d'un quartier. En recherchant des informations biographiques sur lui, je tombe sur un article qui indique qu'il poursuit son travail pour son quartier de Karow dans le nord de Berlin.

---

1. Anna Dora Miethe, *Gedenkstätten. Arbeiterbewegung, Antifaschistischer Widerstand, Aufbau des Sozialismus*, Leipzig, Urania, 1974, 590 p.
2. Jean Mortier, « Ostalgie et constructions identitaires », *Allemagne d'aujourd'hui*, 190, 2009, p. 73-89.
3. *Berliner Arbeiterbewegung*.

Je l'appelle en lui demandant s'il accepterait de me livrer son témoignage pour mon projet. Il acquiesce en restant distant, comme il se doit. Les mois passent et je ne trouve pas le temps de le rencontrer. Quand je le rappelle enfin, il n'a plus envie de parler, il a été malade. J'enrage de ma procrastination, mais je lui écris quand même quelques questions générales, lui demandant, au passage, s'il lui reste des brochures qui auraient pu m'échapper. À mon grand bonheur, je reçois successivement deux cartons remplis de ses œuvres, même des petites brochures peu courantes, parfois annotées de sa main. Je mesure alors, plus encore, l'ampleur de son activité. Des dizaines de brochures sur tous les aspects des mémoriaux du mouvement ouvrier en RDA. Notre échange se fera par lettres. Plus intéressant encore pour mon propos, Maur a continué à défendre ses points de vue et son œuvre après la fin de la RDA, jusqu'à aujourd'hui. J'ai eu envie de parler de cette figure d'écriture de l'histoire, si désuète, sans doute, pour les historiens d'aujourd'hui.

Maur est né en 1932 à Cologne dans un milieu ouvrier. En 1945, avec les bombardements, la famille est évacuée en Haute-Lusace (Oberlausitz). Dans un exposé biographique, fidèle à la ligne du parti, il conclut de cette dure période : « Pour moi [...] plus jamais la guerre et le fascisme ne devaient s'imposer dans notre pays. » Le jeune Maur s'engage dans la construction du nouveau régime. Il fait son apprentissage comme couvreur et devient « correspondant populaire » (*Volkskorrespondent*) pour des journaux régionaux, la *Lausitzer Rundschau* et puis l'*Ostsee-Zeitung*. Membre du SED, « en tant que travailleur » (*als Arbeiter*), il est inscrit en 1950 à la faculté des travailleurs et paysans (*Arbeiter und Bauern-Fakultät*, ABF), qui recrute des étudiants dans les entreprises, par la médiation du syndicat. Entre 1949 et 1963, plus de 33 000 sont formés dans de telles institutions, permettant à toute une génération de reprendre des études qu'elle n'avait pu accomplir[1].

Maur passe le baccalauréat (*Abitur*) et poursuit ses études à l'université de Greifswald, sur la Baltique, en histoire et pédagogie. Ses premiers travaux portent sur la révolution allemande de 1918-1919 dans l'Allemagne du Nord baltique, un épisode clé dans la grande lutte ouvrière mise en scène par le parti.

Les examens passés, Maur déménage à Berlin pour travailler à l'Institut du marxisme-léninisme, institut officiel du parti (1959-1969). Il y est en charge de l'histoire locale du mouvement ouvrier et de l'histoire régionale, en lien avec les commissions historiques locales du SED. Maur veut alors promouvoir une véritable « politique » d'ensemble des mémoriaux du mouvement ouvrier, qui n'est pas encore structurée dans les années 1960, s'appuyant sur un travail conceptuel, afin de définir ce qu'est un lieu de mémoire, un mémorial *pour* le « mouvement ouvrier ».

Willi Sowinski dans un reportage publié dans *Natur und Heimat* (1956) souligne que, si l'on dispose d'un inventaire des églises et châteaux, rien de tel pour les monuments du mouvement ouvrier. Il dépeint l'indifférence face à plusieurs « hauts lieux » de l'histoire de la gauche – indifférence que l'on n'aurait pas pour des œuvres d'art –, les bâtiments historiques du mouvement ouvrier de la fin du XIXe siècle complètement négligés à Halle ou Erfurt. L'historien Heinrich Gemkow y insiste : le patrimoine doit contribuer à l'édification d'une « culture socialiste », la politique patrimoniale se doit de relier le passé de la classe ouvrière et de ses représentants avec le présent socialiste ; et il critique aussi l'appréhension contemporaine de cette politique, trop ancrée dans la continuité de la pensée

---

1. Michel Christian, *Camarades ou apparatchiks*, *op. cit.*, p. 150.

humaniste et bourgeoise : « Pour la première fois dans l'histoire de notre peuple, nous avons maintenant la possibilité d'entretenir et de protéger les monuments des masses laborieuses, les témoins de leur combat révolutionnaire pour une vie de paix et de prospérité, pour le socialisme. N'est-ce pas là une grande, belle et honorable tâche[1] ? » Il appelle à un inventaire, en tirant parti des souvenirs des vétérans du mouvement ouvrier, qui peuvent signaler des lieux de réunions clandestins et illégaux, sans traces autres que leur mémoire. C'est inscrire la RDA dans la continuité de ces luttes.

Pour Maur aussi, c'est là un patrimoine qui incarne l'État socialiste, et que l'on trouve profané et maltraité dans les sociétés capitalistes. C'est un patrimoine qui rompt avec les monuments et mémoriaux chauvins et revanchistes du passé, au service d'intérêts de classe, comme le Kyffhäuser en Thuringe dédié à la fin XIXe siècle à l'empereur Frédéric Barberousse. Maur le souligne : il faut fonder la politique mémorielle sur les acquis de la recherche. Il s'indigne, derrière les auteurs évoqués (1965), du silence des spécialistes du patrimoine (*Denkmalpfleger*), des oublis dans les manuels d'histoire locale et regrette l'émiettement des différentes initiatives, faute d'institution centrale.

Dans les années 1950, ces discussions critiques interrogèrent donc le manque de volonté politique, les lacunes dans ce domaine, sans toujours trouver d'aboutissement. Il est vrai que la fondation de l'Institut pour la conservation des monuments est longue et chaotique, soumise aux aléas politiques de la guerre froide. En outre, de nombreux musées locaux sont encore dominés par des conservateurs et cercles d'érudits à l'ancienne, et longtemps encore, par

---

1. Heinrich Gemkow, « Erforscht und erhaltet die Denkmale der revolutionären Arbeiterbewegung ! », *Aus der Arbeit der Natur und Heimatfreunde im Kulturbund*, 4, 1958, p. 75-82.

des générations plutôt âgées, parfois même des cadres nazis, et leur capacité à incarner le grand récit socialiste s'avère limitée, souvent insuffisante. Certains spécialistes du patrimoine freinent aussi, autant que faire se peut, les transformations envisagées[1].

En regard, on voit bien comment, dans les premières années du régime, les politiques de mémoire de pierre, chez ces intellectuels, sont conçues non pas seulement comme un discours de légitimation, mais aussi, et peut-être avant tout, comme une « anti-culture », comme pouvait l'être la social-démocratie de la fin du XIXe siècle. À la différence qu'ici la domination politique devait permettre l'application d'une politique d'ensemble, une praxis monumentale et patrimoniale généralisée aboutissant à un espace public renouvelé, un nouvel avenir de pierre et de bronze. Certains responsables du SED voulaient même se débarrasser, dans les musées, de ce qui concernait l'histoire ancienne pour exposer seulement l'histoire du mouvement ouvrier, comme à Quedlinburg, au milieu des années 1960, pour l'exposition du château[2].

Mais Maur est aussi dans un présent très politique (1965), lorsqu'il en appelle à la mise en mémoire des événements récents tenant à la construction de la RDA et ses réalisations sociales : premières coopératives de production

---

[1]. Sur ces questions : Cf. Jan Scheunemann, « *Gegenwartsbezogenheit und Parteinahme für den Sozialismus* ». *Geschichtspolitik und regionale Museumsarbeit in der SBZ/DDR 1945-1971*, Berlin, Metropol, 2009, 432 p. et Sigrid Brandt, *Geschichte der Denkmalpflege in der SBZ/DDR. Dargestellt an Beispielen aus dem sächsischen Raum 1945-1961*, Berlin, Lukas Verlag, 2003, 368 p., qui, contrairement à ce que le titre pourrait laisser croire, retrace l'histoire d'ensemble de l'Institut pour la conservation des monuments.

[2]. Wolf Karge, « Was bleibt von den DDR-Museen ? Eine Bilanz aus der Sicht der neuen Bundesländer » in Landschaftsverband Rheinland (dir.), *Vom Elfenbeinturm zur Fußgängerzone. Drei Jahrzehnte deutsche Museumsentwicklung*, Opladen, Leske + Budrich, 1996, p. 182.

agricole de l'arrondissement, grands édifices ou combinats, et de prendre l'exemple de la Schwarze Pumpe, où il faudrait rappeler le premier coup de pelle. Les faits politiques marquants doivent prendre place dans cette politique d'ensemble, notamment l'unification (sous contrainte) des socialistes et des communistes en 1946. On verra plus loin, cinquante après, le destin de cette proposition...

Maur poursuit en parallèle ses études universitaires jusqu'à la thèse, soutenue en 1970 à Dresde. Difficile de trouver un sujet qui soit autant au cœur de l'auto-représentation de la RDA : le rôle du parti dans la construction du combinat énergétique Schwarze Pumpe (1955-1958). Dès lors, et jusqu'en 1987 (date de sa cessation d'activité pour invalidité), il travaille au fameux musée d'Histoire allemande d'Unter den Linden, dirigeant le secteur « Mémoriaux du mouvement ouvrier et de la résistance antifasciste » (section qui semble avoir connu des soubresauts avant d'être recréée au début des années 1970) en lien avec le Conseil des musées de RDA[1].

En 1973, le musée se voit attribuer un rôle de centre de ressources et de conseil pour les mémoriaux du pays. Maur m'explique que c'est la création ou la refonte d'un mémorial qui rythmait le travail de la section (deux historiens, une spécialiste de pédagogie et une secrétaire). Non seulement l'équipe rassemblait toute la documentation pour et autour des mémoriaux, mais servait aussi de soutien et conseil aux initiatives locales d'aide à la construction des scénarios et à l'agencement. Le riche fonds du musée permettait aussi de mettre à disposition des objets, pour ceux qui en avaient besoin. Maur et son équipe s'efforcent de définir les conditions optimales d'exposition, des normes

---

1. *Rat für Museumswesen der DDR* (section « Musées mémoriaux du mouvement ouvrier »).

de travail, face à des structures locales pas toujours très au fait des questions muséographiques, telles qu'on les conçoit alors. Il défend notamment la force émotionnelle des pièces reconstituées, dont on verra qu'elles marquent le paysage mémoriel de la RDA. Avec l'unification, la section sera dissoute et les collaborateurs congédiés.

L'historien ne fait pas seulement œuvre pratique. Il participe à de nombreux colloques ou réunions sur les questions de mémoire et d'histoire. Il s'efforce de clarifier la définition des mémoriaux du mouvement ouvrier, d'en dessiner les lignes de force, les conditions d'efficacité. Il fallait en particulier veiller à ce que se constitue sur place un « collectif » – toujours – capable d'être opérationnel (*arbeitsfähiges Kollektiv*), avec historiens, muséologues, dirigeants du parti ; de prendre bien en considération les enjeux du lieu, d'intégrer l'inscription locale de la lutte dans le mémorial, selon la ligne générale définie par les autorités.

Dans l'école de ses enfants à Karow (Ottomar-Geschke-Oberschule), Maur est là encore actif en conduisant, dans les années 1970, un atelier « Jeunes historiens » autour d'Ottomar Geschke, militant communiste déporté dont il rédigera une biographie illustrée (1982). Elle comporte, on s'en douterait, un complément sur l'entretien de son souvenir, notamment au sein de l'entreprise de construction de citernes et installations chimiques de Fürstenwalde, écoles et brigades. C'est l'époque où le parti entend développer l'histoire des entreprises, pour inscrire leur présent dans le temps long des luttes sociales.

Avec la disparition de la RDA, Maur ne renonce ni à ses convictions orthodoxes, ni à sa défense de la mémoire de pierre du mouvement ouvrier. Depuis 1972, il était secrétaire du groupe de travail évoqué « Mémoriaux du mouvement ouvrier » au Conseil des musées de RDA. À partir de 1991, en partant de cette structure, il fonde et anime l'Association des mémoriaux (*Gedenkstättenverband*) qui entend assurer la continuité du travail bibliographique et informatif accompli au temps de la RDA.

Mais surtout, elle entend lutter contre l'«iconoclasme» contemporain (*Bilderstürmerei*). L'association écrit aux autorités pour conserver ou défendre les monuments de la RDA, ainsi du mémorial de Ziegenhals, non loin de Berlin. Cette auberge, «La Maison du sport», occupait une place si particulière dans la culture mémorielle de la RDA qu'il convient de s'y arrêter avant de reprendre l'histoire de Maur. C'est là que les dirigeants communistes se réunirent pour la dernière fois avant la mainmise complète des nazis sur l'Allemagne, le 7 février 1933. L'épisode est central dans la grande geste antifasciste : il témoignerait de la détermination du Parti communiste (KPD), du courage individuel de ses leaders. Le récit qui en fut donné par les communistes bâtit une véritable légende mouvante, due en partie au manque de documents sur l'événement lui-même, en partie à l'enjeu politique qu'il représentait. La première variable est celle des présents, environ quarante selon la brochure officielle des années 1980, et que l'on nomme ou pas selon leur valeur politique (dont Walter Ulbricht le premier dirigeant de la RDA et Wilhelm Pieck son premier et seul président). Le discours tenu par Ernst Thälmann sur la situation politique est une autre variable, que les éditions de RDA aménagent pour le rendre plus déterminé. Enfin de nombreux récits à l'époque de la RDA mettent en scène l'irruption du danger et la fuite avant l'arrivée des nazis, alors que la fin de la réunion semble plus banale. Le parti était bien moins prêt à l'illégalité que ne le font croire les récits de Ziegenhals. Et l'on raconte parfois que Thälmann s'enfuit sur un canot par le lac, alors que ce fut en voiture, comme le disent de nombreux récits, même officiels. En tous les cas le bateau *Charlotte*, qui servit à d'autres pour fuir était exposé au temps de la RDA sous un auvent. Il était un symbole connu de l'histoire, représenté en carte postale, même si son authenticité avait été officieusement remise en cause[1].

À l'intérieur, la pièce de la réunion était aménagée en mémorial-musée (à partir de 1953, mais accessible seulement au public accompagné), précédée d'une pièce d'exposition centrée sur l'histoire de Thälmann. On y trouvait le portrait des personnalités présentes lors de la fameuse réunion du 7 février 1933, et dont on ne connaît pas le nombre exact comme on l'a dit, et un grand portrait de Thälmann accrochés aux murs. Une cour d'honneur fut aménagée en 1976 avec un buste du même Thälmann (de Ruthild Hahne, retouché par Werner Richter).

Ernst Thälmann était en effet devenu le grand héros de la RDA célébré partout, sur les places comme dans les écoles, modèle et mythe du combattant ouvrier, martyr de la barbarie nazie. Né en 1886 à Hambourg, d'un père tenancier de bistrot, il vécut de différents petits métiers, en particulier autour des activités portuaires. Il adhéra au Parti social-démocrate dès 1903 et fut aussi un militant syndical. Soldat dans les tranchées pendant la Grande Guerre, il déserte à la fin du conflit, rejoint les socialistes indépendants (USPD) et défend leur dissolution dans le Parti communiste. Thälmann s'affirme comme un des dirigeants

---

1. Bernhard Bayerlein, «Deutscher Kommunismus und transnationaler Stalinismus. Komintern, KPD und Sowjetunion 1929-1943. Neue Dokumente zur Konzeptualisierung einer verbundenen Geschichte», In Hermann Weber, Jakov Drabkin, Bernhard Bayerlein, Aleksandr Galkin (éds.), *Deutschland, Russland, Komintern. I. Überblicke, Analysen, Diskussionen. Neue Perspektiven auf die Geschichte der KPD und die deutsch-russischen Beziehungen (1918-1943)*, Berlin, De Gruyter, 2014, p. 264-267, Christoph Henseler, «Thälmanns Gethsemane: die Gedenkstätte Ziegenhals und ihr Ende», *Zeitschrift für Geschichtswissenschaft*, 58 (6), 2010, p. 527-552.

de la gauche du parti et participe à l'insurrection ratée de Hambourg en 1923. En 1924, il en devient secrétaire général et entre au présidium de l'Internationale communiste en affichant une ligne d'ultra-gauche. Thälmann, c'est aussi l'orateur populaire, le lutteur. Il prend ainsi la direction de la Ligue des combattants du front rouge, organisation paramilitaire du PC rassemblant au départ d'anciens soldats des tranchées, qui affrontent les troupes fascistes.

Thälmann s'affirme progressivement comme l'homme de Staline dans le parti, qu'il dirige (1925), évolution que certains dénoncent comme du pur opportunisme, lorsque l'on a été à la gauche du parti. Élu député en 1924, il est choisi comme le candidat du parti pour les élections présidentielles de 1925 et 1932. C'est lui qui met en œuvre la politique de lutte radicale contre le « social-fascisme », c'est-à-dire la social-démocratie devenue l'ennemi frontal. Cette division de la gauche face au nazisme sera fatale à la république de Weimar. Les appels à l'unité antifasciste en 1932 semblent, dès lors, bien tardifs. Thälmann est arrêté dès 1933, emprisonné, et finalement exécuté au camp de Buchenwald le 18 août 1944.

Avec la fin de la RDA, le club de Ziegenhals, d'abord administré par un cercle de militants, est livré à la Treuhand, et finalement vendu. Il est fermé en 2002-2003 par l'acheteur, un investisseur originaire de l'Ouest (Bavière), Gerd Gröger, et détruit en 2010, malgré d'intenses mobilisations. Gröger veut utiliser le terrain pour de l'immobilier et il est par ailleurs fonctionnaire au bureau de la construction du Brandebourg... Ainsi les militants de la mémoire de Ziegenhals (regroupés dans une association) peuvent-ils aisément dénoncer ce capitalisme colonial et corrompu de l'Ouest. C'est un très haut lieu du passé scénographié en RDA qui disparaît ainsi. Le buste de Thälmann qui ornait l'entrée s'évanouit aussi. La lutte de Maur et des siens ne put rien empêcher. Mais nous verrons qu'elle ne s'est pas, à la vérité, éteinte.

L'association de Maur cherche aussi à empêcher de nouvelles dénominations qui puissent effacer celles du temps de la RDA : comme, encore, au parc «Ernst-Thälmann» à Berlin, ou à Leipzig, place Dimitrov, du nom du communiste bulgare chef de l'Internationale, deux lieux aux forts enjeux symboliques. Aux yeux de Maur, l'iconoclasme d'après 1990 pave la voie aux profanations par l'extrême droite des mémoriaux juifs et antinazis. Avec son association, il entend veiller en particulier aux lieux de déportation et d'extermination, s'indigne lorsque les présentations de l'époque RDA sont menacées ou remises en cause. Maur reconnaît régulièrement dans ses écrits, cependant, les manques et les insuffisances du discours historique de la RDA, en particulier dans la sélection qui y est faite des victimes de la répression, avant tout les communistes. C'est le temps d'une autocritique un peu contrainte, sous peine de demeurer inaudible.

La lutte des fidèles de la RDA ne peut s'en tenir à la dénonciation de l'iconoclasme car celui-ci prend appui sur la délégitimation de tout le discours historique est-allemand, et en particulier l'« antifascisme ordonné », soit l'antifascisme promu par le SED. Cette politique de mémoire est sans cesse stigmatisée dans les années 1990 comme le paravent de la dictature, comme une rhétorique qui tourne à vide dans un monde autoritaire et comme un récit manipulé valorisant seulement ce qui sert le grand récit communiste. C'est aussi remettre en cause les soubassements mêmes des mémoriaux RDA. Maur s'indigne que la critique de cet antifascisme d'État serve à délégitimer la RDA.

En 1992, le Gedenkstättenverband écrit aux autorités du Brandebourg pour encourager la formation civique à l'école. Il constate que si l'enseignement de l'antifascisme, « par décret » (*durch Verordnung*), a largement échoué dans la pratique, il convient d'en maintenir l'intention. Il faut donc redonner au concept d'antifascisme toute sa force et sa signification historique pour lutter contre les résurgences contemporaines du fascisme. De même, les crimes du stalinisme ne justifient pas l'oubli du sacrifice des communistes dans la lutte contre le fascisme, la minoration de la résistance communiste. Pas plus que les lacunes et insuffisances de la muséographie ne justifient d'oublier tout le travail d'érection, d'entretien de mémoriaux sur les sites des crimes nazis par la RDA, toute la somme de travaux et de savoir rassemblées. Maur et ses proches défendent la présence des mémoriaux soviétiques militaires, dont les chars sont un ornement majeur : si certains y voient avant tout des engins de guerre, « pour nous, antifascistes, [le char du monument de l'Anton-Saefkow Allee] est, et reste, un symbole de la libération du peuple allemand de la plus inhumaine barbarie qu'ait jamais connue l'histoire de l'humanité »[1].

Le Gedenkstättenverband ne peut admettre la mise en équivalence des camps nazis avec les camps d'internement soviétiques d'après la libération – un thème qui se développe beaucoup au début des années 1990 – au nom, souligne-t-il, de la « doctrine du totalitarisme » mettant en parallèle nazisme et communisme. Dans les premiers temps de l'unité, il est vrai, politistes et historiens conservateurs revigorent l'analyse « totalitaire » en donnant une

---

1. Lettre collective au conseil municipal de la ville de Brandenbourg-sur-la-Havel, 15 décembre 1992, publiée in *10 Jahre Gedenkstättenverband e. V. Fürsprecher einer demokratisch-humanistischen Gedenkstättenkultur. Dokumentation*, Berlin, Gedenkstättenverband e.V., 2001, 80 p. [*Gedenkstätten der 90er Jahre, Heft 12*], p. 21.

place centrale à la Stasi[1]. Sonia Combe note « à quel point la délégitimation de l'expérience est-allemande pouvait être à l'origine de la disparition dans l'historiographie allemande du concept de "fascisme", au profit de celui de "totalitarisme" qui semblait avoir fini par l'exclure[2] ». Les camps d'internement soviétiques de l'immédiat après-guerre sont une arme sans cesse brandie non seulement contre le communisme en général, la RDA en particulier, mais aussi pour insister sur les silences mémoriels dont on l'accuse, oubliant presque qu'ils servirent amplement à réprimer les nazis.

Tous les mémoires et livres en défense de la RDA après 1990 luttent avec vigueur contre ces parallèles ou toute forme de mise en continuité entre nazisme et communisme. La traduction monumentale de ce discours indifférencié tient dans l'érection de mémoriaux et de pierres du souvenir pour toutes les victimes « de la guerre et de la dictature », avec quelques variantes, créant ainsi une série historique 1933-1989 en forçant les continuités. Dès le début des années 1990 (Elsterberg/Vogtland, 1990 ; Meissen, Sternberg, 1991 ; etc.), des stèles, plaques et monuments sont ainsi érigés par différents groupes locaux, initiatives citoyennes, victimes du stalinisme, CDU, SPD, cercles d'expulsés. À Stralsund (1997), Hadmersleben ou Brandebourg-sur-la-Havel (2002), les victimes de l'exil et des expulsions (de 1945) sont jointes à celles de « la guerre » et des dictatures, à l'initiative des associations d'expulsés.

Les plaques sont souvent accrochées à des monuments aux morts des deux guerres mondiales (Bad Sülze, Usedom), ce qui élargit encore le cercle mémoriel, et

---

1. Carola Rudnick, *Die andere Hälfte der Erinnerung*, op. cit. p. 37 notamment.
2. Sonia Combe, *D'Est en Ouest, retour à l'archive*, Paris, Publications de la Sorbonne, 2013, p. 115.

celui de l'indifférenciation des victimes et des contextes en incluant les victimes de la Grande Guerre (Elsnigk). Parfois même, comme à Sternberg, Fürstenwalde (1996) ou Luckenwalde (1999), ces nouvelles inscriptions génériques et englobantes peuvent remplacer un monument ou une plaque aux seules victimes du nazisme érigé par la RDA[1]. On comprend combien ces pratiques apparaissent inadmissibles à ceux qui ont fait de l'antifascisme le fondement des politiques du souvenir.

Clairement, Maur regrette la chute de la RDA, cet État qui a permis à un fils d'ouvrier de devenir historien : « Pour moi, écrit-il, le droit à la sécurité sociale était plus important que les "bananes" ou la "liberté de voyager"[2]. » Il adhère au PDS, successeur du SED. Par ses mots, l'unification ne peut être, dès lors, que qualifiée d'annexion (*Anschluss*). En 2002, à la suite de problèmes d'organisation et de santé, Maur et les siens dissolvent le Gedenkstättenverband. Personne ne succèdera à Maur. Il m'explique les choses ainsi : « Il y avait de moins en moins d'employés dans les mémoriaux. Considérés comme "contaminés par le régime", ils étaient congédiés, les expositions fermées, et ils cherchaient des places ailleurs » (2016). Les considérations officielles de l'association disent que le temps a fait son œuvre, que ce qui a pu être sauvé l'a été, même si tous les risques n'ont pas été écartés, arguant que les questions se posent maintenant à l'échelle de l'Allemagne dans son ensemble et que l'association demeura ancrée à l'Est. On voit bien que c'est un monde, de plus en plus illégitime, qui disparaît, et pas seulement une affaire de conjoncture.

---

1. Outre nos propres observations, nous nous appuyons ici sur la recension du volume *Orte des Erinnerns*, dirigé par Annette Kaminsky (2004, nouvelle édition complétée 2007).
2. Hans Maur, « In eigener Sache », *Karower Geschichten, XII. Aus Vergangenheit und Gegenwart*, 2010, p. 78.

Avec les livres et brochures de Maur, on peut parcourir l'ancienne RDA en long et en large à la recherche de ces monuments, dont les sujets sont toujours présentés sur un ton et par un récit épiques et hagiographiques. Pour la Ligue de la culture (*Kulturbund*), l'historien recense et analyse les mémoriaux dédiés à Karl Marx et Friedrich Engels (1970), Lénine (1969), Karl Liebknecht et Rosa Luxemburg (1976), Wilhelm Pieck (1978), et sur commande du conseil central des FDJ, ceux consacrés à Ernst Thälmann (1971). Une grande partie de son travail porte sur les monuments berlinois, recensés par quartiers dans les volumes évoqués : Lichtenberg, Treptow, Marzahn, ou par thème... Une brochure de synthèse est publiée dès 1971 par le musée d'Unter den Linden. Maur rédige aussi les brochures d'accompagnement de mémoriaux-musées, comme celui consacré à « Lénine à Berlin », au musée d'Histoire allemande, et ouvert en 1970 pour le centenaire de sa naissance (plusieurs éditions à partir de 1973), celui de Ziegenhals, autour de Thälmann (1974), le Clara-Zetkin-Gedenkstätte Birkenwerder (1978), ou ceux pour Wilhelm Pieck à Zechin et Blankenburg (en collaboration). Maur est si attentif au rôle social des mémoriaux qu'il va jusqu'à publier un catalogue des médailles et monnaies qui les prennent pour thème, comme souvenir ou à des fins de décoration (1977).

Après avoir lu tant de textes de Maur, je me suis interrogé sur son lien à mon guide « orange » fétiche de 1974 : que pouvait-il en penser ? Pourquoi ne l'avait-il pas fait lui-même ? Son nom ne figure même pas explicitement dans la bibliographie. Au moment où je lui écris pour le lui demander, je trouve un dossier aux archives fédérales qui répond à mes questions. Il est conservé dans le fonds de l'importante maison d'édition de RDA, Dietz, et concerne un projet de livre de Maur et de son collègue Horst Müller au nom de leur institution, le musée d'Histoire allemande[1].

Prévu d'abord pour 1972, il devait présenter plus d'une quarantaine de mémoriaux du mouvement ouvrier, mais aussi, expliquent les auteurs, encourager une conscience historique socialiste, la conscience d'un État socialiste, entretenir une conscience révolutionnaire. Le guide devait viser les jeunes, bien sûr, mais aussi servir à un tourisme international. Le tirage initial envisagé est ambitieux, au moins 20 000 exemplaires selon le musée d'Histoire, pour une République de 17 millions d'habitants. Tout semble bien se dérouler, les auteurs sont un peu en retard, phénomène classique, mais le manuscrit est envoyé à l'éditeur en mai. Quelques mois après, tombe une nouvelle inattendue : l'éditeur Urania publie le livre « orange » évoqué d'Anna Dora Miethe. Dès lors, les réflexions et analyses se multiplient pour juger de la poursuite du projet. Le titre de Maur ne cesse d'être retravaillé et repoussé, mais il ne paraîtra jamais. Le livre d'Urania l'a enterré définitivement, et le contrat est rompu en 1988. Cette affaire témoigne d'une concurrence serrée entre les deux institutions que sont le musée d'Histoire et l'Institut du patrimoine. Les souvenirs de Maur ne vont pourtant pas dans ce sens. Il m'écrit en mars 2016 qu'il connaissait bien Anna Dora Miethe pour avoir collaboré avec l'Institut du patrimoine, dont la contribution en la matière était indispensable. Beau joueur, il rappelle combien le livre de celle-ci fut d'une aide « extrêmement précieuse » pour la recension des mémoriaux et ajoute qu'il provoqua un mouvement d'intérêt pour l'évaluation de ce patrimoine du mouvement ouvrier. On se souvient des débuts difficiles de la RDA dans ce domaine.

---

1. Bundesarchiv, Berlin : SAPMO, DY30/17306.

Anna Dora Miethe continua elle-même à se préoccuper de ces mémoriaux et publia, avec Hugo Namslauer, en 1981, un guide sur la conservation de tels monuments qui aident au développement du « patriotisme socialiste » et de l'« internationalisme prolétarien ». À l'aide de nombreux exemples et illustrations, elle explique ce qu'est un mémorial politique, comment il convient de l'ériger, de le présenter, de le signaler, de l'entretenir, y compris du point de vue technique. Exactement la tâche de Maur au sein du musée d'Histoire... Sans que son nom apparaisse dans la courte bibliographie.

Outre les guides de Maur et de Miethe, les annuaires téléphoniques (on l'a vu pour l'EAW), il est un autre instrument d'importance pour le chercheur de traces RDA: les plans de ville de l'époque. Ils se trouvent aisément dans les brocantes et sur eBay à des coûts modiques. Pour les grandes villes, Berlin, Leipzig, Dresden, il y en a différents types et de multiples éditions; pour les villes moyennes, on reconnaît vite trois séries populaires, les jaune et noir (édités à partir de 1967), les rouges (à partir de 1973), et puis les marron/orange (à partir de 1981, cliché ci-après). Les premiers portent en couverture le dessin du lieu le plus marquant de la ville, les deuxièmes les lieux significatifs de la ville stylisés, comme l'immense tête de Karl Marx pour Karl-Marx-Stadt ou le port industriel pour Rostock, la troisième génération est plus sobre d'apparence, une couverture bicolore marron et noir avec simplement le nom de la ville et ses armoiries. Pour de plus petites villes, il existe aussi une série moins répandue car plus ancienne, éditée par la DEWAG, institution fondée par les communistes en 1945 et qui prit le relais des éditeurs indépendants de l'immédiat après-guerre. On la trouve moins couramment, même si la DEWAG couvrit beaucoup plus de villes que les éditeurs RDA postérieurs. À partir de 1965, elle cesse sa production, qui est entièrement centralisée chez un éditeur unique, producteur des séries évoquées.

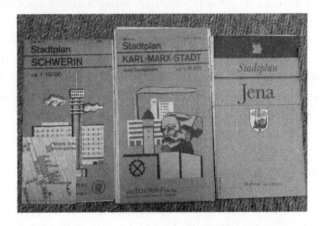

Les « rouges » et les « marron » m'ont accompagné sans cesse pendant ces années d'enquêtes en ex-RDA (voir ci-dessus). Leurs années d'édition correspondaient à mon orientation : voir ce que sont les traces de la RDA aujourd'hui. Les plans plus anciens (DEWAG ou les « jaune et noir »), moins faciles à trouver, risquaient aussi de donner à voir, dans une plus grande mesure, des éléments déjà modifiés ou disparus à l'époque de la RDA.

En soi, ces cartes sont des objets extrêmement riches, elles sont à la fois pratiques, géographiques, historiques et politiques. Pratiques, d'abord, pour repérer les tracés parfois modifiés des rues aux noms parfois changés, pratiques encore car elles permettent de ne pas manquer un bâtiment autrefois signifiant mais aujourd'hui abandonné ou réutilisé. Historiques, car ces plans avec toutes leurs dénominations et les lieux retenus racontent une histoire. Géographiques, bien sûr, car ils dessinent un espace urbain, mais évidemment politiques, car ils disent toute une vision de la ville, de la mise en scène du passé : on repère tout de suite les artères Marx, Thälmann ou Pieck, les mémoriaux du mouvement ouvrier, les maisons de la culture, les maisons des Jeunesses communistes ou des pionniers, bref une géographie socialiste. À suivre ces plans, on navigue dans une ville fantôme, un palimpseste entre un tracé ancien en partie disparu et un tracé nouveau qui ne l'a pas complètement effacé. Parfois rien n'est clair et l'on se perd entre un plan dépassé et un contemporain peu organisé. L'enchevêtrement des espaces entre les lieux RDA abandonnés, les destructions, les reprises et les rénovations rend parfois ardue la lecture du paysage urbain. Les photographes Stefan Koppelkamm d'un côté, ou Moritz Bauer et Jo Wickert d'un autre, qui menèrent des campagnes photographiques à l'Est, dès 1990-1991, pour mesurer à des années de distance les évolutions urbaines, exactement au même endroit, eurent aussi des difficultés, parfois, à retrouver les lieux qu'ils voulaient revoir, plus de dix ans plus tard [1].

J'aime à me laisser entraîner par ces plans vieux de décennies, qui me conduisent dans le monde rêvé du socialisme dont ils ne disent que les réalisations collectives et les héros. J'aime l'idée que je parcours une ville qui n'est pas celle de ceux que je croise sur le trottoir, du moins les plus jeunes, que nous empruntons deux itinéraires parallèles, qu'ils sont aveugles à ma déambulation, certains d'ailleurs me regardent étonnés lorsque je m'arrête pour contempler un terrain vague, franchir une clôture tout aussi vague, ou observer un immeuble qui paraît des plus ordinaires, voire plus abîmé que l'ordinaire. Il m'arrive, lorsque je suis perdu ou interpellé, de montrer mon plan RDA comme une protection, une attestation de ma bonne foi, du désintéressement

---

1. Stefan Koppelkamm, *Ortszeit-Local Time*, Stuttgart/Londres, Axel Menges, 2010 et Moritz Bauer, Jo Wickert, *Vorwärts immer, op. cit.*

de ma quête. Je me suis tant penché sur ces cartes que je suis imprégné de leurs choix graphiques et typologiques, comme de ceux de l'IGN pour avoir tant parcouru les anciens champs de bataille de la Grande Guerre avec eux. En lisant, après des années d'usage, le livre très riche de Dirk Bloch et Gerald Noack sur les plans de ville RDA, j'apprends que ceux-ci furent faussés à dessein, en rompant les échelles notamment – « échelle glissante », disait-on –, pour de prétendues raisons de sécurité nationale [1].

Bien évidemment, je ne suis pas le premier à parcourir *physiquement* l'ex-RDA en quête de traces : plusieurs artistes, photographes, journalistes, militants ou chercheurs allemands sont allés visiter, enquêter, recenser, pour des raisons diverses, dans l'Est des dernières années, y compris en dehors de tout lien préalable avec l'Allemagne ; comme la photographe et plasticienne Sophie Calle (1996) interrogeant les disparitions monumentales, de nombreux travaux scientifiques ont étudié les modalités des mémoires est-allemandes. Ils m'ont bien sûr accompagné.

Dans les années 1990, Gabriele Goettle, en particulier, a recueilli de nombreuses paroles allemandes dans trois volumes en parcourant tout le pays, Ouest et Est. Les éditions Autrement en ont tiré un livre traduit sur l'ex-RDA seule, *À l'est du mur* (1999). C'est une enquête extensive, laissant les acteurs raconter leur histoire, parfois un peu loin de notre propos, ne serait-ce que parce que les questions des années 1990, juste après l'unification, ne sont pas exactement les mêmes qu'aujourd'hui. Mais cette auteure aussi s'attache aux nouvelles vies des objets, à la liquidation

---

1. Dirk Bloch, Gerald Noack, *Auf der Strasse des Fortschritts. Die Stadtpläne der DDR, Zeugnisse vom Leben im Sozialismus*, Berlin, Bien & Giersch, 2009, p. 144. Sur lesquels nous nous sommes aussi appuyé pour les paragraphes précédents.

des formes matérielles de la RDA, ainsi dans ce reportage sur la braderie berlinoise organisée par les anciens de la Stasi après que de nombreux locaux et antennes ont été liquidés. Landolf Scherzer, écrivain, ancien membre du SED, plus récemment, a conduit une enquête ciblée sur des travailleurs qui avaient reçu le titre de « héros du travail ». Il a voulu les retrouver et les rencontrer, voir quel fut leur destin depuis. Partant de vagues informations, de traces, il remonte le fil jusqu'à ces *derniers héros*, selon le titre du livre qui rapporte cette enquête, menée auprès d'informateurs, des collègues de l'entreprise, qui sont autant d'occasions de conversations. Beaucoup d'entre eux en profitent pour parler d'eux-mêmes. Scherzer échoue parfois, certains « héros » refusent de le rencontrer ou de parler. Mais il y a dans sa démarche des choses qui me sont proches, l'attention aux lieux, aux traces, l'écoute et l'observation de ce qu'il reste de bâtiments RDA. On y lit toutes les déceptions, les déconvenues et duretés de l'après-Wende. Par exemple, cet officier des troupes frontalières qui raconte qu'il lui aurait été impossible de servir les « ennemis » d'hier, et, d'un coup, de leur donner l'accolade de l'amitié et de porter leur uniforme, de contrôler les étrangers à la gare de Munich : « Non ça, je ne pouvais pas. » Un ancien « héros du travail » rapporte comment sa famille et lui furent violemment stigmatisés à l'automne 1989 ; un autre témoin souligne, comme Heidrun, l'infantilisation des gens de l'Est après l'unification[1].

Parmi les évocations de cet ordre, le livre du journaliste et romancier Jochen Schmidt (2015), *Mode d'emploi de l'Allemagne de l'Est*, m'est apparu d'un esprit proche de notre enquête. « Ossi », auteur de plusieurs romans qui

---

1. Landolf Scherzer, *Letzte Helden, op. cit.*, p. 176, 208, 215 pour les exemples cités.

interrogent l'histoire de la RDA et sa chute, le journaliste s'intéresse à toutes les traces du pays, depuis les clôtures artisanales jusqu'aux grands combinats en passant par les jouets de son enfance. J'apprécie son regard sur les toutes petites choses. Je l'ai écouté lors d'une conférence de présentation du livre à Francfort-sur-l'Oder. Il est sympathique, un peu brouillon et passionné, il montre ses photos de traces de RDA: bouts de Trabant réemployés, objets variés... Il aime à souligner toutes les capacités de bricoler le quotidien en RDA. Son livre traverse toute l'ex-Allemagne de l'Est, en parcourant les traces en fonction des rencontres ou des villes. Il s'arrête plus ou moins longuement, relie le présent à ce qu'il a connu et aimé de la RDA dans son enfance, souvent avec émotion, affirme l'«identité» est-allemande. C'est parfois l'occasion d'une lecture publique qui l'amène dans une ville ou une autre. Du coup, dans son livre, il survole certaines évocations et passe à côté des traces qui me semblent les plus parlantes, comme à Gotha. J'aime à voir comment il a arpenté des lieux que j'ai vus, visités, lus autrement, avec ce souci de connaissance qui fait l'historien. Nous avons tous les deux, parfois, prêté attention à la même plaque d'ascenseur datant de la RDA (Thale). Il achète aussi plein de choses chez les brocanteurs et dans les marchés aux puces. Et il m'arrive, comme lui, de retenir mon envie de piquer des objets tentants ici et là.

Les photographes et les artistes ont aussi procédé à des formes d'inventaires du paysage de l'ex-RDA, par de multiples regards et différentes approches. Ainsi, en 2009, dans les petites salles d'exposition de la Bibliothèque de documentation internationale contemporaine (BDIC) aux Invalides, Sonia Combe, Thierry Dufrêne et Régine Robin ont-ils pu, dans une mise en scène troublante et créative, monter une exposition qui interrogeait cet «effacement des traces » de la RDA en multipliant les formes et les points de vue artistiques : photo, dessin, installation... [1].

Dès 1995, Christian Bedeschinski mesure, avec son appareil photo, la déprise industrielle des usines de briquettes et des centrales. Comme les photographes évoqués plus haut, il met en regard l'avant, lorsque tout marchait, et les ruines et abandons des années 1990 [2]. Jean-Claude Mouton a suivi, lui, l'évolution du no man's land sur le tracé du mur de Berlin, pendant des années, guidé par « la question de la trace », clichés présentés dans l'exposition de la BDIC [3]. Aujourd'hui encore, et depuis dix ans, Martin Maleschka, originaire d'Eisenhüttenstadt, architecte et photographe, parcourt l'ex-RDA, et même l'ancien bloc de l'Est, à la recherche de toutes les formes d'« art public » et d'architecture de l'époque, dans le sens le plus extensif : des sculptures proprement artistiques aux annonces publicitaires en passant par l'architecture fonctionnelle ou les enseignes. Il les photographie systématiquement, les dépose sur le site Flickr et expose le résultat de son travail dans différentes expositions. C'est d'autant plus précieux qu'il n'existe ni politique d'ensemble ni inventaire de cette forme d'art. Sur place, on le voit souvent négligé, laissé à l'abandon ou détruit par les rénovations.

Nous avons vu plusieurs œuvres oubliées non seulement dans l'espace public, mais aussi à l'intérieur de bâtiments en friche ou en ruine : usines (par exemple à Zwickau), maisons de la culture (Francfort-sur-l'Oder) ou écoles (Guben). D'autres ont été recouvertes par des travaux plus récents,

---

1. Sonia Combe, Thierry Dufrêne, Régine Robin (dir.), *Berlin, l'effacement des traces. 1989-2009*, Paris, BDIC/Lyon, Fage, 2009, 128 p.

2. Christian Bedeschinski, *Ein-Blicke. Industriekultur im Osten Deutschlands*, Berlin, Haude und Spener, 1995, 96 p.

3. Jean-Claude Mouton, « Berlin 1989-2009 : un laboratoire photographique » et « Berlin *no man's land*, 1989-2009 », in Sonia Combe, Thierry Dufrêne, Régine Robin (dir), *Berlin, l'effacement des traces, op. cit.*, p. 72-99.

inaccessibles ou au destin incertain, comme cette œuvre de la salle de cantine de l'ancienne usine de chaussures de Schwedt. Ici la propriétaire du lieu – lequel est éclaté aujourd'hui en plusieurs activités –, ancienne cadre de l'usine à l'époque RDA, est bien consciente de l'intérêt de l'œuvre originale, une histoire personnelle de la chaussure, en céramique. Après nous avoir surpris à chercher à rentrer dans le bâtiment – et après quelques explications –, elle nous met à disposition son concierge pour le visiter et sort même ce qui lui reste d'archives (juin 2017). L'attachement au lieu, qui est son passé et son présent, est certain, au-delà des affaires. Elle nous explique volontiers le fonctionnement de la production à l'époque de la RDA. Aussi ne laisse-t-elle pas démanteler l'œuvre par ceux qui veulent se l'approprier, même par bouts. Mais le bâtiment, un temps boîte de nuit, est vide, dans un semi-abandon et sans vrai entretien (œuvre de M. Rößler, 1974-1975, ci-dessous aujourd'hui, juin 2017, et au temps de la RDA).

Le parcours des traces peut être ouvertement militant. En 2016 encore, un ancien cadre du régime, Klaus Huhn, qui fut rédacteur au journal du parti *Neues Deutschland*, publie un voyage imaginaire, « excursion à travers les ruines des propriétés du peuple », en fait très superficiel, à partir, souvent, de quelques articles de journaux. Sous forme de dictionnaire alphabétique par villes, il recense les entreprises de RDA fermées, et constate à chaque fois les dégâts sociaux et économiques de la politique menée depuis 1990, et de celle de la Treuhand en particulier.

Même si je ressens une forte complicité avec la démarche de Scherzer ou de Schmidt, je m'en sépare doublement, d'une part, parce que je ne reviens pas – même à distance – sur les lieux de mon passé, et, d'autre part, parce que le questionnement de l'historien garde des propriétés fortes, loin des formes spécifiquement mémorielles ou émotionnelles. Derrière l'enquête, derrière la découverte, il y a la connaissance éprouvée – au sens de mise à l'épreuve – comme fondement de la transmission. Nos visites s'articulent à un travail sur les documents, archives ordonnées ou de hasard, et sur ce va-et-vient que l'on espère fécond entre les lieux, les acteurs et ce qui nous permet de les comprendre. Nous voulons aussi interroger en propre les lieux que l'on ne voit pas, ces intérieurs abandonnés, oubliés, qui abritent des objets et documents eux aussi délaissés.

Effacer les traces

Rues, lieux et places

Avec mon guide, les brochures de Maur et mille autres documents d'époque, je ne cesse d'arpenter l'ex-RDA. C'est une quête, car les noms des rues les plus marqués par le communisme ont souvent changé, certains tracés ont été modifiés, des immeubles portant des plaques ont disparu ou ont été refaits. La précision des adresses fut sans doute suffisante il y a quarante ans, elle ne l'est plus toujours, notamment lorsqu'il y a plusieurs ensembles, ou des cours intérieures. La RDA c'est hier, c'est ma contemporaine, et cependant tant à disparu. En 1992, l'historienne Annette Leo, critique à l'égard du régime en RDA, souligne pourtant « la hargne avec laquelle les nouveaux gouvernants s'attachent à se débarrasser des signes et insignes du pouvoir de leurs prédécesseurs [1] ».

Dès le début des années 1990, les *noms de rue* sont changés. À Berlin bien sûr, d'autant que l'érection en capitale implique une politique de mémoire très ajustée. Cela s'opère en plusieurs étapes et non sans débats et protestations, notamment au sein des autorités entre les minimalistes (à gauche) et les maximalistes (plutôt la CDU) partisans d'une grande purge onomastique. Les arrondissements compétents pour ces questions dans la première phase (1990-1992), composés de gens de l'Est, entendent souvent préserver les noms des antifascistes. Puis le sénat de la ville, actif dans un second temps (1993-1994), utilise une commission historique (1993) et considère que tous ceux qui ont contribué à la chute de la république de Weimar, la première démocratie allemande, méritent de disparaître de l'espace public, ce qui permet de retirer leurs rues à tous les dirigeants communistes d'alors [2]. Le mouvement va, parfois, jusqu'à supprimer la place aux « victimes du fascisme » (Neuruppin).

---

1. Annette Leo, « RDA. Traces, vestiges, stigmates », art. cit., p. 45.
2. Maoz Azaryahu, « Zurück zur Vergangenheit ? Die Straßennamen Ost-Berlins 1990-1994 » in Winfried Speitkamp (dir.), *Denkmalsturz. Zur Konfliktgeschichte politischer Symbolik*, Göttingen, Vandenhoeck und Ruprecht, 1997, p. 148.

À Francfort-sur-l'Oder, pour ne détailler qu'un exemple plus ordinaire, le dé-baptême s'opère à la fin 1990 et jusqu'en 1992. Trois types de figures disparaissent. Les dirigeants qui ont gouverné la RDA, comme Wilhelm Pieck, Otto Grotewohl ou Herbert Warnke. Les grandes figures des « partis frères », comme le Bulgare Georgi Dimitrov, l'Italien Togliatti, ou le Français Thorez. C'est le même type de disparitions qu'à Berlin, selon les souhaits exprimés par la population. Parfois, en effet, des arguments de retour à une « identité » allemande sont employés contre les noms de communistes étrangers, ou bien, proches, des arguments tenant à la difficulté à les épeler ou à les utiliser[1]. À Francfort, troisième groupe effacé, les héros communistes antifascistes, brigadistes de la guerre d'Espagne et résistants au nazisme : Hans Beimler, tué à Madrid en 1936, Artur Becker, exécuté dans une prison franquiste en 1938, ou Ernst Schneller, assassiné à Sachsenhausen en 1944. Le quartier construit par la RDA à la fin des années 1970, Neuberesinchen, symbole des grands ensembles préfabriqués et dont les artères nouvelles, sans tradition, avaient reçu de nombreux noms marqués par le communisme, est particulièrement touché par ce dé-baptême. Si les rues Karl-Marx et Ernst-Thälmann demeurent, leur dénomination est rétrécie à une petite portion de leur tracé. Leurs autres sections retrouvent les noms d'autrefois, comme la « rue de Berlin » ou la « rue de Fürstenwalde », du nom de la ville située entre Berlin et Francfort. Disparaissent encore deux noms de rue marquant l'amitié germano-polonaise, thème alloué en propre à la région de Francfort par la RDA car la ville se situe sur la frontière. C'est ainsi un ensemble de repères qui disparaît, comme en témoigne un épisode du film *Berlin is in Germany* (Hannes Stöhr, 2001),

---

1. Anne-Marie Pailhès, « Les réactions de la population est-allemande face aux changements des noms de rue dans les nouveaux Länder : rejet, adhésion, identité ? », *Allemagne d'Aujourd'hui*, avril-juin 1998, p. 260-269.

que nous retrouverons. Le héros, Martin Schulz, a été emprisonné en juillet 1989 pour avoir causé, dans sa volonté de fuite de la RDA, la mort d'une personne. Il ne sort de prison qu'en 2000 dans un monde qu'il n'a pas connu. Il lui faut comprendre et s'adapter à ces temps nouveaux dans le Berlin qui fut le sien. Il tente ainsi, malgré son casier judiciaire, de se lancer dans le métier de taxi. On le voit alors avec application apprendre les nouvelles dénominations des rues RDA, en les répétant sans cesse. Dimitrov, Willi-Bredel, Fritz-Heckert, Helmut-Just et tous les autres héros du socialisme lui viennent d'abord en tête, eux qui ont disparu pour une Schivelbeiner Straße (une ville de Poméranie-Occidentale) ou une Behmstraße (nom d'un entrepreneur).

Ce débaptême est loin d'être général, certains noms – les moins liés au stalinisme – résistent mieux que d'autres, les enjeux dans les petites villes ou villages peuvent être moins saillants que dans les centres des grandes villes. Généralement, les villes importantes effacent les traces plus vite et plus radicalement que la « province ». La couleur politique de la municipalité joue sa part aussi.

Ainsi, exemple entre mille, à Libbenichen, lieu-dit à vingt kilomètres au nord de Francfort-sur-l'Oder, parmi les quelques rues du village, on trouve l'une au nom d'Otto Grotewohl et une autre à celui du héros de l'EAW, Werner Seelenbinder, et non loin on peut encore emprunter une rue Thälmann qui croise une « Straße des Friedens » (rue de la Paix).

De nombreuses *plaques* disparaissent elles aussi. Rares sont celles rappelant l'unification sous contrainte des communistes et des socialistes en 1946 qui ont résisté – celles-là mêmes que Hans Maur appelait de ses vœux en 1965 –, ce serait un trop lourd symbole du discours historique de la RDA. Celle qui se trouvait sur l'Admiralspalast à Berlin-Mitte, le lieu même de la poignée de main entre Pieck et

Grotewohl, a été retirée. À Dresde deux monuments qui rappelaient l'événement (Ullersdorfer Platz, Ostra-Allee) ont été démontés dans les années 1990. À Neustrelitz, la Karl-Marx Platz a perdu son nom pour devenir «Au Jardin zoologique» et les bouleversements urbains ont aussi fait disparaître la plaque rappelant la fondation du SED local le 6 avril 1946[1].

Une des rares survivantes, bien entretenue, se trouve à Francfort-sur-l'Oder sur un bâtiment appartenant aujourd'hui à l'université, drôle de hasard: juste en dessous du bureau que j'y ai occupé deux ans. Souvent, encore, les plaques rappelant la fondation ou le siège (local) du Parti communiste (KPD) après la Grande Guerre ont vite disparu, comme à Freiberg, Neuruppin, ou Görlitz, pour le siège régional. D'autres survivent épargnées par les modifications urbaines et l'iconoclasme politique. À Görlitz encore, la plaque apposée sur l'ancienne auberge «Au Lion d'or» et mentionnant la fusion des communistes et des socialistes indépendants (décembre 1920) est, elle, toujours là. À Greiz, celle rappelant la fondation du KPD (1919) est abîmée, oubliée, sur un immeuble muré, où s'efface l'inscription qui signalait un café-restaurant. C'est là l'effacement au sens propre, quand les mots deviennent illisibles par l'usure du temps, ainsi de la plaque rappelant les victimes du putsch de Kapp (1920) sur l'hôtel de ville, pourtant récemment et joliment rénové, à Güstrow. Le contraste est d'autant plus grand entre la bâtisse témoignant du lustre

---

1. Je n'ai rien retrouvé à Anklam, Greifswald, Rostock, Schwerin (Mecklembourg-Poméranie), Neuruppin, Perleberg, Potsdam où un Karstadt – une chaîne de grands magasins – a investi l'immeuble sur lequel la plaque figurait, Senftenberg (Brandebourg), Dessau, Halberstadt, Magdebourg, Stendal, Wernigerode (Saxe-Anhalt), Grimma, Meissen (Saxe). À Perleberg, la propriétaire de l'hôtel, qui le possède depuis une quinzaine d'années, n'en a pas même entendu parler.

passé (fin du XVIIIe siècle), aux belles couleurs, et la plaque d'une autre patine.

Les *gares*, souvent remaniées, lieux toujours actifs, se défont de leur identité RDA. Disparue cette plaque pour rappeler le passage de Lénine à la gare de Stralsund – des années après mon premier passage, j'ai vérifié de nouveau, entre deux trains –, pas mieux à celle d'Eberswalde, pas de trace du mémorial pour les ouvriers qui ont résisté au putsch de Kapp. À Leipzig, dans l'immense gare centrale (inaugurée en 1915), impossible de retrouver la plaque évoquant les luttes ouvrières de novembre 1918.

Dans les *entreprises* « propriétés du peuple », la chute de la RDA se marque aussi par le décrochage ou l'abandon des plaques et souvenirs des héros de la RDA, dès le début des années 1990, et par la fermeture des cabinets de tradition (une petite exposition à vocation mémorielle). Ce terme de « tradition » pour le parti signalait une appropriation affirmée du passé opposée à un simple legs de l'histoire (*Erbe*). À Schwarzenberg im Erzgebirge, dès 1991, le buste d'Ernst Schneller disparaît de la salle à manger de l'entreprise d'appareils de lavage dans laquelle il avait travaillé ; de même à Berlin, à EAW – que l'on a longuement présenté – pour le célèbre sportif et résistant communiste Werner Seelenbinder. Quand, ensuite, les usines RDA ferment, sont reprises ou tombent doucement en déshérence, souvent les plaques-souvenirs, les lieux de mémoire qu'elles abritaient disparaissent. J'ai cherché en vain devant l'immense complexe de la VEB Berlin Chemie, en partie reprise (Berlin Chemie/Menarini), la stèle érigée pour deux communistes opposants aux nazis et exécutés, Franz Kirsch et Herbert Mittag. Le quartier est très bouleversé, en pleine reconstruction encore. La stèle était déjà renversée dans l'herbe en 1992. En 2016, aucune trace. Kirsch avait organisé un groupe de résistance dans l'usine chimique, alors le

Konzern Schering AG. Mittag, lui, écrivait aux soldats sur le front de l'Est pour les encourager à la résistance. Tous les deux ont été assassinés par les nazis. Dans la VEB Chemie, en plus de la stèle, il y avait un cabinet de tradition. En reste-t-il une trace ? Rien vu lors d'une première visite de la partie abandonnée, mais tout n'est pas accessible, certains bâtiments ont été repris. À quelques centaines de mètres de là, le guide de Maur pour l'arrondissement de Treptow indique une autre œuvre pour trois autres résistants communistes de ce quartier d'Adlershof assassinés, qui avaient notamment distribué tracts et littérature clandestine : Willi Gall, Walter Gerber, Otto Nelte. La photo montre un monument d'une certaine ampleur, plus qu'une simple stèle. Il a disparu, plus rien n'indique son ancienne présence : il faut consulter un site spécialisé pour savoir qu'il a été déplacé au cimetière d'Adlershof. Pourquoi faudrait-il reléguer ou oublier Franz Kirsch et Herbert Mittag, Willi Gall, Walter Gerber et Otto Nelte ? Ou d'autres résistants, comme les frères Werner et Friedrich Meister dont la stèle n'est plus dans l'espace public (avant 1989 au coin du Syringenweg et d'Oleanderstraße) mais au musée de la citadelle de Spandau avec ceux qu'il convient de ne plus célébrer, les rois ou les dictateurs. Depuis avril 2016, un corps de bâtiment de la citadelle abrite en effet un musée des monuments déboulonnés de Berlin. Il parcourt les XIXe et XXe siècles avec un complément informatif multimédia de qualité. Des gloires des Hohenzollern à la RDA en passant par les monuments aux morts déplacés, il se veut le conservatoire des héros déchus. Le monument des socialistes du cimetière de Leipzig-Sud se trouve, lui, dans les dépôts du forum-musée d'histoire contemporaine de la ville.

Ces disparitions de mémoriaux et plaques font aussi disparaître des *histoires*, de *petits récits* qui n'ont pas, ou peu, d'autre place dans l'espace public (certains, cependant, gardent parfois leur rue comme Franz Maecker à Neuruppin[1]) : l'histoire d'un militant communiste et/ou antifasciste, comme Walter Stratmann (un des fondateurs du KPD local) ou Hans Berndt (tué lors d'une rixe avec les membres de la Reichswehr noire en 1923) à Freiberg, Auguste Bollnow à Greifswald (mort en 1942 des suites de son arrestation). L'index du livre orange de Miethe ne les fait apparaître qu'une fois. Le démontage de leurs plaques, parmi d'autres, constaté sur place, les renvoie ainsi à la discrétion des livres d'histoire.

Les *cabinets de tradition* (*Traditionskabinette*) et petits musées sont en général rapidement fermés, dès 1990, souvent sans discussion publique. Hans Maur juge fin 1991 que les deux tiers des mémoriaux au mouvement ouvrier, de cet ordre, ont été détruits ou démontés, et 90 % au milieu des années 1990 selon Wolf Karge. Maur évalue à 62 les lieux du souvenir effacés du Bezirk de Suhl entre 1990 et 1996, plus de 260 à Berlin-Est jusqu'en 1998. Il s'attriste aussi de ces nombreux *Traditionskabinette* des « entreprises propriétés du peuple » détruits ou fermés, encore à l'époque de la RDA, sans susciter de résistance. Régine Robin dans *Berlin Chantiers* formule les choses avec vivacité : « Une "démémoire" qui oublie, lessive, efface, ne veut laisser aucune trace de la RDA. Une démémoire qui rejette avec force et oblitère les traditions antifascistes les plus authentiques en les confondant avec la mémoire officielle de la RDA dans ce qu'elle avait de plus instrumentalisé […] une volonté d'effacement qui a tout simplement éliminé la plupart des traces de l'existence de la RDA[2]. »

Les cabinets consacrés aux écrivains ou artistes officiels du régime, Arnold Zweig, Johannes Becher ou Ernst

---

1. La plaque du lieu où il habitait dans la Poststraße a disparu. La maison a été joliment rénovée.
2. Régine Robin, *Berlin Chantiers*, Paris, Stock, 2001, p. 24.

Busch à Berlin, ne survivent pas longtemps. Dans la jolie petite ville balnéaire de Bad Saarow, lieu de villégiature de la bourgeoise berlinoise, les mémoriaux Maxim Gorki et Johannes Becher sont redevenus des villas privées. Celle du second n'est même plus indiquée et l'office de tourisme n'a aujourd'hui pas connaissance du numéro de la rue... Disparaissent encore les mémoriaux pour les dirigeants communistes et antifascistes : Dimitrov, Thälmann ou Lénine à Leipzig ; Wilhelm Pieck à Guben ; Fritz Heckert à Chemnitz ; Magnus Poser à Iéna... La fermeture des *Traditionskabinette* et des mémoriaux du mouvement ouvrier conduit aussi, souvent, à la dispersion et à la disparition de leurs collections, dont on perd la trace. D'anciens résistants viennent récupérer les dons (objets, documents) qu'ils leur avaient faits. Cette perte est limitée seulement lorsque le lieu est rattaché à une institution survivante. De même, dans les musées locaux, on se débarrasse souvent, dans un premier temps, des sections et même des objets consacrés à l'histoire du mouvement ouvrier et à l'histoire de la République démocratique allemande, entre autres exemples à Eisenhüttenstadt et à Schwedt pour cette dernière, ou à Eberswalde pour la section sur le développement industriel socialiste [1].

Rares sont ceux qui maintiennent une mise en scène RDA, faisant ainsi figure de trace, comme le Musée agraire de Dorf-Mecklenburg créé pour exposer l'« agriculture socialiste ». En 2009, le chercheur Jan Scheunemann s'indigne qu'on y trouve encore l'exposition de 1978 et que

---

[1]. Susanne Köstering, « Alltagsgeschichte der DDR in aktuellen Ausstellungen », *Deutschland Archiv. Zeitschrift für das vereinigte Deutschland*, 2, 2007, p. 307, Andreas Ludwig, « Zum Wandel lokalgeschichtlicher Museen in der ehemaligen DDR nach der Wende 1989 », in Bernd Faulenbach, Franz-Joseph Jelich (dir.), *Probleme der Musealisierung der doppelten deutschen Nachkriegsgeschichte*, Essen, Klartext, 1993, p. 93-101.

l'on y parle de lutte des classes et de « révolution agraire anti-impérialiste et démocratique »[1].

L'ancienne école du Parti communiste (KPD) « Rosa Luxemburg » à Schöneiche-Fichtenau (Berlin), devenue musée, est transformée en maison d'habitation (clichés ci-dessous, 2016, et ci-après). La belle villa avait été mise à la disposition du parti par une riche mécène et militante suisse, Mentona Moser, dont la RDA publia les souvenirs[2]. L'école y fonctionna de 1929 à 1933 avant d'être saisie par les nazis, et baptisée villa « Adolf Hitler » par son nouveau propriétaire. On s'y formait au marxisme théorique, à l'histoire du mouvement ouvrier et à la politique contemporaine.

Elle revient à nouveau au Parti communiste avec l'occupation russe et retrouve sa fonction d'éducation politique. La RDA en fait un mémorial en 1973. Aux jeunes pionniers de RDA (voir cliché ci-dessous), on présente aussi le lieu

---

1. Jan Scheunemann, « Gehört die DDR ins Museum ? Beobachtungen zur Musealisierung der sozialistischen Vergangenheit », *Gerbergasse 18*, 55 (4), 2009, p. 34-37.
2. Mentona Moser, *Unter den Dächern von Morcote. Meine Lebensgeschichte*, Berlin, Dietz, 1985, 304 p.

comme un mémorial pour Ernst Thälmann : « Tu passes un portail par lequel Thälmann est souvent passé, tu ouvres une porte, qui conduit dans la maison, et que Thälmann a souvent ouverte » (*Calendrier du pionnier*, 1976, pour le cliché ci-dessous). L'école, fréquentée par tous les grands du communisme allemand de l'époque, comme élèves ou professeurs, est en soi un lieu de mémoire du parti. Honecker lui-même, jeune homme, y séjourna en 1930. L'exposition RDA du rez-de-chaussée présente des documents originaux et des copies de l'époque du KPD : insignes, journaux, lettres... Au premier, une pièce de travail comme à l'époque de l'école, et la « chambre de Thälmann ». Une salle de cinéma complète la visite dont le jeune pionnier doit conclure : « La flamme [du marxisme-léninisme], dont parlait Thälmann, ne s'éteindra jamais. »

Bien qu'il soit indiqué clairement que la maison n'a plus rien à voir avec ce passé, je décide de m'y présenter au petit bonheur la chance. Le propriétaire est absent, mais son petit-fils, un peu hésitant, m'ouvre la porte en signalant qu'il ne sait pas trop s'il peut le faire, en absence de son grand-père. Il est français et d'échanges en échanges nous faisons un tour du jardin. À peine visible de la rue, la plaque de l'époque RDA qui rappelle le souvenir de l'école est encore là, ce qui tient notamment au caractère de patrimoine protégé du bâtiment. Mais, excepté cette plaque qu'il faut chercher du regard, la villa ne dit plus rien de son passé.

Lorsque le grand-père arrive, il commence par se fâcher de ce que le petit-fils a laissé un inconnu entrer et il ne cesse de répéter le mot «*privat*» avec fermeté. Je le laisse affirmer son autorité, et doucement je lui explique ma démarche, joue le côté professoral et puis, comme souvent, le grand-père s'apaise et commence à me raconter l'histoire de la maison, selon ce qu'il en sait, tout en restant dehors, dans la rue. Progressivement, nous entrons à nouveau dans le jardin, il demande à voir ma carte universitaire, la regarde à peine, et continue à me parler. Venu de l'Ouest, il a racheté la maison en 2000 aux héritiers Moser qui l'avaient récupérée après 1990. Une partie du terrain servit à construire une autre villa. Il ne restait de l'école et du mémorial que les chaises et les vitrines. Celles-ci sont d'ailleurs dans la remise, encore intactes, démontées, comme la dernière résistance du souvenir, dont, me dit-il, même des Polonais n'ont pas voulu. Il reste aussi un grand mât dans le jardin pour les drapeaux. Un des gardiens de la maison à l'époque du SED lui a livré quelques anecdotes. Il m'en raconte à son tour : le gardien qui écoutait la radio américaine, les blocs de béton qui servaient à espionner, la tour de garde qui a disparu. Il me montre, de l'extérieur, où se situait la «chambre de Thälmann», et, pour finir, m'offre un exemplaire des souvenirs de Mentona Moser, dont il reste des stocks dans la maison.

Même le petit mémorial consacré à Karl Liebknecht – mort en 1919 et sans lien avec le socialisme autoritaire – à Potsdam (1982) finit par disparaître, de négligence en négligence. Fermé en 1991, ses objets sont détruits au fur et à mesure, ou stockés au musée de la ville : « Il n'y avait rien d'original », se justifie l'administration (2010). Il ne reste plus que la plaque (1959), qui rappelle son discours du 4 novembre 1914 contre les crédits de guerre, sur « les industries lourdes et la guerre ». Potsdam avait été, pourtant, un lieu central de l'activité politique du leader socialiste, ce fut sa circonscription électorale à partir de 1901. Il y organisa avec force le parti socialiste local et réussit à se faire élire en 1912 dans cette ville symbole du pouvoir prussien. En 1906, le parti avait créé une école de formation qui siégeait dans la salle de réunion d'un restaurant (alors Kaiser-Wilhelm Straße) où vinrent enseigner notamment Hermann Duncker ou Wilhelm Pieck, malgré les tracasseries policières. C'est là que Liebknecht fit son discours dont témoigne la plaque et c'est là que son mémorial fut ouvert par la RDA. Le guide de Potsdam décrit ainsi le projet « lieu du souvenir » en 1979 : « Il ne doit pas avoir de caractère muséal, mais, au moyen d'éléments artistiques, architectoniques et en usant des surfaces, former une part vivante du centre de Potsdam. Dans cet hommage devra se refléter le fait que les idées de Liebknecht, cet intrépide combattant contre le militarisme et la guerre, sont devenues réalité. »

Non loin de là, sur l'ancienne Leninallee devenue Zeppelinstraße, disparue, elle, la plaque sur l'ancien cinéma « Charlott » qui rappelait qu'ici, au Viktoriagarten, haut lieu de réunion du mouvement ouvrier de Potsdam, Bebel, Liebknecht et Singer avaient pris la parole. Le lieu est en déshérence, rien n'indique son histoire (2017), et la municipalité n'a aucune idée d'où se trouve la plaque en question. La salle de projection, abandonnée comme le reste, garde encore le squelette de la caméra, quand le sol est jonché de pièces électriques et de modes d'emploi de l'époque RDA. Se déprendre du socialisme d'État, c'est aussi négliger le passé qu'il s'était créé.

Quant à l'école supérieure de pédagogie, située près du Neues Palais, elle ne s'appelle plus « Karl Liebknecht » depuis 1991 mais « école supérieure du Land de Brandebourg » et fait partie de la nouvelle université. Le buste du socialiste qui figurait devant l'entrée a disparu lui aussi. Sur eBay, un panneau de l'école « Karl Liebknecht » était à vendre. Manifestement cet effacement n'empêche pas le passé RDA de surgir à nouveau aujourd'hui : pour les vingt-cinq ans de l'université de Potsdam, héritière non seulement de l'école supérieure de pédagogie mais aussi de l'académie de droit et sciences d'État « Walter Ulbricht » et de l'école de droit de la Stasi, une vive polémique se déclenche sur les continuités de l'une à l'autre et notamment la permanence du personnel issu des cadres de la RDA.

Mais quelques rares initiatives ont aussi cherché une confrontation critique avec cette muséographie si orientée. À Berlin, dans le quartier de Prenzlauer Berg, la RDA avait construit un parc Thälmann orné d'une immense statue du héros par l'artiste russe Lew Kerbel, inaugurée en 1986 pour le centenaire de la naissance du chef communiste. Non loin de là, un *Traditionskabinett* antifasciste avait été aménagé la même année dans la salle de l'usine à gaz. Il racontait la grande épopée communiste et antifasciste, reliée à l'histoire et aux luttes du quartier et de ses militants. À la chute de la RDA, les immenses inscriptions – une citation de Honecker, l'autre de Thälmann – qui entouraient la statue de Thälmann sont retirées de l'espace public (1990), aujourd'hui conservées au musée de la citadelle de Spandau. Mais une petite équipe décida non pas de tout démonter du petit musée, comme ailleurs en général, mais d'en faire une analyse critique et de susciter ainsi la discussion, pied à pied ou plutôt salle à salle, et de bâtir, ainsi, une exposition à double entrée, gardant l'exposition RDA avec un commentaire critique issu d'un travail collectif (1991), qui prit en compte la parole des « anciens » des « antifascistes » qui avaient fait vivre le lieu – même s'ils ne purent se reconnaître dans un tel travail critique qu'ils prenaient comme un désaveu. Un livre a été publié sur cette expérience, disséquant méticuleusement tous les manques, les silences, les oublis et les contournements du récit de l'époque RDA dans le mémorial (1992). Annette Leo, qui anima le projet, en tire un bilan « plutôt décourageant ». À l'époque, l'initiative suscita peu d'intérêt.

Plus généralement, de nombreux débats sur le devenir de l'art et de l'architecture publics de la RDA éclatent dès la chute du régime. Les arguments s'affrontent, s'opposent sur le maintien ou non des œuvres symboles du pouvoir communiste. Artistes et activistes proposent aussi de nouveaux aménagements, l'intégration des œuvres communistes dans un environnement renouvelé, bouleversé et créatif (comme l'artiste Rudolf Herz pour le monument « Lénine » à Dresde fin 1991, sans être suivi). Très vite, malgré les discussions, les débats et les oppositions, des statues sont déboulonnées, tel l'immense Lénine (1970) de la Leninplatz de Friedrichshain à Berlin (automne 1991). Des décisions de démolition sont votées, mais pas toujours exécutées, comme pour la non moins immense statue d'Ernst Thälmann dans le parc du même nom à Berlin évoqué ci-dessus (1993). Les monuments à l'Armée rouge ne sont pas épargnés, comme à Neustrelitz, où celui de la place centrale est remplacé, au milieu des années 1990, par une fontaine et des plantations. Une partie en a été détruite et l'on voit sur une vidéo particulière de 2011 le très pauvre état de la sculpture du soldat de l'Armée rouge qui le surplombait, gisant à même le sol, sans protection sur un terrain des ateliers municipaux : un pays à l'horizontale[1]. Pour l'architecte et graphiste est-allemand Bernd Sikora, « plus le clivage était grand entre les affirmations idéologiques des œuvres et la réalité vécue par les citoyens de RDA, plus forte fut la propension à une rapide démolition après l'unification[2] ».

C'est toujours avec quelque fébrilité que je me lance à la poursuite des lieux indiqués par le guide « orange » *Gedenkstätten*, troublant parfois le voisinage qui ne comprend pas ce que peut bien signifier l'objet de ma recherche. Parfois, au contraire, des anciens de la RDA évoquent ce passé avec moi ou déplorent la disparition du souvenir en question, comme cette vendeuse des confiseries Halloren – marque survivante de l'Est – à Halle, que j'interroge sur le destin de l'œuvre *Monument du mouvement ouvrier révolutionnaire*, dite « Les Poings » à cause de sa forme (1970, de Heinz Beberniß, Gerhard Lichtenfeld et Sigbert Fliegel), complètement disparue (2003) ; ou cette famille de Spremberg qui m'aide à retrouver une stèle de Thälmann.

Je ne cherche pas toujours à m'informer auparavant sur le destin de l'œuvre ou de la plaque recherchée. Je vais d'abord voir, regarder, ce qui mène souvent à *parler*, aussi, avec les habitants que je croise. Pour les plus petites traces, il y a rarement d'indications disponibles, même les services municipaux n'ont pas forcément d'informations. Pour les plus importantes, l'enquête à partir du lieu même permet une autre démarche, celle de ce livre. Le travail documentaire n'est pas toujours premier mais sert souvent dans un

---

1. https://vimeo.com/50083673
2. Cité in Bundesministerium für Verkehr, Bau und Stadtentwicklung, *Kunst am Bau als Erbe des geteilten Deutschlands. Zum Umgang mit architekturbezogener Kunst der DDR*, 2. Werkstattgespräch, 2008, p. 6.

second temps pour remonter les étapes d'une disparition ou l'histoire d'une œuvre.

Mon guide de 1974 indique qu'à Luckau (Basse-Lusace) on peut voir sur la place du marché une statue de bronze de Karl Liebknecht (1969, par Theo Balden, sculpteur renommé) qui avait été emprisonné dans la ville (décembre 1916-octobre 1918). Dans une de mes pérégrinations, je décide de faire un crochet par cette ville, juste pour voir cette œuvre. Ce devait être rapide puisqu'elle se trouvait sur la place du marché. Liebknecht est bien en vue sur les photos d'époque. Rien de visible ne m'apparaît ni sur cette place centrale ni autour. Une habitante me renseigne : la statue a été déplacée. Elle se trouve sur un chemin invisible de la rue le long des murs de la ville (cliché ci-dessous, mars 2015).

À Potsdam, c'est encore une œuvre de Theo Balden, et encore pour Liebknecht, qui subit le même processus. La sculpture consacrée au leader socialiste, *Le Cœur et la Flamme de la révolution*, a été déplacée, au tournant des années 2000, de l'artère centrale (aujourd'hui la Breite Straße) pour être installée dans un parc qui la borde au sud, masquée par l'hôtel Mercure. C'est le processus souvent rencontré de *cantonnement* du souvenir de la RDA qui doit tenir dans les musées ou demeurer de l'ordre du folklore, mais ne plus occuper de position de majesté. Le relief « Karl Marx » de l'université de Leipzig déplacé à l'occasion de travaux et après de nombreuses controverses, du rectorat, au cœur de la ville, vers un campus un peu moins central, en est une autre célèbre illustration (2006-2008). Surtout le monument n'est pas visible de la rue, une grande artère, la Jahnallee. Il faut donc entrer dans le campus, en travaux à cet endroit, pour le voir (mars 2018). Ici, comme souvent, le *cantonnement* est le fruit de compromis entre les partisans du maintien du monument et ceux de sa disparition de l'espace public, comme, pour ce relief, le chef d'orchestre Kurt Masur, ou l'écrivain Erich Loest, que nous retrouverons.

À Magdebourg, la statue de Thälmann (par Gerhard Rommel, 1986, ci-contre) qui trônait devant l'entrée du bâtiment principal du gigantesque Kombinat SKET (construction de machines-outils) «Ernst Thälmann» a d'abord été sauvée par le conseil de l'entreprise, après 1989, qui s'est opposé au nouveau directeur de l'Ouest qui voulait la mettre de côté, selon un ancien de SKET, Walter Bütow. Celui-ci a fait disparaître la sculpture clandestinement en faisant appel à une firme extérieure (1992). Elle est retrouvée – mais pas la rotonde portant un relief historique qui l'accompagnait – puis réinstallée par le directeur suivant à un autre endroit, sur le site 11 «Construction de laminoirs», avant d'être à nouveau déplacée. Elle a fini par être récupérée par le musée de la Technique qui s'est installé dans une partie des locaux de SKET (2011). Tout le quartier de Magdebourg-Buckau est encore marqué par ces immenses bâtiments de SKET, en partie abandonnés, en partie détruits, en partie repris.

Lénine disparaît particulièrement de l'espace public, pour rejoindre les remises des musées, plus que Marx ou Thälmann[1]. Le démontage de l'immense sculpture de l'ex-Leninplatz à Berlin (1991-1992) a cristallisé les débats et les oppositions: toute une série de pancartes en défense sont ainsi posées sur le monument avant le démontage: «Ôtez vos pattes de l'histoire», «Quand les livres vont-ils brûler?» L'affaire a été analysée, et la tête, après de multiples péripéties, repose aujourd'hui, encore à l'horizontale, dans le musée de la citadelle de Spandau. L'épisode a inspiré une scène clé du film *Good Bye, Lenin!*, que nous retrouverons, où la statue démontée et amputée traverse la Karl-Marx Allee et Alexanderplatz au bout d'un treuil

---

1. Leonie Beiersdorf, *Die doppelte Krise. Ostdeutsche Erinnerungszeichen nach 1989*, Berlin, Deutscher Kunstverlag, 2015, p. 53.

d'hélicoptère, même si l'œil avisé verra qu'elle n'a pas exactement la même posture que celle de la Leninplatz. À Strausberg, non loin de Berlin, une autre ex-Leninplatz, désormais place du Marché, garde le charme d'une petite place de province paisible sans la statue de Lénine (de Hans Kies, 1977), disparue, donnée par les autorités municipales au musée local dès 1991. On la retrouvera plus bas. Reste la façade de l'ex-cinéma, qui porte encore un petit cachet du temps de la RDA: l'*Argus Lichtspiele*, avec son panneau d'affichage qui renvoie aussi à une autre époque (cliché ci-dessous, août 2014).

Reléguée au musée, aussi, la statue du petit trompette du Front rouge, Fritz Weineck, à Halle, le long de la Saale, alors sur les «berges Fritz-Weineck» (cliché ci-contre). Après le «tournant», la statue est malmenée, peinturlurée et finalement trouve refuge dans les dépôts du musée. Selon Leonie Beiersdorf, c'est la seule statue de toute la RDA qui ait été déboulonnée spontanément par des citoyens ordinaires (des jeunes) et portée en trophée dans la ville (1991)[1].

Du temps de la RDA, le monument *Der kleine Trompeter*, dévoilé en août 1958 lors de la IIIe rencontre de pionniers « pour la paix et le socialisme », faisait l'objet de multiples dévotions et cérémonies. Une photo officielle non datée montre de jeunes pionniers, l'attitude décidée et recueillie, le regard polarisé vers la statue (ci-dessous)[2].

---

1. Leonie Beiersdorf, *Die doppelte krise, op. cit.*, p. 28.
2. In Hans Maur, *Gedenkstätten für Ernst Thälmann in der Deutschen Demokratischen Republik*, Berlin, Junge Welt, 1971, p. 22.

Sans vouloir m'informer au préalable de ce qu'elle est devenue, je la cherche, en vain (août 2013). J'imaginais mal qu'elle ait pu disparaître sans traces, tant l'histoire, et la légende, du petit trompette paraît émouvante. Fritz Weineck, jeune communiste fabricant de brosses (né en 1897) jouait de la trompette pour le Front rouge. Il a été tué au cours d'un meeting avec Thälmann au Volkspark le 13 mars 1925, lors de la campagne pour l'élection présidentielle, dans une ville où le KPD était bien implanté. La prise de parole de communistes étrangers fut interdite, manifestement dans une intention répressive, et les militants en ont fait fi. Les policiers voulaient en découdre. Hans Maur explique, lui, que c'est la prise de parole de Thälmann, haï des réactionnaires, qui déclencha la violence policière [1]. Rien ne semble attester ce récit. L'intervention policière tourne alors à l'émeute dans la salle, des coups de feu sont échangés, dans des circonstances insaisissables, et l'on releva dix morts, dont le petit trompette, et de nombreux blessés. Un chant en son honneur connaît un grand succès dès 1925. Erich Honecker, alors aux Jeunesses communistes, écrit dans ses souvenirs : « Nous le chantions souvent, parce que, à côté du deuil, il exprimait aussi la confiance révolutionnaire [2]. » Il est composé à partir d'un chant de la Grande Guerre, et la RDA lui ajoute une strophe, que je traduis ainsi :

Tu n'es pas tombé en vain,
Nous avons désormais achevé ton œuvre.
Nous avons construit l'État

---

[1]. Hans Maur, *Gedenkstätten für Ernst Thälmann in der Deutschen Demokratischen Republik*, op. cit., p. 21 et du même *Ernst-Thälmann Gedenkstätten. Historische Stätten der Erinnerung und des Gedenkens an Ernst Thälmann in der Deutschen Demokratische Republik*, Berlin, Junge Welt, 1986, p. 30., en une version moins directe.

[2]. Erich Honecker, *Aus meinem Leben*, Berlin, Dietz, 1981, p. 20.

Qui nous a apporté à tous la liberté et la paix.
Faisons retentir fièrement notre cri :
Vive le pouvoir aux travailleurs[1] !

On chante encore *Le Petit Trompette* à l'enterrement de dirigeants du parti, comme pour Karl Zylla à Rostock (1967).

La RDA a donné à Weineck une place nouvelle et importante dans la mémoire officielle, quitte à rajeunir sa figure dans les représentations (il a vingt-sept ans au moment de sa mort). Il a notamment fait l'objet d'un beau film de Konrad Petzold (1964), *Das Lied vom Trompeter*[2] qui, s'ouvrant sur la forte scène de ses funérailles et entouré des camarades de lutte, retrace la vie du petit trompette aussi idéaliste et courageux que militant. On y voit son enfance, la marche à la guerre, et l'opposition du mouvement ouvrier, le retour des anciens combattants et les violences politiques du début de la révolution et de la République. La collusion des corps francs, de l'extrême droite et de la police est centrale dans la narration. La scène du meeting qui tourne au drame constitue certes la fin du film, mais elle n'en est pas l'essentiel, qui est avant tout l'histoire d'un engagement.

Sur les lieux, il ne reste qu'une simple plaque peu visible, et peu entretenue, pour rappeler le petit trompette : « Le petit trompette du cortège musical du Front rouge des combattants, Fritz Weineck, né le 26 mars 1897, fut assassiné avec huit camarades par la police réactionnaire lors d'un

---

1. *Du bist nicht vergeblich gefallen,*
dein Werk haben wir nun vollbracht.
Wir bauten den Staat, der uns allen
die Freiheit und den Frieden gebracht.
Laßt stolz unsern Ruf drum erschallen :
Es lebe die Arbeitermacht!
2. D'après Otto Gotsche, *Unser kleiner Trompeter. Roman*, Halle/Saale, Mitteldeutscher Verlag, 1961.

meeting avec Ernst Thälmann le 13 mars 1925 au Volkspark, IIIe rencontre des pionniers, 1958, Halle[1]. »

L'effacement du « Petit Trompette » se marque encore par l'absence de trace de sa maison natale. Mon guide « orange » RDA (1974) indique qu'il se trouvait alors une plaque sur la maison où il vécut : « *In den Weingärten* » dans le quartier ouvrier de Glaucha. La plaque rappelait que, brossier et trompette du Front rouge, Weineck avait été assassiné en 1925. La rue, coincée entre les friches, les espaces industriels délabrés et la Saale, n'est pas aisée à trouver. Elle a gardé ses pavés et son tracé ancien, un petit charme désuet. L'immeuble a disparu et son numéro même n'existe plus (le 35), entre les maisons rénovées de chaque côté. Plus aucune trace ici du petit trompette. Il faut aller au cimetière, au mémorial des socialistes, pour retrouver son nom parmi les victimes de 1925 et d'autres militants assassinés.

Mais les communistes continuent à commémorer le souvenir du jour sanglant de Halle, et, à plusieurs reprises, des demandes de réédification de la statue ont été formulées, par le PDS ou des activistes (1995, 2016), sans trouver aujourd'hui beaucoup de soutiens.

Leonie Beiersdorf (2015) a montré que, quantitativement, les démontages de monuments sculptés demeurent souvent très minoritaires, autour de 10 à 20 %, selon les lieux. Elle a souligné aussi qu'il y eut peu d'attaques « spontanées » ou « populaires » directement contre les monuments, contrairement à d'autres pays du bloc communiste, réfutant ainsi l'idée d'un « iconoclasme » général ou d'une fureur iconoclaste anticommuniste et dénonçant le topos

---

1. *Der Kleine Trompeter des RFB Spielmannszuges Fritz Weineck geb. 26.3.1897 wurde mit 8 Klassengenossen bei einer Kundgebung mit Ernst Thälmann am 13. 3. 1925 im Volkspark von der reaktionären Polizei ermordert. III Pionertreffen 1958 in Halle.*

d'une disparition de la RDA de l'espace public. C'est là assurément un correctif utile et étayé mais avec trois nuances : d'abord son corpus se limite aux monuments, sculptures et plaques (pas toujours comprises dans les calculs), or l'effacement se mesure dans l'ensemble que l'on vient de dessiner. Ainsi la disparition d'immeubles, d'entreprises ou de lieux du souvenir dans leur entier, avec les œuvres qu'ils portaient est ici minorée. Ensuite la disparition de monuments d'importance première dans l'espace urbain et symbolique (Berlin, Dresde, Halle...) produit une nouvelle géographie mémorielle même si d'autres lieux demeurent. Enfin, son enquête se limite à trente villes et notre enquête montre que, dans certains lieux, la disparition des plaques (moins visibles) est très importante (comme Blankenburg où quasiment toutes ont disparu y compris pour rappeler les violences contre les antifascistes) bouleversant en fait amplement l'espace urbain mémoriel et politique.

À vrai dire même quand les œuvres ou les statues sont toujours dans l'espace public, le bouleversement de l'environnement qui les entoure rend leur présence parfois étrange, peu parlante au premier abord, ou du moins parlant une langue disparue, celle de l'optimisme de la construction du socialisme, de la fondation d'une nouvelle société, de l'épanouissement de l'individu, selon les périodes. Elles ne font plus partie de la construction d'un collectif humains-non-humains, gênées comme un invité de hasard dans un événement qui n'est pas celui de son milieu.

Les traces, bien sûr, ne sont pas des entités fixes, simplement bousculées d'une époque à l'autre. Elles se transforment et s'adaptent aussi. Les autorités locales peuvent les remodeler au gré des changements urbains. À Gotha, devant la poste centrale, il y avait une plaque pour rappeler les militants qui ont été tués dans la résistance au putsch de Kapp en 1920, un grand classique du récit mémoriel de la

RDA. C'était à l'époque la Leninplatz, c'est aujourd'hui l'Ekhofplatz. La plaque a été enlevée. On distingue une marque sur la façade principale avec, encore, les trous pour les rivets. Mais, ici, on lui a substitué une plaque standardisée de la ville, qui signale tout objet patrimonial à Gotha, et qui rappelle les mêmes faits. D'une certaine manière, l'événement s'inscrit ainsi dans un nouveau récit local et s'efface comme point central du récit RDA. C'est encore plus frappant à Iéna pour le lieu qui abrita en 1916 la conférence des jeunes socialistes contre la guerre, avec notamment Georg Schumann. Réunion clandestine, préparée avec soin pour tromper la police, elle vit la présence de Karl Liebknecht, bien qu'il fût, en tant que soldat, interdit de prise de parole. En 1966, dans les lieux mêmes, pour le cinquantième anniversaire, la RDA ouvre un petit musée qui retrace l'action du leader anti-guerre et l'histoire du mouvement d'opposition au conflit[1]. Il est fermé peu après l'unification mais demeure sur la façade une plaque de bronze avec le portrait de Liebknecht et l'inscription suivante : « Karl Liebknecht. En mémoire de la conférence de la jeunesse contre la guerre impérialiste. Pâques 1916. » Je l'ai vue en 2008 lors de ma première visite à Iéna. En 2013, à nouveau de passage dans la ville, je ne la retrouve plus. Elle vient d'être remplacée, à la suite de la rénovation du bâtiment – et « pour des raisons techniques » annonce le site de la ville –, par une plaque blanche, plus petite, standard, sans représentation de Liebknecht, et qui reproduit simplement l'inscription, avec les dates de naissance et de mort du leader socialiste, mais en changeant « guerre impérialiste » en « Première Guerre mondiale », comme on le voit souvent après la Wende. Ainsi, sorti du grand récit RDA, de son

---

1. Hans Maur, Horst H. Müller, *Gedenkstätten für Karl Liebknecht und Rosa Luxemburg in der DDR*, Berlin, Kulturbund der DDR, 1976, p. 58-62.

vocabulaire, le lieu est dévalorisé, tant la plaque ne peut attirer le regard (clichés ci-dessous, 2008 et 2013).

Effacer les traces, c'est encore se débarrasser de la monumentalité des immeubles RDA, trop marqués par leur époque, trop empreints de grandiloquence socialiste. À leur place, à Berlin comme à Potsdam, des élus et des habitants rêvent de revenir au temps de l'ancien régime, avec des centres d'époque. C'est là toute l'histoire du palais de la République à Berlin, que nous avons vue. Mais, à Potsdam, vieille résidence princière pleine de charme, l'ancien Interhotel RDA (1969) – « *Der Klotz* » (le bloc hideux) –, devenu un Mercure, jure depuis des années avec la réhabilitation du centre ancien, avec les ambitions touristiques, incarnées par le nouveau « château » au centre de la ville, juste en face de l'hôtel. Les ruines de l'ancien avaient été détruites en 1960 du temps de la RDA et remplacées par une artère centrale complétée par un stade « Thälmann ». Le nouveau émergea des lieux et fut inauguré en 2014.

L'ancien palais Barberini, lui aussi largement détruit par la guerre et rasé en 1948, devait céder la place à un théâtre à l'époque de la RDA, mais le projet ne put être conduit à son terme. De 2013 à 2016, avec l'argent du magnat de l'informatique, Hasso Plattner, il jaillit de terre, à l'ancienne, selon les plans d'autrefois, pour abriter un musée d'art. C'est maintenant le tour de l'église de la garnison, qui abritait notamment le tombeau de Frédéric le Grand, détruite par les bombardements de 1945 puis rasée en 1968, de renaître de ses cendres par une reconstruction financée à moitié par l'État fédéral, sans trop rappeler qu'elle abrita de nombreux services religieux pour les mouvements les plus réactionnaires de l'époque de Weimar et fut un haut lieu nazi où Hitler vint en personne y prononcer son seul discours dans une église, lors de la réunion du Reichstag (Journée de Potsdam, 21 mars 1933).

À Leipzig, l'église de l'université (Saint-Paul), détruite en 1968, vient aussi de réapparaître sous un jour nouveau et une forme moderne, le «Paulinum» de l'architecte Erick van Eggeraat, à la fois lieu de culte et salle de réception universitaire (décembre 2017). Le relief de Marx évoqué plus haut, et aujourd'hui déplacé, avait été installé par la RDA à l'endroit de l'ancien autel de l'église, devant le nouveau bâtiment de l'université (1973-1978), rasé en 2006.

À Potsdam, les édiles, soutenus par des architectes, voudraient ainsi voir le «bloc» hôtel s'évanouir. Différents plans d'aménagement du Lustgarten où il se situe l'envisagent. Mais la résistance s'organise. Pour de nombreux habitants de la ville, détruire le Mercure d'aujourd'hui, ce serait emporter de bons souvenirs de l'époque de la RDA, argumente Manfred Stolpe, voix de l'Est au SPD, ancien ministre-président du Brandebourg. L'hôtel symbolise en effet, pour beaucoup, la renaissance de la ville après les destructions de la guerre. Le guide de Potsdam de 1978 le désigne comme le « témoignage visible du nouvel aménagement de Potsdam ». Premier immeuble en hauteur de la reconstruction, il annonçait la suite des opérations de restructuration de la ville. Pour défendre la position « mémorielle », Stolpe évoque « une appréciation différenciée du passé » symbolisée par le Mercure (*differenzierte Vergangenheitsbewertung*).

Comportant deux cents chambres, toutes avec bain ou douche (et radio), l'hôtel était décoré d'œuvres réalisées par des artistes renommés de RDA: marqueterie, œuvres sculptées, peinture murale, mosaïque… Le même guide de Potsdam signale que, sur demande, on peut obtenir une télévision et un réfrigérateur, montrant ainsi la modernité du lieu. La rénovation par Mercure en a déjà changé l'aspect intérieur. Le café Bellevue au seizième étage a été remplacé par des chambres de prestige et, du coup, l'œuvre mosaïque et le décor de Wolfgang Wegener ont disparu. De même, dans le hall, un mur de verre et béton coloré de Fritz Eisel a été victime de la rénovation: on entre dans l'hôtel par l'endroit où il se trouvait. Défendu cependant par la direction, l'hôtel retrouve aussi la mémoire. Une petite exposition devant les salles de conférences a rassemblé des documents d'anciens employés et s'efforce d'historiciser le lieu. La défense tient bon (2017).

Plus largement, dans la ville, un groupe d'activistes de gauche organise la résistance des traces RDA, sous le nom de « Merci de laisser en place ! » (*Bitte stehen lassen !*) et le mot d'ordre « Sauver ce qui peut l'être ». Ils dénoncent la politique de nostalgie prussienne des autorités municipales, l'« orgie de démolition », la négation de l'héritage architectural de la RDA, et les logiques capitalistes, au détriment des habitants.

« Les reproches à l'égard de ces bâtiment [RDA] sont toujours les mêmes : "esthétiquement affreux", "architecture de merde", aménagement du centre-ville sur ordre du SED et expression du pouvoir. Mais que sont donc le château de la ville et l'église de la garnison, si ce n'est une architecture du pouvoir, celle d'une monarchie [...] qui a été renversée par une large part de la population en 1918-1919. Pour la reconstruction de l'église, l'argument est toujours : les pierres, soit les bâtiments, ne sont pas coupables. Cet argument de la prétendue neutralité de la structure et de l'architecture n'est par contre jamais retenu pour l'époque 1949-1989. Manifestement, on manque ici d'une argumentation solide et d'une égalité de traitement des périodes » (Blog de « Bitte stehen lassen ! » mai 2017). Le combat continue pour sauver l'institut universitaire technologique du Vieux-Marché, pour lequel se mobilisent des milliers de citadins. En vain : la démolition a commencé au moment où je mets le point final à ce livre (mars 2018).

Les « maisons du peuple »

Les maisons de la culture (*Kulturhaus*), reprises ou nouvellement bâties, étaient la démonstration et la justification d'un État socialiste attentif à donner au peuple tous les moyens de distraction, d'instruction et de formation, en s'inscrivant dans la tradition du mouvement ouvrier qui avait forgé dans ces lieux les maisons du peuple, par ces lieux un outil de son autonomie, apte à abriter une « contre-culture » socialiste. La RDA avait souvent lié ces maisons à un combinat, une VEB ou à un métier dominant dans la ville (comme les cheminots), sous l'égide du syndicat unique. Beaucoup disparaissent très vite après 1989, des troupes et orchestres sont dissous, des théâtres également, fermés : « C'est tout un tissu dense et ramifié d'organes culturels officiels qui a été démantelé dans les premiers mois de la Wende ou juste après l'entrée en vigueur du traité d'unification[1] », constate le géographe Boris Grésillon. Le processus n'est pas achevé.

À Gotha, la maison du peuple *Zum Mohren* (Au Maure) a été détruite il y a quelques années : rien ne la rappelle (2013). Seuls des autochtones m'ont indiqué l'endroit, aujourd'hui vide. C'était pourtant un haut lieu du mouvement ouvrier, où fut fondé le Parti socialiste indépendant (USPD) en 1917 (6 au 8 avril). Cette auberge, qui avait connu de multiples usages, où Goethe séjourna, fut achetée par les sociaux-démocrates en 1907 et devint maison du peuple (*Volkshaus*), avec imprimerie. Celui qui fut à l'origine de l'acquisition, l'actif député Wilhelm Bock (1846-1931), refuse les crédits de guerre dès 1914 (en commission du parti) puis en 1915, participant ainsi de la constitution d'une minorité anti-guerre au SPD. C'est ce groupe de Gotha qui organisa la conférence de 1917, qui aboutit à la création de l'USPD : autrement dit un événement marquant de l'histoire de la gauche allemande, mais aussi une importante césure dans l'histoire de la guerre, bien au-delà des discours de la RDA.

C'est là encore que siège le conseil des ouvriers et soldats de la ville en 1918. Hermann Duncker y fonde la section locale du Parti communiste en 1919. De nombreuses activités du mouvement ouvrier s'y déroulent dans les années 1920 et au début des années 1930. Le bâtiment est complètement refait en 1928. Après la période nazie et la Seconde Guerre mondiale, l'ancienne *Volkshaus* revient au syndicat unique de RDA, puis elle est prise en main par l'organisation du commerce qui en fait un hôtel-restaurant et y abrite différentes réunions et cérémonies. En 2007, après de multiples tergiversations, la mairie fait détruire « Zum Mohren ». On verra où se trouve une de ses dernières reliques.

---

1. Boris Grésillon, *Berlin métropole culturelle*, Paris, Belin, 2002, p. 186.

Le Volkspark de Halle (1907), où se déroula le meeting mortel de 1925, lui, bien qu'entre abandon, réfection et rénovation, garde l'atmosphère particulière de ces hauts lieux du mouvement ouvrier. À l'époque de la RDA, de nombreuses fêtes et réunions continuent à faire de l'endroit un monument de la culture socialiste. Aujourd'hui, plus de traces de l'aménagement mémoriel de l'époque de la RDA. Prévu dans le « plan » pour 1967, selon les archives, il est plusieurs fois agrandi. Il racontait, à l'aide de diapositives, de documentaires, d'objets et de rencontres avec des témoins, l'histoire du mouvement ouvrier à Halle et du lieu, où tant de moments fondateurs se sont déroulés (création du Parti communiste local, unification du SED et des socialistes en 1946...), sans manquer de consacrer une section à l'épisode sanglant de 1925 et au petit trompette. Dans un des guides de Maur, on voit la photo d'une vitrine avec un uniforme du Front rouge et... une trompette. Aucune preuve de son lien avec Weineck, mais on aimerait savoir son histoire[1].

Désormais (visites en 2013 et 2016), le Volkspark sert à plusieurs institutions culturelles, sans pour autant donner l'impression d'un lieu de vie intense ; un jardin d'enfants s'y est ouvert dans une extension rénovée. La façade reste couverte d'un filet de protection qui indique sans doute un état limite. La galerie Burg, liée à la Haute École d'art et de design du château Giebichenstein, y organise des activités et des expositions (depuis 2000), et, dans les grandes salles, c'est un marathon de tango qui s'annonce lorsque j'y passe pour la seconde fois. L'école tente un *revival* du lieu, en particulier à l'occasion de son centenaire (2007) en y disposant un ensemble d'œuvres d'art ancrées sur l'endroit et ses usages, et réalisées par les élèves, telle cette installation, dans le grenier, de Maya Wunsch, qui aligne les

---

1. Hans Maur, *Ernst-Thälmann Gedenkstätten, op. cit.*, p. 29.

fanions (rouges, jaunes, bleus) avec la fameuse poignée de main symbole du SED imprimée, mais dans tous les sens, en débordant même du cadre du fanion, rendant ainsi chaotique et dysfonctionnel l'ordre mémoriel de la RDA.

Il n'est pas sûr que tous ces efforts de revival tiennent encore leurs promesses. En effet, des années après, l'absence de toute indication, de toute reconnaissance du lieu est frappante. Rien ne permet de savoir ce qu'il fut. À cent mètres en contrebas, se trouve la plaque au petit trompette, dernier reste. Toute l'histoire des luttes à Halle pourrait s'y compter. En 1989 encore, c'est là que les opposants au régime se rassemblent.

Karl-Marx-Stadt (Chemnitz), 2014: plus rien n'indique, là non plus, ce que fut l'immeuble du « Combattant » (*Der Kämpfer*). Il ressemble à tant d'autres bâtiments abandonnés dans l'ex-RDA. Tout est muré au rez-de-chaussée, impossible d'y pénétrer ou même de regarder à travers les fenêtres obturées. Quand on se rapproche des planches de bois qui ferment ces fenêtres, on voit cependant une inscription contemporaine au pochoir plusieurs fois reproduite : « *Kämpfer-in bleibt* », « Combattant/te demeure » (cliché ci-dessous, 2013) ; faire résister la trace.

Et puis l'observateur peut distinguer les trous des rivets qui devaient fixer une plaque, que l'on reconnaît sur des photos anciennes. Sinon rien, aucun discours sur le lieu, ni à côté, ni dessus, ni écrit, ni graphique : rien. C'était pourtant là un haut lieu du mouvement ouvrier. À partir de 1919, l'organe de l'USPD puis du KPD y fut écrit et imprimé. C'est là aussi qu'est produit le journal fait pour les travailleurs renvoyés et les précaires « Le Sans-Emploi » (*Der Erwerbslose*) et puis de nombreux autres titres du mouvement ouvrier. La direction locale du KPD et des Jeunesses communistes y installe son siège.

La RDA en fait un lieu de mémoire à partir de 1968[1], qui comprend une exposition, refaite à plusieurs reprises, sur l'histoire du mouvement ouvrier local. Une photo du lieu figure dans le guide évoqué, *Gedenkstätten*. En 1990, le musée est fermé puis transformé en école de kung-fu. Avant d'être clos, puis occupé par des activistes. Je m'adresse à la section locale de Die Linke pour savoir si le lieu fait l'objet d'un intérêt particulier, de projets. Personne n'en sait trop rien.

À Francfort-sur-l'Oder, l'imposante maison de la culture pour les cheminots, « La maison de l'amitié entre les peuples », est à l'abandon ; pas mieux au centre d'Halberstadt pour celle des « travailleurs ». Même en plein cœur de Berlin, on rencontre à Weissensee une maison de la culture RDA – « Maison de la culture d'arrondissement Peter-Edel » – à l'abandon depuis des années. À Osterburg (nord de la Saxe-Anhalt), elle a été détruite et remplacée par un centre commercial (2014-2015). Par hasard, dans une brocante (2018), je retrouve des photos du lieu lors de sa grande époque avec des jeunes en chemise uniforme et un couple dansant. Le vendeur souligne leur intérêt comme témoin de ce lieu disparu.

---

1. Prévu pour 1966, archives de l'Institut du marxisme-léninisme, SAPMO Berlin (IML DY 30/37210).

De Leipzig à Buchenwald : le trouble de la mémoire antifasciste

Parmi les grandes transformations muséales de l'après 1990, figurent les lieux de l'oppression nazie, en particulier les différents types de camps, nombreux sur le territoire de l'ex-RDA. Le discours et la mise en scène communistes insistant en particulier sur la résistance des rouges et de leurs alliés, quitte à minimiser ou écarter d'autres thématiques, d'autres enjeux, d'autres acteurs, ne pouvaient se maintenir dans le nouveau contexte. Certains de ces camps ayant servi aux Soviétiques, dans de tout autres circonstances, ils permettent désormais d'illustrer le discours des « deux dictatures allemandes », de la continuité de l'oppression, et d'appuyer la dénonciation du communisme.

Les grandes figures de Thälmann et Dimitrov incarnent le stalinisme, c'est indéniable, mais elles incarnent aussi la résistance au fascisme. Dimitrov, en particulier, chercha des positions nuancées face à Staline, compte tenu du contexte[1]. Thälmann a été exécuté à Buchenwald en 1944 et Dimitrov jugé à Leipzig pour l'incendie du Reichstag (Berlin), qu'il n'avait pas commis. Le second participa d'ailleurs à la campagne pour la libération du premier et préfaça une biographie du leader allemand[2].

Dans l'Allemagne de l'après-1990, on a souvent l'impression d'une analyse hémiplégique de ces figures, dont on fait disparaître de nombreux souvenirs publics. On oublie, ou presque, les antifascistes – à cause de cet « antifascisme

---

1. Bernhard Bayerlein, « L'histoire du communisme à travers les correspondances et les journaux de Georgi Dimitrov et d'Ivan Maiskij », in Sonia Combe, (dir.), *Archives et histoire dans les sociétés post-communistes, op. cit.*, p. 67-91.

2. Voir en français : Georgi Dimitrov, *Lettres, notes et documents de ma détention et du procès de Leipzig*, Paris, Éditions sociales internationales, 1936.

ordonné » de la RDA –, pour ne voir que les suppôts de la dictature stalinienne.

À Buchenwald, lieu de mémoire majeur, hier comme aujourd'hui, les différentes strates de la mémoire de Thälmann depuis 1945 se lisent le long d'un chemin que l'on peut se dessiner entre continuité, effacement, critique et renouveau. Le visiteur qui parcourt aujourd'hui l'ancien camp ne peut manquer de voir devant le crématorium une plaque à la mémoire de Thälmann (cliché ci-dessous, 2016) : « Gloire éternelle au fils émérite du peuple allemand, au dirigeant de la classe ouvrière allemande, Ernst Thälmann, qui, le 18 août 1944, fut assassiné à cet endroit par le fascisme. » Et le visiteur s'en retourne. Mais s'il lui vient à l'idée de prendre un guide de Buchenwald de l'époque RDA, il verra que l'espace formait un petit mémorial à Thälmann, avec son buste sur un socle (aménagé de manière temporaire, selon des témoignages d'anciens employés du mémorial[1]), puis une flamme. Cet espace servait à différentes cérémonies, en particulier celles de l'organisation des pionniers de RDA nommés « Ernst Thälmann ». Le jour anniversaire de sa mort donnait lieu à des commémorations d'importance sur place. Les couronnes entouraient le buste.

---

1. Merci à Philipp Neumann-Thein du mémorial de Buchenwald pour cette précision.

Une exposition mémorielle se trouvait dans les sous-sols du bâtiment de désinfection (1958-1959)[1]. Elle racontait la vie de Thälmann, mais aussi la cérémonie clandestine que les prisonniers y organisèrent pour le leader assassiné. Une bande sonore reconstituait l'événement. L'« héritage » repris par la RDA y était valorisé. Il y avait là un autel voué au culte de Thälmann. Devant son portrait en grand pendait un rideau, puis y était disposé un aménagement pour les cérémonies avec des porte-torches et une couronne de lauriers en dur. Un nouvel aménagement en 1986 modernise un peu l'autel, avec des formes plus géométriques, moins sacralisantes. Tout cela a été effacé : aujourd'hui, le bâtiment entier est consacré à l'art concentrationnaire, les caves notamment (depuis 1990).

L'histoire de Thälmann se fond désormais dans les expositions permanentes, en particulier dans la partie qui raconte la mise en souvenir du camp à l'époque de la RDA. L'ensemble de la présentation du camp, de sa muséographie a été revu et élargi. L'exposition est présentée en plusieurs lieux et divisée en trois grands ensembles : l'histoire du camp sous les nazis (1), l'histoire du camp d'internement soviétique (1945-1950), une question dont l'occultation, à l'époque de la RDA, est souvent rappelée dans les procès à charge (2), et puis l'histoire du camp comme lieu du souvenir (3). Thälmann est raconté au second degré dans cette dernière partie, « déconstruit » comme mythe de la RDA. De même, en dessous de la plaque évoquée, un écriteau quadrilingue présente brièvement Thälmann et son usage : « La commémoration du camp de concentration de Buchenwald, axée sur Ernst Thälmann et la résistance communiste, a été très importante pour la façon dont la

---

1. L'exposition générale s'y trouvait aussi jusqu'à ce qu'elle déménage pour être agrandie en 1985 dans le bâtiment de la chambre (*Kammergebäude*), où elle se trouve toujours.

RDA se présenta à l'extérieur » (je cite le texte français, un peu maladroitement traduit). Sur trois paragraphes, l'un présente Thälmann et les deux autres les enjeux et usages en RDA.

Dans l'exposition permanente, Sonia Combe juge sous-évalué le rôle des communistes dans le sauvetage des enfants à Buchenwald. Elle remarque aussi qu'une plaque pour l'« enfant de Buchenwald » (Stefan Jerzy Zweig), protégé par un ensemble d'acteurs et de circonstances – et qui, finalement, survivra –, dont les chefs communistes, a été retirée parce qu'elle valorisait justement ces actions de sauvetage. Plusieurs historiens de l'après 1990 soulignèrent que c'est en étant « échangé » contre un enfant tsigane dans un convoi au départ du camp que le petit Zweig put être *in fine* sauvé[1].

Le Monument national de Buchenwald, un peu en retrait, dominant la ville de Weimar, a gardé, lui, la narration héroïque, de pierre, à travers une série de stèles qui montrent la violence et l'oppression, puis la libération. Une stèle en propre est dédiée à Thälmann représenté comme une icône ou une apparition : c'est la scène de l'hommage clandestin, devant la *Vera Icon*. Les hommes sont rassemblés, l'un le poing levé. Ils s'arment et s'organisent devant une forme d'autel où apparaît l'image de Thälmann. Derrière, des vers de Johannes Becher : « Thälmann, fils éminent de l'Allemagne, salue. Il se tint devant nous dans une claire apparition. Et tout autour il y eut un ton de fête. C'était comme si tous les peuples entonnaient *L'Internationale* en chœur : "La terre n'appartient qu'aux hommes." Et Thälmann leva le drapeau. » Et puis, derrière la stèle représentant la Libération : « Ce que Thälmann vit un jour se

---

1. Sonia Combe, *Une vie contre une autre. Échange de victime et modalités de survie dans le camp de Buchenwald*, Paris, Fayard, 2014, p. 264 *sqq.*

produit [...]. Les morts obligent. Pense à Buchenwald. »
Ainsi l'espace de Buchenwald articule-t-il une mémoire
feuilletée de Thälmann : on y recompose les différentes
strates du souvenir, depuis les hommages sacralisants de la
RDA jusqu'à la déconstruction la plus contemporaine, en
passant par l'oubli.

En RDA, Georgi Dimitrov était partout, ou presque.
Comme Thälmann, de nombreux boulevards portaient son
nom. Plaques, timbres et médailles exaltaient son combat.
On retrouvait son nom accolé à des collectifs, à des entreprises ou des coopératives agricoles, comme la « Georgi
Dimitroff » près d'Oranienburg.

Au-delà de son pays, le communiste bulgare (1882-1949)
grand chef de l'Internationale méritait en particulier d'être
honoré en Allemagne. Il fut arrêté et inculpé comme
un des responsables de l'incendie du Reichstag en 1933
(27 février) juste après la prise du pouvoir par les nazis.
Avec d'autres accusés bulgares et le jeune communiste hollandais Marinus van der Lubbe, lui, le véritable incendiaire,
il est jugé dans le palais de justice de Leipzig. Dimitrov se
défend comme un beau diable, travaille nuit et jour sur les
textes et retourne l'accusation. Il s'affronte à Goering et
Goebbels venus déposer. Un montage très diffusé de John
Heartfield le montre en géant face à un Goering rendu
tout petit : « Vous avez peur de mes questions, monsieur le
ministre ? » Le procès gagne une audience internationale
considérable et la mobilisation est forte pour défendre les
accusés. Les communistes bulgares seront acquittés, van
der Lubbe décapité. Les historiens débattent encore sur
le rôle exact de ce dernier. Communiste oppositionnel,
militant convaincu, van der Lubbe ne peut se réduire à une
marionnette. Il innocente en tous les cas les autres accusés :
Dimitrov n'était pas dans le Reichstag, clame-t-il. Auréolé de
cette « première victoire sur les scélérats hitlériens », selon

les mots de son camarade Vassil Kolarov, Dimitrov deviendra un des premiers dirigeants de la Bulgarie communiste après la Seconde Guerre mondiale.

Dimitrov apparaît ambivalent à l'historiographie, à la fois docile exécuteur de Staline et protecteur du Komintern dans la tourmente des années 1930, cherchant à sauver des victimes de la terreur. Nombre de ses initiatives furent rejetées par Staline[1]. Il est mort en URSS en 1949 dans des circonstances qui restent à éclaircir. Immédiatement, son corps embaumé, comme Lénine, est déposé dans un mausolée, construit très rapidement, dans le centre de Sofia.

Depuis 1990, partout ou presque[2], Dimitrov disparaît. À Sofia, sa dépouille est retirée du mausolée cette même année, ce qui permet de défendre le monument ainsi « neutralisé ». Après de multiples débats et usages, il est finalement détruit en 1999. Les statues de Dimitrov se retrouvent au musée de l'Art communiste, dans un parc aux sculptures de la capitale bulgare. À Berlin, plus de rue Dimitrov, pas plus que d'école à Berlin-Treptow, un établissement qui avait noué de nombreux contacts avec la Bulgarie du temps des pays frères.

En arrivant devant le palais de justice de Leipzig (1885-1895), aujourd'hui Cour administrative fédérale – dont l'architecture ressemble, ironie de l'histoire, à celle du Reichstag de Berlin –, je savais bien que je ne retrouverais pas le musée Dimitrov de la RDA. Mais comme il est étrange de se promener le long de cette ancienne place Dimitrov, elle aussi débaptisée (la rue Dimitrov adjacente, elle, est restée selon le principe du cantonnement), en pouvant ignorer le procès de 1933, un moment historique d'une

---

1. Bernhard Bayerlein, « L'histoire du communisme », art. cit., p. 173 notamment.

2. Quelques plaques survivent ici et là, au moins deux à Berlin.

telle intensité. Rien ne rappelle cet épisode sur la place, seul un panneau tout en haut des marches du palais de justice, en partie effacé (mars 2018), l'évoque brièvement en présentant le bâtiment. Bien en évidence, une colonne informative permet de savoir ce qu'il s'est passé sur la place en novembre 1989 au moment de la Wende : la première manifestation autorisée du mouvement d'opposition « Neues Forum ». Difficile pourtant de comparer l'échelle de chacun des deux événements. Le grand récit de l'Allemagne unifiée écrase ici le passé antifasciste.

Dès 1952, la RDA avait ouvert dans le palais de justice un « Georgi-Dimitrov Museum » et installé une statue copiée sur un modèle de Sofia, disparue elle aussi. La salle plénière où se déroula le procès fut restaurée en 1964-1965 puis à nouveau en 1982. Elle a été récemment refaite pour les usages de la Cour administrative fédérale, qui a repris les locaux de l'ancienne Cour suprême de l'Empire.

L'exposition de la RDA couvrait 1 500 mètres carrés en racontant à la fois la vie et les combats de Dimitrov, les luttes du Parti communiste et l'incendie du Reichstag, la victoire de l'URSS, la création de la RDA et de la Bulgarie communiste. La cellule du héros bulgare fut reconstituée, avec des éléments originaux – comme celle de Liebknecht à Luckau –, de même que sa chambre berlinoise en 1930. Un tableau mémorial rassemblait les photos de résistants au nazisme. La visite permettait aussi de voir la salle originale du procès et d'écouter les enregistrements qui en avaient été conservés. Erich Schmalfuß, un témoin communiste au procès, ancien déporté, assurait des visites, notamment scolaires. Un centre de recherche et une bibliothèque complétaient ce mémorial Dimitrov. Dès janvier 1990, raconte Monika Zorn dans un livre virulent qui dénonce l'effacement de la mémoire antifasciste, certaines têtes disparurent du mémorial aux antifascistes, notamment Mielke et Honecker : « Ils furent cependant bien des résistants antifascistes[1] », commente-t-elle... Un temps devenu « musée de la Cour suprême de l'Empire », le centre est fermé très vite après l'unification. Les collections sont déposées au musée de la ville de Leipzig, les documents touchant au fonctionnement du musée, aux archives de Saxe.

La Cour administrative fédérale a cependant constitué une exposition permanente sur l'histoire du bâtiment (2007) et un panneau informatif dans l'entrée rappelle l'histoire de la salle d'audience, bien loin du temps des héros de l'antifascisme, noyés dans une histoire longue, et le tout dans un espace dix fois moins grand qu'au temps de la RDA. Le procès de 1933 est signalé dans un seul petit paragraphe sur une quinzaine de kakémonos...

Plus de plaques, plus d'hommages. La statue en pied de Dimitrov, déjà abîmée par les déplacements au temps de la RDA, a disparu. Et où est le tableau qui clamait sur les murs solennels de la salle plénière : « Quelle vérité puissante que celle qui trouve de tels défenseurs : Karl Liebknecht, procès pour haute trahison, 1907[2]. Georgi Dimitrov, procès de l'incendie du Reichstag... » On le voit encore dans le guide du musée de 1985. Pas de trace au musée de Leipzig, ni à la Cour.

Plus généralement Sonia Combe écrit : « Avoir résisté au péril de sa vie semblerait presque aujourd'hui discrédité pour avoir été le fait – à tout le moins revendiqué – des fondateurs de la RDA[3]. »

---

1. Monika Zorn (éd.), *Hitlers zweimal getötete Opfer. Westdeutsche Endlösung des Antifascismus auf dem Gebiet der DDR*, Fribourg-en-Brisgau, Ahriman-Verlag, 1994, p. 334.

2. Karl Liebknecht avait été condamné en 1907, à la suite de ses écrits et interventions antimilitaristes, pour « haute trahison » à un an et demi d'emprisonnement, qu'il avait purgé à Glatz.

3. Sonia Combe, *D'Est en Ouest, op. cit.*, p. 123.

Hauts lieux

Le village de Mestlin, aujourd'hui dans le Mecklembourg, et la ville d'Eisenhüttenstadt, dans le Brandebourg, à la frontière polonaise, séparés de trois cents kilomètres, ont en commun d'avoir été au début des années 1950 les fleurons du socialisme en construction; deux modèles, l'un rural, l'autre urbain et industriel. Eisenhüttenstadt, c'est la première « ville socialiste » en Allemagne, comme se plaît à le répéter le régime; Mestlin, le village modèle du socialisme à la campagne.

Ils ont encore en commun d'avoir gardé certaines apparences qui furent les leurs à l'époque. La promenade à travers les rues de l'un et de l'autre invite à plonger dans l'histoire des années 1950, à suivre le discours architectural et spatial de la RDA en construction. À vrai dire, toute la ville d'Eisenhüttenstadt est une relique de la RDA, puisqu'elle en est le produit.

Avec la séparation de l'Allemagne en deux, la RDA se trouve coupée des grands centres d'acier du Rhin et de la Ruhr. Pour pallier cela, les autorités décident de construire un complexe industriel avec une ville complètement nouvelle. L'Oder est une région appropriée pour un tel ensemble, puisque proche des pays frères fournisseurs de matières premières, la Pologne, frontière immédiate, et l'URSS; et elle est éloignée de l'Ouest, ce qui favorise la sécurité, telle qu'elle est alors pensée, en pleine guerre froide. Un villageois venu travailler dans le combinat raconte : « On nous a dit : avec le minerai soviétique, le charbon polonais et le travail allemand se fera l'acier pour la paix[1]. »

---

1. In Dagmar Semmelmann, « Neue Heimat Stalinstadt. Eine Collage aus Interviews », in Evemarie Badstübner (dir.), *Befremdlich anders, op. cit.*, p. 118.

La première pierre du combinat métallurgique est posée en 1951, six hauts-fourneaux sont construits jusqu'en 1954 (ci-dessus, 2017 et dans les années 1950 lors de la visite de Wilhelm Pieck). La future « Stalinstadt » – c'est le nom de la ville de 1953 à 1961 – est un projet très politique, suivant le modèle soviétique, qui consiste à bâtir une ville nouvelle à partir de rien pour accompagner la construction des usines. Dans cette région encore très rurale, de petites industries, la population est insuffisante pour les besoins : il faut faire venir des travailleurs de partout, et même fermer des industries locales pour en récupérer la force de travail. Pour ceux qui répondent à l'appel, c'est l'occasion de sortir d'une situation professionnelle à trop faibles revenus ou sans perspective, de trouver un logement décent. C'est encore le goût de l'aventure pour un projet nouveau, sans cesse loué comme la grande construction du socialisme ; projet qui doit, du point de vue politique, agir, aussi, comme un instrument de socialisation dans la région. Aucune église n'est prévue pour la ville. Dans un discours célèbre, le 7 mai 1953, pour le baptême au nom de « Stalinstadt », le dirigeant de la RDA, Walter Ulbricht, l'affirma : il n'y aura là que deux bâtiments avec des tours : l'hôtel de ville et la maison de la culture. À Eisenhüttenstadt, l'accomplissement du rite socialiste de passage à l'âge adulte, la *Jugendweihe*, atteint des chiffres plus élevés qu'ailleurs.

Ici l'entreprise (EKO) et la ville sont pensées et bâties de concert. Après les constructions provisoires de la « ville-baraques » (1950-1951), le style dit de la « tradition nationale » s'impose. D'imprégnation néoclassique il renvoie à la fin du XVIIIe siècle et au début du XIXe, à l'époque valorisée de la Révolution française. Il s'allie au socialisme monumental, comme sur la Karl-Marx Allee de Berlin, formant ce style qualifié de « confiseur » pour ses décorations notamment (zuckerbäcker). Ce type d'immeubles, avec des variantes, reste un des traits marquants du centre-ville. L'art socialiste est partout dès les premières années, dans les édifices publics, sur les murs, dans les parcs et jardins, en particulier de la main du grand artiste de l'époque Walter Womacka qui orne la maison des organisations et le centre commercial (il est aussi l'auteur de la grande fresque de la *Haus des Lehrers* de Berlin). Tout cela est encore visible. La RDA laisse autour de quatre-vingts œuvres publiques.

Jusque dans les années 1980, la ville se développe en parallèle avec les extensions du combinat. Mais, sur une décision de Khrouchtchev, la standardisation de la construction, fondée sur une volonté d'économie, avait rapproché les immeubles d'Eisenhüttenstadt, à la fin des années 1950, du reste de la RDA. Fini le style « confiseur ». Très vite, le projet n'est plus une des priorités de l'industrialisation de la RDA ; le combinat produit cependant plus de 60 % de l'acier brut du pays dans les années 1960.

L'unification conduit à une chute considérable de la production, les marchés porteurs s'effondrent, plus des trois quarts des employés perdent leur travail. Les autres industries de la ville ferment. Le combinat est privatisé en 1994, repris par la métallurgie belge puis Arcelor-Mittal. Le site est inaccessible sauf sur rendez-vous, on en suit les méandres le long de la route principale. L'essentiel des bâtiments est réutilisé, rénové. Mais plusieurs hauts-fourneaux des débuts (cliché ci-dessus), toujours là, ont été arrêtés.

En comparaison avec d'autres villes industrielles de l'Est, aujourd'hui, le centre d'Eisenhüttenstadt apparaît bien préservé. On y lit moins l'abandon, le temps figé dans le post-Wende. La structure même de la ville l'explique pour partie. Le centre correspond aux premières constructions, désormais patrimoine protégé, bien agencées[1]. L'immense espace industriel nouveau, avant tout EKO-Stahl, est séparé des espaces d'habitation, alors que, pour bien des villes, les industries, héritages souvent de la période de Weimar ou du XIXe siècle, étaient enchâssées dans le tissu urbain ; leur abandon marque donc fortement le paysage, comme autant de balafres. La ville a, par ailleurs, mené une importante politique d'entretien et de rénovation.

Elle est elle-même trace, charriant les marques de ce temps court. Dans la boulangerie *Backhütte* de l'artère principale, la « Magistrale », l'ancienne allée Lénine débaptisée,

---

1. Andreas Ludwig, *Eisenhüttenstadt. Wandel einer industriellen Gründungsstadt in fünfzig Jahren*, Potsdam, Brandenburgische Landeszentrale für politische Bildung, 2000, p. 102-103 notamment.

un cercle découpé au sol intrigue : c'est là, explique l'employé, qu'étaient posées les voitures de démonstration du temps de la RDA, du temps de l'« Auto-Salon ». On voit les fameuses petites voitures Trabant flambant neuves sur les photos d'époque. À Eisenhüttenstadt, il fallait attirer de la main-d'œuvre pour l'aciérie grâce à différents avantages, comme l'obtention plus rapide d'une Trabant, à savoir cinq à six ans d'attente, et même moins pour le modèle « Kombi » (break), ce qui est bien eu égard aux standards nationaux de la RDA... En discutant par hasard avec un ancien formateur venu habiter Eisenhüttenstadt, une des premières choses qu'il me raconte, avec le sourire aux lèvres, est l'avantage d'acquérir plus vite une voiture.

Il flotte toujours un parfum particulier devant les balcons célèbres pour avoir abrité une scène historique, et qui sont toujours là, devenus silencieux, avec plus ou moins le même décor ; celui de l'hôtel de ville de Montréal où de Gaulle prononça son célèbre discours ou celui, à Berlin, sur la Schlossplatz où Karl Liebknecht proclama la République en 1918 ; véritable relique, il s'intègre dans un immeuble refait après les destructions de la Seconde Guerre mondiale. C'est devant le balcon de l'école que, en 1953, Ulbricht baptisa la ville nouvelle du nom de « Stalinstadt », l'image est répandue, familière aux anciens de l'Est. Le balcon est toujours là, tranquille, à l'entrée de l'école élémentaire, autrefois « école primaire et secondaire Stalinstadt » ou « école 1 », nommée désormais « Astrid Lindgren », la célèbre auteure de littérature enfantine. Après de multiples péripéties, le restaurant, café, bar à bière et club « Aktivist », ouvert pour l'anniversaire de Staline, caractéristique des premiers temps architecturaux (1953-1955), a fini par être repris, et transformés pour partie en bureaux, tandis qu'a ouvert un autre lieu de restauration. L'intérieur évoque encore le soin et la grandiloquence d'un lieu exemplaire.

Pourtant, à Eisenhüttenstadt aussi, un certain nombre de bâtiments RDA n'échappent pas à l'abandon et à la ruine. En plein centre-ville, c'est le cas de ce qui fut un fleuron de la construction de la ville, représenté dans de multiples cartes postales à l'époque, l'hôtel Lunik (cliché ci-dessus, 2016) qui formait, avec le centre commercial, la porte vers la Magistrale et l'extérieur. Inauguré en 1963, avec 120 lits, son café, son restaurant et son bar, il recevait les hôtes prestigieux et abritait aussi de nombreuses rencontres et spectacles. Le «Bar de nuit» offrit même des spectacles érotiques.

Le café fut transformé en droguerie après la disparition de la RDA, puis l'ensemble ferma et connut plusieurs propriétaires successifs. L'hôtel trône toujours, mais clos et la façade décrépie. Un drôle de film à petit budget en fait son héros en 2007, *Hotel Lunik* de Gilbert Beronneau. L'histoire s'y déroule pour l'essentiel autour d'une famille dont une partie a repris l'hôtel et l'autre cherche à relancer le bar : les premiers, un peu barrés, appellent à lutter contre le capitalisme et la consommation par des actions coups de poing, les seconds aspirent au succès commercial. Autour des membres de la famille se rassemblent quelques personnages étranges et losers. Le film réussit à donner un ton et une ambiance à ces villes de l'Est, où la vie et les ruines, les duretés économiques et les solidarités, l'ancien toujours là et le nouveau pas vraiment, s'articulent, chaque ville selon son contexte.

En dehors du centre même, les ruines ne manquent pas, ainsi, tout près, ces immeubles-dortoirs construits par EKO au début des années 1980 pour les ouvriers qui bâtirent le convertisseur de l'aciérie (1981-1984), avec plus de mille places. Après différents usages, ils tombent en déshérence, puis sont hermétiquement clos en 2002. L'ancienne boulangerie industrielle, l'ancienne usine de recyclage que nous avons évoquée ou encore le combinat de construction sont aujourd'hui à l'abandon, toujours debout mais vides, ouverts à tous les vents, ou presque.

Le voyage en car depuis Schwerin me paraît interminable, mais, dès l'arrivée, l'étrangeté du lieu me le fait oublier. On saisit immédiatement que ce village n'est pas comme les autres, que l'architecture parle d'un temps révolu, d'un *temps politique*. Les villages modèles devaient montrer que, avec la construction du socialisme, le monde rural allait rattraper les standards de vie en ville. Mestlin fait partie des premiers choix car, tout en ayant un réseau d'accès routier correct, le lieu est peu développé, et tout ou presque y manque : canalisations, courant électrique... Une arriération idéale pour fabriquer les paysans nouveaux.

Le plan de 1952 montre l'ambition du projet : donner au village toutes les institutions d'une ville, de l'hôpital à la maison de la culture, en passant par une structure scolaire imposante. Il y sera même construit une crèche, rareté à la campagne. Mestlin, avec ses nouveaux logements et ses conditions de vie, attire. Michel Christian écrit de cette époque : « Les campagnes sont considérées comme des espaces à moderniser : ce sont des surfaces de projection pour des idées et un personnel venus de la ville[1]. »

Mestlin est organisé autour d'une place centrale qui s'appelle toujours la « Marx-Engels Platz ». Elle semble hors de proportion et cette dimension contraste avec l'impression de village fantôme que dégage aujourd'hui l'endroit. Les lettres effacées sur les murs des anciennes boutiques plus ou moins transformées en maisons d'habitation renvoient aussi à un autre temps. Mais, sur la place, c'est la maison de la culture qui annonce les ambitions et le volontarisme passés. Dans un style néoclassique, le bâtiment est imposant (1954-1957). Il offre à l'époque toute une palette de loisirs et d'activités aux habitants du village modèle : restaurant, théâtre, cinéma, salle de concert (pour des centaines de spectateurs), bibliothèque, gymnase, studio d'enregistrement... Presque une vie urbaine à la campagne.

Il est ouvert lors de ma visite (2012) et l'on peut y déambuler assez librement. L'impression est étrange, celle de parcourir une relique, avec le vestiaire ou le luminaire tellement RDA. Une exposition semble vouloir lui donner une vie contemporaine. Dès que l'on vadrouille un peu, hors des pièces les plus accessibles, on retrouve vite le demi-abandon de tant de bâtiments RDA. On y découvre, comme souvent aussi, de petits trésors, comme ces beaux vitraux qui représentent le monde paysan au travail, dans un style

---

1. Michel Christian, *Camarades ou apparatchiks*, op. cit., p. 153-154.

volontariste, caractéristique de ce modèle réaliste soviétique (cliché ci-dessous, 2012).

Après l'unification, le bâtiment fut transformé en discothèque – un recyclage courant dans l'Allemagne des années 1990 pour les grands espaces –, la «Joy Disco Palace Mestlin», qui ne survécut pas au-delà de 1996 et laissa l'endroit dans un état d'abandon. L'aménagement de la discothèque au mépris des lieux (fresques recouvertes, lustres abandonnés ou détruits…) a choqué les habitants: l'envahissement destructeur des «Wessis». Les édiles et des groupes de volontaires cherchent depuis à ressusciter la vocation culturelle du bâtiment et le rénovent. Les initiatives s'accélèrent à la fin des années 2000, avec le soutien d'institutions locales, nationales et européennes. Depuis 2017, plusieurs concerts d'importance y sont donnés. Mais les structures porteuses et le financement restent précaires [1].

---

1. Claudia Stauß, «Das Kulturhaus Mestlin. Wie ein Verein Kunst und Lebendigkeit ins Dorf zurück(holt)», in Landesamt für Kultur und Denkmalpflege Mecklenburg-Vorpommern (dir.), *Alles Platte ? Architektur im Norden der DDR als kulturelles Erbe*, Berlin, Ch. Links, 2018, p. 193-201.

Sur la même place, le bâtiment administratif (ouvert en 1956) ne paie pas de mine. Là aussi, il faut pousser la porte pour découvrir une petite peinture murale fort expressive des intentions affichées de la RDA. « Tout avec le peuple, tout par le peuple, tout pour le peuple », dit-elle en couronnant une représentation agraire : un tracteur, avec deux jeunes d'un côté et un artisan de l'autre. Le couple de jeunes tient à la fois des instruments de travail agricole et des livres ou cahiers : la science à la campagne, imagine-t-on aussitôt. L'artisan maçon est lui plus classiquement à son travail. C'est bien là l'édification du socialisme au village. L'école se trouve de l'autre côté de la place et elle aussi est ornée d'une œuvre d'art (Walter Zschunke, clichés ci-contre), qui thématise l'enseignement rural, avec des paysannes au travail et un professeur donnant une leçon de choses dans un champ. Il y aurait là un vrai parcours de plein air, dans le discours pictural de la RDA, à organiser.

Mais veut-on vraiment muséifier Mestlin? Fleuron du village modèle, le dispensaire rural est à l'abandon. La pierre qui témoigne de la fondation de la coopérative de production agricole (LPG) a, elle, été repeinte. Elle rappelle sobrement : « 21 août 1952. Fondation de la LPG Mestlin-Ruest. 12 mars 1960. Communauté coopérative de plein droit. » L'année 1952 marque en effet le destin du nouveau Mestlin, avant-garde rurale de la RDA en construction. C'est à cette date qu'est fondée la coopérative de production « Nouvelle Vie », armature du village modèle, avec la station coopérative de machines et engins (mars 1949) – « avant-garde de la classe ouvrière parmi les paysans » – qui accomplissait aussi des tâches culturelles et politiques, à l'aide d'un petit journal *La Bannière*. Toutes ces institutions permettaient de « contourner l'espace du village[1] », où les communistes avaient souvent peu d'appui.

C'est une création en tension : les paysans réticents à la collectivisation ont fui le village, les nouveaux arrivants, réfugiés de l'Est, ont des compétences inégales en matière

---

1. Michel Christian, *Camarades ou apparatchiks, op. cit.*, p. 67.

agricole et les manques sont criants. Le statut exceptionnel du lieu doit conduire à sortir de ces difficultés, mais les archives – étudiées et éditées par Günther Peters et Andrea Matischewski – montrent que cela ne se fait pas simplement, entre les pesanteurs administratives et les insuffisances humaines et techniques[1]. Malgré les grosses subventions qui soutiennent le développement du « village modèle », les résultats, au bout de dix ans, ne sont pas à la hauteur des prévisions : négligences, choix inadaptés et malfaçons marquent les débuts de la coopérative. Un peu comme à Eisenhüttenstadt, les raisons qui avaient justifié la politique des villages modèles s'effacent progressivement, les autres villages aspirent aussi au mieux-être, et Mestlin perd de son importance, l'argent pour l'entretien fait défaut. Le changement de politique architecturale en 1955, avec Khrouchtchev, dévalorisant les styles ornementaux nationaux pour encourager l'économie par la standardisation, transforme le modèle en contre-modèle.

Mestlin comme trace saute aux yeux, tant les bâtiments ne semblent pas faits pour le présent, nombre d'entre eux ont perdu leur fonction économique ou commerçante, certains ont disparu. Il y eut 1 700 habitants au temps de la RDA, à l'apogée quantitative du village (communauté), il y en avait moins de 800 en 2013. Le quart des habitations étaient vides en 2011. L'artiste photographe colognaise Bettina Flitner, intriguée elle aussi par la trace, s'est installée quelques semaines dans le village en quête de RDA (2013). Elle en tira une série de photos intitulée « C'est quoi pour toi la RDA ? ». Son œuvre interroge le contemporain comme le passé, à travers les portraits des habitants et la fouille de recoins pour y retrouver les objets d'antan, comme nous :

---

1. Günther Peters, Andrea Matischewski, *Mestlin. Chronik eines mecklenburgischen Dorfes. Die Zeit nach dem Zweiten Weltkrieg*, Mestlin, Gemeinde Mestlin, 2005, 256 p. Pour l'ensemble du paragraphe.

un drapeau rouge ou un buste de Karl Marx. Elle a sonné chez eux pour savoir s'ils avaient gardé quelque chose de la RDA. Elle est allée visiter les greniers avec eux, les a interrogés, leur a fait sortir leurs archives[1]. L'artiste est attentive aux vieux restes. La plupart des habitants commencent par répondre non, puis se ravisent doucement, se souviennent qu'ils ont gardé quelque chose et étalent alors, parfois, lors d'une nouvelle visite, carte du parti ou chemise des FDJ. L'historien connaît bien cette réaction initiale des « sujets » qu'il rencontre : mélange, souvent, de méfiance et de modestie, « ce que j'ai ne peut pas intéresser ».

Eisenhüttenstadt et Mestlin restent ainsi marqués par la si forte organisation spatiale de leurs débuts ; de même la « Pompe noire », dont la construction suit de près. *Schwarze Pumpe* : c'est un nom qui résonne à mes oreilles et sans doute à d'autres comme un symbole de la RDA, de son volontarisme industriel et de la mise en propagande de ses réalisations. *Schwarze Pumpe*, comme une force dans le nom même, comme une époque dans ces deux mots, celle des villes socialistes, ici la « deuxième » après Eisenhüttenstadt. La Pompe noire, dont la production démarre en 1959 pour les briquettes de charbon ou de lignite, puis, en 1964, pour le gaz, est un immense combinat énergétique créé *ex nihilo* dans la Basse-Lusace, au sud de Cottbus. Elle devient le plus grand ensemble de traitement de lignite au monde. C'est un « lieu exemplaire » de la RDA, un lieu à prétention universelle en ce qu'il entend dire la réussite du socialisme productiviste, le franchissement de nombreux obstacles mais aussi les résultats à venir, figurant ainsi « un nouvel espace interprétatif [...] la possibilité d'un avenir différent[2] ».

---

1. Extraits sur le site de l'artiste : http://www.bettinaflitner.de/mestlin.html
2. André Micoud, (dir.), *Des hauts-lieux. La construction sociale de l'exemplarité*, Paris, CNRS, 1991, p. 11, 12, 53.

Ici aussi ouvriers et employés ont des privilèges spéciaux, concernant les salaires ou les approvisionnements. Dans la série historique populaire *Illustrierte historische Hefte*, un fascicule entier lui est consacré (1988), entre autres thèmes comme le putsch de Kapp ou la naissance de la RDA. C'est un grand récit, qui ne passe pas sous silence les difficultés techniques ou les crises du logement.

La première pierre est posée en 1955. Le gigantesque chantier démarre accompagné par l'extension de la ville ancienne de Hoyerswerda et la construction de Hoyerswerda-Ville-Nouvelle (*Neustadt*) à partir de 1957. Il devait y avoir une distance plus grande qu'à Eisenhüttenstadt entre la ville et l'usine, faite de forêts et de prés (14 kilomètres environ). C'est la première ville construite entièrement à partir d'ensembles préfabriqués, les fameux *Plattenbauten*[1], qui dépasse, dans les années 1980, les 70 000 habitants. La Schwarze Pumpe assure alors 75 % des besoins de la RDA en gaz de ville.

Le récit du commencement est central dans la grande narration volontariste. Il faut installer la main-d'œuvre et la direction. Pour celle-ci, il convient de faire avec les bâtiments existants. Dans le fascicule évoqué, une page entière est consacrée à la mise en place de la maison de la direction du chantier, des pionniers. Elle raconte comment ces hommes débarquent, comment ils s'installent dans les locaux d'une salle de danse et de réunion, l'approvisionnement compliqué, la difficile obtention du téléphone. « C'était une mise à l'épreuve [pour tous], c'était le temps de l'esprit pionnier et de la prise de risque », conclut la page. C'est aussi là que se réunit la section SED du combinat pour cette œuvre qui est celle « de toute la République ». La photo du fascicule me marque. Je cherche à retrouver

---

1. Andreas Ludwig, *Eisenhüttenstadt, op. cit.*, p. 101.

la maison (août 2014). Ce passé récent garde ses témoins vivants : on me renseigne assez vite sur le lieu. La maison est là, mais rien ne dit ce qu'elle fut. Elle est devenue salle de jeu, de machines à sous. Ce changement de statut me laisse songeur, « haut lieu » pendant des décennies, cœur d'une épopée, et maison que rien ne singularise plus aujourd'hui ; volontarisme exemplaire raconté dans toute la RDA devenu lieu d'un banal loisir. À l'époque de la construction du combinat, la façade portait comme inscription « Direction du chantier Schwarze Pumpe », puis « Auberge HO Schwarze Pumpe », de même que sur un mur latéral « Auberge (*Gasthaus*) Schwarze Pumpe » sans doute antérieur au chantier.

J'entre dans la partie administrative, la « Gasthaus » proprement dite, rencontre une employée qui m'accueille gentiment. Je lui parle traces, archives, photos. Elle me dit qu'il ne reste rien sauf une série de cartes postales de l'époque représentant la maison « exemplaire ». Elle m'en offre une. J'aime bien ce petit objet, un des derniers liens entre le « haut lieu », là, sur place, et son banal présent. Au dos, les indications sont en allemand mais aussi en langue sorabe, de cette minorité slave de Lusace.

La ville de la Schwarze Pumpe elle-même est encore marquée par l'époque, avec des constructions semi-monumentales typiques de ce volontarisme RDA des années 1950. Les centrales ont été reprises et reconstruites par l'entreprise d'électricité Vattenfall, la production de coke et de gaz de ville arrêtée, le personnel réduit. On ne peut pas pénétrer dans l'enceinte du site, dont les activités ont été élargies. J'arrive juste à me glisser dans le hall de l'immeuble de direction. Autour, par contre, les traces sont multiples et l'on trouve notamment deux gares ; l'une routière pour les bus et l'autre ferroviaire. Un peu éloignée de l'entreprise, la desserte ferroviaire nécessita la jonction avec les transports par bus et perdit en importance.

En 1980, les transports d'entreprise convoyaient chaque jour 15 000 travailleurs dans Hoyerswerda. La gare des bus est encore en bon état, elle abrite différentes échoppes et garde son cachet des années 1950-1960. On s'y croirait. L'autre est abandonnée. Les entrées et fenêtres sont obturées par de gros panneaux marron en métal (août 2014).

Mon expérience des lieux délaissés de RDA m'a prouvé que seule une minorité d'entre eux sont vraiment inaccessibles, hermétiquement clos, sauf à fracturer. Et de fait ici je trouve une trappe ouverte avec une échelle vers la cave qui permet de remonter ensuite dans le hall. Me voilà tout seul dans le hall de la gare désertée de la *Schwarze Pumpe* (cliché ci-contre). Ici et là des traces de RDA, comme de vieux emballages. Les voies sont livrées aux herbes folles (clichés ci-contre, 2014). Le contraste est des plus saisissants ici, entre cette solitude présente et ce que fut un « haut lieu » tant célébré. Je resterais des heures. En partant, j'emporte en souvenir le mesureur de pression évoqué au chapitre II. Personne ne le réclamera, depuis la gare a été détruite.

Friches ou non-lieux ?

Tous ces espaces de l'ex-RDA entre ruines et réaménagements constituent parfois des « non-lieux ». J'entends par ce terme des espaces dont le développement échappe à un ordre urbain, quel qu'il soit, c'est-à-dire des lieux auquel l'œil ne peut assigner une unité, une organisation, dont on ne peut relier aisément les différentes parties et qui comportent, second critère, des terrains ou constructions sans aucun entretien. C'est la combinaison de friches et d'un « dés-ordre » spatial qui les désigne. Souvent, ces non-lieux proviennent de l'abandon partiel ou complet, progressif, d'espaces urbains structurés sur des activités qui se sont effacées, qu'il s'agisse d'industries abandonnées ou de lieux de mémoire qui ne sont plus soutenus par des communautés. Ces non-lieux n'ont pas de périmètres définis : il peut s'agir de quelques parcelles, d'un ensemble de rues ou d'un quartier. Ils peuvent évoluer très vite, se restructurer, se réaxer à l'occasion de destructions ou de réhabilitations.

Sur une des places centrales de Dessau (visites en 2008 et 2016, cliché ci-dessus, 2016), l'ambiance est étrange. Tout indique que l'on se trouve au cœur de la ville, d'une ville d'importance, quinzième ville de RDA par le nombre d'habitants, plus de 100 000, dans les années 1980 : l'architecture, l'espace, les cafés et pourtant, un sentiment de vide et de calme, ou du moins de non-contemporanéité des lieux, de temps superposés, presque juxtaposés mais sans heurts. Quand le regard parcourt la place devant le *Rathaus* (l'hôtel de ville) et le long de la rue de Zerbst, il se confronte à la fois à des formes anciennes, centres médiévaux des villes d'Allemagne, aménagés et reconstruits après les bombardements de 1944-1945, puis rénovés après 1990, à des habitats collectifs de type RDA, qui parlent d'autre chose que cette place centrale si ordinaire de mille villes anciennes. Mais il tombe encore, à travers quelques passages, à quelques mètres de l'ultra-moderne centre commercial, sur une immense relique intégrée dans ce paysage : une brasserie en décrépitude, la Schade-Brauerei, ancienne maison familiale du XIXe siècle, grand succès économique de la région (Anhalt), qui ne cessa de s'étendre et fut nationalisée au temps de la RDA, intégrée au combinat de boissons, là, au milieu du milieu. Autour du bâtiment industriel, un espace en friche, ou demi-friche. Cet imposant ensemble associant les bâtiments en brique délaissés, avec des entrées murées et de nombreux carreaux cassés, et les herbes folles de la friche produit un effet spatial étonnant en plein centre-ville : cette impression de non-lieu. Tout au long de la rue de la brasserie, la Lange Gasse, les temps successifs sont toujours lisibles. Entre parking, bâtiments réhabilités et immeubles modernes à l'architecture soignée, une vieille fabrique abandonnée se tient toujours là en 2016, et puis, encore, un autre bâtiment laissé aux herbes folles.

Un panneau historique de la ville vante pourtant les renouveaux de la rue depuis la Wende. Juste en face des murs délaissés, il est vrai, on peut se restaurer et boire de la bière brassée sur place dans une brasserie flambant neuve, qui s'est installée dans un autre bâtiment de la Schade, déjà à l'abandon au temps de la RDA, et dont elle entretient le souvenir avec force photos et documents de décoration, comme une préfiguration des possibles renouveaux du lieu. Le site principal de la brasserie est en effet promis à un nouvel avenir dans les mains d'une firme pharmaceutique. Ces mutations sont lentes, en huit ans, entre mes deux visites, les premières impressions de temps inarticulés demeurent.

Vers le sud, à quelques dizaines de mètres, sur la place du Château (*Schlossplatz*), cette composition hybride et peu ordonnée frappe encore. L'église du XVIe siècle, reconstruite, domine la place, qui porte en son centre la statue du prince Léopold de Anhalt (1676-1747) ; un immeuble RDA au décor de mosaïque lui fait face. Surtout, là encore, un long bâtiment abandonné attire le regard : une ancienne école professionnelle fermée depuis l'unification et trop chère à détruire, me dit une habitante. Cet « ultra »-centre de Dessau est ainsi marqué par des pleins qui sont des vides humains et des reliques d'une autre vie.

La rue Herbert-Jensch à Francfort-sur-l'Oder était un des hauts lieux industriels de la ville, au nord. Tout au long se succédaient ateliers et usines, d'abord différents bâtiments du combinat de services, puis des industries alimentaires comme Marö-Werke (fermé en mars 1992), la VEB Oderna « Gummiwerk » qui fabriquait des objets en caoutchouc, ensuite une usine à gaz et de la microélectronique, les abattoirs et le traitement de la viande... La partie sud-ouest s'accroche à un grand ensemble industriel du XIXe, la Koehlmann's Hof, aujourd'hui éclaté, démembré. Certaines parties ont disparu, d'autres ont été reprises par des ateliers ou de petites activités commerciales, d'autres encore sont à l'abandon. Dans la rue, toutes les entreprises et institutions ont fermés leurs portes.

Je prends donc mon temps (2015) pour retrouver les traces de ces lieux, d'autant qu'il y a aussi, à repérer, une ancienne caserne de la NVA, un local de l'ancien syndicat unique... Plusieurs de ces bâtiments sont complètement délaissés, certains en semi-ruine. Au milieu d'un grand terrain vague, trône une villa XIXe siècle murée, qui dut être liée à une des entreprises, entièrement disparue, elle ; à l'époque de la RDA, les villas des industriels, toujours reconnaissables dans la structure spatiale aujourd'hui, trouvaient de nouvelles fonctions administratives, collectives, pour les VEB. La caserne s'était installée dans un des bâtiments de Koehlmann, on y voit encore les céramiques aux armes de Francfort et de l'industriel. Les abattoirs, déjà évoqués, ont servi de discothèque après la Wende. C'était un ensemble imposant avec des bâtiments de pierre ocre d'un style pour partie médiéval. Lorsque l'on se faufile à l'intérieur, on y voit ces couches successives, ces réemplois. Des couleurs criardes, des lambeaux de plastique de décoration qui se sont accrochés à la vieille structure industrielle.

J'erre paisiblement, lors d'une de mes premières visites, d'un côté du trottoir à l'autre, avec mes notes en main, seul ou presque, en essayant de me représenter ce non-lieu lorsque tout marchait, avec des bâtiments aux fonctions aujourd'hui peu identifiables. À chaque étape, le postier en tournée pour distribuer le courrier me rattrape, et me regarde. Il finit par me demander si j'ai besoin d'aide. Je lui réponds que non, que je cherche les traces de la RDA : elles sont partout, me dit-il, à part ce nouveau chemin. Sans que je lui en demande plus, Tino me dit d'emblée : « Vous savez, tout n'y était pas mauvais » (*schlecht*). Devant mon écoute intéressée, il continue : il y avait la prise en charge médicale, les crèches et l'organisation de la petite enfance. J'acquiesce. Du coup, il nuance : il y avait du bien et du moins bien. Je poursuis : oui pas seulement la Stasi. Il souligne alors qu'elle était très présente à Francfort en particulier (une ville très administrative) et me montre l'immeuble au 31 de la rue, devant lequel nous devisons, pour m'expliquer qu'il abritait une de ses cellules, derrière des stores ou des rideaux. Après un échange de coordonnées, le facteur poursuit sa tournée. Je reste frappé par son entrée en matière, là, le long de ce non-lieu, par ce besoin de défendre un héritage, à la simple évocation de la RDA. À nouveau, ce monde disparu ouvre à des conversations très présentes.

La grande rue industrielle de Neubrandenburg, ancien chef-lieu d'un district très rural du nord de la RDA, où se concentrait un quart de son industrie, la rue d'Ihlenfeld, du nom du village tout proche auquel elle conduit, peut faire l'objet d'une analyse similaire, avec deux nuances : elle est beaucoup plus longue (environ trois kilomètres contre environ un, deux à Francfort-sur-l'Oder) et surtout beaucoup plus vivante car de nombreuses entreprises y sont toujours ou de nouveau actives. Sauf qu'entre elles serpentent les friches végétales et les lieux abandonnés ; elle est ainsi passionnante à parcourir pour notre propos (avril 2018, cliché ci-dessous). Ce qui produit ce sentiment de non-lieu est l'impossibilité apparente d'identifier de nombreux bâtiments, dont on ne sait s'ils sont à l'abandon ou pas, de saisir l'agencement spatial, entre espaces verts, friches végétales, sites actifs ou abandonnés. Difficile aussi de relier les bâtiments d'un même site. C'est frappant pour l'enceinte d'une entreprise de céréales, dont la moitié paraît composée de lieux délaissés. J'ai d'ailleurs hésité longtemps à y pénétrer, soupesant les arguments en faveur d'un lieu vivant ou abandonné, accessible ou vraiment interdit, avant de renoncer.

En partant du centre de Neubrandenburg, la rue comprend d'abord une partie d'habitat individuel souvent coquet, puis elle prend son caractère de non-lieu avec un ensemble de bâtiments que je peux identifier grâce à des habitantes qui m'expliquent leurs usages passés et présents : c'est une ancienne école professionnelle, entre abandon et réemploi autour d'un gymnase. Là encore, l'œil ne peut allouer au lieu dans son ensemble une logique d'emploi, un caractère actif, abandonné ou pas. Il faut le décomposer doucement pour essayer d'en saisir l'activité, des panneaux d'entreprises n'assurent pas qu'elles soient toutes encore présentes. À partir de là, la rue est véritablement perforée de friches végétales, industrielles et commerciales. J'ai compté et visité trois sites de grandes entreprises de RDA en abandon complet, très marquants dans le paysage, et un immeuble vide, sans doute de bureaux à l'origine, de l'époque RDA, devenu plus récemment un lieu d'habitation et certainement ensuite un squat. Il y a en outre les bâtiments qui semblent sans usage dans des sites eux actifs. Parmi les sites abandonnés, le combinat de construction de logements. La construction joua un rôle central dans l'industrialisation de Neubrandenburg, qui ne disposait pas de gros secteurs industriels, et qui avait été détruit à 80 % par la guerre. Le quartier d'Ihlenfeld, au cœur du développement économique après la Seconde Guerre mondiale, devait être un pôle de spécialisation pour ces industries du bâtiment, ce qui ne put être pleinement réalisé, et il accueillit notamment différentes industries agro-alimentaires.

Les espaces vides, souvent végétaux, sont nombreux et certains sont parsemés de petites activités commerciales et industrielles qui ne les meublent que très partiellement. Parfois la limite entre les friches industrielles et les entreprises actives est difficilement décelable à l'œil. Devant les immeubles abandonnés du combinat de construction de logements, parmi les plus grosses structures de la ville au temps de la RDA, la municipalité a placé un panneau mémoriel, qui produit dès lors un effet étrange, rappelant qu'il y eut là un camp de travailleuses forcées, annexe de Ravensbrück. La colonne qui le porte, toute neuve et précise, contraste fortement avec l'abandon qui l'entoure. Elle n'indique rien, on le comprend, sur le lieu aujourd'hui et à l'époque de la RDA, comme sur l'immeuble de la Parkstraße à Berlin-Weißensee. Ainsi le visiteur se trouve sur un lieu de mémoire explicité, rendu virtuel, mais dont il ne peut rien saisir de l'in-consistance présente (cliché ci-dessous).

Ces tensions spatiales et économiques entre le monde disparu et le contemporain sont aujourd'hui encore au cœur d'un activisme des traces que nous allons dépeindre et analyser dans le prochain chapitre.

IV

Résistances et renouveaux

On l'aura déjà bien perçu, la dialectique du passé et du présent, de la disparition et de la résistance, marque le paysage de l'ex-RDA. La polyphonie des acteurs conduit à des mouvements en tension. La puissance des effacements n'annihile pas les résistances et les renaissances.

Il convient, dès lors, de voir à l'œuvre certains des acteurs qui sauvent, refont et réinventent les traces de leur pays disparu. Surtout, alors que les analystes ont interprété le « retour de l'Est » dans les années 1990, puis l'apogée de 2003, comme une « vague », amenée à se replier, on constate que les pratiques dites « ostalgiques » sont pérennes et continuent d'emprunter de multiples formes.

« Expériences » et commerce

Les mémoires de la RDA sont un commerce, on l'a dit, en particulier avec la vente de marques de l'Est, ou la fabrication nouvelle de produits évocateurs, qu'ils soient la réplique d'objets ayant servi à l'époque ou bien des créations contemporaines, comme les tee-shirts « Héros du travail ». Ce commerce concerne sans aucun doute les

Allemands de l'Est, mais il est aussi conçu pour les touristes, en particulier ceux qui visitent Berlin. Sans y accorder une analyse complète, et en ouverture seulement de ce chapitre, suivons la manière dont ce commerce s'incarne dans des lieux en jouant de l'idée d'« expérience RDA ».

Dès 1993, un entrepreneur culturel, Frank Georgi, entend reconstituer une mini-RDA, un parc entier où les visiteurs « vacanciers » pourraient « faire l'expérience » du pays défunt. Le projet était ambitieux, une forme d'immersion complète et engageante, derrière des fils barbelés, puisque l'on ne pouvait partir avant le terme fixé au départ. Sur un ancien terrain militaire de 200 hectares à Wandlitz (Prenden) devait renaître cette RDA en caricature, mais uniquement avec des produits de l'Est, y compris les émissions de TV. Il y aurait eu aussi une mise en scène du marché noir et de l'opposition politique. Georgi pensait attirer les touristes étrangers qui voudraient revivre une atmosphère de guerre froide et les écoliers ouest-allemands. Le projet ne vit pas le jour.

Plus modestement et plus discrètement, l'hôtellerie permet aussi de penser offrir une sorte d'*expérience* RDA, peut-être à ceux de l'Est, mais surtout aux touristes. En 1997, à Almsfeld (Wernigerode), un ancien centre de la centrale syndicale (FDGB) est transformé en « Ostalgie-Hotel ». Mais le projet ne dure qu'un temps. Il en est de même à Zittau, à la pointe sud-est de la RDA, alors importante ville de l'industrie textile et automobile, avec l'hôtel Sittavia, « La Maison de l'Est » ouverte en octobre 1999. L'idée est, là aussi, d'une forme d'*expérience* : ici tout se paie en marks de l'Est, la monnaie de l'ex-RDA. Une boutique offre au client des produits de l'Est. Le personnel est formé pour adopter un ton RDA, plutôt revêche. Malgré tout, les critiques trouvent le premier aménagement trop marqué par la modernité de l'Ouest. Le fondateur Günter Ziemann, sans tenir de discours politiques explicites, reconnaît son indignation devant le démontage de la RDA. Il veut faire de sa maison quelque chose de « sérieux », qui ne soit pas un « Disneyland ». En 2001, un reportage de *Die Welt* rapporte les difficultés de l'hôtel à trouver des clients.

À Berlin, dans une situation touristique sans commune mesure, en revanche, l'« Ostel », ouvert en 2007, arrive à s'inscrire dans la durée. Situé à quelques pas de la gare de l'Est (Ostbahnhof), l'ancienne gare principale de Berlin-Est, il offre des tarifs très attractifs. L'hôtel occupe un classique *Plattenbau*, rénové, et a transformé les appartements d'alors en chambres avec salles de bains. L'escalier qui distribue l'ensemble n'a lui guère changé. Le lieu apparaît ainsi d'emblée produire de l'« authentique ». Toutes les chambres, au confort rudimentaire, sont aménagées dans un décor de l'époque RDA et les accessoires sont pour l'essentiel, eux aussi, des objets du temps : livres, vases, radios… Le hall d'accueil est particulièrement soigné en la matière. Le restaurant qui propose le petit-déjeuner est fait, lui aussi, pour reproduire autant que possible une ambiance RDA.

Mais, à vrai dire, ces « expériences » sont avant tout offertes à l'extérieur, à des visiteurs d'ailleurs. Celles que nous allons parcourir dans ce chapitre s'inscrivent dans les pratiques propres aux Allemands de l'Est dans leur rapport au passé, à leur passé.

Refaire la vie quotidienne

On a vu au chapitre précédent le rôle symbolique et la déchéance d'Eisenhüttenstadt. C'est pourtant là, malgré tout, que s'est ouvert le Centre de documentation de la vie quotidienne en RDA avec de premières expositions temporaires en 1995. L'historien Andreas Ludwig, de

Berlin-Ouest, formé dans la tradition ouverte et critique des ateliers historiques, qui prit la direction du musée municipal en 1993, en est la cheville ouvrière, au terme d'une réflexion muséographique sur la préservation des objets du quotidien.

Eisenhüttenstadt a été investi, peu auparavant, par un collectionneur, un ancien ouvrier d'Allemagne de l'Est, Jürgen Hartwig, qui a rassemblé dès après l'unification des dizaines de milliers de pièces, depuis les préservatifs jusqu'aux fanions, en passant par les billets d'avion de la compagnie Interflug. La volonté de mettre en scène son œuvre dans un musée, comme souvent les collectionneurs, le conduit à stocker ses trésors dans la « première ville socialiste sur le sol allemand ».

Le projet de l'historien Andreas Ludwig était d'associer collection et connaissance à travers débats, rencontres, et avec la recherche. Il n'y a guère de terrain commun avec le collectionneur Jürgen Hartwig, qui fonde de son côté une association de documentation sur la culture de la RDA. C'est donc à travers une vaste collecte parmi la population et un travail scientifique et éditorial que Ludwig développe un lieu original, autonomisé du musée de la ville (1997) puis abrité dans une crèche modèle des années 1950 (1999).

Le centre s'appuie sur trois principes, rappelle Ludwig : l'importance de préserver la culture matérielle comme source de connaissance et preuve visuelle, la nécessité de s'appuyer sur l'expérience et le savoir des témoins, l'utilisation d'expositions pour susciter la discussion parmi des visiteurs impliqués. La collecte des objets, avant tout des dons, se fait ainsi, autant que possible, selon des principes de connaissance, soit avec des enregistrements de provenance et la collecte de données sur la « biographie » de l'objet – ce qui manquait entièrement à la collection de Hartwig dont les objets accumulés n'avaient pas d'«histoire» –, même si les moyens manquent pour mettre en pratique ces principes. Ludwig doit aussi composer avec les attentes des autorités et de l'espace public. La première exposition permanente est montée en 2000. Sa création trouve une motivation dans l'apparition d'un nouveau public plus éloigné de l'histoire vécue de la RDA, celle d'aujourd'hui articule l'histoire de la ville et du combinat, les thèmes de l'histoire de la RDA et une approche chronologique.

D'une certaine manière, le centre d'Eisenhüttenstadt pourrait rester en dehors de ce livre comme forme organisée et savante des mémoires. Il est fondé sur la mise à distance, et les premières expositions voulaient, par l'historicisation, et selon une organisation de l'espace très réflexive, rendre étranger ou interrogeable un univers familier aux visiteurs[1]. Mais, en même temps, le *Dok-Zentrum* participe aussi, à sa manière, d'un *faire trace*, qui n'est pas seulement muséographique. Pour les visiteurs des années 1990, comme l'ont souligné les débats à l'occasion de ces expositions temporaires, le lieu met en scène des objets qui sont leur quotidien, eux-mêmes en quelque sorte, avec toute les ambiguïtés que comporte le sentiment de se *voir* au musée. Car, isolée au fond de l'Allemagne orientale, dans les régions les moins favorisées du pays, la ville est surtout habitée et parcourue par les anciens de l'Est.

En témoigne aussi l'exposition «L'Abc de l'Est, 26 histoires d'objets» (2003), qui, comme son nom l'indique, choisit 26 types d'objets pour en raconter l'histoire, un

---

1. Andreas Ludwig, «Alltagskultur als Zugang zur DDR-Geschichte? Sammlungs- und Ausstellungskonzepte des Dokumentationszentrums Alltagskultur der DDR», in Bernd Faulenbach, Franz-Josef Jelich (dir.), «*Asymmetrisch verflochtene Parallelgeschichte?*». *Die Geschichte der Bundesrepublik und der DDR in Ausstellungen, Museen, und Gedenkstätten*, Essen, Klartext, 2005, p. 169-180.

peu comme nous l'avons fait dans le chapitre II, mais ici les objets sont génériques, des marques, des genres, voire plusieurs, et non des exemplaires spécifiques situés en contexte. Le concepteur Andreas Ludwig argue que le choix de l'ordre alphabétique, sans aucune autre logique, pour les présenter, constituait une sorte de narration nouvelle pour les visiteurs. Il n'y a aucun lieu de contester l'intention, mais à regarder aujourd'hui le catalogue, édité en pleine « vague d'Ostalgie », on lit aussi la fixation sur des symboles et des objets, une page par objet, qui constituent comme une série de traces évidentes de *choses* largement partagées et connues de tous.

Ailleurs, souvent, ce « faire trace » procède d'une tout autre logique, sans aucun arrière-plan, ni historien ni muséographique, et sans réflexion préalable sur l'objet du quotidien et sa conservation. À Gotha, par exemple, en cherchant la maison du peuple évoquée plus haut, je vois sur une porte une petite feuille de papier indiquant « DDR Museum ». Je sonne, bien qu'on soit un 24 décembre (2013), et je suis très bien reçu par le propriétaire qui me demande juste quelques minutes avant de me faire la visite.
Il a conçu son musée, qui reconstitue l'univers de la RDA, par thèmes – la cuisine, le salon, le bureau professionnel – dans l'ancienne usine de son beau-père ; il reste aussi quelques traces de celle-ci. L'homme est charmant, me raconte mille anecdotes sur la RDA à partir des objets présentés, me fait sentir des odeurs typiques que tout le monde reconnaissait dans les bureaux de la RDA. Il me montre ses propres objets familiaux, une lampe de la grand-mère ou ses médailles, qui se fondent parmi des dizaines dans le petit musée. Dans la pièce bureau, il a mis en hauteur le portrait de Wilhelm Pieck et celui de Walter Ulbricht, la première génération de dirigeants de la RDA, mais il a laissé

par terre ceux de Willi Stoph et d'Erich Honecker, car, m'explique-t-il, ce sont les fossoyeurs de la RDA. Donc par terre (cliché ci-dessous).

Pourtant, il ne se plaint pas de l'unification. Il est membre de la CDU, se flatte discrètement d'avoir reçu un petit mot d'Angela Merkel pour ses quarante ans de parti. C'est qu'il en était déjà membre au temps de la RDA, un engagement un peu de hasard, dit-il, pour ce sous-officier de la NVA. Sa hiérarchie lui fit comprendre qu'il serait bien d'appartenir à un parti, le SED en particulier, ce qu'il ne veut pas. Il y avait en effet au sein du «Front national» quatre autres partis autorisés en RDA bien qu'étroitement contrôlés, on l'a vu: la branche est-allemande de la CDU, le Parti paysan (Bauernpartei), le LDPD (Parti libéral démocratique d'Allemagne) et le NDPD de Herbert Raßbach et Johannes Wehlisch.

Parallèlement (1972), c'est le moment, en RDA, de la nationalisation généralisée des entreprises encore privées (on l'a vu pour la firme de Raßbach) : le beau-père du soldat, qui possède une entreprise d'installation de chauffage/zingage, doit, pour pouvoir en rester le directeur, appartenir à un parti, le SED de préférence. Mais bien des entrepreneurs choisissent les partis du «bloc», et sa famille, la CDU : il emboîte le pas. On lui dit d'ailleurs que ce doit être le seul sous-officier de carrière à la CDU...

Il me précise en outre que son musée n'a rien de politique, mais veut rappeler la «vie quotidienne». Quatre-vingts pour cent de son fonds provient de dons. Devant un fanion aux couleurs de la France, il m'explique l'importance des liens entre les deux pays, notamment via les partenariats avec des villes ou institutions communistes. Il y a, bien sûr, un attachement transparent à l'époque dans laquelle il a vécu convenablement. Il s'amuse d'ailleurs de tous ceux qui se prétendent opposants depuis 1990, quand il y en avait si peu à l'époque. Au moment de la destruction de la maison du peuple «Zum Mohren», il a pris de nombreuses photos et même récupéré un rideau, qu'il garde comme relique dans l'entrée du musée. En ce sens, c'est cette initiative privée qui produit un mince filet de continuité.

Pas toujours facile de repérer de tels endroits. Des musées RDA privés, souvent attachés à des fondateurs collectionneurs, plus ou moins importants, se sont partout développés dans l'ex-RDA, et il continue à s'en fonder. D'autres ferment, comme à Auerstedt (2009-2014). Ces musées ne s'inquiètent pas des questions muséographiques modernes, des débats savants, mais articulent ambiance et monstration. Les créateurs forment en quelque sorte un collectif avec le lieu et les objets.

À l'heure actuelle, nous en avons recensé environ trente (seulement ceux à dimension généraliste, qui évoquent la

RDA dans son ensemble). Certains ne sont que le déploiement de collections particulières ouvertes au public occasionnellement, d'autres se mélangent avec de la brocante, d'autres encore ont plus d'ambition. L'articulation entre musée, collection privée ouverte et brocante varie selon chaque lieu. Mais tous affirment autre chose qu'un objectif de connaissance ou de pédagogie, quelque chose qui relève du souvenir, du rappel, voire de la nostalgie, sociale ou politique. Certains (à Thale ou Perleberg) tiennent des discours critiques vis-à-vis du régime. Le succès de plusieurs d'entre eux n'est pas négligeable : 28 000 visiteurs par an seulement pour celui de Pirna. Mais les chercheurs et spécialistes de muséographie affichent souvent leur mépris des expositions sans réflexivité, ni sur le régime, ni sur la mise en scène. Irmgard Zündorf dénonce la dévalorisation de l'objet que l'on peut toucher (et donc facilement remplacer), dont la « biographie » n'est pas présentée, et la banalisation de l'histoire de la RDA dans plusieurs de ces expositions [1]. Est-ce vraiment là la bonne mesure de ces lieux ?

Depuis une dizaine d'années, l'ouverture de tels musées semble s'accélérer, il y a là une véritable dynamique multiforme : à Pirna près de Dresde, à Kampehl dans le Brandebourg (2005), à Radebeul (2006) – fermé (2016) puis racheté et rouvert par l'homme d'affaires Peter Simmel à Dresde même –, à Perleberg (Brandebourg), à Mühltroff dans le Vogtland (2006), à Bennungen au sud du massif du Harz (2010), à Thale dans le Harz même (2011), à Gotha (2013), à Döberitz-Premnitz, Chemnitz (2014), à Dabel dans le Mecklembourg (2016), etc. Sans compter tous ceux qui échappent, sans visibilité en ligne et dans les guides, que seul le hasard de la visite peut identifier. À Francfort-sur-l'Oder, un

---

1. Irmgard Zündorf, « DDR-Museen als Teil der Gedenkkultur in der Bundesrepublik Deutschland », *Jahrbuch für Kulturpolitik*, 9, 2009, p. 144.

artisan gazier et plombier, par ailleurs brocanteur, a conservé un bâtiment pour servir de vitrine à une petite exposition sur les objets de la vie quotidienne, que l'on voit en entrant dans son entreprise. On ne peut y pénétrer, mais seulement la voir de l'extérieur. Elle a disparu, depuis ma première visite (2015), vendue pour des raisons financières (2016).

Le premier musée de cet ordre que j'ai vu, « Olle DDR » (ouvert en 1999), se situe dans l'ancienne ville textile, bien sinistrée, d'Apolda en Thuringe. Dans une baraque le long d'un couloir sont réparties différentes pièces thématiques, largement conçues, aussi, sur le principe de la reconstitution : une salle d'école, un bureau de fonctionnaire politique, une épicerie (cliché ci-dessous, 2008), des pièces de logement. Des mannequins de bric et de broc sont ajoutés dans les pièces reconstituées. Et une Trabant est présentée dans son garage. La disposition est assez artisanale, de petites étiquettes en papier posées sur les objets les identifient. Le musée clairement « ostalgique » promet même l'asile politique dans cet îlot RDA... À Tutow, raconte Jan Scheunemann en 2009, le visiteur est accueilli lui par un « Bienvenue en République démocratique allemande ! » et l'on y célèbre les soixante ans du pays.

À Thale, en Saxe-Anhalt, au pied du Harz, le musée est important, plus imposant, plus pensé aussi qu'à Apolda (visite d'août 2015). Sur le parking, un fourgon de la «police du peuple», customisé, accueille le visiteur. Comme les précédents musées, il fonctionne sur le double principe de la reconstitution et de la mise en scène de la vie quotidienne et «ordinaire». Il se situe au dernier étage d'une fabrique de meubles, le propriétaire en est le même. La fabrique s'est installée dans le bâtiment administratif de la VEB sidérurgique de Thale (Eisen- und Hüttenwerke, EHW), en en conservant certains aménagements. Le musée se veut «neutre», mais le discours se coule parfois dans le discours dominant, tel ce panneau sur l'après-1989, qui est un hymne à l'unité allemande, tout en voulant rappeler le passé de la RDA. Chaque 1er mai, autour du musée, est organisée une rencontre «Ost-Mobile», qui rassemble les fanas des anciens véhicules de l'Est. Comme il se doit, le bar propose des marques de boissons de l'ex-RDA ou qui les rappellent. Dix-neuf pièces ordonnées le long d'un couloir chargé d'objets racontent le quotidien de la RDA, en trois temps, les années 1950-1960, 1960-1970, 1970-1980, avec à chaque fois une salle de séjour complètement agencée. Dans la dernière pièce se trouve la reconstitution d'une pauvre habitation de réfugiés chassés de l'Est avec l'avancée de l'Armée rouge. D'autres espaces thématisent la salle de classe ou les organisations de masse. Contrairement aux habitudes muséographiques les plus répandues, rien ou presque n'est ici protégé.

On circule comme chez soi, en touchant les objets si on le souhaite, personne ne surveille, personne ne vous donne de consignes, personne ne replace directement les objets s'ils ont été déplacés dans l'atelier ou la chambre d'enfant. En ce sens, le musée produit aussi une expérience sensorielle particulière, proche d'un jeu de reconstitution (cliché

ci-dessus, 2015), bien plus que dans la grande attraction touristique et commerciale au cœur de Berlin, le DDR-Museum (2006, 5 millions de visiteurs revendiqués), fondé lui aussi sur le toucher et la reconstitution mais avec des limites, et beaucoup plus de mise en scène muséographique, notamment à travers des textes explicatifs.

À Thale, on peut s'asseoir dans le salon RDA, bricoler dans l'atelier – tous les outils sont en vrac comme pour de vrai –, toucher les appareils radio ou télé. Nombre de commentaires dans le livre des visiteurs évoquent d'ailleurs ce retour dans un passé vécu, connu.

En flânant dans le grand musée RDA de Dresde, financé par la firme Simmel (2017), la conversation s'engage avec un visiteur qui m'interroge sur mon pays d'origine. Ingénieur de la célèbre fabrique de montres de Glashütte, il me dit prendre beaucoup de plaisir et d'intérêt à ce « voyage dans le passé », selon ses termes, sans exprimer le moindre regret pour la RDA : « Les choses avancent. » Il juge bien faites les reconstitutions, tout comme une visiteuse, ancienne employée d'un Konsum, les coopératives de RDA, elle aussi sous le charme de ce voyage dans son propre passé puisqu'une boutique Konsum est entièrement reconstituée dans le musée.

Parfois l'ambition des expositions RDA est plus limitée. À Magdebourg, en 2014, c'est une importante coopérative de logements qui fête ses soixante ans en constituant un appartement musée RDA. Dans l'un de ses immeubles, un logement de trois pièces reconstitue ce qu'il fut au début de la RDA, avec salle de bains, cuisine, chambre d'enfant, salon, chambre à coucher (visite de juillet 2016). Un appel local aux dons lance le processus. Les fondateurs soulignent le succès : les gens faisaient la queue pour apporter leurs objets RDA qui allaient peupler l'appartement. Le petit cercle qui s'en occupe, autour de Jens-Uwe Jahns, un ancien journaliste de la *Volksstimme*, le journal de la région de Magdebourg, valorise ainsi cette histoire, loin des discours dominants. Un des objectifs affichés est que les Ossis des environs puissent retrouver leurs jeunes années à travers le lieu et ses objets. Jahns y voit un fondement et une réussite de l'entreprise. Il m'explique volontiers les usages de chacun des objets, souligne leur caractère ordinaire et répandu, dans un pays où il n'y avait souvent qu'une seule marque pour chaque chose. La *Volksstimme* y consacre une pleine page à l'occasion de la fête « Un après-midi (N)ostalgie » qui y est organisée (1er août 2016). Un des bénévoles rappelle cette double chronologie de l'après-Wende : « J'ai souvent regretté de m'être débarrassé de tout après la Wende. Chaque fois que je viens dans notre musée, cela me navre [...] je ne veux pas revenir à cette époque, mais j'aurais dû mieux conserver certains de ces objets bien-aimés. »

Outre les musées « généralistes », d'autres, sous un aspect thématique – musées militaires, de véhicules, de techniques – visent en fait le même objectif, redonner vie au quotidien (matériel) de la RDA. À Wernigerode, en 2007, un passionné, ancien de l'Est, rassemble le « design » RDA, des perceuses aux services à café en passant par les téléphones, dans deux petites pièces, extrêmement bien agencées, joliment mises en scène mais sans souci véritablement muséographique. Avec élégance, le principe reste celui de l'accumulation. Il faut la présence du concepteur pour connaître les spécificités des objets ou en savoir plus sur le contexte de production ou d'usage (cliché ci-dessous, visite d'août 2016).

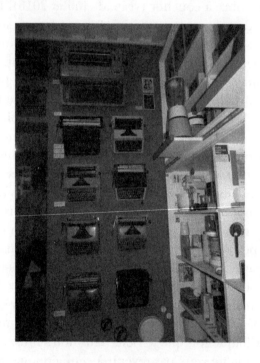

L'entrée y est gratuite, comme pour le petit musée de la *Volkspolizei*, la « police populaire », à Pfaffroda, dans les monts Métallifères, tout près de la frontière avec la République tchèque. Ici, cependant, la visite est fondée sur l'accès direct aux objets, que l'on peut manipuler.

À nouveau, le musée, ouvert en 2006, est l'œuvre d'un homme, ou d'un couple. Klaus-Dieter Erber est un ancien policier « de proximité », siégeant dans un « ABV » comme on dit couramment en gardant les initiales du mot qui désigne le responsable « section de police » (*Abschnittsbevollmächtiger*). D'ailleurs une plaque de l'époque est apposée sur la maison, comme si tout continuait. Le dépliant du musée insiste là-dessus : l'idée n'est pas d'être un « ostalgique », mais de rappeler qu'il y eut une histoire allemande à deux États.

À nouveau encore, il ne s'agit pas ici de collection seulement, mais bien de la construction d'une continuité biographique articulée à un discours politique. L'ancien policier rassemble aussi toute la documentation possible sur l'histoire de la police de RDA, l'ordonne chronologiquement. Erber entend montrer les choses « comme elles furent vraiment », sans les déformations qu'il constate souvent, ailleurs. Il y a une intention de « vérité », de se défaire des vues trompeuses, sous-entendu à charge, qui circulent, comme vouloir attribuer une fonction de « torture » à des instruments qui n'avaient rien à voir avec cela. L'ancien policier tient à son « indépendance » institutionnelle car elle est la garante de sa liberté face à ces discours déformés. Il entend défendre un récit alternatif face au discours dominant.

Issu d'un milieu rural et simple, Erber a été formé jeune à l'ordre public, son père, membre du parti, était déjà assistant volontaire de la police, et lui appartient au service d'ordre des Jeunesses communistes (FDJ). Membre du parti, comme c'était de coutume pour les policiers, il se forme à l'école locale du parti à Marienberg.

Il restera pour l'essentiel en poste à Pfaffroda, après avoir entamé une formation de technicien rural. Il décrit son métier comme une forme d'arbitrage à la campagne, bien plus que comme l'exercice d'une forte autorité policière.

Il s'appuie sur ses habitudes paysannes qui lui rendaient le contact aisé. Il n'hésite pas à donner un coup de main pour les tâches agricoles. Il est d'ailleurs aussi arbitre de foot.

Il n'eut affaire qu'à des histoires de ménage, de la petite criminalité, ou quelques paroles politiques déplacées, des chants de la Hitlerjugend, voire l'écoute de la musique de l'Ouest (ce qu'il pratiqua aussi…). Mais, à l'entendre, tout cela se réglait par la discussion ou un avertissement. Erber est un policier engagé. Via la Ligue de la culture, il fait des conférences autour de son métier, notamment pour l'organisation de vulgarisation Urania. Il renseigne le public sur la criminalité des jeunes, les punks, les skinheads et autre « Gruftis », les gothiques du temps, ou encore les hard-rockers, un ensemble de populations mal vues par les autorités. J'aurai bien lu les textes de ses conférences, mais il me dit ne pas les avoir gardés.

Dans ce monde-là, 1989 apporte avant tout de l'insécurité et de l'inquiétude, en particulier professionnelle. Erber ne s'accrochait pas à la RDA telle qu'elle fut. Il souhaitait plus d'ouverture culturelle et politique, la liberté de voyager. Il pensait à l'époque que les choses ne pouvaient pas continuer ainsi, en particulier en matière d'approvisionnement. Mais il y avait, nuance le policier, déjà des évolutions en cours. À Marienberg, il fait partie de la première « initiative citoyenne » locale : avec beaucoup de réserves, il entend cependant en être, et défendre l'existence de la RDA. Fin 1989 en général, le SED invite ses membres à investir les forums citoyens pour y défendre leurs vues.

Pour autant, les changements de 1989-1990 furent bien trop rapides pour Erber. Comme tant d'autres, il évoque tristement tout ce qui a disparu de « positif » : les institutions pour l'enfance, les soins locaux, et, bien sûr, la police de proximité, que l'on évoque à nouveau dans les débats contemporains, constate-t-il dépité. Pour le communiste

Kurt Andrä, secrétaire du président Pieck et que nous retrouverons, la RDA c'est la « Heimat » perdue, Erber, lui, emploie le terme de « patrie » (*Vaterland*). « Ma patrie, c'est la RDA. C'est là que j'ai grandi, que je me suis formé, que je suis devenu policier [...]. J'y ai eu une belle jeunesse. On ne me l'enlèvera pas. » Les gens, avec la Wende, ont été ravis de se débarrasser de la domination du parti, ce « père sévère », explique-t-il, mais ils n'ont pas compté qu'ils y perdaient toute la sécurité qui leur avait été assurée : la « mère protectrice » partait avec.

Le musée de la Police se trouve dans la maison même de son fondateur (visite et clichés d'octobre 2016). Il occupe cinq pièces au rez-de-chaussée, avec des milliers d'objets authentiques. Chaque pièce, si elle présente quelques thématiques dominantes, reste un patchwork, surchargée d'objets (clichés ci-dessus et ci-après). Tout ce qui ne sert pas est vendu en ligne sur eBay, par Angela, la femme de Klaus-Dieter, qui accueille avec gouaille et chaleur. Par là, ces mémoires se délocalisent : les objets qui circulent sur eBay sont parfois plus qu'un échange marchand et parlent du passé. On l'a vu. Une histoire racontée par Erber est évocatrice de ce parcours des mots et des choses, que l'on décrit ici : la circonscription de Potsdam récupère en 1990 un fourgon de la « police du peuple ». Il est juste repeint et le mot « peuple » disparaît, mais il reprend du service.

L'impression d'accumulation gratuite, sans explication ni ordre compréhensible, masque en réalité un autre rapport à l'objet. Erber entend en effet que chaque chose de ce musée soit restituée dans son usage et son histoire. Il me donne quelques exemples en racontant l'histoire d'un képi ou d'un fonds d'archives. Mais ainsi, d'une certaine manière, le musée lui est indissociablement lié, seul lui sait ce que furent ces objets, seul lui peut raconter les rencontres avec les donateurs, avec les anciens policiers. Ainsi ces musées « individuels » racontent tout autant une histoire de vie qu'une grande histoire.

Au musée (privé) de l'armée de la RDA (la NVA) «NVA-Museum» à Prora, le principe de mise en scène, dans un espace plus vaste, est le même : des objets partout, des pièces reconstituées par dizaines autour de l'armée et de la vie de caserne, au sens large. Mais là pas question de toucher, des grilles séparent même le visiteur des pièces aménagées. Ici le thème est spécialisé mais l'ambiance et le style peu différents des expositions évoquées. Le musée affirme sa neutralité et précise «ni glorification ni vision négative», ce qui est en fait une manière de s'ouvrir aux anciens de l'Est. On est là à l'extrême nord de l'ex-RDA sur la presqu'île de Rügen, un lieu bien plus touristique, l'été en particulier, que Pfaffroda... Un drôle de lieu, hier comme aujourd'hui.

L'histoire de Prora commence vraiment dans les années 1930 lorsque les nazis entendent en faire un lieu de vacances de masse, prévu pour 20 000 personnes. Il s'agit ainsi, à travers le Front du travail, «La force par la joie», de fournir aux classes populaires des loisirs qui renforcent l'attachement au régime, en même temps qu'une cité nazie avec sa gigantesque place centrale. De 1936 à 1939, d'immenses infrastructures sont construites mais la guerre empêche leur utilisation. L'impression est forte quand on découvre ces bâtisses nazies d'origine (dessinées par Clemens Klotz, cliché ci-dessous), qui s'alignent face à la plage, aujourd'hui largement délaissées. Pendant la guerre, il en est fait divers usages, pour des bataillons de police et avec des travailleurs forcés. La RDA, après l'armée soviétique, en fait une zone militaire, donc interdite au commun et absente de la cartographie. De nombreuses troupes y séjournent ou accomplissent leur formation. En 1991, la Bundeswehr abandonne les lieux. D'où ce musée de la NVA.

Depuis les années 1990, la destinée du site a suscité de multiples projets et débats. Aujourd'hui, il est question de faire de ce lieu un vaste complexe hôtelier ou de résidences de vacances. Il est déjà très visité pour ses bâtiments de l'époque nazie. Tant et si bien qu'un brocanteur propose de vieux objets RDA à des prix pour touristes japonais : un des rares lieux où j'ai vu ces prix astronomiques. En attendant, Prora relève de ces non-lieux, faits de bâtiments à l'abandon, d'absence de centralité et de direction, sans beaucoup de *lieux*. À part l'ensemble muséographique, en se promenant (2011, cliché ci-dessus) on ne sait pas trop vers où aller. Stefan Stadtherr Wolter, qui a servi dans l'armée comme soldat travailleur – une forme de refus du service armé –, dénonce dans différentes interventions [1] l'opération mémorielle qui consiste à ne se souvenir que de l'époque nazie et du projet de station balnéaire, pour valoriser le tourisme en effaçant toutes les traces de la RDA et

---

1. Stefan Stadtherr Wolter, «Auferstanden aus Kdf-Ruinen. Der "stalinistische Kasernengroßbau" Prora und seine heutige Rezeption», in Landesamt für Kultur und Denkmalpflege Mecklenburg-Vorpommern (Dir.), *Alles Platte?*, *op.cit.*, p. 158-174.

de la répression (Prora fut aussi une prison), alors même que l'essentiel des bâtiments, reconstruits ou aménagés, tient son aspect contemporain de la période communiste. Il donne de nombreux exemples de lieux, inscriptions ou œuvres qui auraient pu être valorisés pour une histoire du site mais ont disparu ou ont été rendus invisibles par les travaux contemporains. Du coup, le musée de la NVA préserve, lui, au moins, les bâtiments d'époque. À ses yeux, le traitement contemporain de Prora doit être mis en parallèle avec la disparition du Palast der Republik au profit d'un simili-château prussien ou la réédification de la Garnisonkirche de Potsdam.

À l'époque de l'Allemagne de l'Est y trônait une sculpture géante (4,5 mètres) représentant un soldat de la NVA, une œuvre de l'artiste Gerhard Thieme, un élève de Fritz Cremer. Démontée, elle a été transportée au musée d'Histoire militaire de Dresde (1992). Des années après (juillet 2017), je l'y ai vue allongée par terre dans une cour de stockage en prévision d'une exposition. Encore ce pays à l'horizontale.

L'exposition de Trebus, au nord de Fürstenwalde, devait, au départ, rassembler des véhicules de toutes sortes de l'époque RDA, depuis les Trabant jusqu'aux camions de pompiers (ci-dessus). C'est l'œuvre d'un groupe de passionnés : les « Amis de l'IFA », la construction automobile de la RDA. Originaires pour partie de Berlin, rassemblés par les rencontres d'« Oldtimer », ils rachètent le terrain et les murs d'une ancienne VEB de réparation de machines agricoles, à Fürstenwalde, pour stocker et exposer autos et camions de leurs collections (2005-2006). À vrai dire, d'extension en extension, c'est aujourd'hui comme une immense exposition qui est donnée à voir sur 14 000 mètres carrés, soit quatorze fois la surface de l'ultra-touristique et touristisé DDR-Museum de Berlin. Sur trois étages dans le bâtiment principal et des annexes, on peut contempler non seulement des dizaines de véhicules, mais surtout d'innombrables reconstitutions : appartement, jardin d'enfants, dispensaire, boutiques, atelier, bibliothèque ambulante, bureaux de la police... Une grande pièce présente même un terrain de camping, avec les tentes, caravanes et objets des vacanciers, mais aussi avec un kiosque et un magasin originaux. Le nombre d'objets présentés est presque inégalable, tout comme le soin mis aux reconstitutions. Les murs d'une ancienne entreprise « propriété du peuple » donnent une force supplémentaire à la mise en scène, d'autant qu'elle a été peu modifiée, certains appareils fonctionnent toujours et sont utilisés par les « Amis de l'IFA » (visite et clichés ci-dessus et ci-après de juillet 2017).

Plus encore, pour le groupe, le lieu est un endroit de sociabilité où l'on se retrouve le week-end et où l'on peut même dormir. Plusieurs coins café/cuisine y ont été aménagés. Un bus « Robur » sert aux excursions communes. La forte présence de Berlinois a conduit à dédier un espace à « Berlin-RDA ». D'une discussion avec notre guide Rüdiger, il ressort que le cercle comprend des passionnés de technique, avant tout intéressés par les véhicules, et d'autres qui entendent valoriser l'histoire de la RDA, bien au-delà de ces seuls moyens de transport. Manifestement, il s'agit d'un milieu d'« Ossis » peu repentants. Rüdiger avoue en fait son peu d'intérêt pour les voitures et pense que le pays fut bien plus qu'« une note de bas de page » selon une expression de Stefan Heym qu'il balaie. D'une certaine manière on se demande si ce n'est pas tout bonnement la RDA en miniature qu'ont voulu reconstituer les gens de Trebus, pour l'habiter un peu encore.

Le musée « N'Ostalgie » de Leipzig est un cas intéressant car il marque la transformation d'une exposition de collectionneur, qui parle de son passé, en une entreprise commerciale plus ambitieuse (visite de mars 2018). Comme Hartwig, Horst Häger (né en 1937) a rassemblé, dès 1991, une faramineuse collection d'objets RDA en tout genre, depuis les panneaux de propagande jusqu'aux motos en passant par les objets de cuisine. Il a exposé ses trésors dans deux petits musées successifs, en amateur comme ceux que l'on vient d'évoquer, dans sa région, à Brandebourg-sur-la-Havel (2004) puis à Mötzow (2009) non loin de là. Ancien maire, très affable selon sa petite-fille, il récupérait choses données ou jetées, achetait aussi ce qui lui paraissait digne d'intérêt. Sa petite-fille Nancy l'accompagne dans sa passion et, à sa mort, n'entend pas laisser dépérir l'héritage (2011). Lorsqu'elle déménage à Leipzig pour des raisons personnelles, elle bâtit le projet de faire de la collection privée un musée dont elle puisse vivre. Elle trouve un lieu particulièrement favorable dans une belle cour d'immeuble du centre ancien, à quelques pas de la gare, et en fait un endroit agréable à parcourir (2016). Mais il reste encore des traces de cette muséographie de témoins pour les témoins : il n'y a quasiment pas d'explications, de conduite du visiteur. Pour les non-germanophones, la visite n'est pas d'évidence, et, de fait, pour l'instant, les anciens de l'Est forment la majorité des visiteurs. Mais Nancy Häger ne manque pas de projets pour le musée et cherche toutes les améliorations envisageables. Elle propose déjà un tour en Wartburg et un café de plein air l'été.

Il est un autre lieu qui a été constitué en ample trace formelle de la RDA, comme une reconstitution à l'échelle humaine : c'est la bibliothèque de Peter Sodann à Staucha, au sud de Riesa (visite d'avril 2015). Né en 1936, l'ancien acteur et directeur de théâtre à Halle est une célébrité. C'est son rôle de commissaire dans la célèbre série télévisée, *Tatort*, qui lui vaut une notoriété considérable. En 2009, il est candidat à la présidence de la République pour la gauche Die Linke. Pourtant Sodann, emprisonné au début des années 1960 pour une pièce de cabaret blasphématoire, ne se veut pas « nostalgique ». Son œuvre de sauvegarde des livres RDA commence à Halle dans l'arrière-salle du théâtre qu'il dirige. Il raconte que c'est en voyant vider et jeter deux bibliothèques au début des années 1990, celle de l'amitié germano-soviétique et celle des syndicats, qu'il s'est engagé dans son immense projet.

À Staucha, il s'est installé dans d'anciens corps de ferme superbement rénovés. L'homme est rompu aux relations publiques, comme il le dit lui-même, il a raconté mille fois l'histoire de son projet. Le contact reste chaleureux malgré cette impression d'être face à un numéro bien rodé, joué par un maître de la scène, qui commence par une moquerie et un jeu de mots sur les historiens, *Historiker/Hysteriker*, sans aucun doute suscité par l'écriture de l'histoire de la RDA dans l'Allemagne d'aujourd'hui. La visite est menée sous la forme de découverte progressive, d'un lieu l'autre, comme des arcanes, jamais les premières pièces présentées ne sont la fameuse bibliothèque. L'ambition de Sodann est de reconstituer une bibliothèque nationale de la RDA avec tous les livres publiés en RDA. Le lieu sert aussi à des rencontres, clairement dans l'esprit mémoriel de la bibliothèque, avec des projections-surprises de films, les invités devant faire confiance et découvrir au dernier moment le film, toujours en lien avec les questions politiques et la RDA. Le monde de Sodann comporte une section de librairie d'occasion que l'on peut visiter, mais qui fonctionne principalement en ligne.

La mise en scène est soignée. La première pièce que Sodann me présente est donc celle des réunions. Son décor se compose de livres dans des caisses ayant servi au transport de bananes, symbole d'un bien manquant dans l'ex-RDA, avec cette inscription : « Dans les cartons de bananes de l'Ouest sommeille le savoir de l'Est » (cliché ci-après, avril 2015).

Sur le mur, des planches récupérées d'un lieu de rencontre entre intellectuels à Marzahn au moment de la Wende, où chacun a laissé sa signature, un «mémorial» de l'unification, s'amuse-t-il. Sodann me montre en particulier celle de Sahra Wagenknecht, figure de l'aile dure de Die Linke. Au-dessus des planches, un portrait d'Ernst Thälmann. En face, une photo de la rencontre entre Kennedy et Khrouchtchev à Vienne au sujet de Berlin, que Sodann inscrit avec humour dans l'histoire de l'érection du mur. On parcourt ensuite les travées d'une immense librairie d'occasion, trop alléchante, il faudrait pouvoir y passer des heures. J'en profite pour rafler quelques petites brochures qui m'intéressent, il me les donnera. Je serais bien resté plus longtemps ici, mais je sens Sodann un peu pressé – ce n'est pas par économie de son temps, on ne l'arrêtera guère autour d'un café, mais pour accomplir le tour des lieux tel qu'il l'envisage. Apparaît enfin la bibliothèque elle-même, immense mémoire livresque de la RDA, de la brochure technique au roman le plus raffiné.

Sodann aime procéder par anecdotes, histoires édifiantes, ne pas répondre directement aux questions ou ne pas répondre du tout. Entre l'impression du numéro tout fait, celle de multiples écrans de protection et puis celle de l'homme d'un certain âge qui se fixe sur ce dont il a envie, il n'est pas aisé de suivre le fond du projet. La lutte contre l'oubli est au cœur du propos, il l'a souvent répété. Loin d'un communiste orthodoxe, Sodann a été arrêté en RDA, il se définit comme un communiste « qui prie ». Alors même qu'il consacre toute sa vie aux livres de l'ex-RDA, il affirme ne plus lire, ou du moins ne lire que des classiques.

Résistance des bribes

Paysage public

Le commerce de détail en RDA était divisé, pour l'essentiel, en deux grandes organisations : « HO » et « Konsum ». La HO ou « Organisation commerciale » correspondait aux magasins d'État de détail, on l'a vu en évoquant l'histoire de Johannes Wehlisch. La structure Konsum fonctionnait, elle, comme une chaîne de coopératives, intégrée à l'économie planifiée mais prétendant à une certaine indépendance. Les achats des membres donnaient droit à des tickets/timbres qui, cumulés, conservés dans un carnet, offraient en fin d'année une réduction proportionnelle au montant des achats. Les coopératives géraient aussi de nombreux hôtels et restaurants, environ 6 000, et 34 000 boutiques dans les années 1970. Les Konsum couvraient en particulier le monde rural. Avec le besoin de devises, la RDA ouvrit ensuite des boutiques mieux approvisionnées en produits de qualité, et ainsi porteuses de discrimination sociale, on l'a dit.

Les signes, sigles et publicités des HO et Konsum étaient donc parmi les plus courants du paysage public en RDA, visibles partout. Avec la fin du pays, tous ces commerces ferment, disparaissent ou sont reconvertis. Ils rappellent par trop les manques, les pénuries et les queues devant les magasins. Le groupe Kaiser-Tengelmann reprend plus de cent centres commerciaux de la HO qu'il transforme provisoirement en « Hofka » combinant l'ancien et le nouveau, avant d'en faire simplement des supermarchés « Kaiser ». Aisément reconnaissable, l'architecture des boutiques et halles RDA marque encore le paysage de l'Allemagne de l'Est – que celles-ci soient reconverties, rénovées ou abandonnées –, en particulier ces toits plats avec un rebord très avancé et une vitrine inclinée, et puis ces séries de magasins à la structure identique, comme sur la Karl-Marx Straße à Francfort-sur-l'Oder. On repère facilement les anciens commerces au cœur des grands ensembles, « complexes d'habitations » dont ils faisaient partie en témoignant de cette vie intégrée du socialisme de proximité.

Quelques-uns des signes résistent aux bouleversements du paysage urbain, soit que la déshérence de nombreuses régions limite les réemplois, soit que l'inscription, peu dérangeante pour les nouveaux usages du bâtiment, survive. Un des cas les plus frappants se trouve dans une des rues principales d'Eckartsberga, en Thuringe, entre Weimar et Naumbourg. Non seulement le sigle « Konsum » y est bien visible, encadrant le nom de la boutique « Alimentation » (*Lebensmittel*), mais, plus encore, les vieux stores fermés du magasin donnent l'impression que rien ne s'est passé depuis sa fermeture de l'après-Wende. On rêverait de relever ces rideaux, comme un archéologue devant un site repéré sans avoir été fouillé (cliché ci-contre en 2013).

À Dessau, sur l'ancienne Wilhelm-Pieck Straße, un étrange panneau surmonte encore un magasin de chinoiseries : « Boutique HO » (visite d'octobre 2016). « Cadeaux – Textiles – Vente à 99 Pfennig », qui semblerait indiquer un temps de transition entre la structure RDA et la braderie capitaliste.

Souvent la trace est plus faible, une simple inscription parfois un peu effacée, comme à Eberswald sur la Breite Straße. Ici il manque les premières lettres « KO » sur un immeuble repris, mais dont la boutique semble en déshérence. Les « HO » ne manquent pas non plus, à qui veut bien les observer, qu'ils marquent l'abandon – à Zeitz, l'hôtel du Soleil fait bien piteuse figure avec son « HOG » – ou l'oubli, comme cette publicité à Guben pour un café-restaurant. À Görlitz, un panneau sur un grand axe indique même une « rue des magasins HO », *HO Ladenstraße* (août 2017), quand on la cherche on ne trouve plus qu'une série de petits stands en dur, plus ou moins réutilisés, mais sans la moindre vente.

Ailleurs, il ne reste plus que la trace, les lettres ou les peintures ont disparu, et seule survit leur forme, leur marque, visible seulement à l'œil attentif, comme à Perleberg, Neuruppin (Konsum), ou à Mestlin qui s'était vu doté en 1956 de plusieurs nouveaux magasins après l'érection en village modèle. On lit encore sur les bâtiments devenus maisons particulières: «Alimentation», «Boutique de produits manufacturés» (*Industriewarenladen*), selon la partition classique des magasins HO dans la province: des traces qui contribuent à cette atmosphère de village fantôme.

Le fameux sigle «VEB», «entreprise propriété du peuple», est loin d'avoir disparu de l'espace public de l'ex-RDA, même quand les usines ont fermé ou ont été remplacées. Certains portent haut, encore, sous forme de néons, de peintures ou de supports rigides. Lorsqu'on arrive de Berlin à Fürstenwalde, un bâtiment sur la Spree affiche visible de loin: «VEB Moulin de la Spree de Fürstenwalde» (cliché ci-dessous).

Sur le port de Wismar, sur un immense silo, on lit: «VEB Céréales. Site de Wismar.» À Erkner, nœud ferroviaire près de Berlin, les voyageurs passent en train devant une grande peinture au symbole des chemins de fer de RDA. À Neuzelle (Brandebourg), célèbre et touristique pour son monastère baroque, sur la maison abandonnée de la section locale de l'association de la solidarité paysanne, les initiales (VdgB), s'effaçant doucement, trônent encore sur la façade et le côté, comme si rien ne s'était passé depuis 1990 (2017).

Les enseignes lumineuses, typiques de l'époque de la RDA, ne sont plus lumineuses, souvent, mais certaines demeurent, petites œuvres d'art, comme cette serveuse de néon, enseigne d'un « bar à lait » de Halberstadt (cliché ci-dessous, 2016), ou, fort célèbre à Leipzig, « La famille cuillère », une grande œuvre de néon où l'on voit une famille

attablée en train de manger goulûment. Elle marque l'emplacement de l'ancienne VEB d'épicerie fine. En plein centre de Leipzig, encore, à côté d'une publicité pour le verre d'Iéna, une grande enseigne rappelle le « Kombinat » de meuble (cliché ci-dessous, 2010). À Biesdorf, un quartier excentré de Berlin, l'ancienne poste RDA abandonnée a gardé son apparence et son sigle de néon.

Il peut arriver que des formes d'« Ostalgie » leur redonnent une seconde vie, comme à Dresde, à « Ostpol ». De la rue, on voit devant ce bar-salle de concert un beau néon portant toujours le sigle « HO » (cliché ci-dessous).

À dire vrai, il s'agit d'une recréation récente (2008) faite à partir de matériaux originaux. Trois jeunes nés en RDA, aujourd'hui dans la trentaine avancée, ont voulu ouvrir un lieu au design de l'époque, dont ils sont fans et qu'ils récupèrent dans les appartements abandonnés et dans les brocantes. L'un d'eux m'explique que leur motivation n'est pas politique, mais qu'elle réside dans ce goût pour le design de l'époque (2017), une des formes, on l'a dit, du souvenir de la RDA. Je le questionne un peu plus, et il reconnaît aussi la volonté de se souvenir des choses « positives » du pays. La décoration intérieure est très choisie en une vraie reconstitution d'ambiance (ci-contre, l'intérieur du bar). Comme ailleurs, l'on y retrouve une armoire de *memorabilia*, avec jeux, réveils et autre appareils. Les poêles RDA des appartements que le bar a repris ont été conservés, y compris dans la salle de concert. En contraste, la musique est résolument contemporaine. Car c'est le propre des souvenirs de la RDA que d'être un bricolage avec le présent et non une « Ostalgie » strictement définie.

Plus frappant encore à Güstrow, un centre de formation, qui s'est installé dans les locaux d'une ancienne VEB de traitement de peaux, a fait installer un panneau neuf sur les bâtiments rénovés, au nom de l'entreprise défunte : « VEB/Combinat de matières premières animales jusqu'en 1989 ». Ces plaques, qui furent démontées et descendues par milliers dans les années 1990, peuvent aujourd'hui ainsi renaître sous la forme d'une mémoire historique des lieux.

Le volontarisme politique et la politisation du quotidien en RDA se donnent encore à voir, par bribes, à travers des inscriptions explicites, qu'il s'agisse de célébrer la paix ou d'encourager le productivisme. À Marzahn (Berlin), on pouvait lire il y a peu encore (août 2013), sur un ensemble d'ateliers – mais je doute que le bâtiment survive longtemps –, une grande inscription à la peinture blanche : « 40 millions de morts exhortent à la paix. » À la gare de Schwerin, une autre, visible mais en partie effacée, bien ancrée dans la guerre froide, proclame : « Vive le camp de la paix et de la démocratie sous la direction de la grande Union soviétique. »

Même combat pour la paix affiché sur les murs de l'usine de malt abandonnée à Dresde. Ailleurs, on parle de production et de productivité, comme à Halberstadt sur la façade d'une usine à l'abandon : « Vers une plus grande rentabilité par une croissance accélérée », ou dans l'immense friche de l'usine de camions Robur à Zittau en grandes lettres blanches : « Notre contribution au plan de deux ans : plus de... »

D'une certaine manière, l'ensemble des traces évoquées, observées *in situ*, entre cent, forme comme un palimpseste. Elles affirment encore la présence de la RDA, celle d'un autre monde, derrière les réaménagements qui tentent de les faire disparaître. Chaque heure ou presque en efface, tel un jeu de kaléidoscope, car certains aménagements en font resurgir d'autres.

Locaux : cafés, auberges et « Kneipen »

Dans un roman de Bernd Schirmer, paru juste après l'unification, « La Girafe de Schlehwein » (*Schlehweins Giraffe*, 1992), un des personnages, un intellectuel chassé de l'Académie des sciences, ouvre un bistrot, « À l'ancienne RDA », où les plats, les bières et la vaisselle demeurent ceux du pays tout juste disparu, bien qu'un de ses compagnons lui dise qu'il est trop tôt pour cela.

Aujourd'hui encore, souvent, on tombe sur de petits coins de RDA préservés, reconstitués, de petite taille, parfois minuscules et évanescents, parfois plus affirmés. Il s'agit de traces recomposées au présent, avec plus ou moins de volontarisme. Parmi ces petits lieux, un des premiers que je découvris fut un café du quartier de Köpenick (2009). Un peu à l'ancienne, il est parcouru de souvenirs de la RDA, objets sous vitrines, sur les étagères, affiches et peintures aux murs. Un drapeau RDA est suspendu à l'extérieur. J'ai essayé en vain d'y négocier une peinture de Thälmann à un prix abordable... En écrivant ce livre je cherche à en savoir plus sur ce *Kneipe*. La déconvenue est rude. Le tenancier qui m'avait accueilli, certes sans chaleur, est en fait un néonazi et sa gargote sert de lieu de réunion pour les militants. Avec le temps, les frustrations et la contestation de l'ordre dominant conduisent à toutes les confusions, que l'on retrouve à différents niveaux [1].

Bâtir de petites continuités avec la RDA, c'est aussi faire continuité de son métier, surmonter les ruptures du temps. Dans une excellente pâtisserie sur l'axe central à Radebeul, « une petite ville qui vit sans se faire remarquer dans l'ombre de Dresde, entre l'Elbe et les vignes » (Michael Klier), une dame assez âgée sert avec une expression vive et joyeuse, ralentie seulement par la vieillesse, les clients qui défilent. En partant, j'aperçois devant le comptoir un petit tas de bouts de papier qui donnent des conseils sur la conservation des gâteaux. L'indication de série que l'on trouve sur les documents RDA y figure. Je lui fais remarquer que ce sont bien des notices issues de l'ex-RDA. Elle sourit plus encore et me félicite gentiment de mon attention. Les traces du passé, de *son* passé professionnel, sont parfois un peu plus appuyées et bâtissent des continuités, discrètes, comme dans ce garage d'Oderberg (2017) dont le propriétaire affiche entre autres décorations d'anciens panneaux signalant un atelier de réparation de Trabant et voitures du temps de la RDA, avec le fameux signe de l'« IFA », l'Association de l'industrie automobile. On voit aussi, parmi d'autres plus récentes, des photos du temps où il pilotait des Trabant de rallye.

---

[1]. Comme dans l'affaire Christine Ostrowski, à Dresde. Cette leader du PDS avait affirmé les similitudes entre les exigences sociales de son parti et celles de l'extrême droite néonazie, dont elle avait rencontré un dirigeant (1993).

Le temps semble ralenti à l'auberge (*Gaststätte*) de la forteresse de Regenstein, une superbe ruine d'un ensemble défensif aménagé dans la roche et mentionné pour la première fois au XIIe siècle. L'auberge a été refaite depuis la Wende, mais, à vrai dire, les choix de décoration marquent plus la continuité que la rupture, tant par les formes que par les couleurs. La serveuse me raconte que le lieu était très fréquenté à l'époque de la RDA car on y servait des poulets rôtis fort appréciés, désignés par l'expression typique *Broiler* et que l'on sert encore dans « l'ancienne RDA » du roman de Schirmer. Dans un guide un peu décalé paru juste au moment de la Wende, on est bien plus critique sur l'auberge au point qu'elle figure à l'index des lieux à éviter[1]. En regardant une photo des années 1960, signalée par la serveuse, on remarque que la peinture principale de la pièce n'a pas bougé, une toile de 1959 représentant une scène médiévale. Une partie de la vaisselle elle-même, reconnaissable d'emblée à son design, fait souvenir de la RDA, l'assiette sur laquelle elle pose les couverts en porte encore la marque « Colditz. INGLASUR. Made in GDR ». Enfin, discrètement, un billet RDA est épinglé au-dessus du comptoir : une assiette, un billet, une peinture ; rien d'organisé mais, finalement, dans un lieu un peu arrêté, un discret filet de continuité (visite d'août 2016).

À Weimar, à l'entrée d'un café-lieu culturel associatif (C-Keller und Galerie Markt 21) sur la place du marché, la bribe de RDA est plus affirmée et composée. Il s'agit d'une petite vitrine, à l'entrée, sans ordre évident, avec de nombreux objets et produits RDA : un livre de Christa Wolf, un exemplaire de la Constitution, du Mocca Fix, des conserves, savons et paquets de lessive, et plein de petites

---

1. Thomas Wieke (dir.), *Ein thüringisch-sächsisch-anhaltinisches Reisebuch in drei Geschwindigkeiten*, Berlin, Rotbuch Verlag, 1990, p. 177, 366.

choses encore. C'est en 1988 que des acteurs culturels de la ville se réunirent pour créer ce lieu d'échanges, où l'on discutait aussi, vivement, politique. Trop pour la sécurité d'État qui ferma le cercle. Il ouvre à nouveau avec la Wende mais ne s'en sort pas si facilement avec les contraintes administratives et réglementaires, sur une place historique, et les querelles de voisinage qui en limitent l'activité.

Ces petits coins de RDA se retrouvent çà et là, à qui veut bien les regarder, parfois minuscules presque invisibles, comme ces tomes des œuvres de Lénine à côté de la revue de vulgarisation RDA *Urania*, dans la petite bibliothèque de l'accueil d'un hôtel tout refait de Greifswald (novembre 2015), parmi bien des livres récents. Dans le musée des Transports de Dresde, au cœur de la ville, lui aussi refait à neuf et très visité, la maquette animée des trains comporte un ensemble de pièces de l'époque RDA qui en sont autant de souvenirs : les wagons de la compagnie ferroviaire de la RDA, ceux de « Mitropa » qui gérait la restauration, des bâtiments qui portent encore le sigle « VEB ». Au cœur de ce musée pleinement moderne et modernisé, ces petits objets rappellent ses origines. Dans le vrai buffet, qui a aussi changé depuis la Wende, de la vraie gare d'Eisenhüttenstadt les porte-serviettes sont toujours, à dessein, ceux de « Mitropa » (janvier 2017).

Parfois, il semble impossible de situer les lieux et les temps, sauf à faire le guet pour croiser un éventuel propriétaire. Pendant deux ans, à Francfort-sur-l'Oder, sur la Berliner Straße, j'ai observé, de la rue, la vitrine d'un magasin vide, plus ou moins à l'abandon, avec quelques outils et objets contemporains qui indiquent sans doute un processus de reprise récent, mais sans suite. À l'intérieur aussi, roulé, un drapeau de la RDA, et puis en devanture quelques objets de l'époque, sans grand ordre, comme une assiette souvenir de l'abattoir pour les trente ans de la RDA. Et l'on ne sait alors si l'on se trouve face à une trace de résistance, un projet d'exposition personnelle avorté ou devant la simple accumulation d'abandons à travers le temps.

Effacement et résistances : mémoires de Wilhelm Pieck dans l'Allemagne du XXIe siècle

Le cas de l'ancien président de la RDA, Wilhelm Pieck, permet d'articuler tous les registres, tous les feuilletages et toutes les tensions du souvenir, de voir comment résistances et renouveaux détournent, parfois, un mouvement d'ensemble contraire.

Wilhelm Pieck fut le premier et le seul président de la RDA, de 1949 à sa mort en 1960. Avec lui, la fonction a disparu. En RDA, figure fondatrice, il est partout. Dans chaque ville ou presque, une artère centrale porte son nom, ses bustes ornent les institutions et les musées. Sa poignée de main avec le socialiste Otto Grotewohl, qui signe l'absorption de la social-démocratie, à l'Est, par le Parti communiste, fait écho à l'emblème choisi par le SED.

Né le 3 janvier 1876 dans un milieu modeste, Pieck entreprend un apprentissage de menuisier. Son tour d'Allemagne de compagnonnage le conduit à fréquenter le mouvement ouvrier puis à adhérer au Parti social-démocrate (1895). Il se fixe à Brême où il dirige la section locale, puis à Berlin. En 1907-1908, il est élève à l'école du Parti socialiste, où il rencontre Rosa Luxemburg. Mobilisé pendant le premier conflit mondial, il fait partie de la minorité active contre la guerre et déserte (1917). Spartakiste, Pieck est un des fondateurs du Parti communiste allemand, il en dirige le secteur de Berlin-Brandebourg-Lusace à partir de 1926, et prend de l'importance dans les instances du Komintern. Il est élu au Landtag de Prusse et au Parlement (1928). Certains camarades le dépeignent alors avec sévérité, comme opportuniste et manquant de sens politique (Clara Zetkin).

Sous le nazisme, il s'exile à Paris puis en Russie. C'est lui qui dirige le parti, lorsque Thälmann est arrêté. Communiste orthodoxe, Pieck participe à la création du groupe « Freies Deutschland » à Krasnogork (1943), qui forme le cercle des futurs fondateurs de la RDA sous l'égide de l'URSS. Les sanglantes purges du Parti communiste allemand en Russie s'accomplissent alors qu'il en est toujours le leader et certains documents l'accablent[1].

Il contribue donc à l'absorption du Parti socialiste par les communistes avec la création du SED (1946) : le voilà, en RDA, surnommé le « forgeron de l'unité ». Hans Maur dans ses brochures en dessine un portrait sans tache et sans nuance : « En sa personne, l'accord des paroles et des actes, la discipline de parti, la camaraderie et la probité, la proximité du peuple et l'attachement au principe, la simplicité et la modestie, la sagesse et le désintéressement se nouaient harmonieusement[2]. » Le président Pieck, figure paternelle, fut cependant tenu en marge des décisions politiques du régime.

Pieck est né à Guben sur la Neisse. Après 1945, la ville se trouve sur la frontière fluviale Oder-Neisse, entre la nouvelle Allemagne et la Pologne. Elle est coupée en deux. La maison natale des Pieck se trouve désormais en Pologne. Mais la partie allemande de la ville, Guben, ne peut oublier le Président. Elle prend son nom juste après sa mort en 1961 et devient « Wilhelm-Pieck-Stadt Guben ». C'est un privilège rare que de donner son nom à une ville en RDA, privilège qui honora Karl Marx (Karl-Marx-Stadt aujourd'hui Chemnitz, Marxwalde redevenu Neuhardenberg), Staline (Eisenhüttenstadt fut Stalinstadt, on l'a vu) et le héros réformateur de la guerre des

---

1. Annette Leo, « RDA. Traces, vestiges, stigmates », art. cit., p. 48-49.
2. Hans Maur, *Wilhelm-Pieck Gedenkstätte. Zechin Kreis Seelow. Führer durch die ständige Ausstellung*, 1987, p. 28.

paysans au XVIe siècle Thomas Müntzer (Thomas-Müntzer-Stadt aujourd'hui Mühlhausen)…

À l'époque communiste, la république populaire de Pologne avait fait de la maison natale, dans l'« Uliza Wilhelma Piecka », un mémorial (1962). Une plaque, en polonais seulement, avait été posée auparavant, pour rappeler que Pieck avait vécu là de 1883 à 1894. Le mémorial comportait alors cinq pièces d'exposition. À l'étage, les pièces d'habitation de l'époque avaient été reconstituées. Le musée est fermé depuis longtemps mais j'y suis allé tout de même en 2016. La rue Wilhelm-Pieck s'appelle désormais Rozana. La plaque est toujours présente, mais c'est un particulier qui habite là, plus aucune trace de la structure muséale, remplacée par la décoration popu-chic du propriétaire. Il m'ouvre aimablement, ne parle que le polonais, moi pas, mais nous arrivons à échanger dans un drôle de mélange de russe, d'allemand et d'anglais. Il tient à conserver la mémoire de sa maison, à la présence de la plaque, au-delà du communisme, insiste-t-il. Du mémorial, il ne reste plus rien, sauf un portrait de Pieck qu'il me montre et qu'il garde aussi en souvenir.

À Guben, de l'autre côté du fleuve et de la frontière, qui a rayé le nom du Président de son appellation, la mémoire publique s'efface aussi. L'école polytechnique Wilhelm-Pieck est à l'abandon, entre vitres cassées et herbes folles. Le buste qui trônait devant l'entrée a été volé il y a quelques années (2012) et jamais remplacé. Dans cette région frontalière, ce type de vol est monnaie courante pour la revente du métal, car la disparition des malfaiteurs vers l'Europe de l'Est est aisée. Ici les témoins signalent un transporteur polonais. À Francfort-sur-l'Oder, non loin de là, c'est le buste de Werner Seelenbinder, devant le stade, qui disparaît à son tour en février 2016.

Devant l'école reste le socle, seul, avec les dates de naissance et de mort du grand homme, « 1876-1960 », soulignant plus encore l'absence. C'est dans un bâtiment annexe que la RDA avait aménagé un mémorial pour Pieck. Les photos d'époque montrent un lieu et une présentation soignés. Ouvert en 1965 sur décision du comité central du SED, il compte 220 mètres carrés d'exposition, avec films et bandes sonores. L'aménagement s'appuie sur des objets personnels du Président et sur les cadeaux qu'il a reçus. Hans Maur, dans une brochure de 1978, évalue à 40 000 le nombre de visiteurs annuels. Tout cela a disparu de l'espace public et se trouve relégué dans les réserves du musée de la ville, sans être utilisé[1]. Le bâtiment est fermé, abandonné, dans le no man's land de la cour intérieure de l'école, elle aussi vide et livrée à la nature (cliché ci-dessous, 2016).

À Guben, il ne reste qu'une seule trace publique de Pieck, c'est le monument qui a été érigé en son honneur, pour le centenaire de sa naissance (1976), en dehors du centre, près d'un ensemble de *Plattenbauten* un peu en déshérence.

---

1. Merci à Heike Rochlitz, du Stadt-und-Industrie Museum Guben, pour les informations données à ce sujet.

Juste en face, un ancien bâtiment commercial RDA est fermé et porte un graffiti «Contrôle des frontières maintenant», l'habitant qui me renseigne sur le monument dit à peu près la même chose. Mais, dans la tension, cette trace résiste avec le soutien de Die Linke. Et encore, le monument suscite-t-il de houleuses discussions. C'est une œuvre de Gerhard Thieme assez originale eu égard à la statuaire RDA : elle mélange une construction en béton armé, sous une forme plutôt moderne et élancée, et les classiques tableaux de bronze ; une structure verticale supporte le portrait de Pieck en bas-relief tandis qu'un long panneau horizontal représente différents épisodes historiques, autour de lui, recto et verso. Devant, un meeting avec Ernst Thälmann, la libération des camps (et de l'Allemagne) par l'Armée rouge, la fameuse poignée de main fondatrice du SED entre Pieck et Grotewohl et puis, derrière, vient la réalisation du socialisme en RDA : Pieck reçoit un bouquet de fleurs de mains d'enfants qui l'entourent – son attention aux enfants est un grand thème de l'hagiographie –, un soldat russe et des travailleurs et enfants allemands fraternisent, une famille affiche son bonheur. Une citation de Pieck sur un bas-relief en bronze exalte la paix : «Nous voulons tous vivre en paix et tout peuple a droit à la paix» (clichés ci-contre, 2014). Le récit est ainsi explicite de la lutte, à travers la guerre, et grâce aux Russes, vers le bonheur en RDA.

La municipalité a essayé, dans les années 2000, sans succès, de déclassifier le monument de sa catégorie de patrimoine protégé, afin de pouvoir éventuellement le détruire. Avec le temps, l'œuvre se dégrade, et, en 2012, la ville demande une première expertise qui évalue les travaux de restauration à 100 000 euros. Ce coût permet de cristalliser la controverse dans une ville endettée, autrefois haut lieu de l'industrie chimique (et textile) qui a subi une saignée démographique. Mais la controverse se porte aussi sur l'évaluation de Pieck lui-même. Au sein du conseil municipal, certains, au CDU en particulier, affirment qu'il y a mieux à faire, d'autres édifices à soutenir, des écoles à financer plutôt que de valoriser un stalinien. Mais le conseil, où Die Linke est le groupe le plus important, choisit la restauration. Symptôme des positions divergentes, elle ne donne pas lieu à une inauguration (décembre 2014).

J'ai visité le monument pendant le débat (2014), il offrait le paradoxe d'être en piteux état, fissuré et souillé de multiples graffitis mais en même temps mémorialisé par un petit tableau bilingue explicatif (allemand-polonais). L'attitude vis-à-vis du monument suivait par un glissement parallèle la position politique : Die Linke défendait le maintien, les socialistes (SPD), un démontage partiel et certains à la CDU une destruction complète[1]... La conseillère Die Linke, Kerstin Nedoma, reste ferme, il n'y a pas à s'en séparer : « Il

---

1. Même type de gradation à Gera en 1994 à propos de la statue de Lénine : le PDS défend son maintien, le SPD son maintien avec l'adjonction d'une plaque pour les « victimes du bolchevisme » et le CDU plaide pour la vente ou pour un nouveau monument à la révolution pacifique. Le monument est finalement démonté. Voir Leonie Beiersdorf, *Die doppelte Krise, op. cit.*, p. 55-56.

fait partie de l'histoire de la ville. » C'est, on l'a vu, une des formes d'attachement patrimonial à la RDA, comme histoire locale. Et d'ailleurs, malgré tous les grands discours, le monument à l'enfant de la ville est bien signalé dans la brochure touristique de la municipalité (2014).

À Zechin, dans le Brandebourg, sur le delta de l'Oder et près de la frontière polonaise, Wilhelm Pieck n'a pas entièrement disparu, non plus. En 1894, lors de son tour de compagnon menuisier, il avait séjourné dans le village six semaines. La maison du maître menuisier qui l'avait accueilli a été transformée par la RDA en mémorial (1966), puis améliorée vingt ans après. Chaque année, pour l'anniversaire de Pieck une grande cérémonie y était organisée. Une partie reconstituait des pièces d'autrefois (l'atelier du menuisier), une autre exposait la vie du héros Pieck. Dans les années 1990, le petit mémorial a été fermé, je le savais, mais j'y suis allé quand même (2015), pour voir. Dans le jardin, le propriétaire, un électricien, m'accueille gentiment et avec distance. Nous parlons un peu. Il me dit que Pieck a deux images, la glorieuse et celle bien plus négative liée aux persécutions en URSS, il ajoute que des convictions doivent mener à laisser celles des autres s'exprimer. Après quelques échanges, on conclut ensemble sur la distance entre les belles idées et les politiques qui devraient les incarner.

Il a racheté la maison en 1996 et m'assure qu'elle était complètement vide, plus rien sur Pieck. Si je veux en savoir plus, il m'invite à voir le maire. Il me raconte tous les travaux qu'il a faits sur une maison en mauvais état. Trop de termes techniques de maçonnerie et autres aménagements pour que je suive tout le détail... Je trouve cependant la réponse un peu toute faite et j'insiste gentiment : je lui montre la brochure de l'époque RDA sur le mémorial, écrite par Maur, et lui demande où est la plaque qui était devant. Là, il cède et me dit qu'elle est à l'intérieur de la maison. Plus ou moins en grommelant, il m'invite à la voir, me prévenant du désordre. Elle trône dans son grenier, bien en évidence, fixée au mur : « Ici a vécu en 1894 Wilhelm Pieck, alors apprenti menuisier et cinquante-cinq ans après premier président ouvrier de l'histoire de l'Allemagne. » De même, un panneau annonçant « Mémorial Wilhelm Pieck » est fixé au plafond. Au fil de la conversation, il me montre même un buste de Wilhelm Pieck qu'il a récupéré dans un lycée. Je me dis que sa distance est moins grande qu'en apparence. En fait, il aurait bien remonté la plaque à l'extérieur, mais sa femme a refusé à cause de l'activisme de l'extrême droite dans la région, elle se serait sentie menacée.

Il me rappelle, je l'avais lu, que quelques années auparavant (2007), le maire avait souhaité inaugurer une rue Wilhelm-Pieck, celle où se trouve la maison. Elle avait remplacé la « rue principale » (Hauptstraße), quand tant de baptêmes de noms de rue avaient suivi le chemin inverse, d'une célébrité RDA à la topographie locale. Le maire, Roberto Thiele, refusait d'allouer un sens politique à sa décision et considérait Wilhelm Pieck comme un homme qui s'était efforcé de rassembler. D'une trace effacée est née une autre, contestée. En effet, l'initiative suscita des protestations, au-delà des enjeux locaux. Dans la *Preußische Allgemeine Zeitung*, Jörg Bilke avait dénoncé les intentions politiques cachées du maire. Le très actif Hubertus Knabe, bête noire des défenseurs de la RDA et directeur du mémorial de la prison de la Stasi à Berlin-Hohenschönhausen, avait demandé aux autorités de revenir sur leur décision, tant Pieck était à ses yeux responsable de nombreux morts. Double ambiguïté du souvenir ici, intériorisé, au sens propre, effacé et retrouvé. Le cas illustre encore les résistances du souvenir local.

Après Zechin, en 1894-1895, le compagnon charpentier Pieck séjourne à Blankenburg sur les contreforts nord du

Harz. De ce séjour où le jeune Pieck se forme à la sociabilité politique, la RDA fit encore un haut lieu de la mémoire ouvrière et de celle de Pieck, en particulier en ouvrant un mémorial (1976) qui se déploie pendant les années 1980 dans l'« Auberge des corps de métiers ». C'est là que s'arrêtaient les compagnons et Pieck y fit de nombreuses rencontres avec le mouvement ouvrier local. Le musée du temps de la RDA raconte bien sûr, avec force documents, l'histoire politique du Président mais reconstitue aussi l'atmosphère de l'époque dans plusieurs pièces réaménagées avec des objets du temps. L'« héritage » et les honneurs adressés à Pieck sont présentés dans une section de l'exposition, ainsi d'un tapis fabriqué par l'usine « Wilhelm Pieck » d'Oulan-Bator en Mongolie. Les Jeunesses communistes locales sont très actives pour l'entretien et la mise en valeur du lieu.

Un peu plus loin en ville, dans la rue Helsunger, l'engagement du jeune Pieck, qui contribua gracieusement à la construction d'une maison syndicale, devenue l'auberge « Repos » (*Erholung*, Cercle-Kasino au temps de Pieck), était exalté. Les SS ont fait de la maison syndicale un lieu de détention. En RDA, deux plaques rappelaient d'une part la belle action de Pieck, de l'autre les violences commises par la SS, en particulier contre les communistes. Il ne reste plus rien d'apparent dans la rue Helsunger : ni du lieu ni des plaques, un voisin m'explique que le bâtiment de brique rouge, plus ou moins délaissé, abritait la grande salle de l'auberge, démantelée depuis longtemps : il a lui-même enlevé le parquet. D'ailleurs, à Blankenburg, il ne reste aucune des quatre plaques signalées dans mon guide « orange » de 1974 et qui rappelaient les luttes du mouvement ouvrier, pas même celle évoquant les méfaits de la justice nazie devant l'ancien tribunal (Mauerstraße). Un habitant me dit qu'il y avait aussi un monument à Pieck devant l'école qui portait son nom et qui a, lui aussi, disparu.

Ainsi, l'espace public a été ici entièrement purgé de la mémoire RDA. Cependant le musée qui a repris la maison des compagnons, lui, assume la continuité. Il a consacré une pièce entière à Wilhelm Pieck, en particulier à son passage dans la région, et l'on y retrouve les deux plaques qui figuraient à l'extérieur, sur le mémorial et dans la rue Helsunger. Elles sont posées sur le sol, encore ce pays désormais par terre, à l'horizontale. Dans une pièce de quelques mètres carrés, six vitrines évoquent l'époque du compagnonnage du premier président de la RDA, une maquette, déjà exposée dans le musée RDA, montre la construction de la fameuse maison des syndicats, qui était adossée à une fabrique de limonade. Manifestement, cette nouvelle mise en scène reprend, en mineur, les structures et les objets de celle de la RDA. Elle n'est en rien marginalisée (même si la pièce est petite) car, en outre, une copie en bois de la plaque originale qui figurait devant la maison est apposée, bien visible, dans le couloir d'entrée, avec différentes photographies du lieu.

C'est cependant une réduction importante eu égard à l'exposition des années 1980. Celle-ci occupait deux niveaux et sept salles, le rez-de-chaussée évoquant les activités politiques de Pieck de 1896 à sa mort, et le premier étage son enfance et sa jeunesse. Aujourd'hui, ces espaces sont occupés par une exposition sur l'histoire locale du compagnonnage. Du coup, à nouveau, Pieck est ici une figure rendue *locale*, voire *localisée, cantonnée.*

À Berlin, lieux et plaques à la gloire de Pieck peuplaient la ville. Tous n'ont pas disparu mais, là encore, l'effacement a pris des formes multiples. Le lycée Wilhelm-Pieck à Pankow – lycée qui porte cette dénomination depuis 1950 – a changé de nom. Pieck lui-même l'avait auto-inauguré. La façade du bâtiment, elle, n'a pas beaucoup changé depuis sa construction (1907). Le lycée s'appelle désormais « Rosa Luxemburg ».

Le volume que la série *Berliner Arbeiterbewegung* (1975) consacre à Wilhelm Pieck à Berlin recense tous les lieux de mémoire. C'est encore une contribution de Maur. Parmi ceux-ci, le lycée. Il y a, précise le volume, un buste de Pieck dans la cage d'escalier, assorti d'une petite exposition avec des images et des documents sur la vie du Président. Le 4 octobre 1975, les élèves et les professeurs du lycée inaugurent un « bosquet honorifique » (*Ehrenhain*) pour Pieck, dont un bas-relief offert par sa fille Elly Winter forme le point central. Il est fixé sur un mur, orné d'un autre tableau portant l'inscription : « La paix est le bien le plus précieux de l'humanité. Sur lui s'appuie l'avenir de la jeunesse. » Lors d'une de mes visites à Berlin, je me rends dans ce lycée pour voir ce qu'il en reste. Aucune indication dans l'entrée ne fait référence à cette période. Je monte au secrétariat et interroge le personnel présent, dont un professeur. Je vois bien que ma question ne les intéresse pas vraiment. Personne ne sait rien ni ne cherche un moyen de me renseigner, et l'on me renvoie vers un responsable aux intérêts historiques. Je demande qu'on l'interroge. J'obtiens une réponse par mail mais aussi évasive que notre discussion.

Au numéro 1 de l'ancienne rue Wilhelm-Pieck, dans le centre de Berlin, c'est aujourd'hui un club ultrachic et luxueux qui vous accueille, Soho, on ne peut guère dépasser le hall d'entrée si l'on n'en est pas. Le groupe a racheté l'immeuble, vide dans les années 1990, en 2007. Après la Seconde Guerre mondiale, ce qui fut le magasin Jonas devint le siège du Parti communiste, la « Maison centrale de l'Unité », jusqu'en 1956. Sur les photos d'époque, de grands portraits de Staline ou de Grotewohl et Pieck entourant Ulbricht ornent le bâtiment. Il fut ensuite utilisé par une grande institution idéologique de la RDA, l'Institut d'études du marxisme-léninisme, mais la pièce de travail de Wilhelm Pieck fut érigée en mémorial. Une photo de

1978 la montre riche et chargée, avec livres, documents, bibelots et objets, très préservée en apparence. Soho en a conservé la structure mais en a fait un lieu « privatisable » pour fêtes et réunions, les objets et souvenirs de Pieck en ont été débarrassés. Un bar très moderne accueille le visiteur. Le club a rebaptisé l'espace « Bureau politique », l'Ostalgie chic ici. Le « Bureau politique » figure parmi d'autres pièces à louer, « Torstrasse », « Club Room »… Le service de la communication est très aimable et me le fait visiter avec beaucoup de diligence, mais, à vrai dire, même s'il est présenté comme une pièce historique, on ne retrouve plus rien de l'époque de la RDA, pas même l'aménagement. Seul le style garde un cachet du temps passé. Des élus de Berlin, en particulier Jens-Holger Kirchner, un « Ossi » membre des Verts, ont veillé cependant à ce que soient reposées, après les travaux de rénovation, les plaques réalisées par Gerhard Thieme, qui évoquaient la présence d'Otto Grotewohl et de Pieck au siège du parti. L'une ayant été perdue, elle a été refaite à l'identique pour la somme non négligeable de 15 000 euros (2016)[1]. On voit ici, comme à Zechin, que les dynamiques mémorielles ne sont pas d'une pièce et parfois même dialectiques.

Il en est de même dans l'ancien château berlinois de Niederschönhausen, dans le quartier de Pankow. Siège de la présidence de la RDA, puis du Conseil d'État (*Staatsrat*, 1960-1964), il a été ouvert au public en 2009 et la pièce de travail de Pieck est présentée dans l'état de l'époque, avec les objets rapportés du dépôt du musée d'Histoire allemande. On peut aussi y voir, encore, une chambre pour dame, lorsque le château servait de maison d'hôtes du gouvernement (1964-1990). Elle accueillit notamment Indira Gandhi.

---

1. Voir la décision du Bezirkamt de Pankow, VII-1363/2015, 8 septembre 2015.

Une exposition sur ces lieux du pouvoir à Pankow complète la visite. L'exposition inscrit bien la RDA dans la continuité de l'histoire allemande et prête attention aux usages des pièces par les différentes institutions politiques, même si certaines ont repris les couleurs du temps des princes. Les commentaires y insistent, l'aspect paisible du lieu ne doit pas donner à voir un régime qui aurait été de caractère inoffensif (*Harmlosigkeit*), mais une dictature stalinienne. Il ne s'agit pas tant ici de « traces » que de la mise en musée d'une institution politique, la présidence, et surtout de la muséographie « officielle » de l'histoire de la RDA, que l'on retrouve dans de nombreux musées publics et privés (comme le DDR-Museum). D'une certaine manière c'est un autre sujet, celui de la mise en scène publique de l'histoire allemande, l'histoire de la RDA inscrite dans les discours contemporains.

Pour tous les enfants de RDA, ou presque, il est un lieu particulier associé à Wilhelm Pieck, qui, insiste Maur dans sa brochure, « se trouvait souvent parmi les enfants et la jeunesse du pays » : la « République des Pionniers Wilhelm-Pieck ». Au bord du lac de Werbellin (Werbellinsee), ce grand camp de loisirs et de formation pour la jeunesse de RDA fut inauguré en 1952, il fut baptisé du nom de Wilhem Pieck le 16 juillet, en sa présence. La photo le montre avec le foulard des pionniers. Même si, très vite, les constructions, comme ailleurs au milieu des années 1950, subissent des restrictions, le camp ne cessa de s'élargir et d'ouvrir de nouveaux équipements (discothèque, scène de plein air, gymnase…). Plus tard, un petit mémorial y est installé avec un buste du grand homme (par Johannes F. Rogge) afin que les enfants s'imprègnent de son histoire. Sur la place d'appel, c'est une statue de plain-pied qui honore le Président des enfants. Le jour de l'inauguration les jeunes présents ont prêté un serment qui le reconnaîssait comme modèle pour le présent et l'avenir.

Cette «République» devait en particulier illustrer et incarner la solidarité internationale en accueillant des enfants des pays frères ou des organisations en lutte. L'écrivaine Marion Brasch, que nous retrouverons plus longuement dans le dernier chapitre, y fait un séjour mémorable à treize ans (1974), celui de son premier baiser. Elle s'amourache là d'un jeune Polonais et fréquente de jeunes Palestiniens aux entraînements très martiaux. Lorsque leur chef arrive, sans doute Yasser Arafat, qui visite le camp cet été-là – mais il n'est pas nommé dans son récit –, c'est Marion qui fait le discours d'accueil, ce dont elle est très fière. On lui remet un feuillet avec tous les mots que doit comporter son discours: «enfants du monde, socialisme, paix, amitié, solidarité...».

Après 1990, le camp continue à fonctionner, en d'autres mains, des travaux d'aménagement sont faits, mais il se défait de son apparat socialiste. Plusieurs des œuvres d'art de cette «République», notamment une œuvre de Womacka, un portrait peint, un buste et la statue de Pieck sur la place d'appel (Frank Dittrich, Heinz Schumann), se retrouvent au dépôt de Beeskow (les Archives de l'art) qui conserve les œuvres d'art et la production décorative et honorifique de la RDA pour les nouveaux Länder du Nord. D'autres ont disparu.

Le centre de loisirs accueille différentes activités de groupe, comme les rencontres familiales de Die Linke en 2012. Même si plusieurs bâtiments ont été rénovés et modernisés, la structure de la République des Pionniers est restée. Une visite approfondie permettrait assurément d'en retrouver toutes les traces. Il faudrait demander des autorisations et mener une véritable enquête parmi les nombreux bâtiments. Sans nous y lancer, nous avons tout de même cherché ceux qui semblaient inutilisés ou témoignaient particulièrement des premiers temps de cette «République».

C'est le cas d'un bâtiment des années 1950 à l'entrée manifestement abandonné. On y entre difficilement, même si l'intérieur est vide pour l'essentiel. Comme souvent cependant ces abandons ont figé d'autres temps, à la cave le petit bureau du technicien – Lebrecht F., avec sa veste encore pendue – est comme resté en RDA, sauf les dégradations du temps. Sur le bureau se trouvent des cartes syndicales de la FDGB et des documents de gestion des années 1970 et 1980...

À Stollberg, dans le bâtiment administratif des abattoirs, à l'abandon, parmi un immense amoncellement d'objets hétéroclites, une caisse contient des documents d'enfant des années 1950 et 1960 (mars 2018). L'un est à l'en-tête de la « République des Pionniers Wilhelm-Pieck ». C'est un long discours tenu lors de la rencontre des pionniers de Karl-Marx Stadt en 1964, qui me ramène à Werbellinsee, à l'autre bout de « la petite République », trace contemporaine et infime d'une expérience d'enfance, mobilisée ici pour la construction industrialiste et productiviste du socialisme (*Aufbau des Sozialismus*), appelée à faire preuve d'initiative. L'orateur, Horst Schumann, ne manque pas de vanter auprès des enfants les réalisations de la Schwarze Pumpe dont la production de gaz se lance juste et, insiste-t-il, accomplies par des hommes qui n'ont pas eu la chance de bénéficier de l'école dont ils jouissent, eux. Il leur faudra faire plus...

Le souvenir de Pieck synthétise ainsi les dialectiques mémorielles des traces du pouvoir de RDA. On y lit l'articulation entre les déboulonnages et la mise en mémoire officielle (château de Niederschönhausen), mais aussi les tensions de l'effacement, de la résistance et du renouveau : une rue retrouvée, une exposition refaite mais réduite, un monument restauré, une plaque sauvegardée...

Retours artistiques

L'art public, si central dans la conception de l'aménagement spatial en RDA, a connu, pour une part, le même effacement que les traces les plus militantes. Outre le fait d'être associé au régime défunt, il était, souvent, accusé de faiblesse esthétique, trop marqué par les orientations politiques de la RDA, par l'encadrement de la commande. Les nouveaux aménagements urbains depuis 1990 ont conduit aussi à de nombreuses disparitions, qu'elles fussent de négligence, de hasard ou de vengeance. Certaines œuvres ont bien résisté cependant comme l'immense mosaïque « Le Retour du drapeau rouge » sur le palais de la Culture de Dresde, où l'on voit encore Walter Ulbricht sous l'ombre de Lénine. Au cœur d'une ville très touristique, face au vieux marché son imposante présence continue à gêner. Certains élus, à droite notamment, aimeraient briser cette résistance qui témoignerait encore du monopole politique du SED. Des projets de contre-discours sont à l'œuvre et pour l'instant n'aboutissent qu'à la rédaction d'une brochure explicative.

Au-delà de la résistance, certaines œuvres font retour dans l'espace public, en tout ou en partie. À Thale, dans le Harz, l'œuvre de Willi Neubert, artiste exemplaire de la RDA, reprend dans les années 2000, pourtant, une place importante. Né en 1920 dans les Sudètes en Tchécoslovaquie, Neubert se forme comme tourneur et soudeur. L'annexion de la région par l'Allemagne nazie lui ouvre de nouvelles perspectives professionnelles. Interné par les Tchèques en 1945, il se retrouve à Thale après la guerre. Il entre dans la grande usine sidérurgique déjà évoquée (Eisen- und Hüttenwerke Thale, EHW) mais il perd ses deux jambes dans un grave accident du travail. Dès lors, il se consacrera au dessin car, en RDA, on l'a dit, on trouve toujours une place aux travailleurs. Dans l'usine, il fonde un cercle d'artistes amateurs. Neubert est envoyé par EHW se former dans l'école d'art et design de Halle, et devient un artiste important en développant, en particulier, les œuvres de mosaïque. Neubert, c'est en quelque sorte l'homme idéal pour l'art nouveau. Il a connu le monde ouvrier, travaillé comme ouvrier, de plus dans l'industrie lourde, exaltée et privilégiée dans les discours et pratiques du bloc de l'Est. Ainsi est-il salarié par EHW pour son œuvre ; un atelier est mis à sa disposition. Il devient même professeur en chaire, un titre si important en Allemagne. Ses œuvres picturales thématisent l'usine, le collectif et l'ouvrier. Dans les années 1960, dans un temps de lien renforcé avec EHW, Neubert travaille à des œuvres pour les bâtiments, peinture murale, mosaïque avec de l'émail produit sur place. Pour le tricentenaire de l'entreprise, Neubert compose une œuvre de céramique qui est apposée sur l'immeuble de résidence des apprentis, mettant en valeur, dans un mélange de style abstrait et socialiste, l'usine elle-même à travers le temps et les machines. Le bâtiment est détruit au début des années 2000. Mais, à Thale, ni négligence ni iconoclasme pour l'artiste chéri de la ville. L'œuvre est réinstallée en 2005 sur une ancienne salle des machines et bien valorisée (cliché ci-dessous, 2016).

Mieux, on y rapatrie les œuvres de Neubert qui sont dévalorisées ailleurs, ainsi de « La Solidarité internationale » réalisée en 1977-1978, exposée en Thuringe, dans l'extrême sud du pays. C'est une grande fresque de céramique, qui alterne les motifs abstraits et des figures de différents continents, sans oublier les classiques colombes de la paix. Après 1990, décrochée, l'œuvre est oubliée. Pas à Thale. Pour les quatre-vingt-dix ans de l'artiste (2010) le rapatriement est organisé officiellement, de ville à ville, de Suhl à Thale. Le maire Thomas Balcerowski ne se démonte pas devant les critiques politiques de son geste, qui renvoient l'artiste à son engagement auprès de l'État est-allemand. Ossi, mais élu de la CDU, formé à EHW avant de faire du droit, Thomas Balcerowski souligne l'ancrage local de Neubert, qui a permis de faire connaître Thale, et n'a pas de crimes à se reprocher : « Pourquoi donc ne pas l'honorer dans sa ville ? » C'est là l'incarnation de la forme *locale* des mémoires RDA qui se détachent de tout discours sur le passé politique de « l'État des ouvriers et paysans ».

Renouveaux héroïques

Dans la tension dialectique entre la persistance de la trace et son effacement, tout n'est pas toujours joué d'avance, ni soumis à un mouvement uniforme de l'histoire. Dès le début de l'unification, les protestations contre les destructions sont actives et variées. Ainsi, même après la mise à bas du grand Lénine de Prenzlauer Berg, des activistes portent des pierres qui le composaient lors de la rituelle manifestation de janvier 1992 pour la commémoration de l'assassinat de Rosa Luxemburg et Karl Liebknecht.

Ils les enterrent, à la fin de la manifestation, près des tombes de deux martyrs[1].

Certaines traces matérielles de l'espace public de la RDA se défendent âprement, résistent, voire renaissent lorsqu'elles ont disparu. La rénovation et la réhabilitation des immeubles de centre-ville sont souvent mortelles pour les souvenirs de RDA qui y sont encore fixés. Au-delà de toute volonté politique explicite, par négligence, indifférence, par facilité technique, nombre d'entre eux ont succombé. Ainsi n'aurais-je pas parié beaucoup, quand je suis arrivé à Cottbus, sur la plaque qui dans l'ancienne maison des Jeunesses communistes (FDJ) rappelait leur fondation (locale) en 1946. Et pourtant la plaque était non seulement toujours bien visible mais avait été nettoyée, visiblement dans le processus de rénovation d'ensemble du bâtiment désormais appelé « Glad House ». Cette belle maison du xixe siècle, du Cercle « Casino », où l'on se restaurait et se réunissait, devint après la Seconde Guerre mondiale la maison des FDJ. Après l'unification, elle servit à nouveau de centre culturel pour la jeunesse. En 2010-2011, le Land de Brandebourg investit dans deux tranches de travaux pour une rénovation complète. Le ministère explique que toute politique urbaine doit veiller aux jeunes générations, en particulier dans un contexte démographique difficile. Faut-il voir dans la préservation attentive de la plaque un choix positif de l'administration d'un gouvernement « rouge-rouge » du Land, c'est-à-dire SPD et Die Linke, composé d'hommes de l'Est ?

Au-delà de la survie, des œuvres RDA sont aussi défendues par des acteurs politiques, soit pour des

---

1. Barbara Könczöl, « Reinventing a Socialist Heroine: Commemorating Rosa Luxemburg after Unification » in David Clarke, Ute Wölfel (dir.), *Remembering the German Democratic Republic in a United Germany*, Basingstoke, Palgrave MacMillan, 2011, p. 77.

raisons politiques, les militants communistes sont alors à la manœuvre, soit par attachement *local* à un artiste, un lieu ou une œuvre. Jochen Schmidt écrit, lui, simplement : « Je ne comprendrai jamais pourquoi l'art de propagande socialiste a été retiré dans de nombreux lieux, pour laisser la place, sur des surfaces encore plus grandes, à la propagande (publicitaire) capitaliste ».

À Francfort-sur-l'Oder fut inauguré en 1986, pour le centenaire de sa naissance, un mémorial à Ernst Thälmann, drôlement composé. Il y a certes la classique tête sculptée sur un socle, une œuvre ici de Walter Kreisel, installée auparavant devant une école professionnelle (1965), mais aussi, derrière, un autel aménagé dans un caveau du cimetière transformé en parc. L'ancien tombeau de la famille de l'industriel Otto Strahl devient un lieu de culte au héros socialiste. Deux plaques sont apposées à l'intérieur. « Il est venu du cœur de la Classe. Il vivra dans le cœur de la Classe. » « Ce pour quoi il a lutté est devenu réalité. Thälmann vit[1] ! » Ce transfert de culte est une illustration parfaite de la volonté d'instaurer un espace public radicalement nouveau, renversant l'ordre ancien. Mais la RDA elle-même devient un ordre ancien dans les années 1990. En 1996, la tête est vandalisée à coups de marteau, après avoir subi différentes avanies. La gauche locale se mobilise alors pour redonner un buste au socle, avec l'aide du sculpteur, communiste orthodoxe, artiste de la ville à l'époque de la RDA, et d'une souscription. En 1998, pour les cent douze ans de la naissance de Thälmann, sa tête est réinstallée. Voilà une lutte opiniâtre contre l'iconoclasme par l'alliance de trois partis communistes ou ex-communistes (le KPD, le DKP et

---

1. « Er war mit dem Herz der Klasse ergeben. Im Herzen der Klasse wird er leben. » « Verwirklicht ist, wonach er gestrebt. Thälmann lebt ! » Ce paragraphe s'appuie notamment sur un entretien avec Walter Kreisel et les archives du service culturel de la mairie de Francfort-sur-l'Oder.

le PDS héritier du SED). Mais la ville, dirigée par le SPD participe aussi. Le DKP écrit que c'est d'autant plus important de promouvoir le courage civil dans la population, à travers l'exemple d'un Thälmann, quand, localement, il faut déplorer les agressions de l'extrême droite. La lutte continue. En 2002, la tête de Thälmann est à nouveau dérobée puis jetée dans l'Oder. Le malfaiteur voulait ainsi s'exprimer contre la « glorification » de personnalités. Mais le voleur puis le buste sont retrouvés et Thälmann réinstallé, malgré l'opposition politique des jeunes de la CDU. « La place de Thälmann est au musée », argumentent les chrétiens-démocrates. Pourtant, le fait connu, les différents partis, SPD, CDU, FDP, avaient tous condamné l'iconoclasme et tous envisagé le retour de Thälmann. Ce qui pourrait paraître ordinaire ne l'est pas dans le contexte d'effacement des traces. Réinstaller Thälmann dans les années 2000 témoigne d'un âpre combat à contre-courant.

Même motif, même combat dans les mêmes années à Berlin sur le site aujourd'hui très branché, friche festive et déjantée, des ateliers de réparation de chemin de fer RDA sur la Revaler Straße (la RAW). Il s'y trouvait, avant 1989, entre autres un petit mémorial, double, en l'honneur d'Ernst Thälmann et de Franz Stenzer (1900-1933) qui avait laissé son nom à l'ensemble du site. Cheminot communiste, député au Reichstag (1932), Stenzer fut assassiné à Dachau par un SS. Le mémorial disparut en 1999. Mais des militants motivés le réédifièrent. Ils viennent du monde des anciens de la RDA, autour du DKP à nouveau, mais aussi de l'Association des antifascistes et des victimes du nazisme (fondée en 1947, proche du régime en RDA) et du Cercle des amis d'Ernst Thälmann et du mémorial de Ziegenhals.

Au début des années 2000, les plaques sont installées, sur le modèle des précédentes – un relief et les dates de naissance et mort des deux militants – mais avec un « design » un peu différent, un peu bricolé et amateur. Un panneau raconte brièvement l'histoire du lieu et des plaques, manière d'affirmer et d'historiciser cet acte militant.

À Trebus, Lénine est de nouveau debout (2015). La statue de Strausberg, récupérée du lit de gravier dans lequel elle sommeillait dans le jardin du musée, est finalement emportée par le groupe évoqué, les «Amis de l'IFA», porteur du souvenir du pays défunt. Redressé, Lénine est exposé dans une immense halle entre voitures et reconstitutions, avec son petit coin à lui, la «Leninplatz», entouré de ses œuvres, d'objets et de *memorabilia* (cliché ci-dessous, juillet 2017). Dans l'entrée du site, un autre Lénine a d'ailleurs été sauvé de l'oubli, rapporté d'une caserne russe locale. Repeint et triomphant, entre deux mâts pour hisser les drapeaux, il donne le ton au visiteur qui arrive.

Mieux, en 2016, les activistes de la mémoire de Thälmann viennent de réinstaller en plein Berlin (Neukölln) l'exposition sur Thälmann de Ziegenhals (qui se tenait dans l'avant-salle), après avoir, sur le lieu même, érigé un petit monument. Ils avaient réussi, lorsque le bâtiment avait été rasé, à préserver l'ensemble des vitrines et des objets, jusqu'aux chaises, au poêle de la salle de réunion et à la cloche du fameux bateau *Charlotte* (au fond de la salle, cliché ci-contre, sous le buste de Thälmann). Cette barque, à haute teneur politique et symbolique, plusieurs fois refaite ou restaurée (déjà en RDA, 1982) mobilise les militants au même moment. Ils lui trouvent un nouvel abri en Allemagne de l'Ouest, à Heideruh, non loin de Hambourg, dans un centre antifasciste.

Dans le petit local militant de Berlin-Ouest, les activistes ont réorganisé l'exposition dans l'ordre même qui fut celui du temps de la RDA, prolongeant ainsi la lutte pour Ziegenhals entamée dès les menaces des années 1990 (cliché ci-dessous, décembre 2016). Le musée s'enrichit de dons contemporains, ainsi d'une œuvre de Walter Womacka. Ce n'est qu'une étape : les militants voudraient, comme au bon vieux temps, que les écoles et les élèves viennent de nouveau visiter Ziegenhals. Leur « rêve » est même de réinstaller le mémorial sur place.

RÉSISTANCES ET RENOUVEAUX

Ces militants, qui réinventent les héros de la RDA, constituent tout un réseau du souvenir. Nous allons nous y immiscer et en suivre les célébrations au prochain chapitre.

V
Défendre la RDA

Dans la tourmente de la fin 1989, le SED se transforme – pour sauver les meubles, au sens propre (les biens matériels du parti), comme figuré (les départs massifs) – en «Parti du socialisme démocratique» (PDS), sans passer par une complète dissolution. Il reforme ses structures, se sépare de propriétés et entreprises annexes, rejette «irrévocablement» le stalinisme, ainsi que le socialisme centralisé, autoritaire, dictatorial du gouvernement Honecker. Fondé en décembre, le parti prend d'abord le double nom de SED/PDS puis de PDS : il se compose à 90 % de membres du SED.

Mais des courants se constituent, pour dénoncer une rupture insuffisante ou au contraire défendre plus fermement l'héritage du SED. Pour un parti né de l'effondrement du régime, le travail critique sur le passé RDA est d'emblée fondateur et reste central, en tension [1]. Dans le programme de 1993, le parti entend bien discuter les erreurs et les crimes commis au nom du socialisme et du communisme. Celui de 2003 souligne encore la rupture avec le SED, pour son mépris de la démocratie et des libertés.

---

[1]. Christian Lannert, «*Vorwärts und nicht vergessen*»? *Die Vergangenheitspolitik der Partei DIE LINKE und ihrer Vorgängerin PDS*, Göttingen, Wallstein, 2012, 292 p.

Cette dénonciation des erreurs politiques ne peut cependant conduire à dévaluer l'ensemble de l'histoire de l'« autre » État allemand. Le parti se fait le défenseur des acquis de la RDA dans l'Allemagne post-unification, contre une « délégitimation » complète de son histoire, des « biographies » de ses membres, et l'assimilation permanente avec le nazisme dans l'écriture officielle de l'histoire. Avec constance, le PDS souligne la légitimité d'une alternative socialiste à l'Allemagne de l'Ouest. Sans nier les erreurs et les méfaits, on l'a dit, le programme de 2003 refuse explicitement de ne voir dans la RDA qu'un échec, rappelle le contexte de la construction du pays et ses réalisations aussi. Ainsi le PDS rejeta les conclusions des deux commissions d'histoire évoquées au chapitre précédent. Avec des nuances, il voit dans le processus de réunification l'échec d'une voie progressiste et démocratique en RDA, empêchée par l'Ouest. Pour Lannert, cette lecture d'ensemble du passé se poursuit, malgré l'ouverture des positions, avec la transformation en « Parti de gauche » (Linkspartei, 2005) qui devient « La Gauche » (Die Linke, 2007) en absorbant des dissidents de gauche du Parti social-démocrate et d'autres groupes ancrés à gauche. Du coup, et progressivement, les liens avec l'héritage est-allemand se distendent aussi biographiquement. Fin 2007, environ 40 % des membres de Die Linke sont des anciens du SED (30 000 sur 71 000).

Au milieu des années 1990, Rupert Scholz, ancien ministre de la Défense d'Helmut Kohl, dit des électeurs du PDS : « Les gens voient dans le PDS ce qui reste de l'Allemagne de l'Est. Ils votent pour un souvenir, contre l'interruption de certaines carrières, contre la mise à l'écart de quarante années de leur existence […]. C'est ce que nous avons sous-estimé. » Ainsi, par exemple, le programme du PDS de 1999 dénonce-t-il les politiques conduites dans les nouveaux Länder, qui suppriment des acquis sociaux ou des facilités fournies aux populations : privatisation de la distribution d'eau, restitution des terrains aux anciens propriétaires au détriment des habitants. De même, il valorise certaines politiques de la RDA comme la socialisation des terres et l'expropriation des Junkers. « Nous défendons les intérêts de l'Est », dit un paragraphe. Le PDS critique aussi les poursuites pénales menées contre les cadres et les espions de la RDA, quand les agents de l'Ouest sont intouchables. Constamment, le parti demande aussi à interroger plus avant l'histoire de la République fédérale et pas seulement celle de la RDA. Il s'insurge contre les vagues de dé-baptême de rues qui touche aux antifascistes et héro(ïne)s du mouvement ouvrier, par exemple pour celle portant le nom de Clara Zetkin à Berlin.

Mais le parti n'est pas monolithique, on l'a dit, et sa politique doit articuler les différents courants, des plus attachés à la RDA (« orthodoxes ») aux « réformateurs » âpres critiques des échecs du socialisme d'État. Deux tendances du parti, minoritaires, « Plateforme communiste » et « Forum marxiste », représentent en particulier une fidélité assumée aux réalisations de la RDA et entendent bien les défendre au sein même de Die Linke, par exemple lorsque des membres du parti veulent souligner en 2001 le caractère forcé et répressif de la fusion de 1946. Les controverses sont ainsi parfois très vives à l'intérieur du parti sur la lecture du passé, et elles n'ont cessé de ponctuer son histoire depuis 1990. Il y a peu, encore, sur l'expression « État de non-droit » : peut-on qualifier, comme le fait le discours dominant, la RDA d'« État de non-droit » (*Unrechtsstaat*), ainsi qu'en ont décidé les instances de Die Linke en Thuringe, dans un accord de coalition (2014) ? Pour les critiques de cette prise de position, de cet « agenouillement » (*Kniefall*), c'est participer globalement à la délégitimation de la RDA alors qu'il convient de défendre au contraire un « essai de socialisme sur le sol allemand » et d'assumer l'héritage de l'antifascisme [1].

Au fur et à mesure des désillusions, les mémoires en défense, au sens propre sous la forme de livres ou de pamphlets, et plus figuré si l'on s'en tient à nommer ainsi les arguments qui circulent dans l'espace public, sont plus nombreux et offensifs contre les « mensonges » sur la RDA [2]. Autour de quelques motifs récurrents, les arguments s'affrontent bloc contre bloc. Les anciens cadres de l'Est dénoncent les politiques mémorielles des institutions de mémoire créées *ad hoc*, en particulier l'*Aufarbeitung*. Leurs résultats seraient connus d'avance : « La RDA c'était le diable, la RFA l'État modèle chrétien-parlementaire », écrit Horst Schneider. Il précise : « L'intention explicite de la classe dominante [...] c'est de dérober au mouvement ouvrier sa mémoire historique, ses histoires et son histoire [3]. » D'autres essais et travaux remettent en cause le processus de réunification et le démantèlement de la RDA, ce qui permet aussi de souligner en miroir les supposées réussites et points forts de celle-ci, autrement dit son potentiel, encore en 1989-1990. Des chercheurs répondent et ripostent en dehors d'une arène proprement savante à ceux qu'ils qualifient de « nostalgiques ».

---

1. Ludwig Elm, Ekkehard Lieberam, « Rechte Geschichtspolitik unter linker Flagge », supplément à *Rotfuchs*, 226, novembre 2016, p. 1-6.

2. Voir par exemple, Horst Schneider, ancien professeur d'histoire à Dresde, *Hysterische Historiker. Vom Sinn und Unsinn eines verordneten Geschichtsbildes*, Berlin, Wiljo Heinen (2008), Ralph Hartmann, ancien diplomate de la RDA, *Die DDR unterm Lügenberg*, Berlin, Edition Ost (2008), *Wider die Lügen zur DDR. Antworten auf einige Fragen*, KPD (2009), Klaus Huhn, *Kleines Handbuch der grossen Lügen über die DDR* (2009), Hermann Leihkauf, ancien économiste de RDA, *DDR. Zum aktuellen Kampf um die Deutungshoheit über den ersten sozialistischen Staat auf deutschem Boden*, Schkeuditz, GNN-Verlag (2017).

3. Horst Schneider, *Hysteriche Historiker, op. cit.*, p. 23-24.

Si Die Linke tire un bilan critique de la RDA, permet à plusieurs positions de s'exprimer, de l'apologie à la critique, la fidélité inconditionnelle, ou presque, à l'autre Allemagne se réfugie plus à gauche, si l'on veut, autour de deux petits partis communistes (le DKP et le KPD) prolongeant les luttes de la guerre froide, et d'associations diverses. Le « Parti communiste allemand », DKP (1968), était en effet une forme d'avant-poste du SED en Allemagne de l'Ouest, après la dissolution du Parti communiste, alors existant, par le gouvernement de Bonn (1956), dans un contexte de fortes tensions. Au DKP, la fin de la RDA est toujours analysée comme une défaite du mouvement ouvrier. Même si le DKP critique les accommodements de Die Linke, ses candidats figurent souvent sur les mêmes listes. Le « Parti communiste d'Allemagne », KPD, a été « re »-fondé en 1990 contre les processus en cours, toujours en défense de Staline, dont le portrait figure sur son matériel de propagande.

Son journal a repris le titre de l'organe du parti historique *Die Rote Fahne*, « Le Drapeau rouge ». Défenses, références et mémoires de RDA y sont omniprésentes. Des rubriques régulières évoquent le pays disparu « Made in GDR », ou encore « La RDA à travers ses districts/Ma patrie la RDA », retrouvant l'iconographie d'époque.

Tout un milieu, avant tout des anciens du SED et de la Stasi, entretient ainsi la fidélité au pays et au régime. Il a ses groupes, rassemblés dans un « Curatorium est-allemand des associations », sa maison d'édition – les éditions Ost fondées en 1991-1992 –, ses publications comme l'austère magazine « Renard rouge ». Les éditions Ost ont été créées pour lutter contre la « criminalisation » de la RDA et sa réduction à la Stasi. La publication des dernières notes de Honecker fait connaître la maison (1994). Aujourd'hui encore, elle permet aux anciens du régime de défendre l'histoire de la RDA et de critiquer les évolutions de l'Allemagne depuis, d'exposer leurs antirécits, du 17 juin 1953 ou des agissements de la Stasi. Quelques auteurs y publient régulièrement, comme l'historien marxiste Kurt Pätzold (1930-2016) renvoyé de l'université Humboldt, le journaliste Klaus Huhn que l'on a vu parcourir les ruines industrielles de la RDA, ou encore Robert Allertz qui dénonce le regard méprisant et colonial des touristes ouest-allemands lorsqu'ils se promènent à l'Est, dans « Foutez le camp » (*Macht euch von unserem Acker*, 2011). Tous les derniers dirigeants de la RDA y sont publiés : Hans Modrow, Egon Krenz, ou encore la correspondance de Honecker avec sa femme, Margot, en exil au Chili. En 2001, les éditions Ost forment, avec d'autres éditeurs proches, le groupe Eulenspiegel.

Le mensuel « Renard rouge » (*Rotfuchs, RF*), fondé en 1998 par des militants du DKP, défend aussi, sans nier ses « insuffisances », toutes les mémoires de la RDA, celles de la « bonne Allemagne », du « plus grand acquis (*Errungenschaft*) du mouvement ouvrier », valorise son « héritage révolutionnaire », rappelle les figures de l'État socialiste, pourfend l'impérialisme et l'OTAN et s'insurge contre toutes les critiques de la Russie. Ainsi dans le numéro de mars 2017, Elfriede Goldberg évoque ses souvenirs de Wilhelm Pieck, « notre modèle », tandis que Johannes Chemnitzer, né en 1929, ancien du comité central, explique « pourquoi [il] reste fidèle à [sa] patrie (*Vaterland*) la RDA », une patrie qui a brisé les *Konzerne*, nationalisé les banques, balayé les oligarques et la corruption et éliminé toutes les causes possibles de guerre.

Les insuffisances et les critiques des évolutions du régime et de ses chefs s'expriment selon des horizons d'attente internalistes, soit qui espéraient son renforcement et non sa chute (Peter Elz, avril 2017). Ici pas de « tournant » (*Wende*), mais un « fiasco » (*Reinfall*), un « retour en arrière » (*Rückfall*), une « marche arrière » *(Rückkehr, Rückmarsch)*. Ainsi un photomontage dans le numéro de janvier 2018 présente Karl-Edouard von Schnitzler le présentateur de l'émission de la RDA *Der Schwarze Kanal*, évoqué au chapitre II, qui démontait les discours de l'Ouest, affirmant dans une bulle rajoutée : « Je vous ai prévenu chaque lundi », sous-entendu : vous éprouvez aujourd'hui ce qu'est l'Allemagne capitaliste… (cliché ci-dessous).

Forum des anciens, *RF* offre une rubrique fournie au courrier des lecteurs et annonce les activités régulières de ses groupes de soutien, quasi exclusivement présents dans l'ex-Allemagne de l'Est (voir la carte des groupes régionaux reprise du site du mensuel, ci-dessous).

C'est ce milieu qui contribue à refabriquer les héros de la RDA, comme on l'a vu au chapitre précédent, à sauver leurs traces. Il a, depuis quelques années, une nouvelle commémoration… à l'Ouest.

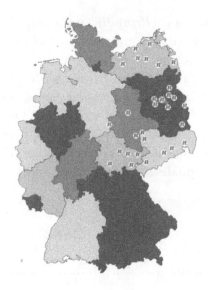

LA RDA à l'ouest

À Bochum, bon anniversaire la RDA

Je suis donc allé assister, au cœur de la Ruhr au 64ᵉ anniversaire de la fondation de la RDA (5 octobre 2013). C'était la première fois que l'événement prenait ici le caractère d'une grande manifestation publique. Auparavant, il était célébré en un cercle restreint. Je ne savais pas ce que serait cette immersion parmi ceux qui pensent qu'il n'y avait comme seul avenir que la RDA, parmi ceux qui regrettent *vraiment*. La commémoration a lieu dans une école, la Pestalozzi-Schule. La tribune est parée de drapeaux de la RDA et d'un buste de Lénine.

Ce 64ᵉ anniversaire de la fondation de la RDA est organisé par le petit musée de la RDA à Bochum, le « DDR-Kabinett-Bochum » (quelques salles surchargées d'objets en tout genre), tenu par des militants convaincus du DKP, avec l'aide et la présence de cercles d'anciens fonctionnaires du

SED et de la Stasi. La salle est très grande, elle donne une impression de force, malgré tout. Aussitôt arrivé, je regarde tous ces visages, plutôt âgés, dont j'imagine qu'ils portent tant de convictions et d'histoire(s). Le couple qui vient me chercher à la gare de Bochum est passionné de voitures RDA, qu'ils exposent pour l'occasion, devant l'école qui abrite la manifestation. Ils m'expliquent que la politique leur importe peu, ils sont d'ailleurs de l'Ouest. Je retrouve l'homme habillé en policier RDA quelques heures après, avec son fils lui aussi en uniforme. Drôle de dépolitisation des enjeux que je comprends mal, mais lui me répète pourtant que seuls les voitures l'intéressent. Il restera impliqué dans l'organisation de l'événement les années suivantes, toujours avec le même discours, et beaucoup de prévenance et de sympathie.

Avant le début des festivités, je vais regarder les quelques stands qui ont été montés, acheter ou récupérer objets et publications. Mon statut de «professeur français», connu de quelques-uns, m'attire facilement la bienveillance, je le sens. Un ex-juriste de la RDA m'offre ses volumes sur la question frontalière. Son voisin, Klaus-Dieter Erber, m'explique l'organisation de son musée de la police de la RDA et me laisse une petite documentation, je l'ai retrouvé quelques années après, on l'a vu. Derrière eux, plusieurs peintures de type réalisme socialiste prêtées pour l'occasion. Il y a aussi quelques jeunes antifascistes et au total autour de deux cents participants.

Le buffet veut rappeler les traditions de la RDA et j'apprécie la *soljanka*, une soupe garnie, aigre-douce. Je parle peu, je ne suis tout de même pas des leurs, ni d'hier ni d'aujourd'hui. D'ailleurs au jeu-quiz de la RDA qui est proposé, mes voisins sont bien plus forts. Mais j'écoute et j'observe beaucoup. Je prends des notes, sans savoir encore, à cette date, quelle forme je leur donnerai. J'adopte le principe d'une observation participante, que je conserverai pour les années à venir.

Parmi les orateurs, j'écoute avec beaucoup d'attention un ancien collaborateur de Wilhelm Pieck – dont on vient de parcourir le souvenir –, Kurt Andrä, qui raconte des anecdotes pour montrer la simplicité du grand homme et son attention aux gens. Dans une conversation de fin de rencontre, un jeune militant déplorera d'avoir entendu là un propos qu'il avait jugé sans portée politique, seulement anecdotique. Je trouve pourtant Kurt Andrä touchant dans ses mots sur son héros, et touchant aussi lorsqu'il dit que sa patrie (*Heimat*) était la RDA et qu'il l'a désormais perdue, selon un discours que l'on retrouve chez bien des anciens du SED. J'irai lui dire quelques mots après, et me ferai dédicacer ses souvenirs parus dans un volume qui ressemble à une édition à compte d'auteur.

Un des derniers dirigeants de la «police du peuple», Dieter Winderlich, évoque une figure de proue de l'administration policière avant lui, Friedrich Dickel, un ancien de la guerre d'Espagne. Parmi les autres interventions, celle d'un sportif de haut niveau, Thomas Köhler, qui raconte les performances sportives de la RDA, le sport accessible à tous, sa propre carrière; et sans nier le dopage – «un sombre chapitre» –, il le relativise par son caractère répandu dans tous les pays et notamment en Allemagne de l'Ouest, selon le contre-argument usuel (voir aussi le livre cité de Ralph Hartmann). Plusieurs orateurs répètent que leurs combats, leurs propos ne sont pas de l'«Ostalgie», qu'ils balaient d'un revers de main. On comprend que le terme, pour eux, relève à la fois du mépris de l'Ouest et d'un regard aseptisé, dépolitisé, ou ludique, sur le passé.

Une discussion évoque aussi les luttes dans l'ex-République fédérale (RFA), notamment avec un couple de militants communistes, Ingrid et Herbert Wils – des Jeunesses communistes (FDJ) de l'Ouest, alors sur la même ligne que la RDA –, qui racontent la répression qu'ils eurent à subir. Dans les années 1950, en effet, la lutte et les manifestations étaient violentes et les FDJ furent même interdites (1951), en témoigne la mort de Philipp Müller dans un affrontement avec la police (1952). C'est un discours sur la RFA que l'on entend peu, que l'on n'entend plus, mais qui était fort instrumentalisé en RDA pour dénoncer le gouvernement de Bonn. Je regarde la vieille militante lorsqu'elle chante dans les moments de pause musicale et j'y lis beaucoup de dureté.

Les interventions sont ponctuées de messages de soutien, dont celui d'Egon Krenz le dernier Premier secrétaire du SED, d'extraits de documentaires sur la RDA, de chants militants. La journée se termine par l'hymne de la RDA et *L'Internationale*. Le moment est prenant, parce que c'est en allemand, parce que les convictions s'expriment dans la ferveur de chacun, parce que c'est un autre monde, parce que les temps s'entrechoquent.

La voix cristalline d'une chanteuse, détachée du milieu des ex-RDA, empêche aussi le moment de n'être qu'une parodie d'autrefois. Après la fin de la partie officielle, dans une conversation privée, elle se fait reprocher d'avoir appelé, entre deux chansons, à la réconciliation de l'Est et de l'Ouest, quand les questions politiques doivent se poser autrement pour les purs et durs.

Ce rite suspendu dans le temps, en ex-Allemagne de l'Ouest, important le passé dans le présent, l'Est dans l'Ouest, faisant de la trace un combat, m'intrigue. Je décide de retourner à la cérémonie l'année suivante (27 septembre 2014) : c'est, cette fois, le 65e anniversaire de la fondation de la RDA. Il n'y a plus l'effet de nouveauté mais je reste saisi par cette ambiance de convictions et de lutte du monde d'hier ; par cette non-contemporanéité. Le programme est plus musical avec deux sessions de chant du chœur « Ernst Busch » (du nom du célèbre acteur et chanteur communiste, 1900-1980) qui alterne des chants traditionnels et les classiques du mouvement ouvrier, sur des textes de Bertolt Brecht ou Johannes Becher et la musique de Hanns Eisler, l'auteur de l'hymne de la RDA. L'héritage de Busch est revendiqué par le groupe fondé en 1973, qui a pris son nom en 1983. Il s'est créé à l'incitation du célèbre ensemble « Oktoberklub », pour les vétérans. Dans un numéro du « Renard rouge » (février 2016), Edda Winkel, du chœur, écrit : « *Rotfuchs* et le chœur Ernst Busch sont mes deux garde-fous […]. La solidarité nous est centrale : ainsi nous faisons des quêtes pour Cuba, nous invitons des enfants réfugiés. »

La même chanteuse que l'an passé, sans engagement, mais habituée des fêtes de gauche, articule aussi un répertoire propre et les classiques attendus. De nouveau, l'hymne de la RDA ouvre la cérémonie et *L'Internationale* la clôt. En introduction, l'animateur du DDR-Kabinett de Bochum rappelle cet État qui assurait la sécurité matérielle et sociale de ses citoyens et resta un État en paix. Ce sont ici deux arguments centraux des traces politiques de la RDA.

Le « modérateur » de la journée, selon un terme dont il se moque lui-même, est un personnage fort connu de la RDA, le présentateur du journal et de plusieurs émissions, Klaus Feldmann. Il multiplie les anecdotes et les bons mots en pleine sympathie avec le public, sur l'opposition entre Berlinois et Saxons (en forçant les accents, ce qui me noie un peu…), tirés de son expérience de journaliste (*Aktuelles Kamera*), comme cette fois où il eut à lire un message sur une visite de Walter Ulbricht, premier dirigeant de la RDA, et de sa femme, et où il commit un lapsus qui fit de la « femme de Walter Ulbricht » le « président de Walter Ulbricht » ; mais la moralité du journaliste est qu'il faut toujours continuer comme si de rien n'était. Une autre anecdote raconte qu'une des rares fois où il eut à lancer un avis de recherche, le portrait du délinquant n'apparut pas et, ajoute-t-il à cette histoire vraie, la police locale prit son visage pour celui du suspect : il fut brièvement interrogé avant de prendre pour alibi l'ensemble des téléspectateurs d'*Aktuelles Kamera*[1]...

Les saluts et messages de soutien se multiplient cette année aussi, de dirigeants politiques présents : du groupe « Plateforme communiste », de Die Linke, du DKP (« Le capitalisme ne peut pas être la fin de l'histoire »), du KPD, des Libres-Penseurs, ainsi que de grandes figures absentes : Margot Honecker et Egon Krenz. Cette lecture du message de Margot Honecker, la femme d'Erich, comme une voix d'un autre monde ou d'un autre temps, me frappe. Le texte est tonique, il interroge le sens qu'il y a à commémorer aujourd'hui la RDA, quand tant de problèmes contemporains restent à résoudre : « Elle est déjà de l'histoire » (*Sie ist schon Geschichte*). Comme plusieurs orateurs, elle insiste sur le fait que la RDA empêcha la guerre. Se souvenir de la RDA permet d'être aujourd'hui vigilant quand les fascistes manifestent dans la rue et entrent au Parlement. La RDA, elle, se fondait sur l'antifascisme. C'est ici le troisième nœud de la trace politique de la RDA, après la sécurité sociale et la paix assurée (jamais de guerre conduite par la RDA) : un État qui ne permit jamais au fascisme ni de renaître ni de se développer. L'antifascisme permet donc de lier hier – la RDA – et aujourd'hui, avec les menaces de l'extrême droite. De même que la paix d'alors contraste avec les engagements contemporains de la Bundeswehr (dans les conflits de l'ex-yougoslavie d'abord, premier engagement institutionnel en dehors des frontières depuis 1945). Les valeurs et les pratiques de la RDA se trouvent ainsi *actualisées*.

---

1. L'anecdote se trouve dans ses souvenirs, Klaus Feldmann, *Das waren die Nachrichten. Erinnerungen*, Berlin, Das Neue Berlin, 2006, p. 189-190.

Et Margot Honecker de rappeler que les droits de l'homme élémentaires qui sont aujourd'hui disputés, comme le droit au travail, à la formation, étaient des réalités de la RDA : « Les quarante ans d'existence de la RDA [...] de cette petite République au cœur de l'Europe ont laissé des traces (*Spuren*) dans l'histoire allemande. Elle a fait la preuve que cela valait la peine de se battre pour une autre Allemagne. » Egon Krenz refuse l'idée de s'exprimer comme *Nostalgiker* et souhaite plein succès au musée de Bochum pour répandre la vérité sur ce que fut la RDA. Parmi les autres mots lus, celui de l'Association de tradition de l'armée de la RDA, qui s'inscrit dans la grande lignée des héros socialistes : Thomas Müntzer, la Commune de Paris, les marins rouges de Kiel, la Résistance, le comité « Freies Deutschland » constitué en URSS pendant la Seconde Guerre mondiale... et insiste aussi sur l'importance de répandre la vérité sur la RDA. Hans Bauer, juriste – et ancien de la Stasi – représentant de la « Société pour un soutien humanitaire et juridique » (*Gesellschaft zur rechtlichen und humanitären Unterstützung e.V.*), s'exprime à son tour. L'association défend tous ceux qui sont poursuivis, ou l'ont été, dans l'Allemagne contemporaine pour leurs activités à l'époque de la RDA et dénonce ce non-droit (*Unrecht*) en appelant à leur réhabilitation. L'association joue un rôle central dans les commémorations de Bochum. En son nom, Bauer transmet aussi au DDR-Kabinett une lithographie de Walter Womacka. Ces présences rappellent que de nombreuses associations regroupent des anciens de l'Est, souvent autour de la fidélité au régime défunt, ou du moins à l'action catégorielle, qu'il s'agisse de militaires, de diplomates ou encore d'amis du palais de la République.

Plusieurs orateurs évoquent la période de la RDA, en particulier l'ex-championne olympique d'athlétisme Gunhild Hoffmeister, manifestement habituée des tribunes politiques, elle harangue le public dans une défense offensive de la RDA mais sans avoir vraiment préparé ses données, hésitant sur les chiffres, interpellant le public pour les préciser... Les arguments sont massifs : en RDA, pas de drogue, pas de délinquance juvénile, le sport à moindre coût... Elle se rappelle la « haine » qu'elle a vue chez les opposants devant le Palast der Republik en octobre 1989.

Le colonel Karl-Heinz Kathert, ancien officier des troupes frontalières (*Grenztruppen*), dans sa tenue militaire de RDA, évoque plusieurs aspects de sa carrière. Il note, amusé, que c'est la première fois qu'il parle en uniforme de l'« Armée nationale du peuple » (NVA) en Allemagne de l'Ouest (cliché ci-dessus). Il dit sa fierté d'avoir servi un État toujours en paix, souligne l'incroyable rupture de recrutement des officiers de l'armée d'Allemagne de l'Est, parmi des gens du peuple, quand, auparavant, seules les grandes familles accédaient à de hautes positions militaires. La réunification ne fut pas une réunification mais une « annexion brutale » (*brutaler Anschluss*) et l'échec de la RDA ne condamne pas l'idée socialiste. Je lui parle après son intervention, et il me précise qu'il était l'officier chargé des tâches politiques auprès de la troupe, sa fonction principale, me dit-il. L'homme est très sympathique, devise volontiers, avec calme, s'amuse des consommations incroyables d'essence des Lada et des véhicules militaires soviétiques, quand il voit sa petite Peugeot d'aujourd'hui.

Les anciens de la NVA sont très actifs dans l'entretien d'un souvenir « heureux » de la RDA, tant les conditions de dissolution et d'intégration de l'« Armée nationale du peuple » dans la Bundeswehr ont dévalorisé leur expérience et se sont montrées peu favorables aux anciens soldats de l'Est, en particulier en matière d'avancement et de retraite, mais aussi de symboles : pas de reconnaissance publique des grades de la NVA, pour ceux qui n'ont pas intégré la Bundeswehr obligation de repasser un permis de conduire[1]. De déception en déception, les plus engagés ont ainsi fondé de nouvelles associations pour défendre leurs droits et leur mémoire dans les années 2000. À Bochum, les voix de la NVA sont ainsi très présentes, on le reverra.

Parmi les autres orateurs, le responsable du mémorial Ernst Thälmann de Hambourg, que j'ai visité peu de temps

---

1. Nina Leonhard, « The National People's Army as an Object of (Non) Remembrance. The Place of East Germany's Military Heritage in Unified Germany », *German Politics and Society*, 26-4, 2008, p. 150-163, Ead., *Integration und Gedächtnis.NVA-Offiziere im vereinigten Deutschland*, Constance, UVK, 2016, 390 p.

auparavant. Il raconte notamment que, fils de militants communistes, à l'Ouest, il était envoyé en camp de vacances en RDA, avec l'organisation « Des vacances heureuses pour tous les enfants » (*Frohe Ferien für alle Kinder*).

Car, outre Bochum, c'est à Hambourg que l'on peut retrouver comme un petit coin de RDA en Allemagne de l'Ouest. Le mémorial se situe dans un quartier au nord du centre-ville, Hambourg-Eppendorf, dans l'immeuble où vécut Ernst Thälmann avant son arrestation en 1933. Depuis lors, l'appartement a toujours été occupé par des proches, famille ou militants. Après 1945, une plaque est posée et les communistes organisent des cérémonies d'hommage. En 1969, d'anciens compagnons du leader communiste décident de fonder un mémorial au rez-de-chaussée dans l'atelier d'un cordonnier. Tout cela se fait sous l'égide du DKP. La RDA soutient matériellement et intellectuellement le développement du musée, qui s'agrandit progressivement. C'est elle qui se rend propriétaire de la maison à travers une société écran, tant et si bien, selon Peter Schütt, écrivain et militant repenti, qu'elle pose des écoutes dans les réunions du DKP qui s'y tiennent. Lorsque Honecker se rend en visite d'État à l'Ouest (1987), il évite la Thälmannhaus par peur de se trouver confronté aux gorbatchéviens. C'est Hermann Axen, membre du bureau politique et responsable du travail « à l'Ouest », qui s'y rend en affirmant que le mémorial, comme la RDA, était « un avant-poste du socialisme réellement existant sur le sol allemand ». Aujourd'hui, sans argent de l'Est, le tenancier court après les rentrées financières.

Si le petit musée raconte l'histoire du mouvement ouvrier allemand à Hambourg en particulier, la vie de Thälmann, les luttes des années 1930, le Front rouge et la suite, l'ambiance RDA apparaît encore, tant Thälmann a fait l'objet d'un culte dans l'ancienne Allemagne de l'Est. Sculptures, peintures, médailles en tout genre n'ont cessé d'y être produites. Ces représentations canoniques du héros de la classe ouvrière fabriquées en RDA se retrouvent abondamment dans le musée de Hambourg, aussi bien dans les pièces d'exposition que dans le cabinet d'archives et de stockage (visite de juin 2014). Car, outre l'exposition, le mémorial conserve une bibliothèque et des archives, objets ou papiers. Certaines pièces sont arrivées après la disparition de la RDA, comme dans un refuge. En 2015, d'ailleurs, un nouveau portrait en bas-relief de bronze de l'époque RDA et qui provient de Magdebourg est apposé à l'extérieur. Ainsi se renforce le caractère de *trace de RDA* de ce mémorial. Le directeur est un militant, qui parle avec un débit de mitraillette, raconte généreusement l'histoire de son musée et insiste sur la précarité de sa situation d'aujourd'hui. Je le retrouve l'année suivante à Bochum pour le 66e anniversaire de la fondation de la RDA.

Mais cette année 2015, la manifestation (17 octobre) doit changer de lieu car, à Bochum, une petite guerre à la RDA a été déclenchée. Un militant Die Linke, Ralf Feldmann, intervient dans l'espace public pour dénoncer les activités du DDR-Kabinett tandis qu'un autre opposant s'en prend à ceux qui permettaient à la fête de louer l'école Pestalozzi. Pour le premier, « les groupes hostiles à la démocratie, de gauche comme de droite », ne doivent pas pouvoir utiliser les bâtiments des écoles. À ses yeux, le DDR-Kabinett, loin d'être une simple nostalgie, s'emploie à légitimer les crimes du régime. Feldmann incarne donc l'aile réformatrice de Die Linke, qui, dans le discours bipolaire du parti – dénoncer les erreurs des dirigeants et les crimes du régime, légitimer l'existence de la RDA et l'engagement de ses citoyens –, valorise avant tout le premier pôle. Ce militant écrit aux partis « démocratiques » de la ville pour les mobiliser. « Bochum ne doit pas devenir le lieu de pèlerinage annuel des cadres du SED, des anciens de la Stasi et de leurs amis de l'Est et de l'Ouest. » Il appelle à l'action et demande en conséquence une déclaration publique et commune d'opposition à la cérémonie, signée des partis démocratiques et des groupes du conseil municipal. Feldmann propose enfin une manifestation silencieuse pour rappeler les violations des droits de l'homme commises en RDA.

La mobilisation s'amplifie à l'approche de la fête-anniversaire. Les libéraux du FDP annoncent d'abord une veille devant les lieux, avant que les jeunes Verts ne les rejoignent pour une manifestation. En écho au discours de Feldmann, le FDP s'en prend à cet événement qui euphémise les crimes du régime : il n'y a rien à fêter pour l'anniversaire de la RDA assène le Parti libéral. Le DDR-Kabinett ne se laisse pas faire : il répond en dénonçant la présence de nazis dans l'histoire du FDP rhénan et en montrant l'un de ses membres en visite auprès des Jeunesses communistes.

Les Verts se joignent à la coalition anti-RDA en s'indignant de l'exaltation de l'armée et du nationalisme-RDA par le petit musée. Derrière Feldmann, ils soulignent que le *Kabinett* est solidaire des « crimes » et « criminels » du régime, citant les messages, que nous avons évoqués, de Margot Honecker et Egon Krenz. C'est donc à une manifestation contre le « nationalisme » qu'ils appellent. Ainsi, avant la réunion, quelques Grünen, un FDP, un SPD et des antifas du groupe « Anti-Deutsch » se rassemblent pour protester, quand les militants du DKP et du *Kabinett* organisent une « contre » contre-manifestation. Un incendie sur la ligne de train ne me permet pas d'arriver à l'heure pour assister à cet « échange » mais il ne laisse aucune trace sur le déroulement de la journée commémorative, si ce n'est son évocation par les orateurs. L'effet politique paraît assez faible.

La cérémonie me semble cependant très différente des deux années précédentes. La salle, une ancienne salle de cinéma devenue salle de danse, est plus petite, et, du coup, l'espace produit moins l'effet imposant, d'une certaine force. Nous sommes plus serrés et l'on y perd aussi en confort. Le public, enfin, est moins nombreux, peut-être parce que cet anniversaire n'est pas un chiffre rond. Pourtant, les organisateurs ont ajouté les soixante-dix ans de la libération de l'Allemagne (*Befreiung*) à ces soixante-six ans de la RDA. Il me semble aussi y voir moins de stands d'organisations amies, ou du moins leur place est restreinte. L'ensemble de la cérémonie est mis sous le sceau de l'amitié germano-russe, ou plutôt germano-soviétique. On peine à croire, au cours de cette journée, que l'URSS a disparu. C'est la présentation musicale qui domine. Un orchestre folklorique russe, le « Balalaïka Orchester Druschba », composé à partir d'une école de musique locale, à Solingen, joue à deux reprises assez longuement, et la qualité du jeu, l'exubérance folklorique des costumes écrasent un peu les interventions politiques moins marquantes que celles de l'an passé, d'autant que cet orchestre *Druschba* (amitié) ne manque pas de jouer les classiques à l'effet assuré, notamment pour les anciens de la RDA, *Kalinka*, *Katjuscha* ou la *valse numéro 2* de Chostakovitch que l'on trouve encore dans les anthologies musicales RDA. Des cris d'encouragement en russe leur sont lancés de la salle.

Mais la célébration de l'amitié germano-soviétique, comme au bon vieux temps, n'est pas restreinte à l'innocence culturelle. Un représentant de l'ambassade russe en Allemagne, en l'occurrence du consulat de Bonn, accueilli par l'hymne russe, dit quelques mots, rapides mais pas du tout creux : il constate l'état de crise des relations entre la Russie et l'Union européenne, rappelle l'année du souvenir de l'Armée rouge, les liens entre la RDA et l'Union soviétique. Habilement, il centre son court propos sur le fait que les deux États ont défendu ensemble la paix et la sécurité en Europe. Il légitime l'importance de la Russie dans les relations internationales aujourd'hui et la nécessaire défense de sa souveraineté. Il conclut en saluant l'action du « Kabinett », ce qui n'est finalement pas rien.

À la fin de la journée, c'est un jeune activiste, Tobias, un peu exalté et peu distancié, qui fait l'apologie de la « république » du Donbass (en Ukraine mais sous protectorat russe) qu'il a visitée, à coups de photos personnelles prises sur place où il arbore un beau tee-shirt à l'effigie de Staline... Il raconte avec importance qu'il revient d'une conférence de soutien au Donbass à Athènes. Il explique, le ton haut, que la « république populaire » (*Volksrepublik*) est très sympathique à l'Allemagne et à la RDA – une photo le montre d'ailleurs sur une place de Lougansk brandissant le drapeau de la RDA (voir cliché ci-dessous) et une autre avec un activiste local arborant un drapeau du Donbass. Il cherche à convaincre tout le monde que c'est une république soviétique comme au bon vieux temps et que tout ce que raconte les médias occidentaux est faux. Ainsi défilent les photographies où l'on voit la faucille et le marteau ou l'étoile rouge, sur une plaque minéralogique, sur un uniforme ou ailleurs. D'autres photos doivent attester qu'il n'y a pas de soutien logistique russe, puisque l'on y voit des véhicules bien peu modernes, il n'y a pas non plus d'armée russe, mais simplement des citoyens à l'esprit soviétique.

Les Ukrainiens ne sont qualifiés que de fascistes, et l'on doit se convaincre qu'il y a là-bas une « attitude prosoviétique », d'ailleurs quand les « fascistes » ukrainiens mettent à bas les statues de Lénine, au Donbass elles trônent majestueusement – c'est ici un argument qui fait évidemment écho à ce qu'ont vécu les anciens de la RDA. En effet, après les bouleversements politiques de Maïdan (2013-2014), décision a été prise de déboulonner les statues de l'époque soviétique et de Lénine en particulier qui restaient encore debout. C'est le « Leninopad », « la chute de Lénine(s) », par centaines. Les statues démontées ont connu une fortune diverse – certaines ont été protégées – sur laquelle Niels Ackermann et Sébastien Gobert ont récemment mené une passionnante enquête photographique[1].

Mais revenons à Tobias qui argumente encore, photos à l'appui : et n'utilise-t-on pas des tickets de l'époque soviétique pour les entrées de fêtes foraines ? Au Donbass, on nationalise, dit Tobias, et les soins sont gratuits. Je remarque autour de moi que tout le monde n'applaudit pas, contrairement à la règle générale, et en jetant un regard autour de moi, je sens comme une distance chez certains auditeurs ; difficile à expliquer avec certitude, mais je n'ose pas aller plus loin, car je n'ai pas ici un statut clair, ni de militant ni de chercheur neutre.

En lien avec la célébration de 1945, un orateur, Ralph Dobrawa, par ailleurs rédacteur du « Renard rouge », fait une mise au point sur l'antifascisme, en particulier celui de la RDA, insistant sur la dénazification à l'Est, contrairement à l'Ouest, qui devint un pilier (*Säule*) du régime. Et, on l'a dit, un élément du triptyque en défense de la RDA (protection sociale, antifascisme, paix). Comme en écho à

---

[1]. Niels Ackermann, Sébastien Gobert, *Looking for Lenin*, Lausanne, Noir sur Blanc, 2017, 176 p.

la situation ukrainienne, il insiste sur tous les mémoriaux antifascistes que la RDA a érigés et qui, souligne-t-il, furent très visités. Cette force d'une RDA-mémoire de pierre, dont on a suivi certains méandres, est ici réaffirmée.

Le thème du sport de haut niveau, toujours comme une réponse à la « RDA-dopage », revient à nouveau dans le discours d'un entraîneur de patinage de vitesse, Helmar Gröbel, qui raconte sa carrière et ses impressions en RDA et puis les vexations subies après la réunification. Comme les années passées, les messages du DKP, de la Société pour le soutien juridique et humanitaire (GRHU), qui remercient les Soviétiques et l'Armée rouge pour la libération de 1945, rappellent l'attachement à la RDA. Le représentant du KPD ajoute que, ancien du pays (et de la Stasi peut-on compléter), il est touché qu'une telle manifestation se déroule à l'Ouest. Selon une rhétorique répandue, après avoir rappelé les réalisations du régime, il affirme : « On n'avait pas de bananes mais la sécurité sociale. » Margot Honecker – ce sera la dernière fois – et Egon Krenz ont encore envoyé leurs messages. L'argument central – la RDA a assuré la paix – est souligné de nouveau. Margot Honecker oppose cette réussite au retour contemporain de l'impérialisme allemand, comme au temps de la Première Guerre mondiale, ou du fascisme. C'est le même thème que défend à l'envi le représentant de l'Association pour l'entretien de la tradition de l'armée est-allemande.

Beaucoup plus inattendues sont les interventions de jeunes militants des FDJ, l'organisation officielle des Jeunesses communistes à l'Est – avec une petite branche à l'Ouest, on l'a vu –, qui n'ont pas cessé d'exister, comme ils le soulignent. Vêtus de la mythique chemise bleue ornée de son écusson, ils offrent un spectacle politique alternant performance, musique et discours (cliché page suivante).

Une jeune militante, fine d'apparence et fort décidée de propos, tient un discours détonant. D'emblée, elle interpelle les anciens de la RDA présents. Évoquant la contre-manifestation, elle affirme : « Dehors, là, ce n'était pas des pitres (*Hanswürste*). Prenez-les au sérieux. C'était tous des jeunes, qui n'ont pas connu la RDA. » Car la tâche est de gagner les jeunes à la cause : qui, sinon, prolongera leur combat ? Pourquoi la connaissance de la RDA doit-elle avoir de l'importance pour les jeunes ? interroge-t-elle. Il faut apprendre des erreurs, comme la révolution d'Octobre a appris de la Commune. Elle pose des questions transparentes : « Comment trouver l'équilibre entre la défense contre de possibles ennemis intérieurs et la mise sous tutelle de son propre peuple ? [...] Comment distinguer le désintéressé du carriériste ? » Elle apostrophe l'assistance : « Si le socialisme devait être un tel progrès, pourquoi les gens s'en s'ont-ils éloignés ? [...] Où avez-vous commis des erreurs ? » Elle reproche aux orateurs d'avoir profité de la RDA mais de ne pas l'avoir défendue – ne me lynchez pas pour cette affirmation, prend-elle soin d'ajouter –, d'avoir cessé de construire le socialisme, d'avoir perdu le contrôle de l'État, à moins de ne l'avoir jamais eu. Pourquoi, enfin, nous avoir laissé le capitalisme avec toutes ses misères? On sent bien des frémissements dans une assistance sans doute peu préparée à entendre, dans les deux sens du mot, un tel propos. Cet épisode me semble proprement incroyable dans ce rituel si rodé, une irruption de la critique dans un cadre discursif – dont on a dressé les contours – qui semblait à la fois évident et contrôlé, rappelant que tous les rites comportent leurs «dangers» pour reprendre le titre d'un livre de Philippe Buc. Je demande à l'oratrice le texte de son discours, pour être sûr de n'avoir rien omis. Pas de doute: les FDJ n'entendent pas relever un héritage sans le passer au tamis d'une radicale critique contemporaine.

Comme les années passées, la journée s'achève par la remise de cadeaux aux intervenants et *L'Internationale* permettant au rite de se clore dans l'unanimisme.

Cette année, un autre petit lieu de la RDA à l'Ouest apparaît lors de ce 66e anniversaire de la fondation de la RDA, une boutique de produits de l'Est installée dans une sévère ville industrielle de la Ruhr, non loin de Bochum, Oberhausen. J'avais visité la ville pour un colloque mais la boutique, ouverte en 2013, était à ce moment-là fermée. Ce sont deux «Ossis», notamment de Halle, qui ont décidé d'ouvrir l'échoppe, avec une intention «politique» claire, affirme le gérant. Leur matériel de publicité et de présentation reproduit d'ailleurs le drapeau de la RDA. Je lui demande s'il y a beaucoup d'«Ossis» à Oberhausen, il me répond que les gens se déplacent de loin pour acheter chez lui, et souvent, oui, des anciens de l'Est venus travailler à l'Ouest. C'est aussi sur ce constat d'une demande de produits de l'Est, introuvables dans les supermarchés de l'Ouest, on l'a dit, pour ces émigrés du travail, que le site Ossiversand.de avait bâti son succès (1999).

La boutique d'Oberhausen arrive à un petit équilibre, avec des hauts et des bas. Il m'explique que, parmi les proches et les connaissances, il y avait une véritable envie de produits de l'Est. On y trouve toutes les productions de marques RDA revivifiées dans les années 1990 : Club Cola, guimauves, chocolats, Halloren de Halle, ou Stehwien de Tangermünde, cigarettes Cabinet, alcools, peluches de l'émission culte *Sandmännchen*, un sympathique petit marchand de sable, gel de douche Badusan vendu avec une Trabant miniature... Un magasin typique de cette « Ostalgie marchande » évoquée en introduction, où la fonctionnalité de l'objet est loin d'en épuiser le sens, non seulement pour le vendeur mais aussi pour les acheteurs. Le site Web évoque des produits qui rappellent « notre enfance en RDA ». Le fondateur y insiste, il s'agit de se souvenir de leur *Heimat*, de ses meilleurs produits. Un mélange, dit encore le site, d'Ostalgie, de nostalgie et de modernité. De fait, l'étalage enclenche des conversations, à partir des produits, sur les souvenirs de chacun.

Je pensais qu'une observation, une année encore à Bochum, risquait simplement de répéter autrement ce qui s'était déroulé jusque-là, d'autant que l'on retrouve aussi les mêmes acteurs, comme Klaus Feldmann qui anime cette année à nouveau l'ensemble de la journée (8 octobre 2016). Les spécialistes des rites savent bien que la répétition n'est jamais assurée, que chaque performance s'inscrit dans un contexte, acquiert des traits propres. Elle se déploie aussi dans sa propre historicité. Dans la même salle que l'an passé, j'ai trouvé l'assemblée plus clairsemée. La célébration s'est ouverte par l'évocation des morts de l'année, et en particulier de Margot Honecker, figure fidèle s'il en fut aux réalisations de la RDA (cliché ci-contre).

L'organisateur dit que le DDR-Kabinett a perdu une « amie » qui était une vraie antifasciste. Symbole du pouvoir dictatorial du régime, sa disparition n'a pas donné lieu à une grande publicité. En France, parmi les rares à lui avoir consacré de la place, les orthodoxes du « Pôle de renaissance communiste en France », Comité internationaliste pour la solidarité de classe (CISC), que nous avons évoqués en introduction : « Adieu Margot ! », deux pleines pages en une du bulletin *Solidarité de classe* (juin 2016) de cet ancien « Comité Honecker » : « Honecker et son épouse restèrent fidèles au socialisme et défendirent, non sans esprit autocritique, le bilan de la première expérience socialiste de l'Histoire. » Aux yeux du comité, Margot avait compris que « l'eurocriminalisation du socialisme […] porterait dans ses bagages contre-révolutionnaires la réhabilitation larvée du nazi-fascisme, la réhabilitation de fait de l'extrême droite raciste dans toute l'Europe ». Prenant appui sur la pluralité des discours à l'Est, le comité écrit : « Une majorité de citoyens de l'ex-RDA reconnaît directement ou indirectement les mérites de l'ancienne RDA, notamment dans le domaine éducatif, social et économique. » L'unification est dénoncée comme « colonisation brutale » et « point de départ pour la recolonisation de l'Est européen par l'UE/OTAN ». L'hommage à Margot se conclut par ce slogan : « Pas de revanche posthume pour Hitler ! et halte à l'euro-maccarthysme ! »

À Bochum, à nouveau plusieurs messages de soutien sont lus, parmi eux celui de Kurt Andrä, le secrétaire de Pieck. Entre-temps j'ai lu ses souvenirs, très riches, ceux d'une modeste famille berlinoise dont la mère est juive, bouleversée par la guerre et qui renaît dans la zone d'occupation soviétique. Andrä n'est pas là cette fois, mais il a envoyé un long message, dénonçant lui aussi la « contre-révolution » de 1989, favorisée par des factions hostiles à l'intérieur même de la RDA et l'annexion qui a suivi. Le militant qui avait critiqué les propos « anecdotiques » de 2013 a dû être rassuré. Selon l'ancien secrétaire de Pieck, les Allemands de l'Est sont toujours punis pour avoir défendu leur État.

La représentante du DKP, Kathrin Krützner, défend la RDA, elle aussi à travers son histoire personnelle. Elle y est née, dans la paix et la sécurité, rappelle-t-elle. Elle a pu y étudier et mener une vie heureuse. Sa fille vécut très tristement la fin des jeunes pionniers, et la cadette fut bien déçue de ne pas les connaître. Les mêmes représentants de la GRHU et du KPD réaffirment leur défense de l'État des ouvriers et des paysans. Pour ce dernier, le « Parti communiste d'Allemagne », Alfred Fritz soutient encore que le mur a permis d'assurer la paix, et que la Stasi, par son travail de défense, aussi. Comme Bauer, on l'a dit, il en fut, d'ailleurs. L'ennemi unique ou presque est l'impérialisme américain, au point de voir Milosevic avant tout comme sa victime... Tout ce qui semble en opposition avec les Américains et l'OTAN est d'avance jugé avec sympathie, y compris les pires criminels. Le dispositif de l'observation participante implique de se mettre à distance, même si, ici, on touche aux limites de ce qu'il m'est possible d'entendre. Une année précédente, lors d'un dîner avec les militants du DKP, où j'étais sorti de ma réserve sur ces questions internationales, la situation était vite devenue tendue et je sentis du coup que ma présence devenait l'objet d'interrogations alors même que les organisateurs m'ont toujours accueilli avec attention et sympathie.

La partie musicale, comme les années passées, lie avec talent art et politique. C'est un chanteur chilien, Lautaro Valdès, accueilli en exil en RDA, qui ouvre avec des chants indiens et de lutte, telles les compositions du poète assassiné par les hommes de Pinochet, Victor Jara. Valdès, à lui seul, incarne toute une histoire, tout un pan des engagements du bloc de l'Est, la fameuse « solidarité internationale », l'amitié entre les peuples, le soutien à tous les révolutionnaires du monde d'alors. Il reste en effet, en Allemagne de l'Est, un certain nombre de réfugiés politiques, témoins de ces exils d'il y a quelques décennies, comme les communistes iraniens encore. Environ deux milles Chiliens ont gagné la RDA après le coup d'État de Pinochet et plusieurs sont devenus ministres à leur retour. Ces liens expliquent la fuite de Margot Honecker au Chili après la chute du régime, notamment grâce à l'ambassadeur à Moscou, Clodomiro Almeyda, qui fut accueilli en RDA dix ans en exil. Dans l'hommage à Margot Honecker écrit par les communistes français du Comité, l'accueil des réfugiés chiliens est un argument d'importance « alors que les puissances occidentales soi-disant amies des "droits de l'homme" soutenaient sans honte le nouvel État fasciste ».

Valdès est charmant. Il dégage à la fois une impression de bienveillance, de force et de distance. En 1978, il fuit le Chili de Pinochet pour l'URSS et suit des cours à l'école du Komsomol; en 1980, il rejoint la RDA. Il représente même son pays d'accueil dans différents festivals de chanson, encore en Corée du Nord en 1989, pour le Festival mondial de la jeunesse. Dans les années 2000, il est sans emploi, une vidéo de YouTube (mai 2012) le montre chantant dans un stand du DKP sans susciter beaucoup d'attention. À l'écouter, à lui parler, j'ai l'impression de plonger dans ce monde révolu des grands discours de solidarité internationale, d'être face à une icône, et pourtant il est tellement vivant lorsqu'il chante. Christoph Holzöfer, lui, fait revivre dans un style de cabaret tout un répertoire de chansons du mouvement ouvrier allemand et d'autorités littéraires de la RDA, comme Johannes Becher ou Erich Weinert. Ce répertoire donne l'impression d'un étonnant mélange d'orthodoxie et de gouaille contestataire des chansonniers engagés (cliché ci-dessous).

Le clou de la journée tient dans l'intervention de l'amiral Theodor Hoffmann, dernier chef d'état-major de l'armée est-allemande et l'un des derniers ministres de la Défense de RDA, qui entretient depuis lors la « tradition » de l'« Armée nationale du peuple ». Austère et ferme, le militaire synthétise l'ensemble du discours en défense de la RDA. La NVA, ce fut d'abord une armée issue du peuple, de la « classe ouvrière », composée d'anciens résistants antifascistes, quand la Bundeswehr, à l'Ouest, recyclait les anciens nazis. C'était donc une armée inscrite dans la grande tradition socialiste et progressiste, et Hoffmann de citer, par exemple, les mutins de la marine, révoltés et fusillés en 1917, une armée qui entretenait des liens avec toute la société, entreprises ou écoles. Ce fut une armée qui, fidèle à la promesse « plus jamais de guerre », ne mena aucun conflit. L'amiral dénonce donc la dissolution de l'armée est-allemande et le traitement inégal qui fut réservé à ses membres. Comme tous les participants de Bochum, il évoque les tensions avec la Russie pour mieux la dédouaner de toute intention agressive.

J'aurais dû clore ici cette ethnographie des anniversaires de la RDA. Mais, comme si souvent, ce livre ne fut pas rendu à l'heure prévue et j'en profitai pour retourner à Bochum en 2017 (7 octobre), espérant toujours affiner le regard sur cette manifestation et ceux qui la portent. Je n'en retiendrai que quelques traits saillants, afin de ne pas faire de l'écriture annuelle un rituel en soi. La journée est dominée par le concert de l'orchestre Druschba déjà évoqué et l'intervention politique de Bruno Mahlow, ancien diplomate de la RDA, premier secrétaire d'ambassade à Pékin et collaborateur du comité central du SED. Né et éduqué en URSS, fils de communistes exilés, à quatre-vingt-un ans, il est encore un orateur alerte, dont on sent l'expérience politique. Membre du conseil des anciens de Die Linke, il livre une analyse politique générale pour le centenaire de la révolution d'Octobre. Défense de la révolution de 1917, des accomplissements de la RDA, le discours devient aussi un mémoire en défense du « stalinisme », car, d'une certaine manière, bien des fidèles de la RDA considèrent que le terme même a procédé à la délégitimation globale du système. Du coup, affirme Mahlow, il faut aussi souligner les mérites de Staline et pas seulement ses erreurs. « Derrière Staline, il y avait le peuple », assène-t-il, sans vraiment argumenter. Quant aux trotskistes, on en fait des victimes, certes, mais on omet aussi leur complot, ajoute-t-il encore.

On a déjà dit combien l'anti-impérialisme conduit à toujours trouver des justifications à la politique de Poutine. Parmi les objets en vente sur le stand du DDR-Kabinett, le drapeau de la république populaire de Donetsk (Donbass). L'invention d'une continuité russe inscrit aussi les militants dans une continuité biographique. La « continuité » avec la RDA se marque cette année par un double affichage des prix du bistrot qui se nomme d'ailleurs bistrot HO « 7 octobre ». La carte comporte en effet les prix en marks RDA, dont le sigle est un simple « M » qui différencie du Deutsche Mark ouest-allemand (DM). Ainsi, la tasse du café Rondo dont on a parlé, marque de renaissance, est à 1,20 euro, « 0,94 M », une bouteille de limonade à « 0,20 M ». Les prix ne sont pas inventés, mais correspondent à ceux d'un café-restaurant de l'époque. La démonstration, presque explicite, est de souligner le faible coût de la vie en RDA.

Comme chaque année, le contexte politique permet une actualisation du triptyque en défense de la RDA. Les élections législatives de septembre dernier, qui ont pour la première fois depuis la guerre donné un pourcentage important à l'extrême droite, renforcent le grand récit : le

DKP l'affirme, les nazis ne siègent pas au Bundestag depuis aujourd'hui, mais depuis... toujours.

Les activistes de la mémoire de la RDA ne se cantonnent pas à l'anniversaire de l'État défunt. Fin 2014, un petit groupe, « Le Pays inconnu » (*Unentdecktes Land*), issu des milieux ici évoqués comme le DKP, entend célébrer l'anniversaire des cinquante-cinq ans de l'érection du mur de Berlin, pour souligner combien la RDA avait assuré la paix – « Il n'a pas fallu dix ans [après sa destruction] pour que l'Allemagne bombarde Belgrade, la troisième fois dans son histoire » –, empêché le fascisme de renaître – « Alors pas d'AFD et de Pegida » – et mené une vraie politique sociale, selon le triptyque toujours réarticulé. En novembre 2014, à Berlin, sur l'Alexanderplatz, pour l'anniversaire de la chute du Mur, ils déploient en avant-goût une banderole : « Cette frontière fut retirée, ainsi pouvons-nous de nouveau faire la guerre ensemble ». Les activistes du « Pays inconnu » entendent lutter contre les mensonges racontés sur l'État des ouvriers et des paysans à travers de nouvelles actions et interventions. Pour le 8 mai 2016, anniversaire de la capitulation de l'Allemagne, les activistes déploient une exposition devant le mémorial d'Unter den Linden, la *Neue Wache*, monument aux morts antifascistes en RDA élargi à toutes les victimes du totalitarisme, ce qu'ils considèrent comme un détournement de mémoire. Ainsi s'opposent-ils encore à un dispositif du controversé Hubertus Knabe, le directeur du mémorial-prison de Hohenschönhausen, le jour anniversaire de l'érection du Mur sur la Pariser Platz devant la porte de Brandebourg. Une grande exposition mobile doit en 2018 rappeler les réalisations de la RDA, en tant que « plus important acquis du mouvement ouvrier allemand ».

Mais il est un autre monde où la RDA ne cesse de vivre, revivre, de se créer et recréer, c'est celui de la littérature et du cinéma, très entremêlés. Ici les chemins sont bien moins tracés que ceux que ce chapitre vient de parcourir. Les méandres du souvenir ont peu à voir avec la ligne presque droite de Bochum. À vrai dire, ces méandres sillonnent à côté de cette ligne droite, ils la croisent peu.

VI

Faire trace
Écriture de la RDA perdue

En France, pour un large public, la RDA se trouve avant tout incarnée dans deux films contemporains au grand succès international, à la fois critique et en nombre d'entrées : *Good Bye, Lenin!* (Wolfgang Becker, 2003) et *La Vie des autres* (Florian Henckel von Donnersmarck, 2006). Ces deux films connurent le succès en Allemagne d'abord, avec plus de 6 millions d'entrées pour le premier – un des records pour la production allemande – (1,5 million en France) – et 2 millions pour le second (1,5 million en France). Malgré de nombreuses traductions, il n'y eut pas de tels effets en littérature. Le film de Becker exerce une grande influence sur les représentations communes de la RDA pour les jeunes générations allemandes.

Ainsi les images les plus partagées s'inscrivent dans cette polarité entre la Stasi d'un côté et les objets cultes « ostalgiques » de l'autre. *Good Bye, Lenin!* donne en effet une grande place aux objets et icônes de la RDA – on l'a vu pour le café – que le héros, joué par Daniel Brühl, s'efforce d'entretenir pour permettre à sa mère, fidèle du parti, de recouvrer la santé, malgré la chute du Mur (elle reprend conscience à l'été 1990). Même si l'intrigue familiale porte du tragique, le cœur du film tient dans cette reconstitution de l'univers de la RDA, jusqu'à l'apparition du sosie du cosmonaute culte, Sigmund Jähn, le premier à faire un vol dans l'espace avec un pilote soviétique. La trace est ici la matière même du film, elle y est proprement réfléchie, même sous une forme humoristique et finalement assez distanciée. Le film conduit à une mise en valeur des *memorabilia* de la RDA: les cinémas reprennent les couleurs et les objets de l'époque, l'un accepte même, le temps du film, les défunts marks RDA...

La Vie des autres dépeint un régime obsédé par l'espionnage de ses propres citoyens dans la grisaille de la vie quotidienne, nuancée par les qualités et les ambiguïtés de certains personnages, comme le héros qui renonce à livrer des informations et se détourne de ses tâches. Policier solitaire, Gerd Wiesler est en charge de la surveillance d'un couple d'artistes – sur l'ordre du ministre de la Culture – qu'il finit par protéger. Selon son auteur, Florian Henckel von Donnersmarck, et d'autres commentateurs, le film serait un coup donné à l'« Ostalgie » complaisante des années 2000 – un anti-*Good Bye, Lenin!*, un anti-*Sonnenallee*! –, oubliant facilement combien tout le début des années 1990 est marqué par la délégitimation et la stigmatisation de la RDA et de ses aspects policiers. La stratégie de commercialisation du film joua du même discours et elle connut un plein succès, le film fut couronné de nombreux prix et obtint une grande résonance. Il suscita de nombreuses discussions et débats, en partie organisés par la production, en partie en réaction lors de sa sortie.

À bien le regarder, on se rend compte que, en rupture avec bien des œuvres précédentes, il ne joue ni ne montre jamais ou presque les signes, marques ou les objets phares de la RDA. Les seuls objets à bénéficier de gros plans ou de plans nets sont atypiques – piano, machine à écrire – et évoquent beaucoup plus les milieux du film, les intellectuels et artistes d'un côté ou les hommes de la Stasi (les locaux de la centrale de la Normannenstraße) de l'autre, que la RDA au quotidien. Ce sont avant tout les plans extérieurs soignés sur Berlin qui font trace. *La Vie des autres* est mise en scène, comme le souligne Sabine Moller, en une véritable « source » sur l'histoire de la Stasi. Le réalisateur insiste sur l'ampleur du travail documentaire. Beaucoup d'anciens de l'Est n'ont cependant pas adhéré au discours de la *documentation*, pointant les invraisemblances et les erreurs de *La Vie des autres*, qu'il s'agisse du scénario « conte de fées » ou des impossibles historiques : la prédation sexuelle n'était pas vraiment légitime parmi les élites du SED, l'organisation et la procédure de la Stasi ne collent pas, en particulier pour les années 1980...[1].

Si ces deux seuls films ont connu une large diffusion en France, tout un cinéma allemand depuis l'unification même revient sur la RDA, par de multiples chemins [2].

---

1. Voir Molly Andrews, « The Nice Stasi Man Drove His Trabi to the Nudist Beach: Contesting East German Identity », in Roberta Piazza, Alessandra Fasulo (dir.), *Marked Identities in Narrating Lives between Social Labels and Individual Biographies*, Basingstoke, Palgrave Macmillan, 2014, p. 49-52, Gareth Dale, « Heimat, "Ostalgie" and the Stasi: The GDR in German Cinema, 1999-2006 », *Journal of Contemporary Central and Eastern Europe*, 15-2, 2007, ici p. 155-161, et Claudia Lenssen, « Die Stasi im Kino der Gefühle. *Das Leben der Anderen* (2005/2006). Filmische Erinnerungsstrategien im Kontext der Medienkultur », in Carsten Gansel, Pawel Zimniak (dir.), *Das « Prinzip Erinnerung » in der deutschsprachigen Gegenwartsliteratur nach 1989*, Göttingen, Vandenhoeck und Ruprecht, 2010, p. 281-288.

2. Voir le volume récent : Hélène Camarade, Élizabeth Guilhamon, Matthias Steinle, Hélène Yèche, *La RDA et la société postsocialiste dans le cinéma allemand après 1989*, Lilles, Presses Universitaires du Septentrion, 2018, et en particulier la synthèse introductive de Matthias Steinle « "Ressuscitée des ruines" : la RDA et la société postsocialiste à l'écran en Allemagne. Proposition de périodisation », p. 21-81.

Leander Haußmann, réalisateur à succès de *Sonnenallee*, affirme ainsi : «J'ai toujours dit que l'on devait faire un film qui rendrait jaloux les gens de l'Ouest de n'avoir pas pu vivre à l'Est» (livre du film). Son film est le troisième grand succès. À vrai dire, *Sonnenallee* (1999), appuyé sur le livre éponyme de Thomas Brussig, est un récit des premiers émois adolescents à l'Est. Il est à la fois décalé et comique, non sans ironie, et il renvoie la RDA à une forme de normalité. *Sonnenallee* joue de la caricature, et même de la légèreté dans un thème souvent traité jusque-là avec la pesanteur de l'histoire, des histoires. La vie des jeunes dans le film se déroule à distance des instances d'encadrement, du monde des adultes. Tant et si bien qu'une association de victimes chercha à attaquer le film comme insultant pour ceux que le régime avait persécutés (Anna Saunders). À l'inverse, il peut être lu par son absence de vérisme, par son grossissement des traits, comme une parodie de l'«Ostalgie». Derrière le livre de Brussig, le film réussit nombre de traits d'humour, avec des descriptions pince-sans-rire, comme l'oncle de l'Ouest qui s'évertue à passer à l'Est clandestinement des marchandises légales, ou lorsque les deux héros poursuivent un bus ouest-allemand en mendiant et criant : «On a faim!», se moquant ainsi des perceptions de l'Ouest.

On interrogera ici cinéma et littérature sous l'angle des traces – abandon, résistance ou symptôme – que nous avons adopté jusqu'ici, entendu aussi dans leur matérialité. Les œuvres sont elles-mêmes des symptômes de cette présence de la RDA, comme un souvenir entêtant, comme un regret, aux multiples visages, ou comme un combat au présent. Elles sont aussi porteuses de traces au second degré, parfois innocemment, parfois consciemment, par stratégie d'auteur. Films et récits font mémoire des choses de l'époque, en les menant jusqu'au présent, qu'il s'agisse de lieux, de l'immense matériel politique quotidien, du foulard des pionniers aux portraits de Honecker, ou simplement des objets usuels de l'époque. Ces derniers facilitent les identifications car le faible nombre de marques et de différenciations des objets produits en RDA les rend bien plus partagés et partageables que leurs équivalents du monde capitaliste.

Il y a bien des manières littéraires de faire trace, et pas toujours d'évidence, comme l'a montré Carole Hähnel-Mesnard en étudiant les récits du « Corps de la salamandre »[1] (2001) de Julia Schoch (née en 1974), poétiques, codés et énigmatiques. Nous irons aux plus directes. À l'opposé, nous laisserons de côté aussi tous les shows télévisuels, les séries et les pièces de théâtre de boulevard qui jouent l'« Ostalgie », non que ce terrain soit sans intérêt mais son caractère immédiat et souvent caricatural le rend moins pertinent pour notre enquête.

Expériences et littératures

Une des routes possibles pour voyager en RDA passe par la littérature : « Les écrivains sont les *experts* des restes de la RDA. La littérature est une affaire de perdants[2] », écrit Philippe Lançon. Je n'évoquerai pas ici la littérature même de la RDA, un continent – « La RDA était un État d'écrivains », remarque l'esprit critique Hans Mayer –, mais, avant tout, celle des vingt dernières années, ces retours sur le passé qui paraissent régulièrement en Allemagne. La richesse et l'immensité de la production

---

[1]. Comme indiqué plus haut, nous citons les traductions en français lorsqu'elles existent. Dans le cas contraire, lorsque les traductions nous appartiennent, les titres sont signalés entre guillemets.

[2]. Philippe Lançon, « Le goût amer de la madeleine est-allemande », *Libération*, 22 mars 2013, p. IV.

conduisent aussi à faire des choix, sans prétendre ni à une parfaite représentativité ni encore moins à faire montre d'exhaustivité. Parmi ceux-ci, nous ferons plus de place aux générations les plus récentes – en accord avec le tempo de ce livre – qui n'avaient pas entamé de carrière littéraire au temps de la RDA, quand bien même l'étude des œuvres post-RDA d'écrivains reconnus au temps de la « petite République », y compris en dehors de ses frontières (Jurek Becker, Volker Braun, Christoph Hein, Helga Königsdorf, Christa Wolf…), enrichirait encore le propos.

Avec l'unification des deux Allemagnes et l'effondrement du monde littéraire est-allemand, la scène intellectuelle est marquée par un débat sur l'engagement des écrivains et intellectuels est-allemands, et puis, lorsque les archives s'ouvrent, sur leurs plus ou moins avérées compromissions avec le pouvoir. Il débute en juin 1990 avec le récit de Christa Wolf (*Was bleibt*), qui est au cœur de la tourmente. Les reproches faits au régime et aux écrivains qui ne le dénoncèrent pas se cristallisent sur les rapports avec la Stasi et sur Wolf en particulier. Les plus virulents annoncent la mort de cette littérature d'écrivains autorisés. À partir de fin 1991, un ensemble d'artistes et d'auteurs de la scène critique de Prenzlauer Berg voient leurs liens avec la Stasi dévoilés. Ainsi la « culture alternative » en RDA est-elle aussi âprement mise en cause, et non pas seulement les auteurs les plus légitimes.

Nombre d'auteurs continuent leur œuvre dans ce contexte troublé. La RDA devient elle-même sujet littéraire, souvent dans la mélancolie. La critique s'interroge alors, et encore, sur la pérennité d'une « littérature de RDA », celle des écrivains déjà confirmés avant la chute du pays : jusqu'à quand peut-elle exister ? Comment marque-t-elle le paysage éditorial ? Comment est-elle affectée par l'effondrement des structures qui la portaient ? Certains voient ici l'année

1995 comme un temps de rupture, avec les œuvres de Jens Sparschuh, *Fontaine d'appartement*, et Thomas Brussig, *Le Complexe de Klaus*, qui, dans des genres très différents mais pleins d'ironie et d'humour, traitent avec distance de l'effondrement du pays. Wolfgang Emmerich considère qu'avec ce dernier livre, où le pénis du protagoniste contribue à l'ouverture du mur en 1989, « la frontière entre la littérature de RDA et la littérature anti-RDA est dépassée ». D'autres soulignent une rupture plus récente, lorsque paraissent de grands romans épiques et familiaux marquants, ceux d'Uwe Tellkamp, *La Tour* (2008, prix du Livre allemand), et d'Eugen Ruge, *Quand la lumière décline* (2011, également prix du Livre allemand) vendu à plus d'un million d'exemplaires. Leur regard à distance signalerait la possibilité d'une littérature post-RDA sur la RDA, imprégnée de connivences avec la littérature internationale, et même « post-idéologique » pense Volker Wehdeking, utilisant un terme bien discutable.

En lien, une autre question taraude les spécialistes : qui a écrit ou écrira le grand roman de l'unification ? Où se trouve le Thomas Mann de 1989-1990 ? Notre perspective, passant ces débats et ceux du début des années 1990, interrogera surtout les œuvres des années récentes. C'est que, à l'étonnement des critiques parfois, la RDA fait sans cesse irruption dans la production et la vie littéraires allemandes et souvent sous la plume d'auteurs qui n'y ont vécu que leurs premières années, qui l'enfance, qui l'adolescence. La littérature d'expérience, les autobiographies ne cessent ainsi de questionner la disparition de l'autre Allemagne.

Fait frappant, de nombreux romans sur la RDA ont été rapidement adaptés au cinéma dans de grandes productions, voire au théâtre, si bien que, pour notre propos, les formes de la trace, il y a tout autant continuité et circulation entre les genres, que langage propre.

Les anciens

Une des manières de fixer le passé tient à sa présence dans le contemporain, la contemporanéité du non-contemporain pour reprendre les termes d'Ernst Bloch, l'« Hier qui vit toujours », les « vestiges non dépassés », la trace devient symptôme. La littérature parle alors du poids du passé, des restes et des dures adaptations et transformations, de cette RDA qui, telle la glaise, leste les pas de ses habitants. Oliver Bukowski a incarné au théâtre ces destins fragiles des « Ossis » à travers l'Allemagne des années 1990.

Une façon d'écriture documentaire et mémorielle ancre le récit dans les régions de l'Est après l'unification. Souvent, alors, les auteurs mettent en scène les difficultés économiques, les errances, parfois les déviances, et les incertitudes des « Ossis ». Ils décrivent aussi les paysages et les lieux en mutation, ce qui devient parfois abandon et ruines. Le roman accompagne alors les lendemains qui déchantent, ou les contrastes entre les mondes. Certaines œuvres apparaissent comme de virulentes charges politiques contre l'unification et ses conséquences, ainsi de la pièce controversée de Rolf Hochhuth, *Wessis in Weimar* (1993) qui dépeint les méfaits de la Treuhand et les destins abîmés de ceux de l'Est. L'auteur est même accusé de légitimer l'assassinat de son directeur (Rohwedder) par la RAF (Fraction armée rouge) deux ans auparavant.

D'autres récits sont le fait de « Wessis » qui investissent les destins chaotiques ou brisés des « Ossis » : Doris Dörrie au cinéma avec « La Coiffeuse » (*Die Friseuse*, 2010) ou Katharina Hacker en littérature avec « Le Maître nageur » (*Der Bademeister*, 2000), deux figures situées dans le Berlin post-unité et malmenées par le changement économique, la première à Marzahn, dans les grands ensembles et leur nouvel environnement, le second à Prenzlauer Berg. Mais le scénario de «La Coiffeuse» a été construit par Laila Stieler, une «Ossi» qui a travaillé avec Andreas Dresen, cinéaste par excellence d'un cinéma social en nuances.

Raconter l'Est des années 1990, c'est parler des traces toutes fraîches du pays disparu, ne serait-ce que comme décor, c'est aussi faire de l'effacement une figure de littérature. Ingo Schulze (né en 1962) originaire de Dresde connut un succès certain, notamment en Allemagne de l'Ouest, avec *Histoires sans gravité. Un roman de la province est-allemande* (1998), en procédant par une succession de petites narrations individuelles qui s'entrecroisent, situées dans la jolie ville d'Altenburg où l'auteur fut dramaturge. Le passé explicite – et ses engagements – n'est évoqué que par touches dans ces petits destins, mais aussi à travers ses survivances matérielles: «Je regarde le revêtement de sa table de la Stasi – les meubles de la Stasi locale avaient été remis à l'association "Aider à vivre", qui avait revendu à son tour ce dont elle n'avait pas besoin – rien que du toc.» Lobek, dans *Fontaine d'appartement* de Jens Sparschuh (1995), traîne dans son appartement de Berlin et son atelier (tandis que sa femme réussit très bien) sans retrouver d'emploi, jusqu'à l'embauche dans une firme qui vend des fontaines d'appartement. Sur le *curriculum vitae*, dit Lobek, «j'avais d'abord barré complètement le passage qui commençait par "Depuis mes années de collège je suis un représentant convaincu de l'ordre socialiste"». Le roman met ainsi en scène la gaucherie et la sympathie de l'«Ossi» dans le monde de l'entreprise de l'Ouest. Et tout à coup, dans un séminaire de la firme en Forêt-Noire: «Je ne pus m'empêcher de prononcer compulsivement une phrase qui de ma vie n'avait jamais encore franchi mes lèvres: "J'aime ma patrie, la République démocratique allemande!"» Le film tiré du roman situe la scène dans un bar, quand Lobek discute avec une jeune femme, l'effet est autre mais le sens identique. Un renversement de situation, que nous retrouverons bientôt, permet à Lobek un succès inespéré.

Dans *L'Inconstance de l'espèce* (*Der Hals der Giraffe*, 2011) Judith Schalansky dépeint le monde scolaire en transition, dans une petite ville de Poméranie, à travers la figure d'une enseignante à l'ancienne de l'école « Lilo Herrmann », du nom d'une résistante communiste : « Plus aucun souvenir de Lilo Herrmann. À l'époque, ils avaient voulu bien faire les choses et s'étaient débarrassés en même temps de l'ancien nom et des portraits en contreplaqué. » L'abandon urbain traverse le roman : « La ville, du moins ce qu'il en restait, somnolait, calme et irréelle comme tout ce qui a été abandonné par l'homme. » L'enseignante de biologie avait aimé visiter le Palast der Republik : « Un jour, lui aussi serait reconstruit. » Dans les débats de salle des profs, se heurtent l'ancien monde socialiste et le nouveau.

Le cinéma s'empare d'emblée de la figure de l'« Ossi » décontenancé et perdant, en jouant des contrastes avec l'Ouest. La trace-objet est au cœur du premier grand succès cinématographique post-unification ayant pour thème central la RDA. Dès 1991, c'est sur le mode de l'humour un peu condescendant, ou de la parodie, que les « Ossis » sont à l'écran. Dans *Go, Trabi, Go* (1991) une famille de l'Est, les Struutz, d'une de ses villes les plus industrielles, Bitterfeld, décide de partir en vacances en Italie, sur les traces de Goethe, avec la Trabant, au centre des intrigues. La famille ne manque pas de se confronter avec des parents de l'Ouest sur le chemin, en Bavière dans une scène qui joue évidemment sur le comique des contrastes et la méfiance des « Wessis », qui vont jusqu'à cacher le beau gâteau qu'ils étaient en train de manger. Il n'empêche, souligne Seán Allan, le film met en scène le *provincialisme* des « Ossis »[1]. En Italie, la Trabi est au cœur des aventures de la sympathique famille qui lit des passages de Goethe devant les sites emblématiques. Une suite, « C'était l'Est sauvage » (Go Trabi Go 2 *Das war der wilde Osten*, 1992, Reinhard Klooss et Wolfgang Büld), ramène les protagonistes dans l'Allemagne tout juste réunifiée où les affaires et la spéculation envahissent l'Est, avec des « Wessis » conquérants et prétentieux. Deux sociologues résument ainsi cette « ruée vers l'est » : « Les magasins *discount* sont arrivés les premiers, il y avait de l'argent facile à gagner, puis, après, sont apparus les agents immobiliers et les juristes qui venaient s'occuper des droits de restitution ; enfin, les consultants, qui promettent tout, mais ne savent rien faire et, *last, not least*, les experts de la qualification professionnelle chargés d'expliquer à l'Allemand de l'Est tout ce qu'il avait encore à apprendre » (Helmut Berking, Siegfried Neckel[2]) : on repense alors, avec les Struutz, à Heidrun. La famille se trouve embarquée, à Dresde, dans ce monde bien étranger au professeur d'allemand de la RDA, amoureux de Goethe. Du coup, cette suite aborde frontalement les enjeux et tensions économiques, derrière le ton drôle et l'ambiance « conquête de l'Est », d'où peut-être son succès moindre.

Tout aussi désorienté que la famille Struutz, le héros de « Tout n'est que mensonge », le cabarettiste déclassé Günther Kasulke, cherche place et travail dans le nouveau monde de l'après-1990 et se confronte à son ancien

---

1. Sean Allan, « Ostalgie, fantasy and the normalization of east-west relations in post-unification comedy » in David Clarke (dir.) *German cinema since unification*, Londres, Continuum, 2006, p. 105-126.
2. Cité par Dorothée Kohler, « Eisenhüttenstadt : de la sidérurgie socialiste à l'industrie capitaliste », in Gilbert Casasus, Sylvie Lemasson, Sophie Lorrain (dir.), *L'Autre Allemagne. 1990-1995. L'unification au quotidien*, Paris, Autrement, 1995, p. 202.

partenaire de shows qui a connu, lui, une réussite capitaliste fulgurante (*Alles Lüge*, 1992). Les tentatives de recyclage du comique RDA dans l'Allemagne réunifiée s'avèrent pathétiques et infructueuses, jusqu'au retournement et succès final, que nous reverrons là aussi. Ivre, comme Lobek, Kasulke se met à évoquer la disparition brutale de son pays, la RDA.

Peu après dans *Wir können auch anders* (Detlev Buck, 1993), deux frères de l'Ouest – mais aux traits peu marqués, si ce n'est des aspects comiques – traversent l'Est à la recherche d'un héritage. Le road-movie d'un humour pince-sans-rire permet de croiser des figures de ce monde en transition, le déserteur de l'Armée rouge, les voyous, les skinheads et les paumés locaux, dans une ambiance «conquête de l'Ouest» sauvage (avec, même, de la musique de western), non sans similitudes avec *Go, Trabi, Go 2* et quelques autres productions qui jouent de ce style «Eastern». S'affiche ainsi fièrement sur un véhicule: «Première entreprise privée de pompes funèbres du Brandebourg», avant un assaut final que l'on imagine (faussement) meurtrier. Chez Andreas Kleinert (*Wege in die Nacht*, 1999) c'est bien autrement qu'un ancien directeur d'usine, au chômage, dérive progressivement vers le repli intérieur et la violence, jusqu'au suicide. On le retrouvera.

La RDA, toute une histoire

Parmi les œuvres les plus évocatrices, plusieurs inscrivent une jeunesse en RDA dans une généalogie familiale et militante. C'est le cas des romans-récits, d'ampleur inégale, d'Eugen Ruge (né en 1954), de Marion Brasch (née en 1961), de Maxim Leo (né en 1970) et de Jakob Hein (né en 1971). Il n'est pas nouveau que des enfants de la

RDA interrogent le lien familial : juste après 1990, plusieurs œuvres, que Wolfgang Emmerich nomme les « livres du père », reviennent sur le destin paternel dans les tourmentes de la guerre froide (Kurt Drawert, Angela Krauss), d'autres tiennent du roman familial dans la vie quotidienne de la RDA (Renate Feyl), mais c'était dans l'immédiateté de l'effondrement, ou presque. Ici s'ajoutent les expériences, ou le recul de l'auteur. Ces textes emmènent le lecteur jusqu'à l'après-RDA, certains jusqu'aux temps contemporains.

Aussi distants soient-ils avec les expériences familiales, ces livres, chacun à sa manière, racontent en fait trois histoires : celle du narrateur, son enfance entre les contraintes du temps et du lieu et les découvertes du monde, mais aussi celle de sa famille, et bien au-delà *une* histoire matérielle de la RDA. Ils s'inscrivent dans une histoire verticale, celle des grands-parents et des parents qui connurent, c'est selon, le nazisme et l'établissement de l'autre Allemagne. Ici, ils dépeignent tous des figures de convaincus, communistes, engagés dans la construction d'un nouveau monde après la Seconde Guerre mondiale, le père, le grand-père, les proches, auxquels s'opposent plus ou moins les héros. Les auteurs/narrateurs rapportent ainsi les fortes croyances qui ont structuré les engagements, parfois les prises de distance et les désillusions. Cet engagement se marque aussi dans les petites choses, au sens figuré et au sens propre. Wilhelm, chez Eugen Ruge, héros des luttes antifascistes, en 1989, « marcha vers la boîte aux lettres, mais elle était vide. On était dimanche. Et le dimanche, il n'y avait pas de *ND* [*Neues Deutschland*, le quotidien du SED]. Avant il y avait aussi une édition du dimanche, mais ils l'ont supprimée. Quel gâchis ». Des pionniers viennent entonner le chant du *Petit Trompette* pour son anniversaire. C'est en effet toute l'histoire d'Eugen Ruge, fils de l'historien communiste Wolfgang Ruge, « Kurt » dans le livre, lui-même fils de militants. Pour l'écrire, l'auteur se rendit sur les traces de sa famille dans plusieurs pays et en particulier en Russie. C'est d'ailleurs la matière d'un second livre, nourri également des voyages faits pour la promotion de *Quand la lumière décline*: «Rapprochement. Notices issues de quatorze pays» (2015).

Le premier a été adapté au cinéma, forcément condensé, par Matti Geschonneck (né en 1952), ancien de l'Est, et ancien du parti qui s'en alla à l'ouest. Tout ou presque se joue ici dans un huis clos autour de l'anniversaire de Wilhelm. Dans la petite cérémonie se condensent tous les débats sur la RDA et sa fin, quand, derrière la façade, rien ou presque ne tient, pas même la table du buffet. Le rôle-titre est tenu par Bruno Ganz, mais le spectateur reconnaîtra aussi, parmi les membres du parti, l'acteur Stephan Grossmann, un policier héros de *Weissensee*, ou le présentateur radio de *Halbe Treppe* (Thorsten Mersten), deux acteurs incarnant une continuité avec l'Est. Là encore, les objets du parti appuient certaines scènes, lorsque Wilhelm lit *Neues Deutschland* au petit-déjeuner, marquant l'inscription de l'engagement dans cet univers des objets. La main du vieil homme accroche encore le badge du parti avec soin, calme et solennité. Contemporain presque exact de Ruge, Geschonneck peut aussi projeter dans l'histoire la sienne propre, celle d'un enfant d'une famille de communistes, fils d'un acteur célèbre fidèle au régime, Erwin Geschonneck, membre jusqu'à sa mort, presque centenaire, de Die Linke.

Les jeunes, qui sont les héros de l'histoire, sont tous à distance, variable, de la RDA, qu'ils en dénoncent après coup les formes oppressives ou qu'ils n'y accordent que peu d'intérêt sur le moment. Mais c'est aussi le monde qui les définit, un cadre avec lequel *on fait avec*. Juste avant 1989, Jakob Hein avait déclaré, furieux: «La RDA existera éternellement parce que chacun peut à la fois se sentir attaché à cet État tout en lui étant opposé » (*Qui sait ? Peut-être même que c'est bien…*, 2004). Maxim Leo, fils de la journaliste et historienne Annette, que nous avons citée à plusieurs reprises, part lui sur les traces de son passé familial, sur celles de son enfance et s'attache à ce qui l'évoque, comme la petite maison de Basdorf au nord de Berlin, où tout est resté à l'identique. Pourtant, il affirme n'avoir qu'indifférence à l'égard de la RDA et son livre marque une distance évidente.

Dans le « roman d'une famille merveilleuse » (« À partir de maintenant, c'est le repos », 2012), le récit de Marion Brasch se joue avant tout dans l'opposition, au sens littéraire et factuel à la fois, entre le père, Horst, dirigeant du parti, revenu d'exil en Angleterre, et ami de Honecker, et les enfants, la petite cadette, la narratrice, et ses trois frères aux destins tragiques, dont l'un est un talentueux et intransigeant poète et dramaturge, Thomas Brasch, qui fuit la RDA, par ailleurs ami et condisciple d'Annette Leo et qu'évoque Maxim dans son récit. Elle ne les désigne étonnamment dans le roman que par leur rang dans la fratrie et non leurs prénoms. Horst est un convaincu, un dur qui semble inébranlable, toujours prêt à défendre le grand récit du parti, fier de voir sa fille demander son adhésion, sans regarder l'opportunisme qui la guide. Tous ses enfants se dressent contre cette autorité, contre les cadres rigides de la RDA, tout en portant un amour compliqué à ce père. La rébellion n'empêche pas le sentiment de la « perte » de son pays au moment du « tournant », d'autant plus qu'il coïncide avec la mort du père. C'est la fin des espoirs d'une autre RDA. Annette Leo, dans une enquête sur la génération résistante et fondatrice de la RDA, écrit : « Envers nous, la génération de leurs fils, ne se sont-ils pas finalement conduits en pères sévères, n'agissant certes que pour notre bien mais voulant encore et toujours décider à notre place de notre bonheur[1]? »

Génération Trabant?

Une autre modalité de retour s'inscrit dans le temps plus court, avant tout horizontal, celui de sa propre jeunesse en RDA sous forme d'autobiographie, plus ou moins composée, ou de fiction. Les années 2000 connaissent une très marquante floraison de récits d'enfance et de jeunesse (Jana Hensel, Jakob Hein, Claudia Rusch, Jochen Schmidt, Daniel Weichmann...).

Plusieurs des auteurs en question ont été labellisés «génération Trabant», un peu à l'image de la «génération Golf» de Florian Illies pour l'Allemagne de l'Ouest. Comme tout label de cet ordre, celui-ci simplifie et unifie. Mais un tel intitulé ne renvoie pas innocemment les auteurs à un objet central dans le souvenir de la RDA, la Trabant. Souvent, en effet, les produits et les objets de l'ex-RDA, ses choses, pourrait-on dire, sont essentielles dans la narration. Elles fixent le récit. Ainsi, cette littérature s'inscrirait-elle, en suivant Moritz Baßler[2], dans une tendance plus générale de la «pop littérature» allemande du début des années 1990 à jouer les «nouveaux archivistes» en faisant de l'objet ordinaire un élément culturel, souvent sans perspective autre que le plaisir ou le goût de l'inventaire, loin de toute théorie sociale.

Jana Hensel (née en 1976, auteure de *Zonenkinder*, «Enfants de la Zone»), chez qui le discours de perte,

---

1. Annette Leo, «RDA. La génération des pères fondateurs», in Alain Brossat, Sonia Combe, Jean-Yves Potel, Jean-Charles Szurek, *À L'Est, la mémoire retrouvée*, Paris, La Découverte, 1990, p. 305.
2. Moritz Baßler, *Der deutsche Pop-Roman. Die Neuen Archivisten*, Munich, C.H. Beck Verlag, 2002, 222 p.

d'interrogation et d'attachement est un des plus forts, ponctue son livre d'illustrations : souvenirs d'enfance, images et icônes de la RDA, ses propres documents parfois. Elle ajoute même un glossaire pour les sigles et des mots et pratiques propres au pays. Avec justesse, Carola Hähnel-Mesnard écrit de ces ouvrages : « On peut avoir l'impression d'avoir affaire à un même grand livre. » Certes les points de vue sont plus ou moins distants, plus ou moins tragiques ou ironiques. Plusieurs des auteurs de ce genre ont participé au développement des lectures publiques à Berlin-Est notamment (Falko Hennig, Jochen Schmidt dont on a parlé au chapitre III ou encore Jakob Hein). Ces voyages de jeunesse en RDA sont ainsi « des textes facilement lisibles et distrayants [...] le renoncement à une ambition littéraire et la mise en avant d'un style oral lié à la lecture publique des textes peuvent se lire comme le refus de la "haute culture" dans un nouvel underground[1] ».

Souvent, pratiques et objets de RDA sont expliqués au lecteur, comme un guide dans le passé, qui s'adresse sans doute, par cela, aux jeunes générations ou aux « Wessis ». Ainsi Jakob Hein développe-t-il le sigle EVP que l'on retrouve sur tous les produits en RDA, « prix au détail » (*Einzelverkaufspreis*), en le définissant, avant d'évoquer sa pensée enfantine qui comprenait « prix choisi par le peuple » (*Erwählter Volkspreis*, également EVP), s'étonnant que le « peuple » ait « choisi » des prix si hauts... Chez Hein, la moquerie l'emporte souvent, évoquant l'attitude peu socialiste des jeunes : « Ce n'est pas pour cela que le petit trompette a reçu la balle fasciste, qui en réalité nous était destinée à nous. » Il dépeint, narquois, la nostalgie actuelle

---

1. Carola Hähnel-Mesnard, « "La rupture dans la vie". Les récits de la jeune génération d'Allemands de l'Est entre témoignage et fiction », *Allemagne d'aujourd'hui*, 169, juillet-septembre 2004, p. 154-155.

de ceux qui s'étaient empressés, au moment de la Wende, de découper les symboles de la RDA du centre de leur drapeau, de l'agiter ainsi devant les caméras occidentales, drapeau désormais aux seules couleurs de l'Allemagne, pour crier leur manque après. Ici l'objet accompagne la biographie, signe de zèle ou de normalité au temps de la RDA, d'adhésion naïve à l'unification, puis, à travers le trou béant, symbole de regrets.

Ce rapport d'enfance, à l'enfance, a pris aussi la forme de la bande dessinée et du roman graphique dans un contexte général allemand d'essor de ces genres, en particulier pour évoquer l'histoire. Ainsi, chez Nadia Budde (née en 1967) – *Choisis quelque chose, mais dépêche-toi*, sous-titré *Souvenirs d'enfance de Berlin-Est en dix chapitres* (2009) – la politisation du quotidien ouvre et rythme le livre, sans en être un thème écrasant. Un panneau portant une inscription – comme celles que l'on a décrites et que l'on voit encore – « Aux délégués du Xe congrès du Parti. Toujours prêt pour la paix et le socialisme ! » finit en support du poulailler du grand-père. « Je me demande si ces slogans ont encouragé les poules à pondre plus », commente la dessinatrice en restituant la distance de l'enfance. Ces objets du politique, comme ceux des brocantes, portent toujours les formes propres du pays. La mobilisation à l'école, à l'instar de celle évoquée pour le recyclage, s'incarne dans les campagnes pour la libération du Chilien Luis Corvalán, d'Angela Davis, ou encore par la transmission antifasciste : « Le passé était gardé par des vétérans fatigués. » Banderoles et slogans illustrent les pages. Sigmund Jähn est là, lui aussi, avec Laïka, la chienne de l'espace. Le regard et le dessin demeurent ceux de l'enfance et du rêve, où se glissent quelques interrogations enfantines – inquiétude sur des personnages qui ressemblent à des agents de la Stasi, ou sur les gens de l'Ouest qui viennent avec leur papier toilette –, des remarques plus politiques, sur l'émancipation des femmes ou le contrôle de l'information. Dans le roman de Clemens Meyer (né en 1977) sur la jeunesse de Leipzig au début des années 1990 (*Quand on rêvait*, 2006), adapté au cinéma par Wolfgang Kohlhaase et Andreas Dresen, des scènes de l'école reviennent aux héros, du temps où ils étaient jeunes pionniers, pour certains contestataires. Les plans les montrent en uniforme, avec le célèbre foulard des pionniers. Ces scènes de flash-back sont l'occasion de rappeler les grands mots du régime, par la voix des adultes ou des enfants: la construction du socialisme, la place du collectif, l'héroïsme des soldats russes. Après la Wende, les jeunes retrouvent le responsable de l'école, désillusionné, en train de repeindre des bâtiments, et ils lui donnent un coup de main. Il a quitté le parti, mais évoque toujours la cause du socialisme. Dresen rompt par là avec nombre de ses films antérieurs qui décrivaient l'Allemagne de l'Est et ses traces à travers des situations sociales réalistes, parfois tournés sur un mode documentaire, travaillant peu la matérialité du souvenir. Ainsi dans *Un été à Berlin* (*Sommer vorm Balkon*, 2005), deux jeunes Berlinoises pleines de vie croisent le destin de «vieux» de la RDA, à qui l'une d'elles procure des soins réguliers. Les appartements des trois anciens restent, comme souvent, partiellement figés dans une décoration d'autrefois, mais Dresen ne surcharge rien, et il faut être attentif au mobilier, à la vaisselle et à quelques signes distinctifs fugaces pour ressentir tout le passé pourtant contenu dans ces scènes de contraste avec le présent. Aucun jeu d'évidence sur les objets en lien direct avec la RDA, pas de signes de la présence politique d'alors, ou bien il faut observer de près les arrière-plans: les tranches des livres, un téléviseur RFT ou encore une carte typique au mur. Le film est un succès avec presque un million de spectateurs, qui n'auront pas manqué de relever cette phrase d'un des « vieux » de la RDA, lorsqu'il se fait attaquer chez lui par des petits voyous : « Cela ne serait pas arrivé autrefois. »

L'œuvre plus récente de Peter Richter (né en 1973 et originaire de Dresde), *89/90* (2015), tout en demeurant un récit de jeunesse prend une autre épaisseur que les textes « génération Trabant », tant par le nombre de pages que par la densité du propos : le récit se présente comme un carnet de deux années, 89/90, mais évoque encore pleinement la RDA d'avant la chute du Mur. Les expériences d'un jeune de seize, dix-sept ans dans ces temps troublés s'inscrivent dans un ancrage urbain, plutôt « bourgeois » d'origine – personne ou presque ne pavoise dans le quartier pour les grandes fêtes socialistes –, mais dont le héros s'éloigne vite. L'écriture entremêle avec force un roman d'initiation et la confrontation avec l'histoire en cours. « Désormais, le mot nouveau le plus important aux nouvelles était : *Joint Venture*. Dans la cour de l'école c'était : *Joint*. Sans *Venture*. » C'est encore une chronique de Dresde pendant le « tournant », ainsi de l'attention prêtée à la liquidation des emplois dans l'entreprise de confiserie Elbflorenz, aujourd'hui rasée.

Faire avec les objets

Au-delà même de ce genre du récit de jeunesse, les romans, comme les films, qui reviennent *en* RDA sont remplis de détails ordinaires, autant de détails antiquaires *sur* la RDA. Sabine Hake note ainsi : « Les nombreux films sur la RDA tournés depuis l'unification s'appuient beaucoup sur la matérialité de la vie quotidienne pour évoquer un système politique et une idéologie qui ont été défaits à plate couture[1]. » Dans son inventaire de la littérature allemande sur la chute de la RDA et l'unité, Frank Thomas Grub trouve peu de textes qui connotent négativement les produits RDA[2]. Dès 1991, dans son récit d'un voyage à travers le Harz de l'est vers l'ouest, écho ironique à ceux de Goethe et Heine, le poète et écrivain de Dresde Thomas Rosenlöcher (né en 1947) se sert des produits et marques de l'Ouest pour porter un regard critique sur l'unification, sur la mise à l'écart du monde de l'Est. Le narrateur ne cesse d'exprimer l'étrangeté et l'étonnement devant des objets symboles des « vainqueurs », comme la Mercedes ou les épais journaux de l'Ouest, devant aussi la multiplicité du choix pour le même produit[3]. Il ne peut former de collectif avec ce nouveau monde des choses.

Plus tard, les objets auront d'autres fonctions, d'autres places. Ils rappellent les signes et formes de politisation du quotidien, on l'a vu avec Nadia Budde. Les auteurs décrivent des objets disparus, et, du coup, ils les archivent parfois avec les modes d'emploi, en situation, ici les cigarettes Karo (Brasch) ou Club (Richter), là le Vita-Cola (Ruge), souvent les disques Amiga. Parmi les premières, l'œuvre de Reinhard Ulbrich, « La Trace du poulet rôti. Nous, et notre Est doré » (*Spur der Broiler. Wir und unser goldener Osten*), est construite

---

1. Sabine Hake, « On the Lives of Objects », in Paul Cooke (dir.), *The Lives of Others and Contemporary German Film. A Companion*, Berlin, De Gruyter, 2013, p. 201.

2. Frank Thomas Grub, *« Wende » und « Einheit » im Spiegel der deutschsprachigen Literatur. Ein Handbuch. Band 1: Untersuchungen*, Berlin/New York De Gruyter, 2003, p. 565.

3. Markus Kuhn, « Die DDR im Kopf. Marken, Mentalitäten und mentale Welten in Narrationen über die unmittelbare Nach-Wende-Zeit. Die Erzählung *Die Wiederentdeckung des Gehens beim Wandern* und der Film *Good Bye, Lenin!* », in Gerhard Jens Lüdeker, Dominik Orth, Hermann Korte et Carsten Gansel (dir.), *Nach-Wende-Narrationen. Das Wiedervereinigte Deutschland im Spiegel von Literatur und Film*, Göttingen, Vandenhoeck und Ruprecht, 2010, p. 21-42.

comme un récit d'enfance/mode d'emploi (1998). Le narrateur est un gamin, Bernie, qui raconte les aventures de sa bande en prenant au pied de la lettre les discours de la RDA, faisant de chaque slogan une affaire sérieuse et d'importance. Bernie grandissant, le ton se fait plus critique. Le roman court jusqu'à l'unification et l'âge adulte. Tout ce qui est un trait propre de la RDA (expression, marque, slogan) est en italique dans le livre, telle la fameuse fibre de Premnitz *Wolpryla* ou les allumettes de Riesa. Souvent, d'ailleurs, les enfants en expliquent le contenu ou le fonctionnement. Il y a ainsi comme deux histoires, celle de la bande de gamins, pleine d'humour pince-sans-rire, et puis cette mise en avant des objets de la RDA, mentionnant à chaque fois leur marque, même si le récit tiendrait fort bien sans ces mentions et énumérations.

La « génération Trabant », plus tard, emplit encore ses évocations des marques et symboles de la RDA. La disparition se mesure aux choses. Jana Hensel dit de ses parents qu'ils sont les vestiges d'une époque « dont il ne reste que Carmen Nebel [une présentatrice de télévision], le petit bonhomme des feux rouges, la Doppelkorn de Nordhausen [un alcool fort], la dentelle de Plauen et le PDS ». Thomas Brussig dans « La Plus Courte Partie de la Sonnenallee » (*Am kürzeren Ende der Sonnenallee*) joue de l'intérêt posthume pour les objets et singularités de la RDA en les projetant à l'époque même : dans la zone frontalière de la Sonnenallee, la RDA fait ouvrir une boutique de souvenirs pour l'Ouest avec drapeaux, œillets du 1er Mai, portraits de Honecker et autres tambours des jeunes pionniers. On croirait presque, à lire la description, qu'il s'agit de ces nouvelles boutiques de gadgets et souvenirs pseudo-RDA fabriqués pour le tourisme contemporain.

La Tour d'Uwe Tellkamp (2008), ouvrage plus ambitieux, s'ouvre par des décorations lumineuses, des « citrons électriques » de la VEB Narva, que l'auteur prend soin de citer. Des ampoules de Narva, on en récupère par centaines dans les ruines de la RDA. Tout au long de cette immense saga de Dresde, les entreprises VEB sont nommées avec précision lorsque des objets sont évoqués, comme une archéologie industrielle de la Saxe. Peter Richter multiplie, lui, les notes de bas de page dans son beau récit de jeunesse des années 1989-1990 pour expliciter des sigles ou préciser des particularités de l'Allemagne de l'Est, comme l'Intershop, les coopératives agricoles LPG, ou SERO (*89/90*, 2015). Il raconte son plaisir à prendre au pied de la lettre la définition « propriété du peuple » pour chaparder librement. Dix ans auparavant, Richter avait publié un essai, sous forme de balades, de souvenirs, de rencontres et de vignettes, sur les identités allemandes confrontées à l'unification, le titre reprenant la promesse d'Helmut Kohl: « Paysages florissants » (*Blühende Landschaften*). C'était aussi l'évocation des marques et traces du pays défunt, comme la Trabant, à laquelle il voue un grand attachement.

Souvent, les films veillent à bien montrer les marques de la RDA, même de manière fugace, bien sûr par souci professionnel de véracité, pour authentifier, mais sans aucun doute aussi pour jouer de cet attachement à l'objet. Ainsi de *Kleinruppin Forever* (Carsten Fiebeler, 2004), où un jumeau de l'Est, séparé de son frère qui vit à l'Ouest, se substitue à lui lors d'un voyage scolaire, et vice versa, mais involontairement pour celui de l'Ouest. Le film dépeint, dès lors, la vie des jeunes dans une petite ville de l'arrondissement de Schwerin. On ne manquera pas la crème Florena (la Nivea de l'Est), l'horloge au sigle RFT (grand fabricant d'appareils radio et autres) ou l'alcool de Nordhausen, sans compter les panneaux et slogans de la propagande. Ce jeu de signes s'inscrit dans une tonalité de sympathie avec les valeurs de la société est-allemande, même sous les contraintes matérielles et politiques [1].

Plus subtilement, le billet de 100 marks RDA avec la figure de Karl Marx accompagne le héros de *Berlin is in Germany* de Hannes Stöhr [2], Martin, qui sort de prison en 2000 sans avoir encore connu la nouvelle Allemagne (il est enfermé depuis onze ans, on l'a vu plus haut). Il récupère ainsi ses effets de l'époque et donc ces billets de banque sans valeur, qu'il essaie de mettre dans un distributeur de tickets, ou dont il fait des cocottes en papier et que l'on retrouve dans d'autres scènes marquantes. L'objet est ici à la fois survivance, résistance – car Martin ne s'en débarrasse pas – et témoignage de cette vie arrêtée et projetée dans les temps nouveaux. Aucune lecture «nostalgique» pourtant dans *Berlin is in Germany*, Martin n'avait rien d'un cadre du parti, bien au contraire, son incarcération est liée à son désir de fuir la RDA dont il dénonce le système policier, lorsqu'il est arrêté de nouveau pour d'autres histoires. Et il essaie de s'adapter au monde qu'il découvre.

Sous une forme plus humoristique, la scène d'usage d'un billet RDA – toujours celui de 100 marks avec Marx, démonétisé – par un naïf de l'Ouest se trouve aussi dans *Wir können auch anders* (1993). Le commerçant filou le froisse en riant: «Bonne blague», c'était encore les premiers temps de l'unification... Thomas Rosenlöcher rendait ridicule aussi son héros aux yeux de l'Ouest lorsqu'il sortait le même billet: «Regardez-le, ce Karl Marx-là [le héros/Rosenlöcher a des cheveux hirsutes] veut me fourguer un

---

1. Nick Hodgin, *Screening the East. Heimat, Memory and Nostalgia in German film since 1989*, New York, Berghahn, 2011, p. 173-175.
2. Parmi les modèles de Stöhr, Andreas Dresen et Wolfgang Becker déjà auteur, avant *Good Bye, Lenin!*, d'un film marquant sur les milieux modestes berlinois. Mirko Borscht (voir p. 356) était assistant réalisateur pour le film.

Karl-Marx... » *Good Bye, Lenin!* reprend encore le thème de l'argent de l'Est démonétisé, lorsque Alex retrouve enfin les économies de sa mère mais trop tard pour les convertir.

À vrai dire, on pourrait presque lire beaucoup des livres et films évoqués en s'abstrayant du sens profond que leurs auteurs ont cherché à donner à leurs œuvres ou du plaisir du récit, pour ne voir que les descriptions d'un monde disparu. C'est peut-être le propre d'un regard historien, qui peut faire cet usage des œuvres comme une forme de source qu'il faut décoder au même titre qu'une autre, qui recompose un réel avec, et, au-delà, des effets de fiction. Cela dit, certains écrivains finissent par se faire une spécialité d'être les antiquaires littéraires du pays, peut-être par facilité, devant l'intérêt pour ces choses du passé. Claudia Rusch après le succès de « Ma jeunesse allemande libre » (2003) écrit une forme de réplique, un voyage dans chacun des anciens Bezirke, un par chapitre, où s'entremêlent, plus ou moins reliés aux lieux, des souvenirs personnels et des réflexions sur la vie en RDA et sa présence contemporaine, autour de l'« Ostalgie » en particulier (« Édifier l'Est. En chemin, entre Zinnowitz et Zwickau », 2009). Jakob Hein, lui, après plusieurs récits d'expériences, compose un recueil de « mythes de la RDA », des histoires ou projets loufoques inventés par l'auteur à partir de traits propres à la RDA (2007), tandis que Jochen Schmidt écrit, on l'a vu, un « mode d'emploi de la RDA », s'arrêtant sur les curiosités du pays encore visibles. Les livres d'inventaires plus ou moins humoristiques des spécificités de la RDA, des traditions inventées ou réinventées par le socialisme d'État, des routines politiques et plaisanteries d'une société de la débrouille, se sont ainsi multipliés. Un genre en soi, qu'écrivains et auteurs plus âgés, ayant bien connu la vie à l'Est, ont aussi emprunté volontiers, avec des objectifs variés, ainsi de l'essayiste Thomas Wieke (né en 1956) avec sa « RDA pour les frimeurs » (2007), sous forme de lexique, non sans regard critique et ironie. Reinhard Ulbrich semble avoir fait le chemin inverse de beaucoup, depuis une petite encyclopédie des marques de l'Est (1996), évoquant le verre d'Iéna, les cigarettes Club, F6 ou Juwel ou encore la crème Florena, avec humour et distance, vers le roman (1998) qui les met en scène et en situation. En contraste avec les publicités de leur renaissance, évoquée en introduction, les trois marques de cigarettes apparaissent ici peu reluisantes, et Ulbrich est aussi fort critique sur la piètre qualité du Mocca Fix dénoncé comme une vile mise en scène commerciale de la RDA.

Les ruines

Les ruines de la RDA, que l'on a parcourues dans ce livre, sont plus que des décors, elles sont au cœur de l'intrigue dans de multiples œuvres, littéraires ou cinématographiques, aux intentions et à la résonance inégales. Certaines d'ailleurs ne permettent pas de distinguer s'il s'agit de sites déjà arrêtés au temps de la RDA (il y eut, par exemple, de nombreuses mines fermées, en fonction des politiques énergétiques) ou, plus souvent, après, dans la déliquescence de l'économie est-allemande.

Ce sont souvent des films d'auteur, qui, à la différence des succès de Wolfgang Becker ou Leander Haußmann, ne jouent jamais d'évidence, ou peu, avec les rappels matériels de la RDA. C'est l'inscription sociale des personnages qui porte l'héritage et les pesanteurs du passé, en particulier chez Andreas Dresen et Andreas Kleinert. Dans une contribution à *Die Zeit*, Dresen disait toute la difficulté d'une vision un peu complexe et nuancée de la RDA, entre la retenue de ceux de l'Est et les clichés de l'Ouest (2009).

Tourné juste après l'unification et présenté en juin 1991, le film de Michael Klier, *Ostkreuz*, du nom d'une célèbre jonction ferroviaire de Berlin-Est, dépeint les errements d'une jeune fille qui vit avec sa mère dans un baraquement-container pour réfugiés. Par de petits trafics et entourloupes, Elfie cherche à rassembler de l'argent pour permettre à la petite famille d'obtenir un logement. L'héroïne navigue d'une ruine à l'autre, d'une friche à l'autre. Une des rares rencontres positives du film se situe dans un immeuble abandonné de la Potsdamer Platz, commencé avant l'unification et jamais terminé, explique le réalisateur dans un long commentaire du film. Un des trafics d'Elfie se déroule dans une usine RDA délaissée, un autre dans une gare polonaise qui semble close. Pour Klier, la friche industrielle est à la fois l'image du naufrage de la RDA et un espace sans ordre, où tout est possible, y compris, pour le cinéaste, d'utiliser comme accessoire ou décor des objets abandonnés sur place.

Klier filme souvent Elfie en promenade, en errance, dans ces no man's land berlinois, entre les projets interrompus par le « tournant » et les fantômes de la RDA. Parfois, c'est explicitement l'ancienne bande frontière entre les deux Berlin dont témoignent un bout du mur ou un mirador. Certaines images n'ont, à vrai dire, pas perdu de leur contemporanéité : certes elles ne témoignent plus du Berlin d'aujourd'hui, sauf en de rares espaces que l'on a évoqués, mais l'ex-Allemagne de l'Est reste parcourue de ces paysages du vide, de l'abandon et de l'entre-deux.

C'est encore dans un environnement délinquant que la ruine parcourt le film de Peter Kahane, un ancien de la DEFA, l'auteur du passionnant *Les Architectes*, qui montrait à la fois tous les espoirs et tous les blocages de la RDA finissante (1990). Dans « Jusqu'à l'horizon et plus loin » sur un scénario d'Oliver Bukowski (*Bis zum Horizont und weiter,*

1999), un ancien conducteur d'engin enlève la juge qui a condamné sa compagne. Le film narre en parallèle cet enlèvement et la fuite de prison de l'amoureuse Katja. Le héros, Henning, emmène la juge, symbole de l'Ouest, chez sa mère, dans la Lusace (Lausitz), qui vit devant l'ancienne mine à ciel ouvert où il travailla. Il y a non seulement de nombreux et long plans sur ces extérieurs miniers vides, mais aussi des scènes à l'intérieur des espaces pour les ouvriers, où tout signale l'abandon, les objets sans objets, comme ces casques de chantier que l'on reconnaît de l'époque RDA. Le village de la famille est tout aussi fantôme. Henning revient même sur la scène théâtrale délaissée, où il a connu Katja, il lui faut bricoler pour remettre le courant. Lorsque Katja revient enfin au village, les images d'abandon scandent son arrivée : écriteau rompu, poteau sans fil, carreaux cassés... C'est encore dans la mine que le couple fuit, en vain, la police. L'abandon ici incarne la résistance des « Ossis ». La juge de l'Ouest est forcée de regarder ce monde-là, et même de le vivre.

« Chemins dans la nuit » d'Andreas Kleinert (1999) narre le destin d'un cadre de la RDA, membre du parti, fidèle aux idéaux. Au chômage après 1990, il devient vigile-patrouilleur autoproclamé dans le métro, avec deux jeunes acolytes d'abord ignorent son passé, mais dont il se sent responsable. Le premier plan du film, tourné en noir et blanc, montre son usine abandonnée, autre lien maintenu comme chez Kahane. Le retour sur ces lieux, plus qu'un décor, ponctue le film, marquant la dérive du héros, dans des scènes oppressantes qui se déroulent entre les bâtiments délaissés, jusqu'à son suicide. « Nous sommes ici au royaume des morts », dit-il à sa femme qu'il emmène la nuit dans l'usine, dont le caractère à la fois désert et inquiétant ressort plus encore avec le noir et blanc (photogramme ci-contre).

La biographie du réalisateur, fils d'un cadre du régime, aide à façonner les figures de ces déclassés. Dans l'interview du DVD, Kleinert dit aussi savoir, au-delà des clichés médiatiques, ce que furent les communistes convaincus, qui entendaient réaliser leur utopie, comme le héros, qu'il ne voulait donc pas caricaturer.

Dès après l'unification, Kleinert avait filmé les fantômes du passé et le paysage désolé de l'Est dans « Paysage perdu » (*Verlorene Landschaft*, 1992[1]), qui pouvait renvoyer à la RDA, mais qui, en 1992, parlait aussi au présent. Le film narre, entre onirisme et fantastique, le retour dans le village familial d'un homme politique qui revoit son enfance au début de la RDA. Il s'ouvre par une scène d'amour dans un bâtiment imposant abandonné (que l'on devine sur la photo page suivante) et la traversée en voiture de lieux en déshérence.

Puis, dans « À côté du temps » (*Neben der Zeit*, 1995[2]), Kleinert narre l'histoire d'amour entre une jeune Allemande qui tient la gare de la petite ville de Nedlitz qui va fermer, et

---

1. Ce film est consultable à la cinémathèque de Berlin en 35 millimètres.
2. Ce film est consultable sur DVD à la cinémathèque de Berlin.

un déserteur russe qui vit dans une grande caserne de l'Armée rouge abandonnée. Les installations militaires soviétiques en ruine sont nombreuses sur l'ancien territoire de la RDA et elles sont un lieu privilégié des urbexeurs, par leur ampleur, et aussi parce qu'il reste souvent des peintures et aménagements très typiques. Elles marquent encore le paysage urbain de nombreuses villes, en particulier dans le Brandebourg où la présence militaire était très dense. Il y eut en effet autour de 400 000 Russes stationnés en Allemagne de l'Est (le chiffre varie selon les époques). Dans *Neben der Zeit*, Kleinert filme attentivement la caserne qui n'est pas seulement un décor passif: Sergueï y aménage les lieux à sa manière, avec des bustes de Marx, Lénine et Staline. Sophie fait attention aux livres russes en tas, exposés à tous les vents. C'est là encore que le déserteur sympathise avec son frère Georg.

Si Klier et Kleinert, enfants de la RDA, sont marqués par les paysages à l'abandon, ils évoquent aussi, l'un et l'autre, la figure ou le modèle du réalisateur russe Andreï Tarkovski, dont *Stalker* (1979) est aussi le film culte de l'urbex.

Dans «Combat seize» (*Kombat sechzehn*, de Mirko Borscht, 2005), comme l'usine et la caserne de Kleinert, c'est un centre commercial abandonné qui est au cœur de la narration. Le film raconte l'arrivée en l'Allemagne de l'Est du début des années 1990 d'un jeune lycéen de l'Ouest sain et sportif qui se confronte à l'ultra-violence de ses pairs devenus néonazis. Un de leurs lieux de rendez-vous est le grand centre commercial RDA «Konsument» à l'abandon, et détruit depuis le tournage (à Francfort-sur-l'Oder). Le lieu même revient de manière entêtante, au-delà d'être le cadre de l'action. Il dit le vide et l'abandon, comme un discours même sur le présent, articulé à la déshérence des petits nazis. Une bagarre d'une grande violence s'y déroule, faisant ainsi contraster la trace abandonnée et ce qui s'y produit (ci-dessous en 1986 et dans le film).

Source : Archives municipales de Francfort-sur-l'Oder.

Andreas Dresen, qui a, auparavant, comme Borscht, tourné à Francfort-sur-l'Oder et filmé les histoires et les désarrois ordinaires de la transition (*Stilles Land*, 1992, *Halbe Treppe*, 2002), porte à l'écran, largement adapté, le roman de Clemens Meyer, lui aussi sur une bande de jeunes un peu paumés dans l'Allemagne de l'unification. Dans le dossier de presse, Dresen, au rappel de la période du début des années 1990, dit: « Je ne sentais plus le sol sous mes pieds, presque déraciné », puis il s'affirme « déçu ». L'intrigue tourne autour de la ruine d'une usine d'engrenages à Leipzig, abandonnée déjà en 1991, qui est transformée en discothèque par la bande, s'appuyant ici sur l'histoire réelle de la boîte de nuit « Eastside » (fondée en 1994). Les compères sont aussi confrontés à la violence de jeunes néonazis. Là encore, le lieu est plus qu'un décor, il conduit l'intrigue, la fait basculer. L'endroit du tournage est une importante brasserie en déshérence (Sternburg) du nord de Leipzig, définitivement fermée en 1991, et qui fait partie des classiques de l'urbex dans la région. La première scène du film se déroule encore dans un cinéma abandonné, où les deux héros se retrouvent: « Notre vieux cinéma », dit l'un d'eux. La scène conduit au retour de souvenirs d'enfance évoqués. Clemens Meyer investit la trace, les traces de la ville, de sa ville: dans une émission, il parcourt les lieux de l'histoire, du roman et du film, dans leur état d'aujourd'hui (*MDR Figaro*, 2015) en reconstituant les espaces d'autrefois, et, dans un court reportage d'une chaîne YouTube consacrée à l'urbex (2017), il pénètre dans un autre endroit complètement abandonné de Leipzig, sous la saleté et les ordures, une imprimerie aujourd'hui réhabilitée, qui avait été visitée vers 1995 pour le déménagement de l'Eastside puis aménagée à partir de rien. Il y recherche aussi les traces du passé sur le sol jonché de déchets, *Müllforschung*, dit-il, « enquête dans les ordures ».

Dans *Kleinruppin Forever* l'usine de machines à coudre de Wittenberge (VEB Nähmaschinenwerk, qui produisit la fameuse marque Singer) est un élément important de l'intrigue, et même si c'est ici un lieu de travail et de vie, l'état d'ensemble évoquera au spectateur toutes ces entreprises abandonnées qui l'entourent, d'autant que celle-ci existe encore, fermée en 1991 et vide pour l'essentiel (et dont on annonce la reprise pour un *business park* en 2017). Christian Petzold, dans *Yella* (2007), montre la même usine, dans une scène fugace, lorsque l'héroïne revient en train à Wittenberge, depuis l'Allemagne de l'Ouest où elle croit avoir trouvé un bon et bel emploi. L'usine abandonnée fait ici symbole pour l'Est repoussoir que Yella va abandonner ; pour ce qu'elle espère le succès professionnel dans une firme de Hanovre. Il en sera bien autrement. Le premier scénario du film, juste après l'unification, voulait faire la critique acérée des discriminations dont furent victimes les Allemands de l'Est à l'Ouest, la version de 2007 est moins directe, sans doute plus onirique, brouillant les frontières du réel et du cauchemar.

C'est sans doute dans le film court de Stefan Trampe que le lieu abandonné incarne le plus dramatiquement le destin d'un ancien de l'Est. Le garde-frontière retraité Hermann Hoffestedt (*Der Kontrolleur*, 1994-1995) se rend régulièrement à son poste, pourtant fermé après l'unification, et accomplit des gestes professionnels, y même même des conversations fantômes, comme s'il ne s'était rien passé. Plusieurs plans larges montrent Hermann arrivant devant ce lieu qui paraît immense, et incongru pour un homme seul (photogramme ci-après).

Il emmène la serveuse qui l'a pris en sympathie sur les lieux (photogramme ci-dessous) avant de perdre tout repère, de l'arrêter et de l'interroger revêtu de son uniforme, ainsi qu'un automobiliste de passage[1].

---
1. Ce film est consultable en cassette VHS à la cinémathèque de Berlin.

La RDA comme drame ?

Il serait injuste cependant de faire de la littérature et du cinéma allemands une simple mémoire dépolitisée, ou bien sociale, du quotidien, aussi riche soit-elle pour penser les traces. Dès le début des années 1990, des œuvres se saisissent de destins individuels modelés, empêchés, contraints ou réprimés par la nature même du régime, parfois en jouant du temps et de la mémoire, comme la production télévisuelle, un peu démonstrative, d'Andreas Höntsch (né en 1957), dernière génération de la DEFA: « Le Pardon » (*Die Vergebung*, 1994) où, lors d'un mariage juste après le « tournant », rejaillissent les tensions à l'intérieur d'une famille, dont un couple a subi la répression et les autres ont participé au système, jusqu'à la trahison. C'est le temps du règlement de comptes, des demandes d'explications, des difficiles introspections [1].

Dans sa « Petite histoire de la littérature de la RDA », Wolfgang Emmerich voit dans le livre d'Erich Loest, *Nikolaikirche* (1995), un candidat au titre « du » roman de la Wende, par l'alliance réussie de la fiction et de l'histoire. Les enfants d'un officier supérieur y empruntent des chemins opposés : tandis que le fils, Sacha, incarne une police autoritaire autour d'une ligne politique dure, la sœur, Astrid, et sa fille se rapprochent de l'opposition. Le film qui en est tiré articule ces tensions familiales avec le développement de l'opposition autour de l'église.

La production sur le thème est certes stimulée après 2006 par le succès de *La Vie des autres* mais, la même année, sort *Der Rote Kakadu* (*Le Perroquet rouge*) qui tient

---

1. Ce film est consultable en cassette VHS à la cinémathèque de Berlin.

à la fois du film sur les expériences de la jeunesse et de la dénonciation de la répression, des agissements de la Stasi. Inspiré de la vie de Michael Klier, l'auteur d'*Ostkreuz* qui en a rédigé le scénario et qui habitait alors à Radebeul, il retrace une forme de *Jules et Jim* en RDA, où une jeune ouvrière émancipée, Luise, qui fréquente avec son mari (Wolle) le club avant-gardiste de Dresde *Der Rote Kakadu*, dans le quartier de Weißer Hirsch sur les hauteurs de l'Elbe, rencontre un autre garçon, Siggi. Très amoureux, ce dernier multiplie les trafics avec Berlin-Ouest – comme le fit Klier – pour pouvoir l'impressionner, ce qui conduit notamment le trio à subir les foudres de la police et de la sécurité d'État[1]. Les trois sont aussi à la limite du système, en particulier Wolle, le mari de Luise, qui ne semble pas vraiment travailler et représente ainsi l'asocial. Il pisse même dans le verre d'un cadre du régime. Le scénario est bâti avec comme horizon final la construction du mur de Berlin, qui empêchera Siggi de retrouver celle qu'il aime restée définitivement à l'Est, cet Est qu'elle n'aurait voulu quitter qu'à contrecoeur, devant les fermetures qui lui paraissaient de plus en plus insupportables. En ce sens, le film évoque aussi une période plus dure que les années de relative ouverture. Plus récemment, *Es ist nicht vorbei* (2011) de Franziska Meletzky, puis *Barbara* de Christian Petzold (2012) représentent la RDA autour du destin singulier de femmes enserrées dans les contraintes et la répression (dans le second, une doctoresse rebelle, qui veut fuir le pays, vers 1980).

---

1. Voir Günter Schütter et Manuela Stehr, *Der Rote Kakadu. Das Buch zum Film*, Berlin, Schwarzkopf & Schwarzkopf, 2006, en particulier le texte autobiographique de Klier, p. 130-139.

« Dallas » en RDA ?

Une série à grand succès montre bien comment peuvent s'articuler le drame et la trace.

Parmi les différentes séries qui se passent à l'époque de la RDA, l'une est particulièrement intéressante pour notre propos et connaît un grand écho – environ cinq millions de téléspectateurs par épisode : *Weissensee*, du nom du quartier de Berlin-Est que nous avons évoqué et dans lequel habite la famille au rôle central dans la série. Elle fut diffusée sur ARD-La Première (Das Erste) entre 2010 et 2015 en trois séries de 18 épisodes au total. Une quatrième est finalement ajoutée à partir de mai 2018. La première saison se déroule en 1980, la deuxième en 1987 et la troisième au cœur des événements politiques de 1989. L'intrigue dramatique articule une double dynamique : d'une part, l'opposition entre deux familles, l'une de policiers et officiers de la Stasi, les Kupfer, l'autre d'un milieu critique envers le régime, la mère et la fille Hausmann, et, d'autre part, les tensions à l'intérieur de la famille Kupfer.

Les Kupfer occupent une belle villa au bord du lac de Weissensee, qui joue un rôle important dans la série car la famille entière y habite. Tout y montre la puissance politique des habitants. Le père Hans est un résistant et antifasciste « historique », dont l'engagement dans la sécurité d'État se fonde sur la croyance dans le socialisme humaniste. Falk, le fils aîné, suit la même carrière mais avec opportunisme et brutalité. C'est une autre génération. Le fils cadet, Martin, est lui plus idéaliste, simple policier très peu investi dans la construction du socialisme. La mère, Marlene, est le pilier à la fois matériel et idéologique de la famille, ne variant pas dans son adhésion sans réserve au socialisme officiel.

En face, la famille Hausmann, plus réduite. La mère, Dunja, est une chanteuse de talent, progressiste mais critique envers le régime et en lien avec l'Allemagne de l'Ouest. Sa fille au caractère bouillant, Julia, est en franche dissidence, sans attachement au régime ou au socialisme affiché. Hans, lui, raconte (saison 1, épisode 5) que sa mère Dunja et lui avaient autrefois partagé les mêmes idéaux.

Les destins de deux familles se croisent de manière dramatique, Hans avait aimé autrefois Dunja, et son fils Martin tombe, lui, amoureux de Julia, que Falk persécute jusqu'à l'emprisonnement à Hoheneck (Stollberg), une prison de femmes, puis sa mort accidentelle. Il arrive même à force de pression à recruter Dunja Hausmann comme collaboratrice informelle de la Stasi, les fameux « IM ». Il fait encore enlever à sa mère l'enfant que Martin et Julia ont eu ensemble, faisant croire à son décès.

À l'intérieur de la famille Kupfer, les deux fils, déjà d'un naturel très différent, se heurtent de plus en plus frontalement, jusqu'à se battre. Quand Martin dit comprendre ceux qui cherchent à fuir la RDA, Falk lui reproche de n'avoir aucun point de vue, ni vision. La femme de Falk, alcoolique et peu épanouie dans sa relation conjugale, devient activiste dans l'opposition au régime et s'éprend d'un pasteur qui la mène, Robert Wolff. Falk la contraint à devenir « IM », elle aussi, avant qu'elle ne le quitte. Il fait assassiner l'amant et leader des opposants de la bibliothèque de l'Environnement. Ces divergences à l'intérieur d'une famille de « tchékistes » avaient déjà donné la matière, on l'a vu, au roman d'Erich Loest, *Nikolaikirche* (1995), et à l'adaptation cinématographique qui avait suivi.

Dans la troisième saison, tout s'accélère avec la rupture de 1989, Martin et Roman le fils de Falk ont rejoint les manifestants, lui-même est acculé, sous la pression des services secrets américains qui en savent long sur ses méfaits.

Les tensions sont fortes dans le mouvement citoyen avec la présence d'un IM.

Même si certains traits sont accentués – comme le cynisme de Falk –, *Weissensee* joue de l'ambivalence, ce qui explique sans doute son succès, permettant de multiples identifications. C'est en particulier le point de vue d'Ilko-Sascha Kowalczuk, le conseiller historique du film, dans l'entretien que nous avons eu avec lui (Berlin, 18 mai 2016) : *Weissensee* témoigne d'un moment mémoriel où les positions à distance et en nuances peuvent s'imposer, après le temps des oppositions frontales des années 1990. À le suivre, la réception à l'Est fut, du coup, bien plus importante que pour les grands succès dit « ostalgiques » des années 1999-2003.

Plusieurs rôles clés sont tenus par des comédiennes et comédiens déjà célèbres en RDA, ce qui opère aussi une forme de continuité. Dunja Hausmann est ainsi jouée par Katrin Sass qui commence sa carrière au Kleist-Theater à Francfort-sur-l'Oder, aujourd'hui un de ces lieux partiellement abandonnés que l'on a parcourus. Elle est appelée ensuite au théâtre de Halle par Peter Sodann, autre homme-mémoire de la RDA croisé ici au chapitre III, puis à Leipzig, et poursuit en même temps une belle carrière cinématographique. Le magazine féminin de la RDA, « Pour toi » (*Für Dich*), lui consacre un reportage de six pleines pages en 1988 : « Une des actrices les plus douées de sa génération dans notre pays. » Pour beaucoup de téléspectateurs de *Weissensee*, Katrin Sass évoquera aussi la figure de la mère dans *Good Bye, Lenin!*, opérant en quelque sorte une continuité des traces. Le personnage sans doute le plus riche et l'incarnation de l'ambivalence de la série, Hans Kupfer, est joué par l'acteur originaire de Cottbus, Uwe Kockisch. L'actrice qui incarne sa femme, Marlene, Ruth Reinecke, originaire de Berlin-Est, rappelle, au moment du tournage de la quatrième saison qui se déroule en 1990, qu'à cette époque elle « aurait volontiers réfléchi à un socialisme réformé », cette troisième voie qui ne put se faire entendre.

L'essayiste et journaliste Kerstin Decker, originaire de Leipzig, un peu emphatique, écrit même que la série a rendu « leur dignité » aux Allemands de l'Est. C'est à l'évidence une formule, mais elle n'en dit pas moins l'impression de rupture avec le grand récit qui domine l'espace public.

Il n'est pas de notre propos d'analyser en profondeur l'intrigue de *Weissensee*, même si la qualité de la série le justifierait pleinement. Nous voudrions encore une fois remarquer combien elle fait trace.

Le critique du *Zeit*, Alexander Cammann, dans un article un peu ironique mais non dénué de louanges, voit dans *Weissensee* comme une manière de ressusciter la RDA (*Wiederauferstehung*). Le propos est à prendre au sérieux car *Weissensee* a opéré un immense travail de reconstitution. Les scénaristes se sont nourris d'histoire, comme ils le répètent, et ont articulé le destin des personnages à de grandes ruptures politiques, la descente de la Stasi à la bibliothèque de l'Environnement en novembre 1987, la chute du Mur... Le conseiller historique Ilko-Sascha Kowalczuk a noté combien l'équipe était attentive à ses remarques sur le scénario, et combien elle était déjà très informée lors de leur rencontre. Les décors sont bâtis avec soin, après des recherches précises dans les milieux concernés, par exemple celui des intellectuels critiques pour l'appartement de Dunja Hausmann, comme pour celui de Georg Dreyman dans *La Vie des autres*. L'entreprise ou les commissariats sont aussi minutieusement reconstitués, au point que certains fonctionnent comme de véritables attestations d'authenticité, ainsi des plans fugaces, où l'on reconnaît *en passant* les panneaux de sécurité de l'époque ou bien les slogans politiques. Florian Lukas, Martin à l'écran, originaire de l'Est, explique dans le dossier de presse que le tournage fait l'effet d'un retour dans le monde de son enfance, avec tant de lieux et d'objets qui l'évoquaient. Assurément, ses propos concernent aussi bien des spectateurs.

Ainsi, le détail historique est un enjeu manifeste pour la série. Elle est évidemment regardée par des téléspectateurs très familiers de la période évoquée, et qui ne peuvent être portés à l'indulgence sur l'enjeu du « vrai » ou du « vraisemblable », quand la série joue sur les ressorts dramatiques de personnages que l'on veut plausibles, et surtout sans la distance ironique de *Sonnenallee* ou *Good Bye, Lenin!*. Ici, les choses matérielles ne sont pas le sujet, mais elles participent à le constituer. L'importance accordée à cet aspect se marque dans les dossiers de presse de la série qui donnent deux interviews du chef décorateur Frank Godt. Il souligne non seulement la multiplicité des lieux visités pour trouver les accessoires *ad hoc*, mais aussi tous les efforts et le temps passé à cela. Outre le fonds d'accessoires habituel, l'équipe a acheté des objets aux enchères, à des particuliers, et emprunté aussi aux collections du musée d'Eisenhüttenstadt, qui servit en outre à l'expertise. Ce qui manquait a même été fabriqué spécialement.

Contrairement à *La Vie des autres*, *Weissensee* veut faire trace du quotidien. On voit souvent très distinctement des marques ou des objets RDA que l'on identifie immédiatement, sans qu'ils jouent en rien un rôle dans l'intrigue, pas même dans une séquence. Un plan montre ainsi le portefeuille de Martin et permet de distinguer des timbres du don du sang RDA. Bien plus tard, lorsque l'agent de la Stasi Kulisch se suicide, on note la marque de sa bouteille d'alcool « Klarer ». Une scène est à cet égard frappante dans la dernière saison : sur le bureau du major de la Stasi Rothals reconverti en chef d'atelier, on aperçoit nettement trois objets et leurs marques :

les œillets Lukanus, les allumettes de Riesa dont on a parlé et un paquet de cigarettes de la marque Kenton, importée de Bulgarie ; sans évoquer même le téléphone.

Dans le bureau personnel de Hans Kupfer, chez lui, à Weissensee, il est un portrait qui revient de manière entêtante en arrière-plan, fixé derrière son fauteuil : celui de Dimitrov. De nombreux plans tout au long de la série le montrent, de manière plus ou moins fugace. On a dit le rôle de Dimitrov dans l'espace public et mémoriel du régime. Pour Kupfer, ancien résistant, l'écho est immédiat avec celui qui s'opposa bravement aux accusations des nazis. Le portrait n'est pas une simple affiche mais une œuvre en bois aux seules teintes de beige et de marron, qui le rendent esthétiquement intéressant aussi. Un exemplaire figure dans les collections du musée de la ville de Leipzig.

Et si la RDA n'avait pas disparu ?

Et si la RDA n'avait pas disparu ? Et si elle pouvait revivre ? Cette évocation renvoie sûrement les lecteurs au film *Good Bye, Lenin !*, aux tentatives aussi touchantes qu'amusantes d'Alexander pour faire croire à sa mère, réveillée du coma en 1990, que son pays socialiste n'a pas changé ; jusqu'à payer des figurants costumés comme quelques mois plus tôt et à préparer de fausses émissions de télé RDA. Alexander justifie certains changements par l'accueil de réfugiés... de l'Ouest en RDA.

Cette idée renvoie aussi aux différents projets de parcs et hôtels « Est », plus ou moins aboutis, plus ou moins réussis, que l'on a évoqués au chapitre IV. Elle rappelle encore certains musées de l'Est que nous avons visités. À vrai dire, cette fiction a habité, par de multiples chemins, bien des auteurs avant même *Good Bye, Lenin !*.

La littérature a la vertu ou le pouvoir de faire bifurquer l'Histoire[1]. Elle peut lui inventer une survivance, souvent, bien sûr en une manière d'ironie. *La forme la plus légère* imagine une survivance antiquaire, de réserve à l'indienne. Jens Bisky, ancien membre du SED, d'une famille de communistes, fils de Lothar Bisky mais un peu en marge, s'amuse, lui, à imaginer la constitution du pays en vaste parc pour touristes américains, en discutant avec des amis en 1990. Ceux-ci pourraient, accueillis par des FDJ en chemise bleue, se voir contrôler, «vivre» la RDA, participer à la communion laïque typique du pays ou endosser les habits d'un secrétaire du parti dans une «entreprise propriété du peuple». Ils pourraient encore jouer les censeurs ou les artistes de Prenzlauer Berg, en «casquant». Ce sera, on l'a vu, le projet de Frank Georgi peu après. Bisky dit avoir de moins en moins ri avec les découvertes progressives des méfaits du régime.

Le succès final du comique déclassé Kasulke du film «Tout n'est que mensonge» tient dans l'accomplissement, à petite échelle, de ce que rêva Bisky et voulut réaliser Georgi à Wandlitz (en grand) : le palais de la République est transformé en parc d'attractions RDA pour touristes accueillis par les figurants habillés en policiers du peuple, tandis que les FDJ entonnent des chants d'époque. C'est le retour de la RDA à petite échelle.

Parfois, plus subtilement, il est des inventions en mode mineur qui offrent comme une modeste survivance. C'est toute l'histoire de Lobek, dans *Fontaine d'appartement* de Jens Sparschuh. Après son embauche dans la firme évoquée plus haut, en bricolant un peu par hasard, Lobek construit un modèle de fontaine d'appartement spécial RDA, sur fond de carte du pays, et d'où l'eau jaillit de la célèbre tour

---

[1]. Pour des exemples à l'écran, voir Matthias Steinle, « Ressuscitée des ruines », art. cit., p. 59, 72.

de la télévision de Berlin, grande réalisation du socialisme. Il nomme ce modèle hors norme « Atlantis », qui devient un immense succès chez les « Ossis » qui font de Lobek, du coup, la vedette de l'entreprise : « La plupart traitaient *Atlantis* comme un objet de culte. » La revanche des Ossis en quelque sorte. Un des plus grands succès de vente d'*Atlantis* se déroule lors de l'assemblée plénière d'un groupe de nostalgiques de la RDA : « Dans une ancienne salle de cinéma désaffectée [...] un stand me fut même attribué pour la vente de solidarité pendant la pause, entre les cornichons à la moutarde de Spreewald et les chemises des Jeunesses socialistes », ou la version littéraire de Bochum.

La forme aboutie de cette hypothèse de la survivance de la RDA offre à celle-ci une véritable vie posthume. Elle survit aux bouleversements de 1989 et en sort parfois renforcée. Dès 1996, Thorsten Becker raconte la renaissance de la RDA à la fin des années 1990, par la bouche d'un acteur qui vit désormais en Amérique, en 2048 dans une configuration mondiale bouleversée (*Ma belle Allemagne*, 1998). Le nouveau gouvernement veut faire mieux que l'ancien et l'on voit apparaître de nouvelles figures, bien réelles, souvent présentes dans ces uchronies, comme Sahra Wagenknecht, égérie de la gauche de Die Linke, ou Kurt Biedenkopf, le ministre-président de la Saxe après l'unification. Tous les médias qui viennent de l'Ouest sont en apparence autorisés, mais, en réalité, le gouvernement ne permet que des contrefaçons, qu'il aménage à son avantage.

Le thème a même tenté un autre auteur de l'Ouest, plus jeune, Simon Urban, sous forme d'un polar (*Plan D*, 2011). L'intrigue se déroule en 2011 autour d'un meurtre à Berlin, qui risque de mettre à mal les négociations entre les deux Allemagnes s'il s'avère que la Stasi est impliquée : un policier de l'Est enquête avec le soutien d'un collègue de l'Ouest. Urban joue aussi à plaisir avec les marques et les traits propres de la RDA – comme le fameux «Club Cola» –, mais ici forcément modernisés, avec la voiture Wartburg «Aktivist» (un modèle qui n'a jamais existé) ou le nouveau modèle «Agitator» (pas plus), et encore le combinat de soins corporels.

C'est un duo moins éloigné des enjeux qui invente ensuite une RDA prolongée et enrichie: Tom Peuckert et Harald Martenstein, dans «L'Or noir de Warnemunde» (2015). Le 9 novembre 1989, ce ne sont pas les facilités de voyage à l'Ouest qu'annonce le membre du comité central Günter Schabowski, comme dans la réalité, mais la découverte d'un immense gisement de pétrole sur les côtes est-allemandes de la Baltique. La RDA devient un eldorado où les Allemands de l'Ouest appauvris viennent gagner de l'argent et tenter leur chance. Les Allemands de l'Est n'ont aucune envie d'une unification avec eux. C'est non pas la *Wende*, le «tournant», mais la *Erdölwende*, «le tournant du pétrole». Le roman uchronique, sous la plume de deux reporters, dépeint le destin de personnages connus. Markus Wolf, le chef de l'espionnage est-allemand devient ministre du Pétrole. Sahra Wagenknecht, qui ne trouve pas sa place dans ce monde au socialisme de façade, se lance dans le yoga, tandis qu'Angela Merkel s'enfuit à New York après avoir été internée. Ce regard critique sur une RDA décadente vient d'un journaliste, ancien militant du DKP, Harald Martenstein, et d'un «Ossi», Tom Peuckert, prolixe auteur de théâtre. Thomas Brussig, qui donne un peu l'impression de creuser le filon, raconte lui aussi les souvenirs fictifs du réel «Thomas Brussig», dans «Ce n'est dans aucun film russe» (2015). Là encore c'est une RDA modernisée qui se bâtit peu à peu, offrant la possibilité à ses habitants d'aller à l'Ouest, développant avec succès l'énergie éolienne tandis que l'écrivain mène sa carrière. Peu convaincu, le critique Gunnar Decker voit Brussig devenir un «"jeune" de métier post-RDA».

La forme ultime de l'uchronie-RDA la transforme en vainqueur de l'histoire. Plusieurs œuvres se plaisent ainsi à imaginer le triomphe de la RDA sur la RFA, l'annexion à l'envers, l'exportation du socialisme réel dans l'Allemagne de l'Ouest. Dès 1994, un exclu du SED, Reinhold Andert (né en 1944) publie « Le Tournant rouge », un livre plein d'humour qui se présente comme un petit manuel d'histoire et de propagande pour les Allemands de l'Ouest devenus socialistes. C'est un montage de documents qui reprend l'histoire allemande de 1989 au « 45ᵉ anniversaire » de l'État socialiste unifié. C'est d'ailleurs un Erich Honecker fictif qui le préface (signé en octobre 1994, le « vrai » Honecker est mort en mai). Reinhold Andert, du célèbre groupe musical Oktoberklub, auteur de la chanson *Lied vom Vaterland* : « De la patrie [...] d'Einstein, de Karl Marx et de Bach », exclu du parti, mis au ban de la société, gardait ses distances avec le pays, même après la chute du Mur. Mais, ému, il se soucia du sort de la famille Honecker abandonnée de tous, les soutint dans leurs soucis matériels et publia un entretien avec le chef déchu qui fut un grand succès (« La Chute », 1990, avec Wolfgang Herzberg), voulant aussi, pour lui-même, comprendre pourquoi le socialisme avait échoué. Sans prétendre avoir réalisé une interview de spécialistes, les auteurs, artistes, affirment l'avoir menée du point de vue d'une génération « qui se trouve devant les ruines de ses idéaux et qui cherche les responsabilités non pas seulement dans les interviewés, mais aussi en elle-même [1] ».

---

1. « Wir fragten viel mehr als künstlerisch Arbeitende, aus der tiefen Betroffenheit einer Generation heraus, die vor den Trümmern ihrer Ideale steht und nach der Verantwortung dafür nicht nur bei den Interviewten, sondern auch bei sich selbst sucht » (novembre 1990), *Der Sturz. Erich Honecker im Kreuzverhör*, Berlin/Weimar, Aufbau Verlag, 1990, citation p. 14.

Dans « Tournant rouge », à travers des articles de journaux, des dépêches d'agence et des photos, des documents réels – mais interprétés dans le sens de l'Histoire réécrite – et fictifs ou montés, Andert instruit les « Wessis » et raconte le triomphe du socialisme en Allemagne de l'Ouest : « Comment les Ossis ont vaincu les Wessis. » Les manifestations à l'Ouest se multiplient, Kohl est arrêté. Herbert Mies, chef du DKP – les communistes de l'Ouest que l'on a évoqués à plusieurs reprises –, devient chancelier de la « République démocratique allemande unie ». L'auteur commente : « Erich Honecker et Herbert Mies parachèvent l'œuvre d'Otto Grotewohl et Wilhelm Pieck », et un photomontage illustre la poignée de main deuxième mouture. Comme dans bien des œuvres ici présentées, l'auteur s'amuse à inventer un destin à des figures connues, Daniel Cohn-Bendit et Gerhard Schröder sont ainsi nommés à la tête des nouveaux Bezirke, de Hanovre et Francfort-sur-le-Main, Manfred Stolpe devient secrétaire d'État aux Affaires d'Église. Hambourg prend le nom d'Ernst-Thälmann-Stadt en écho évident aux anciennes dénominations de Chemnitz, Guben ou Eisenhüttenstadt, et son quartier chaud « Sankt-Pauli » est très refroidi. Les HO et Konsum envahissent l'Ouest. Aldi, Spar ou Karstadt disparaissent sous leurs enseignes. De nouveaux problèmes se posent à la sécurité d'État : comment gérer les dangers du parc informatique et d'imprimantes de l'Ouest ? Par l'épuisement des cartouches d'encre sans en produire de nouvelles, propose-t-on... De même, il faut former les médecins de l'Ouest à l'histoire du mouvement ouvrier et au socialisme scientifique, explique le directeur du centre hospitalo-universitaire de Munich, dans un entretien au journal *Ta santé*; pour qu'ils puissent obtenir des équivalences.

À travers cette uchronie parodique, Andert règle une forme de compte avec la RDA. C'est aussi le cas de l'œuvre du journaliste et auteur de polars Christian von Ditfurth (né en 1953). Lui est originaire de l'Ouest mais il fut longtemps militant du DKP et suivit des formations à Berlin-Est. Il s'éloigna de ces premières convictions pour critiquer violemment la dictature est-allemande et en particulier le PDS qui, à ses yeux, entretenait sa légitimité sans avoir opéré de vrai travail critique («Ostalgie ou alternative à gauche. Mon voyage dans le PDS», 1998). En 1999, Ditfurth donne une forme romanesque à son retour critique et politique sur le passé, sur son passé et sur les usages du passé des anciens de l'Est. Dans «Le Mur est sur le Rhin», un reporter et journaliste sportif, exilé en Suisse après s'être soumis au nouveau régime, raconte ce qui se passe dans le pays réunifié. En effet, pour des raisons de politique internationale – Gorbatchev a été renversé par les durs –, les puissances occidentales ont sacrifié l'Allemagne de l'Ouest annexée par la RDA, c'est encore le «tournant rouge» et la création de la «République démocratique d'Allemagne» (DRD). Là encore, les grandes entreprises de l'Ouest deviennent des VEB, ainsi BMW et Daimler-Benz, «VEB Construction automobile Sud», les produits de l'Est, tel le Club Cola, sont vendus chez Edeka, une chaîne de l'Ouest (toujours importante), les partis de l'Ouest, CDU, FDP, etc., se transforment en *Blockparteien*, «partis du bloc», la révolte est durement matée. Dans une interview donnée à *Focus*, Ditfurth explique une des origines du livre: sa lassitude devant les plaintes des anciens du SED quant au sort qui leur fut réservé dans l'Allemagne réunifiée. Et le livre répond alors: voilà, à l'inverse ce que vous auriez fait de nous...

Conclusion

Nous voilà au terme d'un voyage que nous avons voulu original. Suivre les traces d'un pays disparu, la République démocratique allemande, non pas comme un simple marcheur, non pas comme un voyageur curieux des restes du passé, mais en faisant des lieux ou de leur absence un objet d'Histoire, d'histoires et de réflexions. Nous avons parcouru un pays à l'horizontale, ce qui est, avouons-le, également original : la RDA se retrouve sur les tables des vide-greniers, par terre dans les hangars ou dans les usines abandonnées, parfois même allongée, au sol, dans les musées, comme la tête de Lénine à Spandau, les innombrables sculptures des héros socialistes dans le dépôt de Beeskow, les plaques de Wilhelm Pieck à Blankenburg, ou le soldat soviétique de Neustrelitz.

Ce livre a décrit la dialectique de l'effacement, de la résistance et de la réinvention. Effacer les traces du pays vaincu, c'était bien sûr dissoudre l'ordre socioéconomique qui le fondait, remplacer ses productions et ses biens de consommation, mais c'était aussi le faire disparaître de l'espace public. Les rues ont été débaptisées, les musées et les expositions ont été modifiés ou fermés, les statues et les plaques de mémoire ont pour partie disparu, l'art public fut détruit ou négligé, et l'est encore. Les hauts lieux du pays, supports des discours triomphalistes du SED, sont ramenés à l'insignifiance, quand ce n'est pas laissés à l'abandon. Bien des espaces de la RDA sont devenus des non-lieux, faits de friches et de dés-ordres. Ils invitent aujourd'hui à l'errance et à l'exploration urbaine, à recomposer des histoires. On s'y est essayé. Effacer les traces, c'est aussi corriger le vocabulaire. La guerre impérialiste devient la « Première Guerre mondiale », la police du peuple, la « police ».

L'iconoclasme et l'effacement des traces emportent avec eux depuis 1990 non pas seulement l'histoire de la RDA, mais aussi le passé qu'elle s'était choisi et qui, bien sûr, pouvait tout à fait témoigner d'autres perspectives que celles du récit officiel du communisme d'État. C'est patent pour le souvenir des révolutionnaires Karl Liebknecht et Rosa Luxemburg assassinés en 1919, pour celui de nombreux résistants antifascistes eux aussi assassinés avant que toute RDA – et ses méfaits – soit concevable. Ainsi a-t-on puni les révolutionnaires de la Grande Guerre et les résistants au nazisme pour le regard porté sur eux au temps de la RDA. Il y a donc un double effacement, celui de la RDA et celui de la tradition du mouvement ouvrier, telle qu'elle fut alors transmise, avec ses biais et ses choix.

L'Allemagne est un pays trop divers et complexe pour que les mouvements soient uniformes. Oublier la RDA, ce n'est pas toujours l'effacer, ce peut être aussi la cantonner, en déplaçant ses expositions ou ses statues dans des endroits périphériques, comme à Berlin-Adlershof, Potsdam, Leipzig ou Luckau. Il faut faire de la RDA une marge, spatiale ou muséographique (comme à Blankenburg). Une autre forme de réduction tient dans la localisation du souvenir. C'est-à-dire que les enjeux sont relativisés et dépolitisés pour être ramenés à une *histoire locale,* on l'a vu en différents lieux pour le souvenir de Wilhelm Pieck.

Effacer c'est effacer, certes, c'est cantonner, c'est localiser aussi, c'est encore abandonner. Combien de plaques, de stèles ou de statues s'évanouissent simplement dans l'oubli, du regard, et par lente décomposition ? Des milliers d'archives et de dossiers dorment dans de vieux bâtiments, parmi les détritus, mouillés ou moisis, parfois mieux conservés et conservables. On a vu que ce ne sont pas toujours d'insignifiantes circulaires, mais aussi des histoires de vie, des débats, des tensions.

Face à ces processus d'effacement, certains ont vu, avec condescendance, dans l'« Ostalgie » du début des années 2000 en particulier, une forme de mouvement d'humeur des Allemands de l'Est insatisfaits, et injustes envers l'Ouest qui avait tant payé pour l'unité ; une forme de réaction infantile face aux difficultés de l'unité, au mépris affiché souvent par les « Wessis », de repli sur des identités qui n'avaient jamais existé comme telles. On l'aura compris, ces interprétations ne disent rien de la manière dont les individus bricolent leur rapport au passé. Tout ce livre aura voulu montrer que les traces de la RDA sont réappropriées selon de multiples voies, irréductibles à une vision d'ensemble grossière.

Face à l'effacement, des résistances s'organisent. Des commerçants, des artistes, des acteurs locaux, des militants, des élus défendent une part du passé, un bout de RDA, pour des raisons diverses : recherche de profit, attachement politique, souci de l'Histoire, sensibilité locale, retour biographique. Les élus sauvent des monuments, les militants en reconstituent, les photographes archivent les traces, les écrivains les recensent et les mettent en scène. Des actions collectives demandent le retour des œuvres dans l'espace public, à Halle comme à Chemnitz. Parfois, les activistes montent en généralité, comme à Potsdam, où un groupe se constitue pour défendre l'ensemble du patrimoine RDA sans cesse menacé par les prétentions néoprussiennes et touristiques des autorités. C'est là un véritable activisme des traces. Pour dompter le passé et parler du présent, certains récréent la RDA, dans la réalité de leurs expositions, de leurs collections ou dans leurs romans. Les objets ne sont pas seulement rassemblés pour être montrés, ils deviennent médiateurs d'une histoire de vie que l'on peut raconter, ou bien d'autres histoires dont ils sont les supports. Ils contribuent ainsi à stabiliser le présent. Ils constituent des collectifs avec les humains qui les abritent et les valorisent. Le travail sur le passé se lit d'abord comme un symptôme des situations d'aujourd'hui, des dominations et des inquiétudes. Ainsi a-t-on souvent évoqué une «vague» d'Ostalgie. C'était sous-entendre ainsi, à la fois un mouvement d'ampleur et un repli assuré, dont il faudrait simplement mesurer les reliquats. Or la facile métaphore de la «vague» ne dit finalement rien de ces mémoires de RDA. On y voit en fait un ensemble de pratiques ancrées et durables, modulables, articulées différemment selon les acteurs et les lieux. Surtout, ces jeux avec le passé bâtissent en réalité beaucoup de présent(s), on l'a vu, qu'il s'agisse de commerce, de style ou de continuité biographique.

Les anciens du SED et les militants veulent aussi voir les traces politiques de l'existence de la petite République, ce mot de «traces» (*Spuren*) qu'emploie encore Margot Honecker en 2014. Elles s'articulent autour d'un triptyque toujours réarticulé: sécurité sociale, antifascisme, paix. La RDA laisse, à leurs yeux, cet élémentaire héritage politique. Sans aucun doute, le vieillissement des générations qui ont gouverné ou administré la RDA estompe doucement ces traces-là. Mais les militants savent actualiser ce triptyque pour le valoriser dans une Allemagne où l'extrême droite s'institutionnalise pour la première fois depuis 1945, où

CONCLUSION

l'armée se fait plus active dans les opérations extérieures, sans compter la persistance de catégories sociales affaiblies.

Mais, à chaque instant ou presque, l'archéologie mémorielle décrite dans ce livre se reconfigure. Des traces disparaissent, d'autres se déplacent, certaines se réinventent. Les mécanismes que l'on a vus à l'œuvre, eux, sont pérennes. Il faudra des décennies pour que les traces *abandonnées* soient rendues invisibles ou se transforment, c'est selon, en muséalisation, restauration, destruction ou remplacement. Les traces qui font *résistance* sont le produit des rapports de force politiques et sociaux, des tensions entre local et global. Elles sont aussi le fait des histoires de vie des Allemands de l'Est et elles évoluent avec eux. C'est parfois avec une incroyable sensation de liberté que l'on peut circuler dans ces friches, ces usines et ces lieux abandonnés, comme dans une forme de paradoxe final pour la RDA.

Sources et bibliographie

Outre les enquêtes de terrain, ce livre se fonde sur de nombreux entretiens oraux et écrits, formels et informels avec des Allemands de l'Est. Nous les avons cités tout au long de l'ouvrage. Nous ne les reprenons pas ici.

De même que l'ensemble des sources primaires utilisées (dossiers d'archives, brochures touristiques, discours, essais, romans et films) citées dans les chapitres dédiés.

1. Articles de la presse allemande contemporaine

Nous avons utilisé de très nombreuses informations données dans la presse allemande et notamment la presse régionale et militante, dans les communiqués de presse des institutions locales. Nous ne mentionnons pas ici toutes les brèves, tous les articles courts ou toutes les informations ponctuelles, seulement les principales références qui permettent de retrouver l'essentiel des faits et débats.

Berlin

KOPIETZ, Andreas, « Rettung vor dem Mülleimer. Einmal im Monat treffen sich die Sammler von DDR-Abzeichen, DDR-Suppentüten und DDR-Tapetenresten », *Berliner Zeitung*, 29 mars 2001.

« Pieck Arbeitszimmer wird eingerichtet », *Berliner Zeitung*, 18 novembre 2009.

STRAUSS, Stefan, « Wo früher die SED regierte, zieht der Klub Soho House mit Swimmingpool, Lounge und Sauna ein. Ein Zimmer DDR », *Berliner Zeitung*, 16 mai 2008.

WÄHNER, Berd, « Pieck und Grotewohl sind zurück », *Berliner Woche* (en ligne), 14 janvier 2016.

WIEDER, Thomas, « À Berlin, le Café Sibylle baisse son rideau de fer », *Le Monde* (en ligne), 6 avril 2018.

Brandebourg-sur-la-Havel

« Spargel, Sport und Kunst und N'Ostalgie : Bretschneider zur Saisoneröffnung auf dem Vielfruchthof Domstiftsgut Mötzow. Presseeinladung », Ministerium für Infrastruktur und Landesplanung, Land Brandebourg. http://www.mil.brandenburg.de/cms/detail.php/bb1.c.248258.de 13 avril 2011.

KÖLLINGER, Bernd, « Der alte Mann und das Mehr. Horst Häger-DDR-Museum im Hinterhaus ». *Brandenburger Museumszeitung, Sonderveröffentlichung des « Brandenburger Wochenblattes » und der Museen der Stadt Brandeburg*, 30 mai 2004.

Bochum (l'anniversaire de la RDA)

Communiqué des jeunes Verts « Nie wieder DDR ! », https://gj-bochum.de/2015/10/14/pm-nie-wieder-ddr/ 14 octobre 2015.

STAHL, Jürgen, « "DDR-Kabinett" feierte in Bochum Jahrestag der DDR-Gründung », *Westdeutsche Allgemeine Zeitung*, 18 octobre 2015.

WIEDER, Thomas, « Du passé, les nostalgiques de la RDA ne veulent pas faire table rase », *Le Monde* (en ligne), 18 octobre 2016.

Eisenhüttenstadt et ses collections

« Etwas säuerlich. Ein DDR-Dokumentationszentrum im brandenburgischen Eisenhüttenstadt zeigt Relikte aus dem sozialistischen Alltag », *Der Spiegel*, 46, 1995, p. 51.

« Eisenhüttenstadt : Fernab jeglicher Nostalgie sollen Zeugnisse des DDR-Alltags ins Museum », *Neues Deutschland*, 2 décembre 1993.

SOURCES ET BIBLIOGRAPHIE

Francfort-sur-l'Oder

ALDENHOFF-HÜBINGER, Rita, OFFENSTADT, Nicolas, série d'articles «Spuren der DDR», *Märkische Oderzeitung*, d'octobre 2016 à juillet 2017.
LOOCK, Ralf, «Thälmann aufgetaucht», *Märkische Oderzeitung*, 25 juin 2002.

Gotha

Pour l'histoire de «Zum Mohren», dossier de presse consultable sur: http://www.zummohren.elnos.de/Presse.htm

Guben

«Das Pieck-Denkmal ist ein Zeitdokument», entretien avec l'historien d'art Claudius Noack, *Lausitzer Rundschau*, 31 juillet 2014.
«Das Wilhelm-Pieck Monument als Denkmal» et Peter Stephan, «Zum Pieck-Monument», *Linker Stadtanzeiger* [Guben], 24 (2), avril 2013.
«Guben streitet über Sanierung seines Wilhelm-Pieck Denkmals», RBB-online.de, 23 octobre 2014.
STÜRMER, Harriet, «Ein Monument auf der Kippe», *Märkische Oderzeitung*, 17 avril 2013.
STÜRMER, Harriet, «Hoffnung für Gubener Wilhelm-Pieck-Denkmal», *Märkische Oderzeitung*, 25 mars 2014.
KRAUSE, Volkmar, «Eines der letzten Monumente seiner Art», *Märkische Allgemeine*, 21 mars 2013.

Halle

BÖHME, Ralf, «Neue Politur für kleinen Trompeter», *Mitteldeutsche Zeitung*, 23 février 1996.
«Blutfreitag: Gedenken in Halle an den Kleinen Trompeter», *Halle Spektrum*, 13 mars 2015. En ligne, 14 novembre 2016.
«Denkmal "Kleiner Trompeter" soll wieder aufgestellt werden – mit wahrer Geschichte», site *Du bist Halle. Nachrichten und Meinungen aus Halle*, 19 octobre 2016.

« Diskussion "zum kleinen Trompeter". Für und Wider um ein Denkmal », *Mitteldeutsche Zeitung*, 27 février 1996.
Falgowski, Michael, « Plastik für Riveufer. Kommt der kleine Trompeter zurück? », *Mitteldeutsche Zeitung*, 22 octobre 2016.
« Weineck-Denkmal bleibt im Museum », *Mitteldeutsche Zeitung*, 28 mars 1996.

Hambourg (mémorial Thälmann)

Pergande, Frank, « Thälmann ist niemals gefallen », *Frankfurter Allgemeine Zeitung* (en ligne), 11 novembre 2013.
Schütt, Peter, « Wider die Reliquie. Wir brauchen ein ehrliches Gedenken », *Die Zeit*, 30 novembre 1990.

Iéna

« Erinnerung an Karl Liebknecht : Neue Emaille-Gedenktafel in der Zwätzengasse 16 ersetzt die frühere Bronze-Tafel », *Radio-Jena*, 1er février 2013, https://lichtstadt.blogspot.fr/2013/02/erinnerung-karl-liebknecht-neue-emaille.html

Magdebourg

Bütow, Walter, « Die Rettung des Ernst-Thälmann-Denkmals in Magdebourg », *Mitteilungen der kommunistischen Plattform der Linkspartei. PDS*, août 2003, http://archiv2007.sozialisten.de/sozialisten/aktuell/index.htm
Jensen, Jens, « Unten rechts wohnt die DDR », *Volksstimme-Wochenend-Magazin*, 30 juillet 2017.

Mestlin

Flitner, Bettina, « Was ist die DDR für dich ? », *Emma*, septembre-octobre 2014, p. 44-53.
Pergande, Frank, « Das rote Dorf », *Frankfurter Allgemeine Zeitung*, 1er septembre 2011.

Potsdam

« "Charlott" im Dornröschenschlaf », *Märkische Allgemeine*, 18 février 2013.

OELSCHLÄGER, Volker, « Verhandlungen zum Kino "Charlott" », *Märkische Allgemeine*, 7 mars 2016.

OSWALT, Philipp, « Potsdamer Garnisonkirche. Rückenwind vom rechten Rand », *Frankfurter Allgemeine Zeitung*, 14 août 2017.

PETERS, Klaus, « Das Interhotel wird schlechtgemacht », *Neues Deutschland*, 26 janvier 2016.

« Liebknecht-Exponate vernichtet », *Potsdamer Neueste Nachrichten*, 21 juin 2006.

GALLUS, Manfred, « Der Turmbau zu Potsdam », *Der Tagesspiegel*, 27 octobre 2017.

SCHRÖDER, Dieter, « Scharfe Töne im Jubiläumsjahr. An der Uni Potsdam ist ausgerechnet jetzt eine Debatte über ihre Vorläufer und die Gründung 1991 entbrannt », *Märkische Oderzeitung*, 25 janvier 2017.

WIEDER, Thomas, « Querelle de clocher à Potsdam », *Le Monde*, 9 janvier 2018.

Prora

ALY, Götz, « Prora, wenn die Führer wüsste », *Berliner Zeitung*, 8 mars 2016.

Riesa

« Diamant Fahrradwerke auf dem Weg in Gewinnzone », *Freie Presse*, 6 avril 1994.

Schwarze Pumpe

« Ein Bahnhof, der kaum Bahnhof war », *Lausitzer Rundschau online*, 12 décembre 2015.

Thale

MONTAG, Andreas, «Großer Bahnhof für Willi Neubert», *Mitteldeutsche Zeitung*, 8 novembre 2010.
«Suhler Marxismus-Wandbild nach Thale verliehen», *Thüringer Allgemeine*, 10 novembre 2010.

Trebus

BEDERKE, Jeanette, «Eine DDR-Sammlung der besonderen Art», *Märkische Allgemeine*, 2 septembre 2015.
JENNING, Sonja, KLEMEN, Detlef, «Revolutionsführer am Haken», *Märkische Oderzeitung* (en ligne), 4 mai 2015.

Zechin

BILKE, Jörg B., «Ohne politischen Hintergedanken? Wilhelm-Pieck-Straße in Zechin – Märkisches Dorf ehrt den DDR-Präsidenten», *Preußische Allgemeine Zeitung*, 1er septembre 2007.
BISCHOFF, Katrin, BLANKENNAGEL, Jens, «Eine kleine Gemeinde im Oderbruch hat achtzehn Jahre nach dem Mauerfall eine Straße nach dem DDR-Präsidenten Wilhelm Pieck benannt», *Berliner Zeitung*, 24 août 2007.
«Kritik: Straße nach Wilhelm Pieck genannt», *Berliner Morgenpost*, 20 septembre 2007.

Ziegenhals

FRITSCHE, Andreas, «Ein neuer Hafen für "Charlotte". Boot aus der Ernst-Thälmann-Gedenkstätte Ziegenhals jetzt in Heideruh aufgestellt», *Neues Deutschland*, 16 juillet 2016.

Zittau

MARTENSTEIN, Harald, «Das Hotel "Sittavia" will mit DDR-Charme Gäste anlocken», *Der Tagesspiegel*, 20 octobre 1999.
BRINK, Nana, «Ost-Zoo für West-Bürger», *Der Spiegel*, 48, 1999, p. 88.

Presse divers (données économiques et sociales, œuvres culturelles)

ALLERTZ, Robert, « Schnapsidee und Klassenkampf », *Junge Welt*, 1er décembre 2016. [Sur la maison d'édition Ost].

ALLERTZ, Robert, « "Wir haben neu zu beginnen" Gespräch mit Bruno Mahlow. Über seine Kindheit in der Sowjetunion, über Stalin, Wladimir Putin und Barack Obama, über Systemfehler und Erlebnisse mit Erich Honecker », *Junge Welt* (Wochenendbeilage), 1er septembre 2012.

BOCHOW, André, « Go East. Seit dem Jahr 2012 mehr Zuwanderung als Abwanderung in Ostdeutschland. Große Städte profitieren », *Märkische Oderzeitung*, 27 janvier 2016.

BUNSEN, Dirk, « Über 12 000-mal DDR-Alltag auf einen Blick », *Märkische Oderzeitung*, 2 juillet 2013. [Pour le musée de Mötzow.]

DECKER, Kerstin, « Vertraute Fremde », *Potsdamer Neueste Nachrichten*, 31 mai 2017. [Sur le film de Matti Geschonneck, *In Zeiten des abnehmenden Lichts*.]

ECKERT, Daniel, « Beim Einkommen bleiben die Ostdeutschen abgehängt », *Die Welt* (en ligne), 20 février 2017.

« Generation Trabant », *Die Welt*. Beilage « Die literarische Welt », 9 novembre 2002.

GRÉSILLON, Boris, « Le mur de Berlin n'est pas tombé », *Libération*, blog, 19 avril 2018, http://geographiesenmouvement.blogs.liberation.fr/2018/04/19/le-mur-de-berlin-nest-pas-tombe/version élargie *in AOC*, 20 juin 2018 [Sur les disparités Est-Ouest, et notamment en matière d'exercice du pouvoir.]

LANÇON, Philippe, « Le Goût amer de la madeleine est-allemande », *Libération*, 22 mars 2013, p. IV-V.

PILZ, Michael, « Wie es 1990 wirklich war im deutschen Osten », *Die Welt*, (en ligne) 15 mars 2015.

SCHÖNSTÄDT, Annika, « "Weissensee" in Plänterwald », *Berliner Morgenpost*, 10 mai 2017.

SCHRÖDER, Dietrich, « DDR-Vergangenheit zu stark auf das Thema Stasi reduziert », *Märkische Oderzeitung*, 30 novembre 2016 (compte rendu d'un atelier).

« Stalins Rache. Ein Berliner Konzertveranstalter will, hinter Mauer und Stacheldraht, eine Mini-DDR bauen : "Ossi-Park" », *Der Spiegel*, 18 octobre 1993, p. 89.

Wieder, Thomas, « En Allemagne, "le revoilà, le mur, dans nos têtes !" », *Le Monde*, 5 octobre 2017.
Wieder, Thomas, « Sur les traces de la RDA », *Le Monde*, 3 juin 2017.
« Wenige Ostdeutsche in Spitzenämtern », *Märkische Oderzeitung*, 25 mai 2016.
« Wir haben's noch », série, *Märkische Oderzeitung*, 2016-?).

2. Essais, témoignages et recueils de témoignages d'acteurs est-allemands

Andrä, Kurt, *Ich war Mitarbeiter von Wilhelm Pieck. Der Versuch einer Lebensbeschreibung*, PPI/autoédition, s.d., 276 p.
Bisky, Jens, *Geboren am 13. August. Der Sozialismus und ich*, Berlin, Rowohlt, 2004, 252 p.
Bisky, Jens, « Zonensucht. Kritik der neuen Ostalgie », *Merkur. Deutsche Zeitschrift für europäisches Denken*, 58 (2), février 2004, p. 117-127.
Demontage.... revolutionärer oder restaurativer Bildersturm ? Texte und Bilder, Berlin, Karin Kramer Verlag, 1992, 200 p. [Recueil d'analyses et de prises de position sur les démontages de monuments, dans tout le bloc de l'Est, au moment où ils ont lieu.]
Dresen, Andreas, « Der falsche Kino-Osten », *Die Zeit*, 16 avril 2009.
Feldmannn, Klaus, *Das waren die Nachrichten. Erinnerungen*, Berlin, Das Neue Berlin, 2006, 192 p.
Honecker, Erich, *Letzte Aufzeichnungen*, Berlin, Edition Ost, 2012, 192 p.
Kirchhoff, Detlef, *Zwischen Baum und Borke. Aufgewachsen in Stalinstadt*, Guben, Niederlausitzer Verlag, 2014, 240 p.
Klier, Michael, « Der "Weisse Hirsch" », in *Der Rote Kakadu. Das Buch zum Film*, Berlin, Schwarzkopf & Schwarzkopf, 2006, p. 130-139.
Kuczynski, Rita, *Die Rache der Ostdeutschen*, Berlin, Parthas, 2002, 144 p. [Recueil d'interviews.]
Landesdenkmalamt Berlin (dir.), *Denkmalpflege in der DDR. Rückblicke*, Berlin, Nicolai Verlag, 2014, 576 p. [L'histoire et les réalisations de l'Institut pour la conservation des monuments par ses acteurs.]
Mayer, Hans, *La Tour de Babel. Souvenirs d'une République démocratique allemande*, Paris, PUF, 1993, 186 p.

RENNEFANZ, Sabine, *Eisenkinder. Die stille Wut der Wendegeneration*, Munich, BTB, 2014, 270 p.

RUTSCHKY, Michael, « Wie erst jetzt die DDR entsteht. Vermischte Erzählungen », *Merkur. Deutsche Zeitschrift für europäisches Denken*, septembre-octobre 1995, p. 851-864.

SCHEPPERT, Mark, « "Altstoff-Mafia" oder "Müll zu DDR-Mark" – Kindheit in der DDR », http://markscheppert.de/tag/aluchips/

SCHNABEL, Norbert Christian, « HO-Betriebsgeschichte im Kreis Kamenz. 1948 bis 1990 : Staatlicher Einzelhandel (HO). Teil I. Was war ? Was bleibt ? », *Lausitzer Almanach*, 7, 2012, p. 143-156.

SODANN, Peter, *Keine halben Sachen. Erinnerungen*, Höhen Neuendorf bei Berlin, AAVAA, 2015, 358 p.

STOLPE, Manfred, *Schwieriger Aufbruch*, Berlin, Siedler, 1992, 286 p.

STOLPE, Manfred, *Von Pommern nach Potsdam – Ein Leben im Gespräch* (Das Interview mit Christoph Singelnstein und Jost-Arend Bösenberg), Verlag für Berlin-Brandebourg, 2016, 104 p.

3. Travaux

A) Les traces, écritures et méthodes

ADJEDJ, Pierre-Jérôme, ALDENHOFF-ÜBINGER, Rita, OFFENSTADT, Nicolas, « *Éclats RDA-RDA Splitter*, ou comment exposer les traces de la RDA : une expérience », *Cahiers d'histoire, revue d'histoire critique*, 137, 2018, p. 155-181.

ALBOREDA, Pablo, « Heritage views through urban exploration : the case of "abandoned Berlin" », *International Journal of Heritage Studies*, 22 (5), 2016, p. 368-381.

AUDIN, Judith, « Dans l'antre des villes chinoises : lieux abandonnés et ruines contemporaines », *Métropolitiques*, 19 juin 2017, http://www.metropolitiques.eu/Dans-l-antre-des-villes-chinoises-lieux-abandonnes-et-ruines-contemporaines.html

ANDRES Lauren, GRÉSILLON Boris, « Les figures de la friche dans les villes culturelles et créatives. Regards croisés européens », *L'Espace géographique*, 40, 2011, p. 15-30.

ANDRES, Lauren, JANIN, Claude, « Les friches : espaces en marge ou marges de manœuvre pour l'aménagement des territoires ? », *Annales de géographie*, 663, 2008, p. 62-81.

BLOCH, Ernst, *Erbschaft dieser Zeit. Erweiterte Ausgabe*, Francfort-sur-le-Main, Suhrkamp, 1985, 416 p., traduction française d'une édition antérieure : *Héritage de ce temps*, Paris, Payot, 1978, 390 p.

COMBE, Sonia, *D'Est en Ouest, retour à l'archive*, Paris, Publications de la Sorbonne, 2013, 268 p.

BAECQUE, Antoine de, *La Traversée des Alpes. Essai d'histoire marchée*, Paris, Gallimard, 2014, 426 p.

DEBARY, Octave, GABEL, Philippe, « Seconde main et deuxième vie. Objets, souvenirs et photographies », *Mélanges de La Casa de Velázquez*, 40 (1), 2010, p. 123-142.

DESCOLA, Philippe, *Par-delà nature et culture*, Paris, Gallimard, 2005, 624 p.

GARRETT, Bradley, *Explore Everything. Place-Hacking the City*, Londres, Verso, 2013, 274 p.

HOUDART, Sophie, THIERY, Olivier (dir.), *Humains, Non-Humains. Comment repeupler les sciences sociales*, Paris, La Découverte, 2011, 368 p.

LATOUR, Bruno, *Nous n'avons jamais été modernes. Essai d'anthropologie symétrique*, Paris, La Découverte, 1997, 210 p.

LATOUR, Bruno, *Pasteur : guerre et paix des microbes*, Paris, La Découverte, 2011 (nouvelle éd.), 364 p.

LATOUR, Bruno, WOOLGAR, Steve, *La Vie de Laboratoire. La production des faits scientifiques*, Paris, La Découverte, 1988, 300 p.

MICOUD, André (dir.), *Des hauts lieux. La construction sociale de l'exemplarité*, Paris, CNRS, 1991, 134 p.

MONJARET, Anne (éd.), « Le retournement des choses », *Socio-anthropologie*, 30, 2014, 236 p.

« Les objets dans l'action. De la maison au laboratoire », *Raisons pratiques*, 4, 1993, 290 p.

KOPYTOFF, Igor, « The cultural biography of things. Commodization as process », in Arjun Appadurai (dir.), *The Social Life of Things. Commodities in Cultural Perspective*, Cambridge, Cambridge University Press, 1988, p. 64-91.

MORSEL, Joseph, « Traces ? Quelles traces ? Réflexions pour une histoire non passéiste », *Revue historique*, 680, 2016, p. 813-868.

NOIRIEL, Gérard, *Introduction à la socio-histoire*, Paris, La Découverte, 2006, 126 p.

OFFENSTADT, Nicolas, *L'Histoire, un combat au présent*, Paris, Textuel, 2014, 91 p.

OLIVIER, Laurent, *Le Sombre abîme du temps. Mémoire et archéologie*, Paris, Le Seuil, 2008, 308 p.
ROBIN, Régine, *Berlin Chantiers*, Paris, Stock, 2001, 450 p.
ROBIN, Régine, *Un roman d'Allemagne*, Paris, Stock, 2016, 290 p.

B) Le bloc de l'Est et ses mémoires

ACKERMANN, Niels, GOBERT, Sébastien, *Looking for Lenin*, Lausanne, Noir sur Blanc, 2017, 176 p.
BAFOIL, François, *Le Post-Communisme en Europe*, Paris, La Découverte, «Repères», 1999, 122 p.
BELLAT, Fabien, *Une ville neuve en URSS. Togliatti*, Marseille, Parenthèses, 2015, 174 p.
BOGOMOLOV, Oleg, *Socialisme et compétitivité. Les pays de l'Est dans l'économie mondiale*, Paris, Presses de la FNSP, 1989, 247 p.
BRINE, Jenny, *COMECON. The Rise and Fall of an International Socialist Organization*, Oxford, Clio Press, 1992, XXXIII, 225 p.
BROSSAT, Alain, COMBE, Sonia, POTEL, Jean-Luc, SZUREK, Jean-Charles (dir.), *À L'Est, la mémoire retrouvée*, Paris, La Découverte, 1990, 570 p.
GROSSBÖLTING, Thomas, KOLLMORGEN, Raj, MÖBIUS, Sascha, SCHMIDT, Rüdiger (dir), *Das Ende des Kommunismus. Die Überwindung der Diktaturen in Europa und Ihre Folgen*, Bochum, Klartext, 2010, 216 p.
LAVIGNE, Marie, *Économie internationale des pays socialistes*, Paris, Armand Colin, 1985, 254 p.
MINARD, Adrien, *Bouzloudja. Crépuscule d'une utopie*, Paris, Éditions B2, 2018, 192 p.
SANTOVA, Mila, «La destruction rocambolesque du mausolée Dimitrov à Sofia: une résistance au passé», in Boris Petric (dir.) et alii, *Europa mon amour 1989-2009: un rêve blessé*, Paris, Éditions Autrement, 2009, p. 53-59.
SAPIR, Jacques, *L'Économie mobilisée. Essai sur les économies de type soviétique*, Paris, La Découverte, 1990, 150 p.

C) Histoires de l'Allemagne de l'Est

Vue d'ensemble, instruments de travail

EPPELMANN, Rainer *et alii* (dir.), *Lexikon des DDR Sozialismus. Das Staats- und Gesellschaftssystem der Deutschen Demokratischen Republik*, Paderborn, Schöningh, 1996, 806 p.

GROSSBÖLTING, Thomas (dir.), *Friedensstaat, Leseland, Sportnation ? DDR-Legenden auf dem Prüfstand*, Berlin, Ch. Links/ZPB, 2009, 333 p.

HERBST, Andreas, RANKE, Winfried, WINKLER, Jürgen, *So funktionierte die DDR*, Hambourg, Rororo, 1994, 3 vol.

KOTT, Sandrine, *Histoire de la société allemande au XXe siècle, III. La RDA, 1949-1989*, Paris, La Découverte, « Repères », 2011, 128 p.

KOTT, Sandrine, DROIT, Emmanuel, *Die ostdeutsche Gesellschaft. Eine transnationale Perspektive*, Berlin, Ch. Links, 2006, 300 p.

MÄHLERT, Ulrich (dir.), *Die DDR als Chance. Neue Perspektiven auf ein altes Thema*, Berlin, Metropol, 2016, 220 p. [Un bilan historiographique récent.]

SCHROEDER, Klaus, *Der Sed-Staat. Geschichte und Strukturen der DDR, 1949-1990*, Cologne, Böhlau, 2013, 1 134 p.

WEBER, Hermann, HERBST, Andreas, *Deutsche Kommunisten. Biographisches Handbuch, 1918 bis 1945*, Berlin, Dietz, 2008 (nouvelle éd.), 1 168 p.

Entreprise, travail, consommation

Dokumentationszentrum Alltagskultur der DDR (dir.), *ABC des Ostens. 26 Objektgeschichten*, Cottbus, Regia, 2003, 62 p.

Dokumentationszentrum Alltagskultur der DDR (dir.), *Alltag: DDR. Geschichten/Fotos/Objekte*, Berlin, Ch. Links, 2012, 336 p.

Dokumentationszentrum Alltagskultur der DDR (dir.), *Fortschritt, Norm und Eigensinn. Erkundungen im Alltag der DDR*, Berlin, Ch. Links, 1999, 296 p.

Dokumentationszentrum Alltagskultur der DDR (dir.), *Konsum. Konsumgenossenschaften in der DDR*, Cologne, Böhlau, 2006, 208 p.

HARSCH, Donna, « Entre politique d'État et sphère privée. Les femmes dans la RDA des années 1960 et 1970 », *Clio. Femmes, genre, histoire*, 41, 2015, p. 89-113.

HÜBNER, Peter, *Arbeit, Arbeiter und Technik in der DDR 1971 bis 1989: Zwischen Fordismus und digitaler Revolution*, Bonn, Verlag J. H. W. Dietz Nachf., 2014, 744 p.

JAMPOL, Justinian (dir.), *Beyond the Wall/Jenseits der Mauer. Art and Artifacts from the GDR/Kunst und Alltagsgegenstände aus der DDR*, Cologne, Taschen, 904 p.
KOTT, Sandrine, *Le Communisme au quotidien. Les entreprises d'État dans la société est-allemande*, Paris, Berlin, 2001, 416 p.
MARDARASZ, Jeannette Z., *Working in East Germany. Normality in a Socialist Dictatorship, 1961-1979*, Basingstoke, Palgrave-Macmillan, 2006, 206 p.
PENCE, Katherine, «Building socialist workers-consumers: the paradoxical construction of the Handelsorganisation – HO, 1948», in Peter Hübner, Klaus Tenfelde (dir.) *Arbeiter in der SBZ-DDR*, Essen, Klartext 1999, p. 497-526.
PENCE, Katherine, «Politiques de la consommation, femmes et citoyenneté dans les deux Allemagnes», in Alain Chatriot (dir.), *Au nom du consommateur. Consommation et politique en Europe et aux États-Unis au XXe siècle*, Paris, La Découverte, p. 115-131.
PORT, Andrew I., *Die rätselhafte Stabilität der DDR. Arbeit und Alltag im sozialistischen Deutschland*, Berlin, Ch. Links, 2007, 392 p.
RAENDCHEN, Oliver, *Vietnamesen in der DDR: ein Rückblick*, Berlin, SEACOM Ed., 2000, 200 p.
SIGMUND, Monika, *Genuss als Politikum. Kaffeekonsum in beiden deutschen Staaten*, Berlin, De Gruyter-Oldenbourg, 2014, 342 p.
ZIELINSKI, Bernd, «L'unification économique de l'Allemagne en 1990. Une thérapie de choc controversée», *Vingtième siècle, revue d'histoire*, 110 (2), 2011, p. 97-110.

Partis, domination politique

CHRISTIAN, Michel, *Camarades ou apparatchiks ? Les communistes en RDA et en Tchécoslovaquie (1945-1989)*, Paris, PUF, 2016, 400 p.
DROIT, Emmanuel, *La Stasi à l'école. Surveiller pour éduquer en RDA (1950-1989)*, Paris, Nouveau Monde éditions, 2009, 246 p.
FRÖLICH, Jürgen, «Transmissionsriemen, Interessenvertretung des Handwerks oder Nischenpartei? Zu Rolle, Bedeutung und Wirkungsmöglichkeiten der NDPD», Enquete-Kommission «Aufarbeitung von Geschichte und Folgen der SED-Diktatur in Deutschland», *Macht, Entscheidung, Verantwortung II*, 2, Baden-Baden/Francfort, Nomos/Suhrkamp, 1995, p. 1542-1578.
GOTTBERG, Bernd, «Die Gründung und die ersten Jahre der NDPD 1948-1954», in Jürgen Frölich (dir.), *«Bürgerliche» Parteien in der*

SBZ/DDR: Zur Geschichte von CDU, LDP (D), DBD und NDPD 1945 bis 1953, Cologne, Wissenschaft und Politik, 1995, p. 73-87.

HÖHNE, Roland, « Aufstieg und Niedergang einer nationalen Blockpartei 1948-1990 », in Heiner Timmermann (dir.), *Die DDR in Deutschland. Ein Rückblick auf 50 Jahre*, Berlin, Duncker und Humblot, 2001, p. 269-311.

MALYCHA, Andreas, WINTERS, Peter Jochen, *Die SED. Geschichte einer deutschen Partei*, Munich, Beck, 2009, 480 p.

ROWELL, Jay, *Le Totalitarisme au concret. Les politiques du logement en RDA*, Paris, Economica, 2006, 344 p.

Signes, symboles et mobilisation politique

AHBE, Thomas, GIBAS, Monika, « Der Händedruck zwischen Pieck und Grotewohl. Botschaften und Wandlungen einer Bildikone und eines Symbols », in Gerhard Paul (dir.), *Das Jahrhundert der Bilder, I., 1900-1949*, Göttingen, Vandenhoeck & Ruprecht, 2009, p. 745-761.

AZARYAHU, Maoz, *Von Wilhelmplatz zu Thälmannplatz: Politische Symbole im öffentlichen Leben der DDR*, Gerlingen, Bleicher, 1991, 214 p.

BARTEL, Frank, *Auszeichnungen der Deutschen Demokratischen Republik von den Anfängen bis zur Gegenwart*, Berlin, Militärverlag der Deutschen Demokratischen Republik, 1979, 212 p.

Dokumentationszentrum Kunst der DDR (dir.), *Volks Eigene Bilder. Kunstbesitz der Parteien und Massenorganisationen der DDR*, Berlin, Metropol, 1999, 248 p.

LEO, Annette, « "Deutschlands unsterblicher Sohn..." Der Held des Widerstands Ernst Thälmann », in Rainer Gries, Silke Satjukow (dir.), *Sozialistische Helden. Eine Kulturgeschichte von Propagandafiguren in Osteuropa und der DDR*, Berlin, Ch. Links, 2002, p. 101-114.

MAŁYSIAK, Stefan, « Die Entwicklung der DDR-Presse : Zur ostdeutschen historischen Pressestatistik », *Deutschland Archiv*, 42, 2009, p. 59-73.

MARQUARDT, Editha, « Feste und Feiern » in Ulla Fix (dir.), *Ritualität in der Kommunikation der DDR*, Francfort-sur-le-Main, Peter Lang, 1998, p. 1-49

MERTA, Klaus-Peter, « Flatternde Zeichen. Fahnenkult in der DDR », in Dieter Vorsteher (dir.), *Parteiauftrag: ein neues Deutschland.*

Bilder, Rituale und Symbole der frühen DDR, Munich-Berlin, Koehler & Amelang, 1997, p. 187-192.
OLSEN, Jon Berndt, *Tailoring Truth. Politicizing the past and negotiating memory in East Germany, 1945-1990*, New York, Berghahn, 2015, 262 p.
SEEGERS, Lu, «Symbolische Integration bei Stadtjubiläen in der DDR», *Archiv für Sozialgeschichte*, 46, 2006, p. 249-276.
SEGERT, Dieter, «Fahnen, Umzüge, Abzeichen. Die Macht der Rituale und Symbole», in Thomas Blanke, Rainer Erd (dir.), *DDR – Ein Staat vergeht*, Francfort-sur-le-Main, 1990, p. 25-35.

Loisirs, musées, formation et culture

BRANDT, Sigrid, *Geschichte der Denkmalpflege in der SBZ/DDR: Dargestellt an Beispielen aus dem sächsischen Raum 1945-1961*, Berlin, Lukas Verlag, 2003, 368 p.
CIMAZ, Geneviève, «Le centre culturel de la RDA à Paris», in Ulrich Pfeil, (dir.), *La RDA et l'Occident, 1949-1990*, Asnières, Université de la Sorbonne nouvelle-Institut d'allemand d'Asnières, 2000, p. 465-476.
DIESENER, Gerard, «*Krupp und Krause*. Eine deutsche TV-Geschichte», in Gerald Diesener, Rainer Gries (dir.), *Propaganda in Deutschland. Zur Geschichte der politischen Massenbeeinflussung im 20. Jahrhundert*, Darmstadt, Wissenschaftliche Buchgesellschaft, 1996, p. 176-190.
DIETRICH, Isolde, «'Ne Laube, 'n Zaun und 'n Beet: Kleingärten und Kleingärtner in der DDR», in Evemarie Badstübner (dir.), *Befremdlich anders. Leben in der DDR*, Berlin, Dietz, 2000, p. 374-414.
DROIT, Emmanuel, *Vers un homme nouveau? L'éducation socialiste en RDA (1949-1989)*, Rennes, Presses universitaires de Rennes, 2009, 354 p.
EMMERICH, Wolfgang, *Kleine Literaturgeschichte der DDR*, Leipzig, Kiepenheuer, 1996, 640 p.
KARGE, Wolf, «Was bleibt von den DDR-Museen? Eine Bilanz aus der Sicht der neuen Bundesländer», in Rheinland Landschaftsverband (dir.), *Vom Elfenbeinturm zur Fußgängerzone. Drei Jahrzehnte deutsche Museumsentwicklung*, Opladen, Leske + Budrich, 1996, p. 177-194.
KOCHAN, Thomas, «Alkohol und Alkoholrausch in der DDR», https://www.bundesstiftung-aufarbeitung.de/uploads/pdf/kochan.pdf.

KLOSE, Bernhard, *Ehescheidung und Ehescheidungsrecht in der DDR. Ein ostdeutscher Sonderweg ?*, Baden-Baden, Nomos, 1996, 334 p.

LUDWIG, Andreas, « Sammelte sich die DDR selbst ? Geschichtsverständnis und Sammlungspraxis in ostdeutschen Museen », *Kulturaktion. Online Journal für Kultur, Wissenschaft und Politik*, 2014, http://www.kulturation.de/ki_1_thema.php?id=138

REHBERG, Karl-Siegbert, HOLLER, Wolfgang, KAISER, Paul (dir.), *Abschied von Ikarus. Bildwelten in der DDR-neu gesehen*, Cologne, Verlag der Buchhandlung Walther König, 2013, 440 p.

SCHEUNEMANN, Jan, « *Gegenwartsbezogenheit und Parteinahme für den Sozialismus.* » *Geschichtspolitik und regionale Museumsarbeit in der SBZ/ DDR 1945-1971*, Berlin, Metropol, 2009, 432 p.

UNGER, Dieter, *Alkoholismus in der DDR: die Geschichte des Umganges mit alkoholkranken Menschen in der ehemaligen DDR im Zeitraum 1949 bis 1989*, Halle, Projekte-Verlag Cornelius, 2011, 202 p.

D) La RDA après la RDA

AHBE, Thomas, *Ostalgie. Zum Umgang mit DDR-Vergangenheit in den 1990er Jahren*, Erfurt, Landeszentrale für politische Bildung Thüringen, 2005, 72 p., nouvelle édition *Ostalgie. Zu ostdeutschen Erfahrungen und Reaktionen nach dem Umbruch*, 2016, 104 p.

AHBE, Thomas, « "Ostalgie" als Laien-Praxis in Ostdeutschland. Ursachen, psychische und politische Dimensionen », in Heiner Timmermann (dir.), *Die DDR in Deutschland*, Berlin, Duncker und Humblot, 2001, p. 781-802.

ANDREWS, Molly, « The nice Stasi man drove his Trabi to the nudist beach: contesting East German identity », in Roberta Piazza, Alessandra Fasulo (dir.), *Marked Identities in Narrating Lives between Social Labels and Individual Biographies*, Basingstoke, Palgrave Macmillan, 2014, p. 43-57.

ARP, Agnès, « Mémoire(s) de la RDA en Thuringe: entre souvenirs individuels et discours politique officiel », in Bernd Zielinski, Brigitte Krulic (dir.), *Vingt ans d'unification allemande. Histoire, mémoire et usages politiques du passé*, Berne, Peter Lang, 2010, p. 221-232.

AZARYAHU, Maoz, « Zurück zur Vergangenheit ? Die Straßennamen Ost-Berlins 1990-1994 », in Winfried Speitkamp (dir.),

Denkmalsturz. Zur Konfliktgeschichte politischer Symbolik, Göttingen, Vandenhoeck und Ruprecht, 1997, p. 137-154.

BACH, Jonathan, *What Remains. Everyday Encounters with the Socialist Past in Germany*, New York, Columbia University Press, 2017, 256 p.

BAUER, Moritz, WICKERT, Jo, *Vorwärts immer – rückwärts nimmer. 4000 Tage BRD*, Berlin, Nicolaische Verlagsbuchhandlung, 2004, 200 p.

BEATTIE, Andrew, *Playing Politics with History, The Bundestag Inquiries into East Germany*, New York, Berghahn Books, 2008, 292 p.

BEHRENS Heidi, WAGNER, Andreas (dir.), *Deutsche Teilung, Repression und Alltagsleben : Erinnerungsorte der DDR-Geschichte. Konzepte und Angebote zum historisch-politischen Lernen*, Leipzig, Forum-Verlag, 2004, 312 p.

BEIERSDORF, Leonie, *Die Doppelte Krise. Ostdeutsche Erinnerungszeichen nach 1989*, Berlin, Deutscher Kunstverlag, 2015, 392 p.

BERDAHL, Daphne, *On the Social Life of Postsocialism. Memory, Consumption, Germany*, Matti Bunzl (éd.), Bloomington, Indiana University Press, 2010, 170 p.

BETTS, Paul, « The twilight of the idols : East German memory and material culture », *The Journal of Modern History*, 72, septembre 2000, p. 731-765.

BLUM, Martin, « Club Cola and Co. : Ostalgie, material culture and identity », in Ruth Starkman (dir.), *Transformations of the New Germany*, Basingstoke, Palgrave Macmillan, 2006, p. 131-154.

BOUILLOT, Corinne, « Mémoire du SED, de la RDA et de l'héritage communiste dans le discours du PDS : l'exemple de quelques anniversaires », *Allemagne d'aujourd'hui*, 173, juillet-septembre 2005, p. 135-148.

Bundesministerium für Verkehr, Bau und Stadtentwicklung, *Kunst am Bau als Erbe des geteilten Deutschlands. Zum Umgang mit architekturbezogener Kunst der DDR*, 2. Werkstattgespräch, 2008, 38 p.

CAMARADE, Hélène, « Mémoires et représentations de la RDA dans le roman graphique et la bande dessinée allemande contemporaine », in Emmanuelle Aurenche-Beau, Marcel Boldorf, Ralph Zschachlitz (dir.), *RDA. Culture-critique-crise. Nouveaux regards sur l'Allemagne de l'Est*, Lille, Presses universitaires du Septentrion, 2017, p. 185-199.

CASASUS, Gilbert, LEMASSON, Sylvie, LORRAIN, Sophie (dir.), *L'Autre Allemagne. 1990-1995 : l'unification au quotidien*, Paris, Autrement, 1995, 240 p.

CHAULIAC, Marina, « Les noms des rues à Berlin-Est, palimpseste de l'histoire de la RDA », *La Nouvelle Alternative*, 66-67, octobre-décembre 2005, p. 37-62.

CHAULIAC, Marina, « Les "nostalgiques de la RDA" : entre deuil impossible et poursuite d'une utopie », *Les Cahiers européens de Sciences Po*, 6, 2006, 8 p.

CHAULIAC, Marina, « Ostalgie ou utopie? La mémoire "close" des nostalgiques de la RDA », *Allemagne d'aujourd'hui*, 181, juillet-septembre 2007, p. 73-84.

CHAULIAC, Marina, « Ostalgie sans regret », in Boris Petric *et alii* (dir.), *Europa mon amour 1989-2009 : un rêve blessé*, Paris, Éditions Autrement, 2009, p. 24-38.

CHAULIAC, Marina, « Peut-on être nostalgique de la RDA? », in Chantal Metzger (dir.), *La République démocratique allemande. La vitrine du socialisme et l'envers du miroir (1949-1989-2009)*, Bruxelles, Peter Lang, 2010, p. 335-347.

CHRISTOPH, Klaus, « "Aufarbeitung der SED-Diktatur" – heute so wie gestern? » *Geschichte als Instrument. Aus Politik und Zeitgeschichte*, 42-43, octobre 2013, p. 27-34.

CLARKE, David, WÖLFEL, Ute (dir.), *Remembering the German Democratic Republic. Divided Memory in a United Germany*, Basingstoke, Palgrave Macmillan, 2011, 294 p.

CLIVER, Gwyneth, SMITH-PREI, Carrie (dir.), *Bloom and Bust. Urban Landscapes in the East since German Reunification*, New York, Berghahn, 2015, 270 p.

COMBE, Sonia (dir.), *Archives et histoire dans les sociétés post-communistes*, Paris, La Découverte, 2009, 332 p.

COMBE, Sonia, DUFRÊNE, Thierry, ROBIN, Régine (dir.), *Berlin, l'effacement des traces : 1989-2009*, Paris, BDIC et Lyon, Fage, 2009, 128 p.

COOKE, Paul, « "GDR literature" in the Berlin Republic », in Stuart Taberner (dir.), *Contemporary German Fiction. Writing in the Berlin Republic*, Cambridge, Cambridge University Press, 2007, p. 56-71.

COOKE, Paul, *Representing East Germany since Unification. From Colonization to Nostalgia*, Oxford-New York, Berg, 2005, 236 p.

DALE, Gareth, « Heimat, "Ostalgie" and the Stasi: the GDR in German cinema, 1999-2006 », *Journal of Contemporary Central and Eastern Europe*, 15-2, 2007, p. 155-175.

SOURCES ET BIBLIOGRAPHIE

DÜMKE, Wolfgang, VILMAR, Fritz (dir.), *Kolonisierung der DDR. Kritische Analysen und Alternativen des Einigungsprozesses*, Münster, Agenda, 1996, 360 p.

FAULENBACH, Bernd, JELICH, Franz-Josef (dir.), «*Asymmetrisch verflochtene Parallelgeschichte?» Die Geschichte der Bundesrepublik und der DDR in Ausstellungen, Museen, und Gedenkstätten*, Essen, Klartext, 2005, 204 p.

FLORENTIN, Daniel, PADDEU, Flaminia, «Le déclin au quotidien : crise perçue et espaces vécus à Leipzig et Détroit», *Urbanités*, 2013, «Crises en ville, villes en crise», http://www.revue-urbanites.fr/le-declin-au-quotidien-crise-percue-et-espaces-vecus-a-leipzig-et-detroit/.

FLORENTIN, Daniel, «The "Perforated City": Leipzig's model of urban shrinkage management», *Berkeley Planning Journal*, 23-1, 2010, p. 83-101.

FLORENTIN, Daniel, «Les Plattenbauten et le déclin. "Effet Plattenbau", politiques urbaines et représentations sociales dans les quartiers de grands ensembles à Leipzig», *Geocarrefour*, 86 (2), 2011, p. 113-126.

FÜHRER, Carolin (dir.), *Die andere deutsche Erinnerung: Tendenzen literarischen und kulturellen Lernens*, Göttingen, Vandenhoeck und Ruprecht, 2016, 422 p.

GIGERENZER, Thalia, *"Gedächtnislabore", wie Heimatmuseen in Ostdeutschland an die DDR erinnern*, Berlin, Verlag be.bra Wissenschaft, 2013, 160 p.

GOUDIN-STEINMANN, Elisa, HÄHNEL-MESNARD, Carola (dir.), *Ostdeutsche Erinnerungsdiskurse nach 1989. Narrative kultureller Identität*, Berlin, Frank & Timme, 2013, 364 p.

GRAVIER, Magali, *Good Bye Honecker! Identité et loyauté dans les administrations est-allemandes (1990-1999)*, Paris, Presses de Sciences Po, 1988, 288 p.

GRIES, Rainer, «"Hurra, I'm still alive!". East German products demonstrating East German identities», Sibelan Forrester, Magdalena J. Zaborowska, Elena Gapova (dir.), *Over the Wall. After the Fall. Post-Communist Cultures through an East-West Gaze*, Bloomington, Indiana University Press, 2004, p. 181-199.

GROẞBÖLTING, Thomas, LORKE, Christoph (dir.), *Deutschland seit 1990. Wege in die Vereinigungsgesellschaft*, Stuttgart, Frank Steiner, 2017, 354 p.

Großbölting, Thomas, « Die DDR im vereinten Deutschland », *Aus Politik und Zeitgeschichte*, 25-26, juin 2010, p. 35-41.
Grub, Frank Thomas, « *Wende* » *und* « *Einheit* » *im Spiegel der deutschsprachigen Literatur. Ein Handbuch. Band 1: Untersuchungen. Band 2: Bibliographie.* Berlin/New York De Gruyter, 2003, 1 690 p., 2 350 p.
Hähnel-Mesnard, Carola, « La fiction comme mise à distance. L'expérience de la RDA dans les narrations de Julia Schoch et d'Antje Rávic Strubel », *Germanica* (en ligne), 39, 2006.
Hähnel-Mesnard, Carola, « La représentativité malgré soi. La littérature du souvenir de la jeune génération des "derniers Allemands de l'Est" », in Rolf Wintermeyer, Corinne Bouillot (dir.), *« Moi public » et « moi privé » dans les mémoires et les écrits autobiographiques du XVIIᵉ siècle à nos jours*, Rouen, Publications des universités du Rouen et du Havre (PURH), 2008, p. 333-344.
Hähnel-Mesnard, Carola, « "La rupture dans la vie", les récits de la jeune génération d'Allemands de l'Est entre témoignage et fiction », *Allemagne d'aujourd'hui*, 169, juillet-septembre 2004, p. 146-159.
Hake, Sabine, « On the lives of objects », in Paul Cooke (dir.), *The Lives of Others and Contemporary German Film. A Companion*, Berlin, De Gruyter, 2013, p. 199-219.
Hammerstein, Katrin, Scheunemann, Jan (dir.), *Die Musealisierung der DDR. Wege, Möglichkeiten und Grenzen der Darstellung von Zeitgeschichte in stadt- und regionalgeschichtlichen Museen*, Berlin, Metropol, 2012, 334 p.
Herbet, Dominique, « DDR-Erinnerungsdiskurs in der Monatszeitschrift *RotFuchs* (1998-2011) », in Elisa Goudin-Steinmann, Carola Hähnel-Mesnard (dir.), *Ostdeutsche Erinnerungsdiskurse nach 1989, op. cit.*, p. 127-129.
Handro, Saskia, Schaarschmidt, Thomas (dir.), *Aufarbeitung der Aufarbeitung. Die DDR im geschichts-kulturellen Diskurs*, Schwalbach, Wochenschau Verlag, 2011, 208 p.
Hess, Pamela, *Geschichte als Politikum. Öffentliche und private Kontroversen um die Deutung der DDR-Vergangenheit*, Baden-Baden, Nomos, 2014, 306 p.
Hocquet, Marie, « La reconfiguration de l'espace urbain berlinois après la chute du Mur. Entre projection de passés désirés et construction de l'opprobre », in Caroline de Saint-Pierre (dir.), *La*

Ville patrimoine. Formes, logiques, enjeux et stratégies, Rennes, Presses universitaires de Rennes, 2014, p. 23-36.

HOCQUET, Marie, GARRIDO, Caroline, HIRSCHHAUSEN, Béatrice von, « Berlin par-delà les ruptures. Vivre, raconter et produire les matières de la ville », *L'Espace géographique*, 2, 2017 p. 158-173.

HODGIN, Nick, PEARCE, Caroline (dir.), *The GDR Remembered. Representations of the East German State since 1989*, Rochester, Camden House, 2011, 302 p.

HODGIN, Nick, *Screening the East. Heimat, Memory and Nostalgia in German film since 1989*, New York, Berghahn, 2011, 222 p.

HÜTTMANN, Jens, MÄHLERT, Ulrich, PASTERNACK, Peer (dir.), *DDR-Geschichte vermitteln. Ansätze und Erfahrungen in Unterricht, Hochschullehre und politischer Bildung*, Berlin, Metropol, 2004, 320 p.

IVANOVA, Marina, « Die DDR aus der Perspektive einer jungen Generation. Erkundungsreisen und Grenzerfahrungen zwischen Träumen und Realität in deutschen Filmen seit 2005 », in Thomas Schick, Tobias Ebbrecht (dir.), *Kino in Bewegung: Perspektiven des deutschen Gegenwartsfilms*, Wiesbaden, VS Verlag, p. 259-282.

JOLY, Hervé, « La survivance de l'industrie dans les nouveaux Länder. Essai de bilan vingt-cinq ans après la *Wende* », in Emmanuel Aurenche-Beau, Marcel Boldorf, Ralf Zschachlitz (dir.), *RDA. Culture-critique-crise. Nouveaux regards sur l'Allemagne de l'Est*, Lille, Presses universitaires du Septentrion, 2017, p. 261-272.

KAMINSKY, Annette (dir.), *Orte des Erinnerns. Gedenkzeichen, Gedenkstätten und Museen zur Diktatur in SBZ und DDR*, Leipzig, Forum Verlag, 2004, 546 p. (édition complétée, 2007).

KNABE, Hubertus, « Le travail de mémoire du communisme en Allemagne », *Communisme* (« La guerre des mémoires »), 2015, p. 113-128.

KÖNCZÖL, Barbara, « Reinventing a socialist heroine: commemorating Rosa Luxemburg after unification », in David Clarke, Ute Wölfel (dir.), *Remembering the German Democratic Republic in a United Germany*, Basingstoke, Palgrave MacMillan, 2011 p. 77-87.

KOPPELKAMM, Stefan, *Ortszeit-Local Time*, Stuttgart/Londres, Axel Menges, 2010, 224 p.

KÖSTERING, Susanne, « Alltagsgeschichte der DDR in aktuellen Ausstellungen », *Deutschland Archiv. Zeitschrift für das vereinigte Deutschland*, 2, 2007, p. 306-312.

KOTT, Sandrine, « La RDA dans la recherche historique allemande. De la "Seconde dictature" à l'histoire politique du quotidien », *Matériaux pour l'histoire de notre temps*, 68, 2002, p. 24-29.

KUHN, Markus, « Die DDR im Kopf. Marken, Mentalitäten und mentale Welten in Narrationen über die unmittelbare Nach-Wende-Zeit. Die Erzählung *Die Wiederentdeckung des Gehens beim Wandern* und der Film *Good Bye, Lenin!* », in Gerhard Jens Lüdeker, Dominik Orth, Hermann Korte et Carsten Gansel (dir.), *Nach-Wende-Narrationen. Das Wiedervereinigte Deutschland im Spiegel von Literatur und Film*, Göttingen, Vandenhoeck und Ruprecht, 2010, p. 21-42.

KUNZE, Thomas, VOGEL, Thomas (dir.), *Ostalgie international. Erinnerungen an die DDR von Nicaragua bis Vietnam*, Berlin, Ch. Links, 2010, 256 p.

KUTSCH, Thomas, WERNER, Simone, « Konsumpatriotismus in Ostdeutschland », in Kurt Gedrich, Ulrich Oltersdorf (dir.), *Ernährung und Raum. Regionale und ethnische Ernährungsweisen in Deutschland. 23. Wissenschaftliche Jahrestagung der Arbeitsgemeinschaft Ernährungsverhalten e.V. (AGEV)*, Karlsruhe, Bundesforschungsansalt für Ernährung, 2002, p. 167-186.

Landesamt für Kultur und Denkmalpflege Mecklenburg-Vorpommern (dir.), *Alles Platte? Architektur im Norden der DDR als kulturelles Erbe*, Berlin, Ch. Links, 2018, 240 p.

LANGWAGEN, Kerstin, *Die DDR im Vitrinenformat. Zur Problematik musealer Annäherungen an ein kollektives Gedächtnis*, Berlin, Metropol Verlag, 2016, 316 p.

LANNERT, Christian, *« Vorwärts und nicht vergessen? » Die Vergangenheitspolitik der Partei DIE LINKE und ihrer Vorgängerin PDS*, Göttingen, Wallstein, 2012, 292 p.

LAPORTE, Antoine, « Allemagne, 25 ans après la chute du mur de Berlin : que reste-t-il de la ligne Est-Ouest ? », site *Géoconfluences*, 2014, http://geoconfluences.ens-lyon.fr/actualites/eclairage/allemagne-25-ans-apres-la-chute-du-mur-de-berlin-que-reste-t-il-de-la-ligne-est-ouest

LE GALLOU, Aude, « De Berlin-Est au "Nouveau Berlin" : les mémoires plurielles d'une capitale réunifiée », *Géocarrefour*, 90-2, 2015, p. 153-162.

LEO, Annette, « RDA. Traces, vestiges, stigmates », *Communications*, 55, 1992, p. 43-53.

LENSSEN, Claudia, « Die Stasi im Kino der Gefühle. *Das Leben der Anderen* (2005-2006). Filmische Erinnerungsstrategien im Kontext der Medienkultur », in Carsten Gansel, Pawel Zimniak (dir.), *Das « Prinzip Erinnerung » in der deutschsprachigen Gegenwartsliteratur nach 1989*, Göttingen, Vandenhoeck und Ruprecht, 2010, p. 281-288.

LEONHARD, Nina, « The National People's Army as an object of (non) remembrance. The place of East Germany's military heritage in unified Germany », *German Politics and Society*, 26 (4), 2008, p. 150-163.

LEONHARD, Nina, *Integration und Gedächtnis. NVA-Offiziere im vereinigten Deutschland*, Constance, UVK, 2016, 390 p.

LEUERER, Thomas, « Die heile Welt der Ostalgie. Kollektive politische Erinnerung an die DDR durch mediale Verzerrung ? », Thomas Goll, Thomas Leuerer (dir.), *Ostalgie als Erinnerungskultur*, Baden-Baden, Nomos, 2004, p. 46-59.

LINDENBERGER, Thomas, « Zeitgeschichte am Schneidetisch. Zur Historisierung der DDR in deutschen Spielfilmen », in Gerhard Paul (dir.), *Visual history. Ein Studienbuch*, Göttingen, Vandenhoeck und Ruprecht, 2006, p. 353-372.

LINDNER, Ralph (dir.), *Kunst im Stadtraum. Hegemonie und Öffentlichkeit*, Berlin, b-books, 2004, 303 p.

LUDWIG, Andreas, « Die Alltagskultur der DDR nach 1989-1990 », in Martin Sabrow (dir.), *Bewältigte Diktaturvergangenheit ? 20 Jahre DDR-Aufarbeitung*, Leipzig, Akademische Verlagsanstalt, 2010, p. 83-99.

MACADAMS, James A., *Judging the Past in Unified Germany*, Cambridge, Cambridge University Press, 2001, XIX-244 p.

MANALE, Margaret, « Travail, territoire, identité dans l'ex-Allemagne de l'Est », *L'Homme et la Société*, 165-166, 2007, p. 29-43.

MARKOVITS, Inga, « Selective Memory. How the Law Affects What We Remember and Forget About the Past. The Case of East Germany », *Law & Society Review*, 35-3, 2001, p. 513-563.

MÄRZ, Peter, VEEN, Hans-Joachim (dir.), *Woran erinnern ? Der Kommunismus in der deutschen Erinnerungskultur*, Cologne, Böhlau, 2006, 270 p.

MOLLER, Sabine, « Die Rezeption der Spielfilme *Good Bye, Lenin !* und *Das Leben der Anderen* in Deutschland und in den USA », in Hans-Joachim Veen (dir.), *Das Bild...*, *op. cit.*, p. 101-116.

MORTIER, Jean, «Ostalgie et constructions identitaires», *Allemagne d'aujourd'hui*, 190, 2009, p. 73-89.

MOURALIS, Guillaume, *Une épuration allemande. La RDA en procès, 1949-2004*, Paris, Fayard, 2008, 430 p.

MÜHLBERG, Dietrich, «Les objets du quotidien: des lieux de mémoire? Spécificités des cultures mémorielles est-allemandes», *Allemagne d'aujourd'hui*, 173, juillet-septembre 2005, p. 7-23, version allemande avec illustrations: «Dinge des Alltags als Gedächtnisorte? Über Eigenheiten ostdeutscher Erinnerungskulturen», *Kulturation. Online Journal für Kultur, Wissenschaft und Politik*, 2, 2005, http://www.kulturation.de/ki_1_thema.php?id=95

MÜHLBERG, Dietrich, «Vom langsamen Wandel der Erinnerung an die DDR», in Konrad H. Jarausch, Martin Sabrow (dir.), *Verletztes Gedächtnis. Erinnerungskultur und Zeitgeschichte im Konflikt*, Francfort-sur-le-Main, Campus, 2002, p. 217-251.

NELLER, Katja, *DDR-Nostalgie. Dimensionen der Orientierungen der Ostdeutschen gegenüber der ehemaligen DDR, ihre Ursachen und politischen Konnotationen*, Wiesbaden, VS Verlag für Sozialwissentschaften, 2006, 376 p.

NIVEN, Bill, PAVER, Chloe (dir.), *Memorialization in Germany since 1945*, Basingstoke, Palgrave Macmillan, 2010, 421 p.

PAILHÈS, Anne-Marie, POUMET, Jacques (dir.), «Vivre en Allemagne de l'Est, vingt ans après la chute du Mur», dossier d'*Allemagne d'aujourd'hui*, 190, octobre-décembre 2009, p. 3-89.

PAILHÈS, Anne-Marie, «Les réactions de la population est-allemande face aux changements des noms de rue dans les nouveaux Länder: rejet, adhésion, identité?», *Allemagne d'aujourd'hui*, avril-juin 1998, p. 260-269.

PAILHÈS, Anne-Marie, «La "maisonnette de jardin" (*Gartenlaube*) est-allemande, lieu de contrainte sociale ou lieu de mémoire et d'identité?» In Gilles Raveneau, Olivier Sirost (dir.), *Anthropologie des abris de loisirs*, Nanterre, Presses universitaires de Paris Nanterre, 2011 (en ligne, généré le 23 décembre 2017 <http://books.openedition.org/pupo/3723>).

PFAHL-TRAUGHBER, Armin, «Die "Deutsche Kommunistische Partei" (DKP). Eine analytische Betrachtung zu Entwicklung und Stellenwert des ehemaligen Interventionsapparates der SED », 2014, http://www.bpb.de/politik/extremismus/linksextremismus/33621/dkp?p=0

RECHTIEN, Renate, TATE, Dennis (dir.), *Twenty Years On. Competing Memories of the GDR in Postunification German Culture*, Rochester/NewYork, Camden House, 2011, 244 p.

RETHMANN, Petra, « Post-communist ironies in an East German hotel », *Anthropology Today*, 25-1, 2009, p. 21-23.

ROTHMUND, Elisabeth, « Teilung und Wiedervereinigung im Spektrum der Fiktion Beckers *Schönes Deutschland* und von Ditfurths, *Die Mauer steht am Rhein* », in Hans Esselborn (dir.), *Utopie, Antiutopie und Science Fiction im deutschsprachigen Roman des 20. Jahrhunderts*, Würzburg, Königshausen & Neumann, 2003, p. 179-189.

RUDNICK, Carola S., *Die andere Hälfte der Erinnerung. Die DDR in der deutschen Geschichtspolitik nach 1989*, Bielefeld, Transcript Verlag, 2011, 766 p.

SABROW, Martin (dir.), *Erinnerungsorte der DDR*, Munich, Beck, 2009, 619 p.

SABROW, Martin, « Reconstruction du passé de RDA et politique de mémoire », *Allemagne d'aujourd'hui*, 181, juillet-septembre 1987, p. 64-72.

SAUNDERS, Anne, « "Normalising" the past : East German culture and *Ostalgie* », in Paul Cooke et Stuart Taberner (dir.), *German Culture, Politics and Literature into the Twenty-First Century: Beyond Normalization*, Rochester, Camden House, 2006, p. 89-103.

SAUNDERS, Anne, « The ghosts of Lenin, Thälmann and Marx in the post-socialist cityscape », *German Life and Letters*, 63, 2010, p. 441-457.

SAUNDERS, Anna, PINFOLD, Debbie (dir.), *Remembering and Rethinking the GDR. Multiple Perspectives and Plural Authenticities*, Basingstoke, Palgrave Macmillan, 2013, 253 p.

SCHENK, Ralf, « Die DDR im deutschen Film nach 1989 », *Aus Politik und Zeitgeschichte*, 44, octobre 2005, p. 31-38.

SCHEUNEMANN, Jan, « Gehört die DDR ins Museum ? Beobachtungen zur Musealisierung der sozialistischen Vergangenheit », *Gerbergasse 18*, 55-IV, 2009, p. 34-37.

SCRIBNER, Charity, « Object, relic, fetich, thing: Joseph Beuys and the Museum », *Critiqual Inquiry*, 29 (4), 2003, p. 634-649.

STAAB, Andreas, « Testing the West. Consumerism and national identity in Eastern Germany », *German Politics*, 6-2, août 1997, p. 139-149.

STEINLE, Matthias, « Good Bye Lenin – Welcome Crisis! Die DDR im Dokudrama des historischen Event-Fernsehens », in Tobias Ebbrecht, Hilde Hoffmann, Jörg Schweinitz (dir.), *DDR – erinnern, vergessen. Das visuelle Gedächtnis des Dokumentarfilms*, Marburg, Schüren, 2009, p. 321-342.

SCHULZ ZUR WIESCH, Lena, « Zum Umgang mit den baulich-symbolischen Relikten der DDR in Ostberlin », in Rudolf Jaworski, Peter Stachel (dir.), *Die Besetzung des öffentlichen Raumes. Politische Plätze, Denkmäler und Straßennamen im europäischen Vergleich*, Berlin, Frank und Timme, 2007, p. 231-257.

TWARK, Jill E., *Humor, Satire, and Identity. Eastern German Literature in the 1990s*, Berlin, New York, Walter de Gruyter, 2007, 472 p.

ULBRICHT, Justus, *Schwierige Orte. Regionale Erinnerung, Gedenkstätten*, Halle, Mitteldeutscher Verlag, 2013, 192 p.

VEEN, Hans-Joachim (dir.), *Das Bild der DDR in Literatur, Film und Internet. 25 Jahre Erinnerung und Deutung*, Cologne, Böhlau, 2015, 186 p.

VILMAR, Fritz, GUITTARD, Gislaine, *La Face cachée de l'unification allemande*, Paris, Éditions de l'Atelier, 1999, 234 p.

WEHDEKING, Volker, « Uwe Tellkamps Dresdenporträt *Der Turm* und Eugen Ruges Nomenklatura-Abgesang *In Zeiten des abnehmenden Lichts* im Kontrast zu Lutz Seilers magischem Hiddensee-Roman *Kruso* am Ende der DDR », *Études germaniques*, 2, 2015, p. 235-257.

WEISS, Wolfgang, « Aspects démographiques régionaux de la fusion allemande. Un bilan vingt ans plus tard », *Allemagne d'aujourd'hui*, 190, octobre-décembre 2009, p. 16-30.

WELZER, Harald, MOLLER Sabine, TSCHUGGNALL, Karoline, *« Grand-Père n'était pas un nazi. » National-socialisme et Shoah dans la mémoire familiale*, Paris, Gallimard, 2013, 344 p. [Un chapitre prend aussi en considération l'articulation avec les mémoires familales de la RDA.]

WIRSCHING, Andreas, ZARUSKY, Jürgen (dir.), *Erinnerung an Diktatur und Krieg. Brennpunkte des kulturellen Gedächtnisses zwischen Russland und Deutschland seit 1945*, Berlin, De Gruyter Oldenbourg, 2015, 390 p.

ZÜNDORF, Irmgard, « DDR-Museen als Teil der Gedenkkultur in der Bundesrepublik Deutschland », *Jahrbuch für Kulturpolitik*, 9, 2009, p. 139-145.

ZÜNDORF, Irmgard, « DDR-Geschichte – ausgestellt in Berlin », *Jahrbuch für Politik und Geschichte*, 4, 2013, p. 139-156.

4. Lieux, mémoriaux, plaques et monuments ; bibliographie spécifique

Publications à l'époque de la RDA

« 25 Jahre Aufbau der neuen Stadt Hoyerswerda und des Kombinates Schwarze Pumpe », *Informationsblatt-Rat der Stadt Hoyerswerda*, 22-23, 1980, 16 p.
BERNHARD, Hans-Joachim (dir.), *Georgi-Dimitroff-Museum : Führer durch die ständige Ausstellung*, Leipzig, Georgi-Dimitroff-Museum, 1985, 50 p.
Brockhaus-Stadtführer (série) : notamment Weimar (1975), Zittau (1976).
Buchenwald. Nationale Gedenkstätte für die Widerstandskämpfer gegen den Faschismus. Dokumentensammlung mit Skizzen und Lagekarten (*Nationale Gedenkstätte Buchenwald auf dem Ettersberg bei Weimar*), Reichenbach in Vogtland, VEB Volkskunstverlag, s.d. [1959], 48 p.
BURSIAN, Hans et alii, *Vom Tischler Gesellen zum Staatspresidenten*, Blankenburg, Wilhelm-Pieck-Erinnerungsstätte Blankenburg, 1987, 72 p.
Dresden. Sächsische Schweiz. Osterzgebirge. Brockhaus-Reisehandbuch, Leipzig, VEB F. A. Brockhaus, 1965, 560 p.
FELLMANN, Walter, CZOK, Karl, *Leipzig. Stadtführer-Atlas*, Berlin/Leipzig, VEB Tourist, 1981, 216 p. + cartes.
« Die Flamme, die uns umgibt. Zu besuch in der Gedenk- und Bildungsstätte Schöneiche-Fichtenau », *Pionierkalender*, 1976, p. 88-90.
GÄBLER, Klaus, LUDWIG, Fritz, MORITZ, Heinz, *Gedenk- und Bildungsstätte. Schöneiche-Fichtenau*, 1973.
GEMKOW, Heinrich, « Erforscht und erhaltet die Denkmale der revolutionären Arbeiterbewegung ! », *Aus der Arbeit der Natur und Heimatfreunde im Kulturbund*, 4, 1958, p. 75-82.
GIERSBERG, Hans-Joachim, KNITTER, Hartmut, *Potsdam, Stadtführer*, Berlin/Leipzig, VEB Tourist Verlag, 1978, 216 p. + cartes.

Historischer Führer, Bezirke Dresden, Cottbus, Leipzig, Urania, 1982, 356 p.
Historischer Führer, Bezirke Erfurt, Gera, Suhl, Leipzig, Urania, 1978, 272 p.
Historischer Führer, Bezirke Leipzig, Karl-Marx-Stadt, Leipzig, Urania, 1981, 356 p.
Historischer Führer, Bezirke Potsdam, Frankfurt (Oder), Leipzig, Urania, 1987, 400 p.
HÜBNER, Peter, RANK, Monika, *Schwarze Pumpe. Kohle und Energie für die DDR, Illustrierte historische Hefte,* 54, 1988, 43 p.
Institut für Denkmalpflege, *Die Bau- und Kunstdenkmale in der DDR, Hauptstadt Berlin I et II,* Berlin, Henschelverlag, 1983 et 1987, 496 p. et 464 p.
KIEßLING, Wolfgang, MAUR, Hans, « Den Gedenk und Erinnerungsstätten der Arbeiterbewegung mehr Aufmerksamkeit schenken », *Neue Museumskunde,* 4.3, 1965, p. 173-184.
MAUR, Hans, *Ernst-Thälmann Gedenkstätten. Historische Stätten der Erinnerung und des Gedenkens an Ernst Thälmann in der Deutschen Demokratische Republik,* Berlin, Junge Welt, 1986, 78 p.
MAUR, Hans, « 15 Jahre politisch-wissenschatfliche Verantwortung gegenüber den musealen Gedenkstätten der Arbeiterbewegung », *Museum für Deutsche Geschichte Berlin. Beiträge und Mitteilungen,* 14, 1988, p. 68-72.
MAUR, Hans, *Gedenkstätten auf Medaillen. Gedenkstätten der Arbeiterbewegung in der DDR als numismatische Motive,* Berlin, Museum für Deutsche Geschichte, 1977, 64 p.
MAUR, Hans, *Gedenkstätten der Arbeiterbewegung im Zentrum Berlins, der Hauptstadt der Deutschen Demokratischen Republik,* Berlin, Museum für Deutsche Geschichte, 1971, 40 p.
MAUR, Hans, *Gedenkstätten der Arbeiterbewegung in Berlin-Friedrichshain, Beiträge zur Geschichte der Berliner Arbeiterbewegung,* s.d., 144 p.
MAUR, Hans, *Gedenkstätten der Arbeiterbewegung in Berlin-Prenzlauer Berg, Beiträge zur Geschichte der Berliner Arbeiterbewegung,* s.d., 96 p.
MAUR, Hans, *Gedenkstätten der Arbeiterbewegung in Berlin-Treptow, Beiträge zur Geschichte der Berliner Arbeiterbewegung,* s.d., 112 p.
MAUR, Hans, *Gedenkstätten für Ernst Thälmann in der Deutschen Demokratischen Republik,* Berlin, Junge Welt, 1971, 40 p.
MAUR, Hans, « Karl Liebknecht in Luckau, 1916 bis 1918. Neue museale Erinnerungsstätte eröffnet », *Geschichte und Gegenwart des Bezirkes Cottbus,* 14-1980, p. 59-70.

MAUR, Hans, *Stätten der Erinnerung und der Ehrung für Wilhelm Pieck*, Berlin, Kulturbund der DDR, 1978, 120 p.

MAUR, Hans, *Wilhelm-Pieck Gedenkstätte. Zechin Kreis Seelow. Führer durch die ständige Ausstellung*, 1987, 34 p.

MAUR, Hans, «Zur Geschichte der örtlichen Arbeiterbewegung und Betriebsgeschichte. Geschichtskommission der SED im ersten Jahrzehnt ihres Bestehens», *Beiträge zur Geschichte der Arbeiterbewegung*, 30, 1988, p. 239-247.

MAUR, Hans, MÜLLER, Horst H., *Gedenkstätten für Karl Liebknecht und Rosa Luxemburg in der DDR*, Berlin, Kulturbund der DDR, 1976, 96 p.

MIETHE, Anna Dora, *Gedenkstätten. Arbeiterbewegung, Antifaschistischer Widerstand, Aufbau des Sozialismus*, Leipzig, Urania, 1974, 590 p.

MIETHE, Anna Dora, NAMSLAUER, Hugo, *Denkmalpflege in der Deutschen Demokratischen Republik. Zur Gestaltung und Pflege politischer Gedenkstätten*, Berlin, Institut für Denkmalpflege, 1981, 55 p.

Petit voyage à travers la RDA, Dresde, Verlag Zeit im Bild, 1971, 95 p.

Pionierrepublik «Wilhelm Pieck». 30 Jahre Pionierrepublik «Wilhelm Pieck», Berlin, Verlag Junge Welt, 1982, 48 p.

SCHULZ, Joachim, GRÄBNER, Werner, *Berlin. Architektur von Pankow bis Köpenick*, Berlin, VEB Verlag für Bauwesen, 1987, 200 p.

SOWINCKI, Willi, «Reise zu einigen Gedenkstätten der Arbeiterbewegung», *Natur und Heimat*, 1, 1956, p. 2-5.

Walter Kreisel Plastik. Ausstellung, Frankfurt (Oder), Zentrum für künstlerische Werkstätten und bildende Kunst des Bezirkes Frankfurt (Oder), 1989, non paginé.

«Wilhelm Pieck in Berlin», *Beiträge zur Geschichte der Berliner Arbeiterbewegung*, 8, 1975, 224 p.

Bibliographie après 1990

Auf historischen Museumspfaden. Ausstellungsräume im Reitbahnviertel gestern und heute, Kultur-Kunst-Vereins "Beseder" e.V. in Kooperation mit der Standortinitiative IG Gewerbe der Inneren Reitbahnstraße, brochure s.l.n.d. [Pour l'immeuble de *Der Kämpfer*, Chemnitz.]

BAYERLEIN, Bernhard, «Deutscher Kommunismus und transnationaler Stalinismus. Komintern, KPD und Sowjetunion 1929-1943. Neue Dokumente zur Konzeptualisierung einer verbundenen Geschichte», in Hermann Weber, Jakov Drabkin,

Bernhard H. Bayerlein, Aleksandr Galkin (éd.), *Deutschland-Russland-Komintern*, vol. I, *Überblicke, Analysen, Diskussionen. Neue Perspektiven auf die Geschichte der KPD und die Deutsch-Russischen Beziehungen (1918-1943)*, Berlin-Boston, De Gruyter, 2014, p. 225-400. [Pour le discours de Thälmann à Ziegenhals.]

BOCQUET, Denis, LABORIER, Pascal, *Sociologie de Berlin*, Paris, La Découverte, 2016, 126 p.

BRETHOMÉ, Jacques, « Hoyerswerda, lieu de mémoire ? », *Allemagne d'aujourd'hui*, 173, juillet-septembre 2005, p. 149-171.

Burg Giebichenstein Hochschule für Kunst und Design Halle (dir.), *100 Jahre Volkspark Halle. Utopien. Legenden. Visionen*, Halle, 2007, 232 p.

Chronik von 1949 bis 2016. EJB am Werbellinsee, brochure, 18 p. [Par l'institution qui succède à la « Pionierrepublik ».]

COMBE, Sonia, *Une vie contre une autre. Échange de victime et modalités de survie dans le camp de Buchenwald*, Paris, Fayard, 2014, 336 p.

FRÖHLICH, Jörg, *Ein Hotel im Lustgarten von Potsdam*, Norderstedt, Books on Demand, 2015, 80 p.

Freundeskreis « Ernst-Thälmann Gedenkstätte » e.V., *Ziegenhalser Reden*, Königs Wusterhausen, 3 vol. (1993-2013).

Die Geschichte der Gedenkstätte Buchenwald. Begleitheft zur Dauerausstellung, Weimar-Buchenwald, 2007, 56 p.

GRÉSILLON, Boris, *Berlin, métropole culturelle*, Paris, Belin, 2002, 352 p.

HENSELER, Christoph, « Thälmanns Gethsemane : die Gedenkstätte Ziegenhals und ihr Ende », *Zeitschrift für Geschichtswissenschaft*, 58 (6), 2010, p. 527-552.

HOCQUET, Marie, « La patrimonialisation du centre historique de Berlin, un oubli programmé ? Le réaménagement de la place du château », *Espaces et sociétés*, 152-153, 2013, p. 67-84.

HORN, Monika (éd.), *Hitlers zweimal getötete Opfer. Westdeutsche Endlösung des Antifascismus auf dem Gebiet der DDR*, Fribourg-en-Brisgau, Ahriman-Verlag, 1994, 394 p.

JANZING, Godehard, *Berlin*, Paris, Citadelles et Mazenod, 2015, 495 p.

KNEFELKAMP, Ulrich, GRIESA, Siegfried (dir.), *Frankfurt an der Oder, 1253-2003*, Berlin, Verlag für Wissenschaft und Forschung, 2003, 338 p.

Kulturamt Prenzlauer Berg/Aktives Museum Faschismus und Widerstand in Berlin (dir.), *Mythos Antifaschismus. Ein Traditionskabinett wird kommentiert*, Berlin, Ch. Links, 1992, 155 p.

LABOREY, Claire, *Berlin. Quoi de neuf depuis la chute du mur?*, Paris, Autrement, 2009, 208 p.

LUDWIG, Andreas, *Eisenhüttenstadt. Wandel einer industriellen Gründungsstadt in fünfzig Jahren*, Potsdam, Brandenburgische Landeszentrale für politische Bildung, 2000, 132 p.

LUDWIG, Andreas, «Wo die Zukunft Gegenwart war. Phasen der Selbstbeschreibung Eisenhüttenstadt», in Stefanie Eisenhuth, Martin Sabrow (dir.), *Schattenorte. Stadtimages und Vergangenheitslasten*, Wallstein, 2017, p. 157-171.

MAUR, Hans, *Antifaschismus Gedenkstätten. Bewahrer und Vermittler antifaschistischen Gedankengutes*, Berlin, Gedenkstättenverband e.V., 1999, 64 p. [*Gedenkstätten der 90er Jahre, Heft 3*].

MAUR, Hans, *10 Jahre Gedenkstättenverband e.V. Fürsprecher einer demokratisch-humanistischen Gedenkstättenkultur. Dokumentation*, Berlin, Gedenkstättenverband e.V., 2001, 80 p. [*Gedenkstätten der 90er Jahre, Heft 12*].

MAUR, Hans, *Zum Umgang mit Gedenkstätten in Deutschland. Aufsätze, II*, Berlin, Gedenkstättenverband e.V., 2002, 64 p. [*Gedenkstätten der 90er Jahre, Heft 16*].

MERKEL, Sebastian, «Der 13. März 1925 in Halle (Saale). Polizeigewalt und die Entstehung eines politischen Märtyrers», Stiftung Gedenkstätten Sachsen-Anhalt (dir.), *Erinnern! Aufgabe, Chance, Herausforderung*, 1, 2014, p. 33-47.

MWG-Wohnungsgenossenschaft eG Magdeburg, *Chronik 60 Jahre, 1954-2014*, Magdebourg, 2014, 130 p.

NEUTZNER, Matthias, «Heidefriedhof: Lernen am konfliktbeladenen Erinnerungsort», *Dresdner Hefte. Beiträge zur Kulturgeschichte*, 127, 2016, p. 75-85.

NEUTZNER, Matthias, «Die Erzählung vom 13 Februar», *Dresdner Hefte. Beiträge zur Kulturgeschichte*, 84, 2005, p. 38-48.

PASTERNACK, Peer *et alii* (dir.), *50 Jahre Streitfall Halle-Neustadt*, Halle, Mitteldeutscher Verlag, 2014, 608 p.

PETERS, Günther, MATISCHEWSKI, Andrea, *Mestlin. Chronik eines mecklenburgischen Dorfes. Die Zeit nach dem Zweiten Weltkrieg*, Mestlin, Gemeinde Mestlin, 2005, 256 p.

POCHER, Dieter, «Mestlin: Das sozialistische Beispieldorf in Mecklenburg», in Bernfried Lichtnau (dir.), *Architektur und Städtebau im südlichen Ostseeraum zwischen 1936 und 1980*, Berlin, Lukas, 2002, p. 323-335.

RASCHKE, Brigitte, *Der Wiederaufbau und die städtebauliche Erweiterung von Neubrandenburg in der Zeit zwischen 1945 und 1989*, Munich, Scaneg, 2005, 368 p.

RIEGER-JÄHNER, Brigitte, «Die wechselvolle Geschichte des Museums Junge Kunst 1965-2014. Der Kunst verpflichtet, Beitrag anlässlich des 100jährigen Bestehens des Museumsverbandes des Landes Brandebourg e.V. am 30. September 2012» (version actualisée, 24 octobre 2014, http://www.museum-junge-kunst.de/html/fr_aus4.htm).

ROHOWSKI, Ilona, «Joachimsthal. Die ehemalige Pionierrepublik "Wilhelm Pieck" am Werbellinsee», *Brandenburgische Denkmalpflege*, nouvelle série 1 (1), 2015, p. 37-48.

SCHRUL, Marco, «Jenseits der "via triumphalis". Der Wandel der lokalen Erinnerungskultur in Jena seit 1989», Jürgen John et Justus H. Ulbricht (dir.), in *Jena. Ein nationaler Erinnerungsort?*, Cologne, Böhlau, 2007, p. 341-356.

Schlaglichter. Sammlungsgeschichte(n). Ausstellung in drei Teilen in Cottbus/Eisenhüttenstadt/Frankfurt (Oder), Cottbus, Kunstmuseum Dieselkraftwerk Cottbus, [2017], 320 p.

SCHULTZE, Uwe, «Mestlin: Ein Musterdorf der DDR? Planung und Realität», in Ilona Buchsteiner, Siegfried Kuntsche (dir.), *Agrargenossenschaften in Vergangenheit und Gegenwart. 50 Jahre nach der Bildung von landwirtschaftlichen Produktionsgenossenschaften in der DDR*, Rostock, Universität Rostock-Historisches Institut, 2004, p. 115-121.

SERRIER, Thomas, «Au-delà de la chute. Le mur de Berlin cassé et concassé», in Emmanuel Fureix (dir.), *Iconoclasme et révolutions de 1789 à nos jours*, Ceyzérieu, Champ Vallon, 2014, p. 253-264.

Verschwundene Orte der DDR, Berlin, Bild und Heimat, 2018, 128 p.

Volkshochschule Frankfurt (Oder), *Häuser erzählen Geschichte(n). Eine fotografische Spurensammlung*, s.d., 132 p.

«Weisse Diamanten». *100 Jahre Porzellan in Freiberg*, Freundekreis «Sächsische Porzellan», 2016, 36 p.

5. Sitographie (choix)

Excellent site pour recenser et s'informer sur les plaques mémorielles de Berlin :
https://www.gedenktafeln-in-berlin.de

Pour les traces de Lénine dans l'ex-RDA :
https://leninisstillaround.com/

Pour les noms de rue de Francfort (Oder) :
http://www.museum-viadrina.de/Strassenlexikon_Frankfurt/konkordanz.htm

Les activistes de Potsdam :
https://bittestehenlassen.noblogs.org/

Quelques sites intéressants d'urbex :
https://www.abandonedberlin.com/
http://www.lucklum.de/
http://artefakte.perladesa.de/alle-artefakte.html

Un site passionnant d'Urbex en Chine (Judith Audin) :
ignition.eg2.fr/

Un bon reportage (court) en français autour des lieux délaissés (Amaury Guibert, 2014) : https://www.francetvinfo.fr/monde/europe/video-berlin-les-vestiges-de-la-guerre-froide_739577.html

Disponible sur YouTube, une riche série documentaire en six épisodes de 45 min. avec de nombreuses interviews, « Alors, après la RDA » (*Damals nach der DDR*, Jan Peter notamment, 2010).

Remerciements

Durant mes années d'enquête, j'ai eu l'occasion d'échanger avec des centaines d'Allemands de l'Est, parfois quelques simples phrases, parfois formellement par des entretiens. Le remerciement collectif peut paraître une facilité, ce n'est pas le cas. Chacun m'a aidé à cheminer dans les mémoires du pays, à mieux comprendre les enjeux présents.

Je remercie chaleureusement aussi, sans tous les nommer – ils sont présentés dans le texte –, tous ceux qui ont bien voulu m'accueillir dans leurs musées, leurs expositions ou leurs réunions. En particulier, toute l'équipe du DDR-Kabinett-Bochum, Andreas Maluga, Eberhard Eick et Angela, et l'expert en Trabi, Gero Bastian.

J'ai reçu un accueil et une aide très bienveillante de Kristina Geisler (Kunstarchiv Beeskow), d'Anke Hahn (Cinémathèque allemande, Berlin), de Helga Tucek (directrice du musée de Luckau, désormais en retraite).

Je dois de précieux renseignements à Ramona Geißler (musée de Riesa), Andreas Ludwig (Potsdam), Philipp Neumann-Thein (mémorial de Buchenwald), Johanna Sänger (musée de Leipzig), Heike Rochlitz (musée de Guben), Johannes Schulz (Amt für Kultur und Denkmalschutz, Dresde), Ansgar Snethlage (musée d'Histoire militaire de Dresde), Jan Scheunemann (Bundesstiftung zur Aufarbeitung der SED-Diktatur), Gabriele Urban (archives municipales d'Eisenhüttenstadt), Monika Völlmann (bibliothèque de la Cour administrative fédérale de Leipzig).

J'ai pu bénéficier d'excellentes conditions de travail bibliographique grâce à Mareike König et à toute l'équipe de la bibliothèque de l'Institut historique allemand de Paris. À eux tous un grand merci.

À l'université de la Viadrina, qui m'a accueilli deux ans comme professeur invité au cours de cette enquête, j'ai trouvé toutes les facilités et une grande compréhension pour mener à bien ce travail, y compris dans ses aspects les moins ordinaires. Je n'oublierai pas Mady Wolff au secrétariat, qui a supporté les traces de la RDA, jusqu'à l'invasion de son bureau. Rita Aldenhoff-Hübinger y fut la complice idéale d'enseignement et de recherches. Merci aussi à Anne Gräfe et à Tim Beichelt pour leur soutien constant.

Je remercie toute l'équipe des archives municipales de Francfort-sur-l'Oder, en particulier Karin Jünger toujours prête à soutenir et arranger nos demandes.

Un grand merci à Francesca Müller-Fabbri (Weimar) si attentive à récupérer à mon intention des objets RDA qui risquaient de disparaître. Merci à Olaf Müller (université de Marburg), complice de tant de promenades à l'Est, pour toute son attention et son aide.

Merci à Sandrine Kott pour ses relectures et ses remarques. Jean Birnbaum et André Loez ont bien voulu relire ce travail dans ses premières moutures et permirent ainsi d'affermir et corriger ses orientations. Je leur en suis grandement redevable. Un immense merci à Thomas Wieder qui a bien voulu le relire dans son stade final, avec une grande méticulosité, permettant d'ouvrir encore des discussions.

TABLE

Carte des lieux mentionnés 7

Introduction 9

I. Archives en errance, histoires de vie 41
    Femmes au travail 42
        Johanna, s'adapter à la nouvelle Allemagne 42
        Heidrun, l'idéal abîmé 48
    Lignes brisées 59
        Harry, un chauffeur alcoolique à Schwerin 59
        Olaf, un électricien divorcé à Rostock 65
    L'ancien monde dans le nouveau 69
        Herbert Raßbach, la continuité de la domination ? .. 69
        Johannes Wehlisch « le capitaliste » 74

II. Objets errants, histoires de choses 81
    Produire 90
        1. La plaque de l'entreprise « Joseph Staline » 90
        2. La porcelaine de RDA 97
        3. Le manomètre bulgare 100
    Consommer 106
        4. Les esquimaux de Bako 106
        5. Le « Mocca Fix » 109
        6. L'éléphant du recyclage 112

Propager.. 115
    7. Le drapeau de l'Association des jardiniers ouvriers, colons et éleveurs de petits animaux, section d'Iéna.. 115
    8. La rue « Alfred Kowalke », Berlin.................. 119
    9. La section du parti à Weißensee.................... 122
    10. Survivance du palais de la République........... 125

III. Effacer la RDA?... 133
    Les trésors des traces 140
    Effacer les traces.. 165
        Rues, lieux et places 165
        Les « maisons du peuple »......................... 194
        De Leipzig à Buchenwald : le trouble de la mémoire antifasciste 199
        Hauts lieux... 207
    Friches ou non-lieux ? 223

IV. Résistances et renouveaux 231
    « Expériences » et commerce 231
    Refaire la vie quotidienne 233
    Résistance des bribes 257
        Paysage public 257
        Locaux : cafés, auberges et « Kneipen » 264
    Effacement et résistances : mémoires de Wilhelm Pieck dans l'Allemagne du XXIe siècle 268
    Retours artistiques...................................... 283
    Renouveaux héroïques 285

V. Défendre la RDA... 293
    LA RDA à l'ouest 300
        À Bochum, bon anniversaire la RDA................ 300

VI. Faire trace. Écriture de la RDA perdue	327
Expériences et littératures	331
Les anciens	334
La RDA, toute une histoire	338
Génération Trabant?	342
Faire avec les objets	346
Les ruines	352
La RDA comme drame?	361
« Dallas » en RDA?	363
Et si la RDA n'avait pas disparu?	368
Conclusion	375
Sources et bibliographie	381
Remerciements	415

DANS LA MÊME COLLECTION

Marcel Gauchet, La Condition historique, *2003.*
Yves Michaux, L'Art à l'état gazeux, *2003.*
Paul Ricœur, Parcours de la reconnaissance, *2004.*
Jean Lacouture, La Rumeur d'Aquitaine, *2004.*
Nicolas Offenstadt, Le Chemin des Dames, *2004.*
Olivier Roy, La Laïcité face à l'islam, *2005.*
Alain Renault et Alain Touraine, Un débat sur la laïcité, *2005.*
Marcela Iacub, Bêtes et victimes et autres chroniques à Libération, *2005.*
Didier Epelbaum, Pas un mot, pas une ligne? 1999-1994 : des camps de la mort au génocide rwandais, *2005.*
Henri Atlan et Roger-Pol Droit, Chemins qui mènent ailleurs, dialogues philosophiques, *2005.*
René Rémond, Quant l'État se mêle de l'Histoire, *2006.*
David E. Murphy, Ce que savait Staline, *traduit de l'anglais (États-Unis) par Jean-François Séné, 2006.*
Ludvine Thiaw-Po-Une (sous la dir. de), Questions d'éthique contemporaine, *2006.*
François Heisbourg, L'Épaisseur du monde, *2007.*
Luc Boltanski, Elisabeth Claverie, Nicolas Offenstadt, Stéphane Van Damme (sous la dir. de), Affaires, scandales et grandes causes. De Socrate à Pinochet, *2007.*
Axel Kahn et Christian Godin, L'Homme, le Bien, le Mal, *2008.*
Philippe Oriol, L'Histoire de l'affaire Dreyfus, tome I, L'affaire du capitaine Dreyfus (1894-1897), *2007.*
Marie-Claude Blais, Marcel Gauchet, Dominique Ottavi, Conditions de l'éducation, *2008.*
François Taillandier et Jean-Marc Bastière, Ce n'est pas la pire des religions, *2009.*
Hannah Arendt et Mary McCarthy, Correspondance, 1949-1975, *2009.*
Didier Epelbaum, Obéir. Les déshonneurs du capitaine Vieux, Drancy, 1941-44, *2009.*

Béatrice Durand, La Nouvelle Idéologie française, *2010.*
Aaki Laïdi, Le Monde selon Obama, *2010.*
Bérénice Levet, Le Musée imaginaire d'Hannah Arendt, *2011.*
Simon Epstein, 1930, une année dans l'histoire du peuple juif, *2011.*
Alain Renault, Un monde juste est-il possible?, *2013.*
Yves Michaux, Le Nouveau Luxe. Expérience, arrogance, authenticité, *2013.*
Nicolas Offenstadt, En place publique. Jean de Gascogne, crieur au XVe siècle, *2013.*
François Heisbourg, La Fin du rêve européen, *2013.*
Axel Kahn, L'Homme, le Libéralisme et le Bien commun, *2013.*
Marie-Claude Blais, Marcel Gauchet, Dominique Ottavi, Transmettre, apprendre, *2014.*
Thomas Bouchet, Les Fruits défendus. Socialismes et sensualité du XIXe siècle à nos jours, *2014.*
Olivier Rey, Une question de taille, *2014.*
Didier Epelbaum, Des hommes vraiment ordinaires? Les bourreaux génocidaires, *2015.*
François Heisbourg, Secrètes histoires. La naissance du monde moderne, *2015.*
Marcel Gauchet, avec Éric Conan et François Azouvi, Comprendre le malheur français, *2016.*
Yves Michaux, Contre la bienveillance, *2016.*
Axel Kahn, Être humain, pleinement, *2016.*
Marcela Iacub, La Fin du couple, *2016.*
Olivier Rey, Quand le monde s'est fait sombre, *2016.*
Guillaume Bachelay, La Politique sauvée par les libres, *2016.*
Bérénice Levet, Le Crépuscule des idoles progressistes, *2017.*
Pierre Haski, Le Droit au bonheur, *2017.*
Sylvie Bermann, La Chine en eaux profondes, *2017.*
Paul Yonnet, Zone de mort, *2017.*
François Dosse, Le Philosophe et le Président. Ricœur et Macron, *2017.*
Annie Le Brun, Ce qui n'a pas de prix, *2018.*

« RÉPLIQUES »
sous la direction d'Alain Finkielkraut

Ce que peut la littérature, *2006*.
Qu'est-ce que la France?, *2007*.
La Querelle de l'école, *2007*.
L'Interminable Écriture de l'Extermination, *2010*.

*Cet ouvrage a été composé
par Maury à Malesherbes
et achevé d'imprimer en France
par CPI
pour le compte des Éditions Stock
21, rue du Montparnasse, 75006 Paris
en août 2018*

Imprimé en France

Dépôt légal : septembre 2018
N° d'édition : 01 - N° d'impression : 2038619
30-10-6667/4